书山有路勤为径，优质资源伴你行
注册世纪波学院会员，享精品图书增值服务

结合2019年版《PMP®考试大纲》
助你吃透《PMBOK®指南》(第6版)

汪博士
解读PMP®考试

(第6版)

汪小金 著

Dr.Wang's
Guide to PMP® Exam (6e)

电子工业出版社
Publishing House of Electronics Industry
北京·BEIJING

图书在版编目（CIP）数据

汪博士解读PMP考试 / 汪小金著. —6版. —北京：电子工业出版社，2020.3
ISBN 978-7-121-38521-6

Ⅰ.①汪… Ⅱ.①汪… Ⅲ.①项目管理－资格考试－自学参考资料 Ⅳ.①F224.5

中国版本图书馆CIP数据核字(2020)第029810号

责任编辑：刘露明
印　　刷：三河市良远印务有限公司
装　　订：三河市良远印务有限公司
出版发行：电子工业出版社
　　　　　北京市海淀区万寿路173信箱　邮编：100036
开　　本：787×1092　1/16　印张：22　字数：497千字
版　　次：2006年9月第1版
　　　　　2020年3月第6版
印　　次：2021年12月第6次印刷
定　　价：88.00元

凡所购买电子工业出版社图书有缺损问题，请向购买书店调换。若书店售缺，请与本社发行部联系，联系及邮购电话：（010）88254888，88258888。

质量投诉请发邮件至zlts@phei.com.cn，盗版侵权举报请发邮件至dbqq@phei.com.cn。

本书咨询联系方式：（010）88254199，sjb@phei.com.cn。

提 示

只阅读本书不能保证通过 PMP® 考试

为了既学到项目管理方法，又顺利通过 PMP® 考试，你需要：

1. 认真学习一本项目管理的基础书，如《项目管理方法论》（第 3 版）（中国电力出版社出版），目的在于打好基础。

2. 认真学习《项目管理知识体系指南（PMBOK® 指南）》（第 6 版）（电子工业出版社出版），目的在于使知识系统化，并且掌握标准的项目管理工作流程和术语。《汪博士析辨 PMP® 易混术语》（第 2 版）（中国电力出版社出版），也有助于理解一些重要且易混的术语。

3. 认真学习本书，目的在于加深对《PMBOK® 指南》（第 6 版）的理解，并且掌握 PMP® 考试的重点与难点。如果暂时看不懂《PMBOK® 指南》（第 6 版），那就先看本书，再看《PMBOK® 指南》（第 6 版）。

4. 认真做至少 1000 道模拟试题，目的在于熟悉题型，发现并弥补自己的薄弱环节。《汪博士详解 PMP® 模拟题》（第 5 版）（机械工业出版社出版）中有 1180 道模拟题及其详解。

此外，参加 PMP® 考前培训班，并且与几位同学结成学习小组，也会使你受益匪浅。

切记：一次做成功，既省钱又省力！

使用本书注意事项

1. 本书是《PMBOK® 指南》（第 6 版）的配套辅导书，旨在帮助考生更快、更好地理解和掌握《PMBOK® 指南》（第 6 版）。本书不能代替《PMBOK® 指南》（第 6 版），必须结合《PMBOK® 指南》（第 6 版）使用。

2.《PMBOK® 指南》（第 6 版）不仅内容极其丰富，而且是 PMP® 考试最重要的出题依据。无论是学习项目管理方法还是应对 PMP® 考试，理解和掌握《PMBOK® 指南》（第 6 版）都是最重要的。

3. 本书第 1 章与《PMBOK® 指南》（第 6 版）第 1 章对应。本书第 2 章第 2.1 ～ 2.4 节与《PMBOK® 指南》（第 6 版）第 2 章对应。本书第 2 章第 2.5 ～ 2.6 节与《PMBOK® 指南》（第 6 版）第 3 章对应。本书第 4 ～ 13 章与《PMBOK® 指南》（第 6 版）第 4 ～ 13 章一一对应。

4. 本书第 3 章集中讨论项目管理过程组之间的关系，以及项目管理过程之间的关系，并且汇总了全部 49 个项目管理过程的输入、输出及工具与技术。

5. 考生应该先通读本书第 16 章 "PMP® 考试的难点与易点"，以便对 PMP® 考试有一个总体认识。

6. 考生应该交叉学习本书和《PMBOK® 指南》（第 6 版）。先阅读本书第 1 ～ 3 章，再阅读《PMBOK® 指南》（第 6 版）第 1 ～ 3 章。接着，按顺序逐章交叉阅读本书和《PMBOK® 指南》（第 6 版）第 4 ～ 13 章。

7. 本书第 4 ～ 13 章没有涉及《PMBOK® 指南》（第 6 版）第 4 ～ 13 章中的 "发展趋势和新兴实践" 及 "敏捷环境中需要考虑的因素"。本书附录 B 是对《PMBOK® 指南》（第 6 版）中这些内容的高度概括。

8. 阅读完本书第 1 ～ 13 章和《PMBOK® 指南》（第 6 版）第 1 ～ 13 章后，用本书第 14 章 "五大过程组的工作要点" 进行全面复习。

9. PMP® 考试将逐渐过渡到既考传统的预测型方法，又考新兴的敏捷型方法。本书第 1~14 章主要讲预测型方法，第 15 章则专讲敏捷型方法。考生应该在学习第 1~14 章的基础上，再学习第 15 章并注意对比敏捷型方法与预测型方法。

10. 考试前三天，再次阅读本书第 14~16 章，全面复习重要知识并掌握应试技巧，以便从容应考。

计划和敏捷并重

——代前言

随着《PMP®考试大纲》的改版，PMP®考试又要改版了，距离上次因《PMBOK®指南》改版而改版仅2年半时间。

这次的考纲改版，最大的特点就是全面融进了敏捷型项目管理方法。也就是说，新版考纲在保留原来的预测型方法的同时，新增了敏捷型方法，并要求项目经理根据具体需要选用任何一种方法，或者将两种方法混合使用。

PMP®考试也将从以考预测型方法为主转变为兼考预测型方法和敏捷型方法。预测型方法是"计划好了再做且无须变更"，适用于环境稳定、需求清晰和目标明确的项目；而敏捷型方法则是"边计划边做边调整"，适用于环境多变、需求模糊和目标不定的项目。显然，PMP®考试的改版是符合社会发展趋势的。

学习预测型方法，就是要学习建立规矩和遵守规矩；学习敏捷型方法，则是要学习做好变更准备和灵活应变领变。通常，应该先学习预测型方法，再学习敏捷型方法，也就是先学规矩再学变更。这既是为了防止不讲规矩的乱变，也是为了防止死守规矩的呆板。

为了与敏捷型方法相配合，新版考纲也强调了这三个方面的动态变化：商业环境、项目相关方和项目所在组织。其实，正是这三个方面的动态变化，才从根本上决定了必须采用敏捷型方法。过去，对商业环境、项目相关方和项目所在组织，虽然也有关注，但是并未特意强调它们的动态变化。

商业环境的动态变化，是大多数项目都会面临的巨大挑战，例如，法律法规、技术、地缘政治和商业市场等。仅从技术上讲，人工智能技术、数字化技术和互联网技术都在飞速发展。如果项目经理没有足够的"技商"，对新技术的发展不敏感，就可能导致"项目刚完工就过时"。项目经理必须持续关注和定期调查商业环境的变化，分析其对项目的影响，对项目做出相应的变更。

项目相关方的动态变化，是大多数项目都会面临的又一个挑战。20世纪的项目经理基本无须进行项目相关方管理，因为只须按客户的明确需求做出既定的成果。在21世纪前20年，项目相关方管理经历了这样的发展：从被动解决与相关方的问题（例如，遭遇相关方抵制），到主动影响相关方（主动与其打交道），再到主动引导相关方参与项目。

新版考纲更好地体现了"引导相关方参与项目",例如,要对相关方进行培训、教练和辅导,与相关方合作解决问题,经常评估相关方从项目上获取价值的情况。用这些方法,就可以引导相关方朝有利于项目成功的方向动态变化。

所在组织的动态变化,当然也是大多数项目都会面临的挑战。项目是在一个或多个组织中开展的,组织的文化、规则、结构、经验、流程、模板和数据库等,都会对项目产生直接影响。组织中的这些方面并非一成不变。在同一个时期,组织通常有一些项目并行开展。无论是本项目还是别的项目,都会引发组织的相关方面发生变化。本项目的项目经理,必须关注由别的项目所引发的组织变化,分析其对本项目的影响,对本项目做出相应的变更。

请特别注意,敏捷不是不编计划,不是不讲规矩,更不是随随便便。没有计划、不讲规矩和随随便便的敏捷,绝不是真正的敏捷。用敏捷型方法,也是要编制完善的计划的。完善,是指基于当前所能了解到的最充分的情况且留有灵活调整的余地,而并非多么详细。用敏捷型方法,也是要讲严格的规矩的。严格,是指用规范的工作流程开展合作,去应对易变的环境和需求,实现创新。用敏捷型方法,也是要认认真真的。认认真真,是指专心致志于应对和引领变化,确保项目进程与商业环境、相关方和所在组织的发展保持一致。

一方面,项目进入执行阶段之前,要编制完善的计划;另一方面,一旦开始执行项目,就要准备好对计划进行变更。完善的计划和敏捷的执行,对大多数项目都是不可或缺的。即便像PMP®备考这类并不复杂的项目,也既要编制完善的计划,又要开展敏捷的执行。这两方面的配合,可以极大地提高项目成功的可能性。

2019年10月,以下11位PMP®培训讲师与我一起认真研讨了新版考纲:曹海芹、戴朝昕、董怀雨、胡晶晶、石志国、时军、易洪芳、殷生斗、岳建伟、朱焕、朱致静,他们也对本书初稿提出了宝贵的修改建议。特此向他们致谢!

汪小金

哲学博士(项目管理方向),PMP

电子邮箱:xjwang@ynu.edu.cn

新浪微博:weibo.com/drwangpm

微信订阅号:drwangpm

目　录

第1章
引论

1.1 项目管理知识体系

1.1.1 概述

项目管理知识体系（Project Management Body of Knowledge，PMBOK®[1]）是项目管理领域（职业和学科）全部知识的总和，既包括项目管理的理论，也包括项目管理的技术；既包括已经记载下来的知识，也包括尚未记载下来的知识；既包括各行业、各国家（地区）通用的项目管理知识，也包括某个行业或国家（地区）专用的项目管理知识；既包括已被证明的成熟做法，也包括有待验证的新兴做法；既包括已经公开的做法，也包括尚未公开的做法；既包括项目管理领域特有的知识，也包括与其他管理学科交叉的知识。项目管理知识体系依靠项目管理工作者的共同推动，而不断向前发展。

PMBOK®是项目管理职业和学科的基础。只有具备较完整的知识体系，项目管理才能成为一个专门职业和专业学科。20世纪80年代以来，特别是进入21世纪以来，作为专门职业与专业学科的项目管理，已经得到人们的普遍认可。专门职业是指人们必须接受较长时间的专门训练（包括教育、培训与实践），甚至必须取得相应资格证书，才能从事的职业。专业学科是指拥有自己的理论体系和基本文献，能够在高等学校作为学位教育专业的独特知识领域。

PMBOK®包含的内容很多，无法用任何书面文件对其进行全面描述。不过，项目管理业界已经编制出一些文件，来描述PMBOK®中的重要内容，如项目管理协会（Project Management Institute，PMI）出版的《项目管理知识体系指南（PMBOK®指南）》《项目管理标准》《道德与专业行为规范》等。

1.1.2 《PMBOK®指南》

《PMBOK®指南》是PMI发布的一份全球性的项目管理知识体系文件。它起源于

1　PMBOK，是项目管理协会（Project Management Institute，PMI）的注册商标。

PMI 在 1981 年至 1983 年所做的"道德、标准和认证（Ethics，Standards and Accreditation，ESA）研究项目"。PMI 在 1983 年发布的《ESA 研究报告》就是当今《PMBOK® 指南》的提纲。随后，PMI 又对这份提纲进行了扩展，于 1987 年发布了《项目管理知识体系》。它是当今《PMBOK® 指南》的草稿。考虑到任何一份文件都无法涵盖项目管理领域的全部知识，PMI 在 1996 年正式出版《PMBOK® 指南》第 1 版时，就在标题中添加了"指南"这个词。从那时起，"PMBOK® 指南"这个名称一直沿用至今。

《PMBOK® 指南》概括项目管理知识体系中被普遍公认为良好做法的那一部分内容。这些做法在大多数时候适用于大多数项目。虽然不能在项目实践中生硬照搬这些做法，但是采用这些做法的确可以提高各种项目成功的可能性。《PMBOK® 指南》只是更大的项目管理知识体系中的一小部分。

正如《孙子兵法》所说，打仗需要"以正合，以奇胜"。管理项目也是如此。《PMBOK® 指南》所描述的就是管理项目的正道，是开展项目管理应该遵循的基本规律。要取得项目成功，项目经理需要结合项目的具体情况，对这些正道加以合理运用，以便出奇制胜。

在学习与应用《PMBOK® 指南》时，需要注意：

- 要想把《PMBOK® 指南》应用到具体项目中，还需要掌握该项目所在应用领域的独特知识。有些应用领域已经在《PMBOK® 指南》的基础上，形成了各自的应用指南，如《PMBOK® 指南：建筑分册》和《PMBOK® 指南：软件分册》。
- 《PMBOK® 指南》主要针对单个项目的管理，而不是项目集或项目组合的管理。PMI 另外出版了专门的《项目集管理标准》和《项目组合管理标准》。
- 《PMBOK® 指南》没有收录那些通用的、非专门用于管理项目的知识，尽管这些通用知识对项目的成功可能也非常重要。人们很容易从其他书籍中获得这些通用知识。
- 《PMBOK® 指南》没有收录那些只适用于某类特别项目（如某行业、地区、国家）的项目管理知识。这些知识应该由各具体应用领域的指南去收录。
- 《PMBOK® 指南》没有收录那些尚不成熟的项目管理做法。这些做法的应用及其效果还有待进一步检验，有待项目管理工作者达成基本共识。

1.1.3 《PMBOK® 指南》第 6 版

自 1996 年第 1 版出版以来，《PMBOK® 指南》已更新到目前的第 6 版（2017 年 9 月出版）。这六个版本的演变，较好地代表了项目管理近 20 多年的快速发展。从这六个版本来看，《PMBOK® 指南》的结构逐渐完善，内容日益丰富且不断与时俱进。

《PMBOK® 指南》的主要内容一直都由三个部分组成：项目管理的基本概念、五大过程组和十大知识领域。基本概念部分为读者学习、理解和掌握项目管理知识奠定坚实基础。五大过程组是任何一个项目从开始到结束都必须经历的五个管理工作流程组。十大知识领域则是在管理大多数项目时都应该重点关注的十个主要内容。

在《PMBOK®指南》（第 6 版）[1]中，第 1~3 章是基本概念，第 4~13 章是十大知识领域，对五大过程组的讨论则分散在第 1 章和题为"项目管理标准"的附录中。《项目管理标准》可被看作一份独立的文件，与国际标准化组织的 ISO 21500《项目管理指南》（*Guidance on Project Management*）对应。《项目管理标准》是对《PMBOK®指南》正文中除过程的工具与技术之外的全部内容的缩编。因为可以使用不同的工具与技术去开展相关项目管理过程，所以《项目管理标准》中没有列出项目管理过程的任何工具与技术。

可以把《PMBOK®指南》的主要内容概述为：在项目管理基本概念的支持下，项目管理的五大过程组与十大知识领域之间形成纵横交叉的严密控制网，来实现对项目中的关键节点的控制，极大地提高项目成功的可能性。

作为指导项目管理工作的纲领性文件，《PMBOK®指南》对许多概念和知识，都只能"点到为止"，而无法详细介绍。这种"点到为止"，使许多人在学习《PMBOK®指南》时都会遇到相当大的困难。如果没有足够宽阔的知识面，没有足够丰富的项目工作经验，在读完第一遍《PMBOK®指南》之后，很可能根本就没有什么感觉——压根儿就没有读懂！

也正是这种"点到为止"，使《PMBOK®指南》背后的内容极其丰富。许多人都反映，看《PMBOK®指南》，每看一遍都会有新收获。对 PMP®（Project Management Professional）[2]考生来说，至少应该读三遍，最好读六遍。第一遍通读，混个眼熟；第二遍读懂，达到基本理解；第三遍读精，加深理解；第四遍读透，读出它背后的东西；第五遍读薄，融会贯通；第六遍，只看标题和重要概念，回顾其中的内容。

> PMP®考试中的大多数题目都是针对《PMBOK®指南》中的知识点而出的。为了既学到项目管理知识，又顺利通过 PMP®考试，必须以认真学习《PMBOK®指南》为根本！

要读懂读透《PMBOK®指南》，不是一件容易的事情。本书旨在通过通俗讲解项目管理知识、寻找知识之间的联系以及补充一些背景知识，帮助 PMP®考生更快地读懂读透《PMBOK®指南》。

1.1.4 《PMBOK®指南》的作用

《PMBOK®指南》概括在大多数时候适用于大多数项目，被人们普遍公认为良好做法的项目管理知识。它来源于项目管理实践，用于指导项目管理实践，使项目管理知识广泛共享，避免因"重复发明轮子"而浪费时间和精力。

1　在后文中，如果未特别指明《PMBOK®指南》的版本，就是第6版。

2　PMP是项目管理协会（Project Management Institute，PMI）推出的项目管理专业人士认证的注册商标。

《PMBOK®指南》是PMI的PMP®资格认证的最重要的知识基础，也是许多项目管理培训与教育课程所依据的基本文献。《PMBOK®指南》对促进全球项目管理资格认证、培训和教育的发展，都起到了极其重要的作用。

《PMBOK®指南》也是项目管理领域的术语汇编，对促进项目管理基本术语的科学化、规范化与统一化起到了重要作用，有助于人们就项目管理主题进行交流，降低沟通成本。是否拥有统一、规范的基本术语，是一个学科或职业成熟与否的重要标志之一。

《PMBOK®指南》以11种语言出版，发行量很大。它已经成为事实上的项目管理全球标准，引导着项目管理的工作流程与行为模式。可以说，《PMBOK®指南》已经成为项目管理的国际交流语言，成为项目管理界的"英语"。通过PMP®认证，就代表考生基本掌握了项目管理的国际交流语言。

《PMBOK®指南》已经成为相关国际机构和地方机构编制项目管理标准的重要参考文献。例如，国际标准化组织2012年9月发布的ISO 21500《项目管理指南》，由基本概念、五大过程组和十大主题组构成，总体结构与2008年的《PMBOK®指南》第4版极为相似。

例题 1-1 持有PMP®证书的项目管理工作者，在管理项目的过程中，必须遵守以下哪个文件中的规定？

A. PMI的《项目管理知识体系指南（PMBOK®指南）》

B. PMI的《项目集管理标准》

C. PMI的《组织级项目管理成熟度模型》（OPM3）

D. PMI的《道德与专业行为规范》

解释：PMI发布的《PMBOK®指南》及其他项目管理标准，都不是强制性的，而是指导性的，所以A，B，C都不是正确答案。只有D是正确答案。虽然职业道德部分已不在PMP®试卷中单列，但仍属于考试内容，会在少量题目中有所涉及。更重要的是，无论是作为项目管理工作者还是PMP®考生，你都必须严格遵守PMI的《道德与专业行为规范》。报考PMP®认证时，你必须声明将遵守《道德与专业行为规范》。《PMBOK®指南》中概述了《道德与专业行为规范》的主要内容。

1.1.5 PMP®考试大纲

《PMBOK®指南》是PMP®考试出题的最重要的知识基础，阐述了项目经理在管理项目时应该具备的主要知识。PMI发布的《PMP®考试大纲》[1]是PMP®考试出题的最重要的实践基础，列出了项目经理在管理项目时应该开展的主要工作。

> 《PMBOK®指南》和《PMP®考试大纲》是考试出题的基本依据。

---

1 除非特别注明，在后文中均指2019年6月发布的《PMP®考试大纲》。

现行《PMP®考试大纲》是 2019 年 6 月发布的，2020 年 7 月 1 日全球同步启用。它按人员、过程和商业环境这三个部分编排。其中，人员部分有 14 项主要工作和隶属于这些主要工作的 53 项子工作，过程部分有 17 项主要工作和 61 项子工作，商业环境部分有 4 项主要工作和 19 项子工作。它同时规定了各个部分在总共 180 道考题中所占的题目比例：人员部分 42%，过程部分 50%，商业环境部分 8%。

《PMP®考试大纲》和《PMBOK®指南》所含内容有些差别。即便仅是其中一份文件中提及的内容，也属于考试范畴。由于《PMP®考试大纲》写得很粗略，考生即便认真阅读，也不一定能读出多少内涵。所以，考生没有必要专门阅读。为了便于考生掌握《PMP®考试大纲》，本书会把其内容有机地融合进来。不过，为了在讲课中更好地融合两份文件的内容，PMP®培训讲师应该专门阅读《PMP®考试大纲》（可在 PMI 官网下载）。

与《PMBOK®指南》相比，《PMP®考试大纲》更加强调了：

- 应用敏捷型方法和混合型方法。混合型方法是预测型方法和敏捷型方法的混合。
- 商业环境在动态变化。项目经理及其团队要关注商业环境的动态变化及其对项目的影响。
- 主动影响项目相关方。项目经理及其团队要通过培训、教练和辅导去帮助项目相关方理解项目情况和提升相关能力，以便他们更好地参与项目。
- 项目经理要成为领导者。项目经理应该主要作为领导者去启发、激励和影响团队成员，而不是主要作为管理者去约束、控制和命令团队成员。
- 项目和所在组织相互影响。不仅本项目会影响组织，引发相应的组织变革；而且其他项目所引发的组织变革也会影响本项目。

1.2 战略目标、项目和运营

1.2.1 战略目标及其实现手段

组织是一群被组织起来且拥有共同目标的人。组织不仅要有当前的经营目标，而且要有长远的战略目标。战略目标旨在回答这个问题：组织在未来某个时间（如 5 年或 10 年以后）要成为什么样的组织。可以用口号式的组织愿景来定性描述组织的总体战略目标。为了使总体战略目标具有可操作性，通常还要把总体战略目标按地区或业务线分解成几个分项战略目标。

接着，组织需要通过做项目来创造有利于分项和总体战略目标实现的条件。然后，在日常运营中，持续有效地使用这些条件，获取收益，从而实现分项和总体战略目标。项目和运营都是实现战略目标的手段。战略目标、项目和运营之间的关系，如图 1-1 所示。

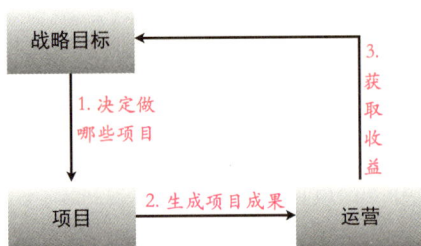

图 1-1　战略目标、项目和运营之间的关系

1.2.2　项目组合与项目集

项目组合是为实现战略目标而被集中管理的一些项目。项目组合通常并非一成不变。应该定期（至少一年一次）审查其组成项目的合理性，剔除旧项目，补充新项目。项目组合中的项目不一定互相依赖或直接相关；可能仅因都要竞争组织的有限资源而被放在一起。项目组合中的项目有优先顺序，以便据此按顺序分配资源。

项目集则是相互关联并被协调管理的一组项目，也就是通常所说的一系列配套项目。之所以要把它们合起来当项目集对待，是为了抓住项目之间的横向联系来协调管理，以便获得假如把各项目分别管理所不能获得的更大效益。例如，只有协调开展医院设施建设项目、通向医院的道路扩建项目、通向医院的公交线路新增项目，以及医院人员招聘培训项目，才能实现"提高当地医疗服务水平"这个更高的项目集目标。项目集中的项目，相互之间的联系如此紧密，以至于任何一个项目失败了，整个项目集就无法实现预期的目标。

项目组合与项目集的区别，如表 1-1 所示。

表 1-1　项目组合与项目集的区别

比 较 项	项目组合	项目集
内容	由项目、项目集或子项目组合构成，且组成部分须定期调整	由项目或子项目集构成；其组成部分基本稳定，可做必要调整
项目间的关系	项目间不一定有内在联系，只是都要使用组织有限的资源；各项目有优先级排序	项目间肯定有内在联系；各项目都完全平等，无优先级排序
管理的目的	排列项目优先顺序，以便确定资源分配的优先顺序	抓住各项目间的内在联系，获得更大效益
与战略目标的关系	直接服务于组织的战略目标	通过项目组合，为组织的战略目标服务
结束时间	通常没有明确的结束时间（因为战略目标并非一成不变）	可能有或没有明确的结束时间

例题 1-2 某公司正在召开一个项目选择会议，要确定拟在后三年上马的一系列项目。参会者对各候选项目与公司战略目标的关系及各项目的重要性展开了热烈讨论。会议将形成一份候选项目的优先级排序清单。参会者正在做：

A. 项目组合管理

B. 组织级项目管理

C. 项目集管理

D. 项目资源管理

解释：正确答案是 A。项目组合管理是为了实现战略目标而排列备选项目的优先顺序，并选择一系列正确的项目来做。组织级项目管理（Organizational Project Management）的概念太大（见 1.4.4 节），不具有针对性。项目集管理把各项目平等看待，不排优先顺序。项目资源管理只是针对单个项目的管理的一个知识领域。

1.2.3 项目与子项目

根据《PMBOK® 指南》，项目是为创造独特的产品、服务或成果而进行的临时性工作。这是一个既包容又排他的定义，不仅包括了各种类型的项目，而且排除了非项目的工作。它明示了项目具有临时性、独特性和成果导向性。

绝大多数项目都应该作为项目集的组成部分，以及项目组合的组成部分，而被立项和实施。也存在一些不隶属于任何项目集但隶属于项目组合的项目。这种项目往往无须其他项目配合就能够发挥很好的作用。也有极个别的项目，既不隶属于任何项目集，也不隶属于任何项目组合。这种项目旨在调整或重建组织的战略目标，而不是实现已有的战略目标。

项目经常可以被划分成一些子项目，有利于管理。不仅项目中的某一部分内容可以看作一个子项目，如房建项目中的基础工程，而且项目生命周期中的某一个阶段也可以看成一个子项目，如房建项目的设计阶段。

当然，项目与子项目的概念是相对的。单个的子项目也可以被看成项目，并按项目进行管理。可以把子项目外包给外部企业或安排给项目执行组织内的另一个职能部门去执行。

在项目或子项目内部，又有可交付成果、工作包、进度活动等概念。整个项目产品是项目的最终可交付成果。为了获得最终的可交付成果，需要完成一些较小的可交付成果。工作包是项目中最小的可交付成果。进度活动则是为完成工作包而必须开展的具体活动。

图 1-2 展示了从高到低的一系列概念的层次结构。

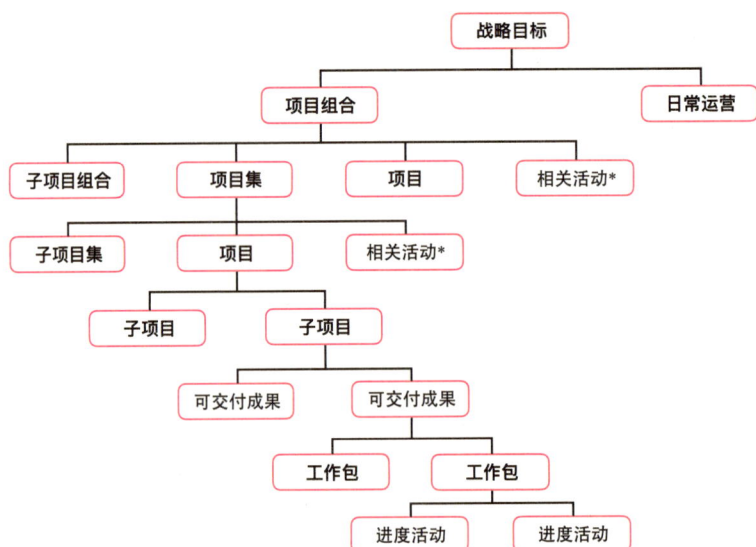

注：＊相关活动是为了管理项目组合或项目集而开展的活动。

图1-2　相关概念的层次结构

1.2.4　项目与运营

组织所做的工作可以分为两类：项目与运营。它们有许多共同之处：都由人来做，都受制于有限的资源，都要被规划、执行与监控，都要为组织的经营和战略目标服务。

项目与运营的主要区别在于：

- 项目是临时的，而运营是持续不断的。做项目就是要实现其目标，并结束项目；而做运营却是为了持续经营下去。项目在达到其特定目标时就告结束；而运营则会在达成阶段目标之后采用新目标，并不断地用新目标取代旧目标，把工作继续下去。运营不会因目标的实现而结束。

- 项目是要创造独特的可交付成果，而运营是要产出同样的结果。项目追求独特性，运营追求相似性。例如，汽车零配件的生产属于运营，要追求不同批次产品基本相同，误差尽可能小；空姐按服务规范给乘客提供机舱服务也属于运营，要追求给每个乘客提供基本一致的服务。

- 项目可交付成果的开发过程是渐进明细的，而运营是在标准化的生产线上或根据标准化的服务流程开展的。项目的开发过程充满风险，而运营的生产或服务过程基本没有风险。

组织中，有些工作必须当项目做，如规模大、复杂程度高、跨专业和部门、需要在特定时间完成的工作；而有些工作通常不当项目做，如生产汽车零配件等追求相似性的工作。还有更多的工作可当项目也可不当项目做，是否把它们当项目做取决于人们的需要。如果更看重它们的临时性、独特性和渐进明细性，那就要把它们当项目做，否则就应该当运营做。从这个意义上说，在实际工作中，项目与运营的界限不一定非常清晰。

在实际工作中，持续性的运营往往可以被划分为许多临时性的项目。例如，出版社的运营可以分解为每本书的出版项目，杂志社的运营可以分解为每期杂志的出版项目。这种把日常的运营工作分解为项目的做法，也就是把工作项目化，以便推行项目化管理（Management by Project）。

运营，是根据现有的程序，在标准化的生产线上进行的；或者，根据既定的服务规范，按规定好的服务流程进行的。运营是建立在项目所开发出的生产线或服务能力的基础上的。在运营过程中，当需要开展一些在日常的重复性工作的范畴内无法有效进行的活动时，就需要当项目做，如生产线改造或服务能力升级。

在组织中，运营与项目相互支持、相互协调，共同为实现组织的经营目标和战略目标服务。运营部门需要参与项目目标的制定，需要为项目提供相关资源（如人员），需要接受已完成的项目成果并付诸运营。项目团队需要从运营工作中挖掘项目需求，需要考虑项目成果将如何融入运营工作，以及将如何改变和提升组织的运营水平。

在现有的组织中，项目往往来自运营（在运营中发现了某种机会或威胁），又服务于运营（项目所形成的成果要交付运营），并不断推动运营在更高的水平上进行。从这个意义上说，项目的启动和收尾都与组织的日常运营紧密相连。明白这个道理，有助于防止为做项目而做项目。

例题 1-3 在实施项目的过程中，应该认真考虑项目产品的维护与持续运营问题。这种维护与持续运营应该：

A. 是项目收尾阶段的一项重要活动

B. 是项目生命周期中的一个阶段，因为生命周期成本中包括维护和持续运营成本

C. 不是项目的一部分

D. 是一个独立的项目

解释：本题考的是项目的定义及项目生命周期。题目中的"维护"和"持续运营"是指项目完工后在项目产品使用中的维护和持续运营。如果你知道项目的定义，就会知道它们不是项目，而是持续性、重复性的工作。在学了第2章的项目生命周期后，你就会知道维护和持续运营是项目完成以后的事，不包括在项目生命周期中。考生也需要了解选项B中的"生命周期成本"是指产品生命周期（而非项目生命周期）成本。正确答案是C。

1.3 项目的特点

1.3.1 项目的普遍性

项目是为组织的经营需要与战略目标服务的。项目可以因市场需求、运营需要、客

户要求、技术进步、法律要求等原因而启动。在正式启动一个项目之前，需要进行初步的需求分析，明确为什么要启动这个项目，这个项目要满足什么需求、达到什么目的。

组织中会存在不同层级的项目，其规模、复杂程度可能相差很大。小项目可能仅需一个人或几个人，仅涉及一个部门，用几天或几个星期就可以完成；而大项目可能需要成千上万人的参与，会涉及许多单位，需要用几年甚至十几年才能完成。

今天，项目早已超出了传统的工程项目的范畴，几乎无处不在。例如，组织机构改革、政府出台政策、清理旧政策法规、举办婚礼等，都是项目。一项工作是不是项目，不取决于该工作本身，而取决于做该工作的人是否把它当项目来做！人们对哪些工作是项目或应该当作项目来做，已经达成许多共识。可以说，任何一个需要在特定时间内解决的问题都是项目。

《PMBOK®指南》所描述的项目管理知识，从本质上讲，是用来管理中等或以上规模且跨部门、跨专业的项目的。PMP®考试中的项目，通常也是这种类型的项目。

> PMP®考试题目中的"项目"，一般都是中等以上规模且跨专业、跨部门的项目，而不是很小的单专业项目。

1.3.2　项目的临时性

临时性，是指项目有明确的开始时间和明确的结束时间。任何具有明确开始和结束时间的工作都是临时的，不会无限期地延续下去。临时性与项目工期长短没有任何关系。历时一个月的项目是临时的，历时一年甚至十年的项目也是临时的。

项目可以因多种原因而结束。例如，项目的目标已经达到，且已被批准终止；对项目的需求不再存在，且已被批准提前终止；项目的目标不能达到，且已被批准提前终止；项目无法达到既定的商业或其他目的，且已被批准提前终止。

> 项目无论何因何时结束，都必须经过既定的批准程序，绝不能不了了之！

项目的临时性，可能是因商业机会的短暂性决定的。因为商业机会往往稍纵即逝，所以必须在有限的时间内开发出项目产品、服务或成果。

项目的临时性决定了项目团队的临时性。为项目而组建的项目团队，要随着项目的完成而解散。团队解散以后，团队成员需要自己或通过组织重新找工作。这是项目带给团队成员的一大挑战。

临时性的项目所创造的产品、服务或成果，往往具有可持续的长期生命力，也会对相应的自然或社会环境产生较长期的影响。例如，水电站建设项目，所建成的电站可以长期使用，会对所在地的环境与社会产生持续影响；奥运会开幕式服务对社会的影响会持续很长时间；科研项目所发现的新知识（成果）可以被长期利用。

1.3.3　项目的独特性

独特性，也叫"一次性"，只做一次的事肯定是独特的。如同没有两个完全一样的人、没有两片完全一样的树叶，世界上也没有两个完全一样的项目。只要是项目，多多少少会在某些方面与以前的项目有所区别。项目的独特性导致了项目的许多风险，也在很大程度上决定了项目工作的挑战性和项目产品的竞争力。

与临时性相比，独特性更易引起误解。一项工作是不是独特的，是相对而言的。一个项目与以前的项目相比，多多少少会有一些相似性，如两个公路建设项目或两个水电站建设项目之间肯定有不少相似的地方。如果各个项目完全是独特的，就不可能存在大多数时候适用于大多数项目的知识，《PMBOK® 指南》也就无法存在。正是这种相对意义上的独特性，使项目管理的应用范围得以广泛扩展。许多工作都具有相对意义上的独特性，也就都具备当作项目来做的可能性。

把工作当项目来做，就必须看重这件工作有别于以往或其他工作的独特性，包括工作过程的独特性和工作成果的独特性。在项目管理中，特别强调项目的独特性。各项目之间的相似或重复元素，并不能改变项目的独特性本质。因为独特性是项目的风险所在，是最容易出问题的地方，因此必须加以特别注意。对项目的相似性，人们已经积累了一定的经验，处理起来相对可以"循规蹈矩"，风险较低。如果特别强调项目的相似性，那么就不需要项目管理这个学科了。

> 把工作当项目来做，就必须看重其独特性，做出特色。

1.3.4　项目的成果导向性

项目所要创造的产品、服务或成果，可以统称为"可交付成果"（Deliverable）。换言之，可交付成果可以是：
- 有形的产品。既可以是最终形态的物品，如最终出版的图书；也可以是供其他工作使用的中间形态的物品，如供校对用的图书清样。
- 无形的服务。既可以是一次特别的服务，如奥运会开幕式、文艺演出；也可以是新的服务能力，如银行开发的新服务职能、学校开发的新课程。
- 其他成果。不能被归为产品或服务的各种成果，如科研项目所开发出来的知识，培训项目所形成的员工知识水平的提高。

在项目管理中，特别强调以可交付成果为导向。做项目，就是要做出符合要求的可交付成果，来满足项目发起人和其他重要相关方的需求。

必须坚持以可交付成果为导向，做出符合要求的成果，防止只有苦劳而没有功劳。

1.3.5 项目的渐进明细性

在《PMBOK®指南》第3版中，明确指出了项目具有渐进明细性，即应该在连续积累中分步骤开发，以便逐步明确项目的细节特征。在《PMBOK®指南》第4~6版中，虽然并未把渐进明细性列进项目的定义，但是仍在许多其他地方强调了项目工作是需要渐进明细的。因此，仍可以把渐进明细性看作项目的一个重要特性。

项目的特点应该随着时间的推移、情况的明朗和信息的增加而逐渐细化出来。例如，往往不可能一开始就制订非常明细的项目计划，而只能先编制粗略的控制性计划，然后再逐渐细化出详细的实施计划。按逐渐细化的原则去做事，也有助于避免一些不必要的风险。如果一开始就编制出详细的计划报给老板，万一老板拒绝接受，损失就会很大，因为编制详细的计划已经耗费大量的时间与精力。如果先报一个框架性计划给他，在得到批准后再逐步细化，风险就会小得多。即便他不批准框架性计划，损失也不会太大，因为框架性计划相对容易编制。

项目的许多方面都需要渐进明细，例如：

- 项目的范围。一开始只有粗略的范围说明书，然后细化出工作分解结构和工作分解结构词典。
- 项目的计划。一开始只有控制性计划，随后逐渐编制具体的实施计划。
- 项目的目标。一开始只有方向性大目标，随后逐渐细化出具体的、可测量的、可实现的小目标。

项目管理特别强调项目特性和项目计划都是逐渐细化出来的，因为：

- 项目的各种情况是逐渐明朗的。我们不可能一开始就制定出项目的明细特性，编制出详细的项目计划。
- 用逐渐细化方法编制的项目计划，才具有较好的可操作性和可实现性。如果在项目早期就强行编制详细计划，这种计划通常不可能切合实际，很可能基本没用。

项目的渐进明细，一定要在项目的范围边界之内进行，以避免渐进明细演变成范围蔓延。渐进明细与范围蔓延根本不是一回事。前者是必须做的，而后者是必须避免的。如果项目是在承发包合同下进行的，那么尤其要注意这两者之间的区别。合同工作的渐进明细必须在合同所规定的工作范围内进行，而不能超出该范围。这既是对承包方的要求，更是对发包方的要求。如果超出合同工作范围，就属于追加额外工作，应该按合同变更管理的程序加以管理。

渐进明细必须在确定的项目范围边界之内进行，不能"溜出"项目边界！

临时性、独特性和渐进明细性，是项目有别于运营的根本。可以说，任何一项工作，如果你更看重它的临时性、独特性和渐进明细性，它就是"项目"；如果你更看重它的永久性，与其他工作的相似性，以及一开始就能明确大多数细节，它就是"运营"。

例题 1-4 下列哪个最能体现项目的特点？

A. 有明确的目标

B. 有明确的结束时间

C. 需要取得明确的成果

D. 需要每个月重复开展

解释：本题考项目的概念。只要知道项目的临时性、独特性和渐进明细性，就很容易选 B，因为它体现了临时性。注意：不要选 A 或 C。虽然 A 或 C 也是正确的，但它们并不能把项目与运营从根本上区分开来。运营也有明确的目标（如年度目标），也可能（但并不总是）要取得明确的成果。D 则完全就是运营。

《PMBOK® 指南》中的"项目驱动变革"和"项目创造商业价值"这两大性质，更像做项目的目的，将在后文（见 1.5.3 节）讨论。

1.4 战略管理、项目管理和运营管理

组织必须开展战略管理来确定长远的战略目标，开展项目管理来为实现战略目标创造条件，开展运营管理来使用这些条件以实现战略目标。

1.4.1 战略管理与项目组合管理

战略管理旨在确定组织的长远发展方向和战略目标，要回答：组织在 5 年、10 年甚至更长时间以后将要成为一个什么样的组织？这相当于用一副望远镜寻找未来的目的地。

确定了发展方向和战略目标之后，就需要寻找有利于朝方向前进和实现战略目标的各种机会。在这个丰富多彩的世界上，组织面前的机会将是非常多的，且各种机会对组织有不同的价值。通常，机会的数量会多到远远超出组织的资源所能够支持的程度。这样一来，组织就必须在众多的机会中做出选择，决定利用或放弃某些机会。因为一个机会可对应于一个或几个项目，所以这个选择的过程就是项目组合管理，即决定做或不做某些项目。

项目组合管理是要排列所有备选项目的优先顺序，并选择一系列排序靠前的、最有利于实现战略目标的项目（正确的项目）来做。项目组合管理的出发点是组织的战略目标和资源限制。它所关注的是，在既定的资源限制之下，做哪些项目才能够最有效地实现既定的战略目标。组织用项目组合管理来确保每个项目都有助于战略目标的实现，确保有限的资源被优先分配给最有利于战略目标实现的项目。

> 项目组合管理其实是进行投资决策。项目组合经理往往由组织中的高级管理人员（如副总裁）兼任。

面对变化迅速的商业环境，组织的发展方向和战略目标都不能是静态的，而必须是动态调整的。组织至少每年要对战略方向和战略目标做一次审查，进行必要调整。这也就造成了项目组合管理的动态性。

1.4.2　项目集管理

项目集管理是要正确地完成一系列相互关联的项目。它通过管理项目之间的内在联系，来取得假如把每个项目单独管理所不能取得的效益。它平等地看待同一个项目集中的所有项目，不考察项目之间的优先顺序；而是重点管理项目之间的相互联系，通过它们之间的有效配合来取得更大的效益。

项目集管理旨在把各项目串成一个横向的项目串。项目组合管理旨在把各项目串成一个纵向的项目串。项目集中的项目可能因与其他项目的配合不够而被剔除。项目组合中的项目可能因排序靠后而被剔除。也可以向现有项目集或项目组合添加新项目。

> 项目集管理旨在正确地完成一系列相互配套的项目，获得更大的效益。

例题 1-5　某地方用几年时间在城市郊区新建了一个住宅小区。因为学校、医院、商场等配套设施的建设没有跟上，导致小区建成以后一直没有达到较高的入住率。为了防止这个问题的出现，该地方本该加强以下哪一项？

A. 地区战略管理

B. 项目集管理

C. 楼盘销售管理

D. 项目管理

解释：如何更好地建设配套设施，这是项目集管理的事情，故 B 为正确答案。另三个选项都与题干没有直接关系。

1.4.3 项目管理与运营管理

项目管理是指对单个项目的管理，旨在正确地完成单个项目。它把每个项目单独拿出来管理，以便最有效地实现项目目标。同时，它需要为项目组合管理和项目集管理提供必要的协助。

> 项目管理旨在正确地完成单个项目。

运营管理是确保持续且有效地应用项目或项目集所产出的生产能力或服务能力。例如，生产企业用建成的生产线持续不断地生产同一种产品，服务企业用新开发的服务流程重复地开展同一种服务。生产能力或服务能力，只有交付运营，才能为组织创造价值，促进战略目标的实现。

战略管理、项目组合管理、项目集管理、项目管理与运营管理的主要区别如表 1-2 所示。

表 1-2　战略管理、项目组合管理、项目集管理、项目管理与运营管理的主要区别

比较项	战略管理	项目组合管理	项目集管理	项目管理	运营管理
工作内容	明确组织的战略目标	选择最有利于实现战略目标的一些项目	分析并利用各项目之间的有机联系	规范有序地开展单个项目	持续且有效地使用项目或项目集所形成的生产或服务能力
目的	确保组织的方向正确	确保做一系列正确的项目	确保获得比单个项目效益之和更大的效益	确保做出符合范围、进度、成本和质量要求的项目成果	确保实现商业价值和战略目标
负责人	董事长	总经理	项目集经理	项目经理	职能经理
变更	主动追求变更，调整战略方向和目标	主动追求变更，调整项目组合的组成部分	必要时对项目集内容做变更，以扩大项目集效益	为配合项目集而变更，或为实现项目目标而变更	按标准化流程开展生产或服务，无须变更

1.4.4 组织级项目管理

组织级项目管理是组织中的项目、项目集和项目组合管理做法，以及有利于这些做法的推行的各种因素的总和。它通过协调组织驱动因素（如组织结构、组织文化、人力资源政策等）与项目、项目集、项目组合管理做法，来提高组织实现战略目标的能力。一方面，要适当调整项目、项目集和项目组合管理做法，来适应组织结构、组织文化和人力资源政策等。另一方面，要不断优化组织结构、组织文化和人力资源政策等，来支

持采用最佳的项目、项目集和项目组合管理做法。在组织中推行项目、项目集和项目组合管理，需要各种组织驱动因素的支持。

组织必须不断提升项目、项目集和项目组合管理的水平，不断改进各种组织驱动因素，并不断改进项目、项目集和项目组合管理做法与组织驱动因素之间的匹配性，从而不断提升组织级项目管理的水平。

PMP®考试针对单个项目的管理，不针对项目集管理、项目组合管理或组织级项目管理。对项目集管理、项目组合管理和组织级项目管理，考生只须了解基本概念以及它们与项目管理的关系，无须深入学习。

> PMP®考试针对单个项目的管理，但也可能考到项目集管理、项目组合管理或组织级项目管理的基本概念。

1.5　项目管理的基本内容

1.5.1　项目目标

从狭义上讲，做项目就是要在规定的范围、进度、成本和质量要求之下完成项目可交付成果。项目范围、进度、成本和质量，是用于规定项目目标的四个必不可少的维度，缺一不可。这四个维度又可被归纳为"效率"和"效果"两个维度。进度和成本是关于项目的效率的，即以正确的方式、用尽可能低的代价做事；而范围和质量则保证项目成果能够发挥既定的功能，是关于项目的效果的，即做正确的事，获得想要的结果。

中国传统文化比较注重做事的"效果"，对"效率"相对重视不够。有许多故事教育人们去追求效果，如愚公移山、悬梁刺股；而教育人们讲究做事效率的故事比较少。考生需要牢记，项目的效率，即进度与成本，也是项目的重要目标。

从广义上讲，做项目就是要满足项目相关方在项目上的利益追求，包括已表达出来的需要（needs）和想要（wants），以及尚未表达出来的利益期望（expectations）。当然，要实现这个广义上的目标，通常是很困难甚至是不可能的。出于这个原因，《PMBOK®指南》从2000年第2版开始，就在项目管理的定义中删去了1996年第1版中的"满足甚至超过相关方的期望"这些文字。虽然在对"项目管理"的定义中删去了关于"期望"的文字，但是《PMBOK®指南》在提及项目相关方的许多其他地方仍然保留着"期望"这个词。所以，对于是否应该满足相关方尚未表达出来的利益期望，《PMBOK®指南》并未给出定论。

> PMP® 考试中，如果题目考的是"项目相关方"，那么他们的期望是需要考虑甚至满足的；如果考的是"项目范围（或功能）"，那么是不可以"镀金"的，即不能做额外的工作。

为了项目成功，项目经理必须用自己的专业技能把项目相关方对项目的利益追求（需要、想要和期望）表述成可测量、可操作的具体项目要求（requirements），即项目的范围、进度、成本和质量要求。项目相关方的需要、想要和期望可以是很笼统的，但项目要求必须是具体的、可测量的。具体的项目要求通常用"三重制约"来表示。

尽管仍沿用"三重制约"这个传统词汇，但现代的三重制约是"范围、进度和成本"以及夹在中间的"质量"，与过去的"进度、成本和质量"三重制约不同。之所以采用新的三重制约，主要是为了体现"范围"的龙头作用，为了承认对范围、进度与成本的调整（平衡）通常都会影响项目质量。把这个新三重制约适当扩展，就可以得到一个更广义的三重制约，包括范围、进度、成本、质量、风险和相关方（如客户）需求六个方面（见图1-3）。它表明了项目管理就是要在充分考虑风险的前提下，为满足相关方的需求，而确定并实现项目的范围、进度、成本和质量要求。

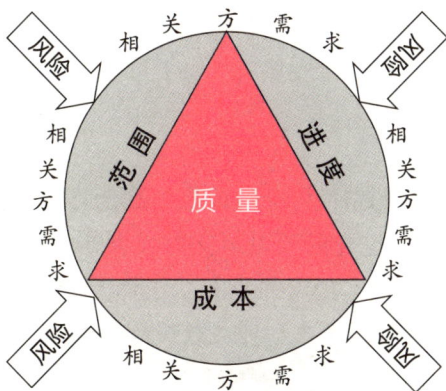

图 1-3　新三重制约示意

1.5.2　项目目标各维度的优先顺序

项目的范围、进度、成本和质量这四个维度紧密相连，既相互依存又相互竞争。改变某个维度会引起至少一个其他维度的变化。要优化某个维度，通常只能以损害另一个维度为代价。

关于各维度的优先顺序（哪个更重要），需要注意：
- 笼统地讲，各维度没有优先顺序。
- 在具体的项目上，必须排列各维度的优先顺序，以便必要时以牺牲排序靠后的维度来保全排序靠前的维度。

- 在某个具体项目上，它们的优先顺序通常由高级管理层而不是项目经理决定。项目经理需要在项目规划和执行过程中贯彻高级管理层所决定的这种优先顺序。
- 不同的项目相关方可能对哪个维度更重要有不同意见，从而增加管理项目的难度。
- 如果项目产品是为某个外在事件（如奥运会开幕）服务的，且该外在事件的开始时间无法更改，那么"进度"往往是最重要的维度。

笼统地讲，项目的范围、进度、成本和质量等分目标没有优先顺序；在具体项目上的优先顺序由高级管理层决定。

例题 1-6 在确定项目目标时，应该更加关注下列哪一个？

A. 进度要求

B. 成本预算

C. 质量标准

D. 同等关注进度、成本和质量要求

解释：可能有些人会选 C。但是，我们很容易否定这个答案。例如，编制投标文件的项目，如果太注重文件的质量，以至于错过投标截止时间，这个项目就是彻底失败的。由于题目中没有特别的情景，就只能根据各维度同等重要来做出选择。正确答案是 D。

1.5.3 项目目的

项目目标是指要做出怎样的项目可交付成果（符合范围、进度、成本和质量要求），而项目目的是指为什么要做出这样的项目可交付成果（这个成果能够带来什么效益）。例如，报考 PMP® 认证的目标是在规定的范围、进度、成本和质量要求之下获取 PMP® 证书，目的是用 PMP® 证书去提升个人就业或晋级竞争力。

《PMBOK® 指南》中，对"目标"（Objective）和"目的"（Goal）这两个词的用法并不规范。阅读该指南时，应该根据上下文的需要加以灵活理解。

《PMBOK® 指南》指出，项目应该具有驱动组织变革和为组织创造商业价值的特性。这两条其实就是项目目的，即组织做项目的根本原因。

项目是独特性的工作，应该能够把组织从不太理想的当前状态转变到某种所需的未来状态。例如，制造工厂的生产线已经过时（当前状态），组织就实施一个新生产线建设项目，以便获得崭新的生产能力（未来状态）。做项目，是组织为适应甚至引领行业变化而主动求变。

　　项目经理应该从组织变革管理的高度来做项目，把项目看成变革型项目，即实现组织变革的手段。组织文化可能促进或妨碍组织变革的开展，因此项目经理应该评估组织文化对变革的影响。项目经理应该评估项目与组织的相互影响，采取合适行动使项目对组织变革发挥应有的作用。应该注意，其他项目所引发的组织变革（如组织结构变化、规章制度变化）也可能对本项目产生影响，导致有必要对本项目进行变更。

　　做项目，最终是为了实现有形或无形的商业价值。如果是为外部客户做项目，如承包商为业主建设办公楼，那么所获取的收入和利润就是有形的商业价值，所积累的经验、能力和声誉就是无形的商业价值。如果是组织内部的项目，那么项目直接创造的只是积累的经验和能力等无形商业价值；收入和利润等有形商业价值，则只能通过后续对项目成果的运营来创造。对于隶属于同一项目集的各个项目，应该把这些项目的成果联合起来运营，来创造更大的商业价值的。

> 《PMBOK® 指南》中，除非特别说明，项目都是组织内部的，而非为外部客户而做的。

　　为了明确项目目的，在正式启动项目之前，就要对项目进行商业论证，编制出商业论证报告和相应的效益管理计划。在效益管理计划中，必须明确项目拟实现的商业价值，包括实现时间、效益实现责任人、具体测量指标、效益实现方法以及对效益实现进展情况的追踪方法。编制这两份文件，是项目的前期准备工作。对于隶属于项目集的项目，往往要在项目集管理的层面编制这两份文件。在后续的项目启动、规划、执行、监控和收尾过程中，必须遵守这两份文件的规定。

　　考虑到项目相关方（如客户）可能等不及项目完成后才从中受益，项目经理就要设法在整个项目生命周期中以分阶段或分模块的方式逐渐实现价值。对只有通过与其他项目的配合才能实现的价值，项目经理就要协助项目集经理或项目组合经理去实现价值；对只有通过后续的项目成果运营才能实现的价值，项目经理就要在项目收尾阶段向运营经理做好成果移交和知识转移，为成果运营的顺利开展提供协助。

> "效益（benefit）"和"价值（value）"经常同义。如果要区分，那就是效益 – 成本 = 价值，其中成本是为获得效益所付出的代价。

1.5.4　项目管理的实现过程

　　项目管理是通过一系列项目管理过程来实现的。每个过程尽管可在一定时候单独使用，但在大多数时候都是与其他相关过程整合在一起而协调使用的。《PMBOK® 指南》列出了 49 个项目管理过程，并指出应该通过整合使用这 49 个过程来管理项目。这 49

个项目管理过程又被归纳成启动、规划、执行、监控与收尾五大过程组。

管理一个项目，就需要应用合适的项目管理过程，做好以下工作：

- 与项目主要相关方沟通，识别他们的项目需求。
- 分析相关方的项目需求，了解项目需求之间的一致性、协调性和矛盾性。
- 权衡相互竞争（矛盾）的项目需求，寻找最佳平衡点。
- 建立具体、明确且现实可行的项目目标。
- 把项目目标转化为具体的实施计划，组建项目团队具体实施。
- 对项目进展情况进行动态监督与控制，及时纠正偏差，保证项目顺利实施。
- 对项目阶段或整个项目进行正式收尾工作，结束阶段或整个项目。

项目管理必然会涉及相互竞争的项目要求（如项目范围、进度、成本、质量、资源与风险）以及对项目有不同需要、想要和期望的项目相关方。

因为项目需要在整个生命周期中渐进明细，所以许多项目管理过程都需要不断反复开展，而不是只开展一次。在项目早期阶段，项目管理团队在较粗略的层次上开展这些过程，然后，随着对项目的了解的增加，可能需要在更详细的层次上开展这些过程。

> 项目管理是通过整合开展49个基本的项目管理过程来实现的。

1.5.5 管理项目需要多方面的知识

根据《PMBOK®指南》，项目管理是把各种知识、技能、工具和技术应用于项目活动，来达到项目要求。这主要是从技术方面来说的。其实，在项目管理的技术层面背后，还有理念层面的内容。学习项目管理，除了学习技术，还要注意理解和掌握项目管理的工作理念，如整合管理的理念、以可交付成果为导向的理念、依靠团队合作完成任务的理念。只有同时掌握了技术和理念，才能真正用好项目管理方法，才能真正管好一个项目。

在《PMBOK®指南》中，把管理大多数项目所需要的共同知识整理成了"十大知识领域"，即项目整合管理、范围管理、进度管理、成本管理、质量管理、资源管理、沟通管理、风险管理、采购管理和相关方管理。

项目整合管理是项目管理的指导思想，必须在整合管理的指导之下开展后九大知识领域的管理。项目整合管理要求把项目中的全部要素整合在一起，实现项目范围、进度、成本和质量的综合最优。

因为项目目标是用范围、进度、成本和质量来测量的，而风险又是万一发生会对项目目标有影响的不确定事件，所以，项目范围管理、进度管理、成本管理、质量管理和风险管理都是与项目目标直接相关的知识领域。其他四大知识领域，即资源管理、沟通管理、采购管理和相关方管理，则都是与项目所需的资源（特别是人力资源）直接相关的。

应该在整合管理的指导之下：

（1）规划该做什么（范围管理）。

（2）规划该在什么时候做（进度管理）。

（3）规划该用多大成本做（成本管理）。

（4）规划该做到什么质量要求（质量管理）。

（5）把以上步骤得到的范围、进度、成本和质量计划整合成初步的项目目标计划。

（6）针对初步的项目目标计划，识别和分析项目风险（风险管理）。

（7）根据风险分析结果，调整初步的项目目标计划，得到确定的项目目标计划。

（8）安排所需资源（特别是人力资源）去执行确定的项目目标计划。先使用组织内部已有的资源（资源管理），再通过采购获取组织缺少的资源（采购管理）。

（9）始终保持与组织内外部项目工作人员密切沟通（沟通管理）。

（10）通过积极与各种相关方打交道，来提升相关方对项目的支持，削弱相关方对项目的抵制，促进项目成功（相关方管理）。

项目管理十大知识领域的关系，如图1-4所示。

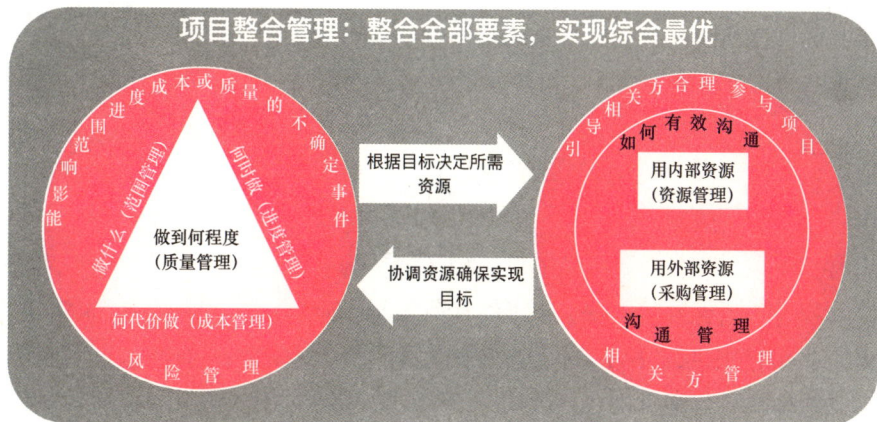

图1-4　项目管理十大知识领域的关系

虽然管理项目所需的许多知识都是项目管理特有的，但是仅仅理解和应用这些知识还远远不够。要有效地管理项目，还要掌握：

- 应用领域的知识、标准与法规。某个应用领域是具有某类共性的那些项目的集合。这些共性是其他应用领域的项目所不具备的，足以把该应用领域的项目与其他应用领域的项目区分开来。每个应用领域都有一些专有的知识、标准与法规。通常，每个行业都是一个应用领域。应用领域也可以按其他标准来划分。

- 对项目环境的理解。社会的政治、经济、文化甚至自然环境，对项目有一定的影响，项目的实施及其所形成的项目成果也会对相关环境产生影响。项目团队应该把项目置于其文化、社会、国际、政治及自然环境中加以考虑。

- 通用的管理知识。项目管理是管理学的一个分支，所以掌握通用的管理知识，对项目经理也非常重要。在管理具体项目时，也需要运用通用管理学中的各种知识。

- 人际关系技能。项目往往需要许多人协同工作，所以人际关系方面的技能，对成功管理项目非常重要。人际关系技能包括有效沟通、施加影响、领导、激励、谈判、冲突管理、解决问题等。

项目管理团队作为一个整体，应该具有《PMBOK®指南》的全部知识，熟悉项目管理知识体系中的其他相关知识，掌握上述四个领域的知识，并把各种知识综合应用于项目的各项工作。

1.6 疑难问题解答

1. 如何理解《PMBOK®指南》所说的"项目管理并非新概念，它已存在数百年之久"？

答：这句话中的"项目管理"显然不是"现代项目管理"。在国际上，普遍认为现代项目管理起源于20世纪50年代，因为在那个时期出现了"项目经理"这个词，出现了作为现代项目管理方法的基础的网络计划技术。例如，1959年，《哈佛商业评论》杂志发表了全球第一篇专门讨论项目经理的文章。在该文发表之前，已有少数公司设立了"项目经理"岗位。

2. 按《PMBOK®指南》的规定做项目，是不是太死板了？

答：《PMBOK®指南》概括了项目管理领域普遍有效的知识，是长期积累下来的经验的总结与提升。毫无疑问，每个项目都有独特性，都可能有一些该指南未涉及的方面。但是，对每个项目来说，《PMBOK®指南》都是良好的基础。只有在这个基础之上，具体的管理人员才能更好地针对具体情况进行有效的管理创新。《孙子兵法》说得好："以正合，以奇胜。"如果连《PMBOK®指南》所描述的"正道"都弄不懂，何谈针对具体情况出"奇"制胜？即便似乎是"以奇胜"了，你的"奇道"也可能是本无须摸索就可直接拿来用的"正道"。

所谓的"以奇胜"，就是项目经理必须针对具体的项目，对《PMBOK®指南》中的项目管理过程和知识领域进行必要的裁剪。在《PMBOK®指南》每个知识领域中，都专门阐述了进行裁剪时需要考虑的各种因素。这些因素可以归为六大类：事业环境因素（如组织文化）、组织过程资产（如相关政策和指南）、项目本身的情况（如规模、复杂性）、项目团队的情况（如成员是兼职还是全职的，成员是集中办公还是分散办公）、项目相关方的情况（如相关方的多样性、相关方之间的关系），以及对管理项目的原则性要求（如项目治理规则、变更管理原则）。

3. 为什么说《PMBOK®指南》本身并不是项目管理方法论？

答：《PMBOK®指南》主要回答"项目管理是什么"，而非"项目管理该怎么做"。

《PMBOK®指南》相当于一本项目管理知识和技术的精选词典,而项目管理方法论则相当于一本关于如何造句的语法手册,会规定如何在特定项目上组合应用各种项目管理知识和技术。项目管理方法论不会按知识领域来划分各个组成部分,而是按项目生命周期的各个阶段来划分。在项目管理方法论中,也会规定参与项目的各方的岗位和职责。《PMBOK®指南》并非按项目生命周期的各个阶段来组编,也没有详细讨论项目参与各方的岗位和职责。这就决定了它本身并不是项目管理方法论。人们可以利用各种具体的项目管理方法论来应用《PMBOK®指南》中的知识和技术。例如,一个组织可以按项目生命周期来建立自己的组织级项目管理方法论,并把《PMBOK®指南》中的知识和技术放入这个方法论架构中。

4. 如何理解《PMBOK®指南》所说的"项目集不是大项目"?

答:对这句话,不能生硬地照字面去理解。并非所有的大项目都不适合看成项目集。一个大项目,如果其中的各个主要可交付成果是无法独立发挥任何作用的,那么就不适合被看作项目集。例如,大型水电站建设项目,有三个主要可交付成果:大坝、引水隧洞和发电厂,其中的任何一个都无法独立发挥作用。相反地,如果各个主要可交付成果是能够独立发挥一定作用的,那么就可以把这个大项目看成项目集。例如,大型住宅小区开发项目,每栋楼和每个公共设施都是一个可以独立发挥作用的主要可交付成果。所有这些楼和设施联合起来,则能够发挥更大作用。

5. 为什么《PMBOK®指南》中没有提及"三重制约"?

答:一是因为这个"三重制约"已经被广为熟知,无须再说。二是因为现在项目管理界普遍认为,评价项目成功的标准不应局限于狭义上的"三重制约"。《PMBOK®指南》中没有提及,并不表示它已彻底过时,而只是希望人们不要受限于狭义上的"三重制约"。

第2章
项目运行环境与项目经理

2.1 项目执行组织

《PMBOK® 指南》和 PMP® 考试中的 "项目"，都是在一个或几个组织中开展的。这个或这些组织就是 "项目执行组织"，也就是平常所说的 "项目所在单位"。任何一个组织，只要有员工直接参与某个项目，它就是该项目的执行组织。一个项目，也许有多个执行组织。例如，对于建筑施工项目，业主单位、施工单位、设计单位等都是项目的执行组织。

2.1.1 组织作为一个系统

系统是由一系列相互关联的组件所构成的复杂整体。在一个有效的系统中，系统整体的功能要远大于各组件的功能之和。系统可以分成：自然系统与人造系统，静态系统与动态系统，封闭系统与开放系统。毫无疑问，组织是一个开放且动态的人造系统。

组织的开放性是指组织会与环境互动。组织既要从环境获取各种输入，又会向环境输出所生成的各种成果。组织的动态性是指各组件的状态、组件之间的关系以及整个组织的状态都是不断变化的。组织与环境的互动、各组件的状态以及各组件之间的互动，联合决定了组织的高度动态性。《PMBOK® 指南》第 42 页所述的系统的五大原则，都与系统的动态性有关。其中，"系统及其组件不能同时优化"，是指对某个或某些组件的过分优化会损害系统整体的功能。

> 组织中的高级管理层负责组织系统建设，以便主要用系统而不是靠个人去管人管事。

系统由三个要素构成：组件、组件属性以及组件关系。在一个组织中，组件就是各管理层级、部门、小组或个人；组件属性就是它们的职权、职责、行为规范和人员构成等；组件关系就是它们之间的报告和影响关系。与项目有关的部门或个人，如项目管理办公室（PMO）、项目管理团队和项目经理，当然也是组织系统中的必要组件。

《PMBOK®指南》中重点讨论了组织系统的三大决定因素：组织治理框架、管理要素（原则）和组织结构。

2.1.2 组织治理与项目治理

组织治理框架是组织中的重要决策制定框架，即在组织中，谁有权在什么时候用什么方法做出并推行什么重要决策，如董事长、总经理、财务总监、PMO主任分别有权做出什么决策。

"治理"是指统治、引导与控制，最先用于政治领域，如国家治理、地方治理，后又用于组织领域，如组织治理或公司治理。通俗地讲，任何比你职位高的人对你的工作的指导、支持和监控，就是治理。以公司为例，公司建立董事会来开展公司治理。董事会将根据一系列决策规则来处理公司与股东及其他相关方的关系，确保公正、透明和责任落实。以下四条是最重要的决策规则：

（1）关于如何处理公司与股东及其他相关方的权责利关系的规则。

（2）关于如何协调各相关方的利益矛盾的规则。

（3）关于董事会如何代表各相关方对公司业务进行监督和控制的规则。

（4）关于公司如何向各相关方发布业务信息的规则。

公司治理旨在为公司商务管理提供宏观指导以及相关方支持，公司首席执行官或总经理必须按公司治理的规定来开展公司管理工作。

> 公司董事会做公司治理，公司总经理做公司管理。

传统的组织治理偏向于对组织运营的指导、支持、监督与控制，而对项目关注不够。随着项目管理及项目化管理的推广，组织越来越关注项目，项目治理也就日显重要。

项目治理是组织为项目建立的高级别的指导、支持、监督与控制框架。项目治理由项目治理委员会（也可以是项目指导委员会或项目领导小组）开展。作为项目的最高决策机构，项目治理委员会在项目中的地位相当于公司中的董事会，由项目执行组织的高级管理者的代表组成。在大型项目上，委员会通常包括至少一名独立成员，他在项目上没有直接的经济利益，只作为社会公众的代表。项目治理委员会所做出的决策，通常无须再经部门轮签和层层审批。这有利于加快决策速度，提高决策质量，落实对决策的最终责任（accountability）。

项目治理是联系组织治理与项目管理的桥梁，如图2-1所示。一方面，项目治理必须符合组织治理的基本要求。另一方面，项目经理及其项目管理团队必须在项目治理的指导下开展项目管理工作。越是大型复杂的项目，就越需要项目治理。项目治理旨在把项目经理无法有效处理的项目政治问题（如协调相关方的重大利益矛盾）剥离出去，交给项目治理委员会处理，以便项目经理能专注于对项目本身的管理。在项目治理规则中，必须规定项目经理向项目治理委员会上交问题的门槛和路径，即严重到什么程度的问题才能以什么方式提交给治理委员会来解决。

图2-1　项目治理与组织治理、项目管理的关系

　　项目治理对项目经理来说，既是紧箍咒，又是保护伞。作为紧箍咒，它会决定项目经理在管理项目时能够做出什么决策，不能够做出什么决策。作为保护伞，它会给项目经理提供方向保障（保证项目的大方向和大目标是正确的）、环境保障（为项目提供良好的组织内部和外部环境）、资源保障（保证项目获取所需资源）和权力保障（保证项目经理有权力管理项目）。如果项目治理不规范、不到位，项目管理就不可能做好，项目也就很难取得成功。

　　项目经理在接手某个项目之前，必须了解有关的项目治理框架，争取更好的保障。

例题2-1　项目经理及其领导的项目管理团队必须遵守：

A. 项目指导委员会确定的项目治理框架

B. 公司董事会确定的公司治理框架

C. 公司CEO制定的公司运营规则

D. 公司各职能部门发布的行政规章

解释：正确答案是A。项目管理必须在项目指导委员会确定的项目治理框架下开展，不得违反项目治理框架中的规定。B：公司治理框架主要针对日常运营。C：公司的运营规则可能对项目有一定的影响，但不一定是项目必须遵守的。D：部门行政规章可能对项目有一定影响，但不一定是项目必须遵守的。

2.1.3 基本的管理要素

《PMBOK®指南》列出了组织中的16个基本管理要素（或称"关键管理职能"）。它们是为做好管理工作而必须关注的基本内容。这16条其实是改编自古典管理理论的代表人物之一亨利·法约尔（Henri Fayol）1916年提出的14条一般管理原则。这14条一般管理原则与《PMBOK®指南》的16个管理要素的对应关系，如表2-1所示。

表2-1 法约尔14条管理原则与《PMBOK®指南》16个管理要素的对应关系

序号	法约尔	《PMBOK®指南》	说 明
1	劳动分工	工作分工	合理的分工能够提高工作效率和效果
2	职权	工作职权	法约尔认为"职责"随"职权"而来，故未单列"职责"。项目管理中，职权和职责不一定完全对等，故分开罗列
		工作职责	
3	纪律	行动纪律	遵守共同的纪律，这是合作的基础
4	统一命令	统一命令	对某个活动，员工只能从一位上级那儿接受指令
5	统一方向	统一方向	只能用一份计划或由一个人去指导服务于同一个目标的各种活动
6	个人目标服从组织目标	组织目标优先于个人目标	个人或小组目标不能凌驾于组织目标之上
7	合理的薪酬	合理的薪酬	员工应该获得合理的薪酬
8	集权或分权	资源的优化使用	项目管理强调项目经理作为整合者及其向团队成员授权，以便有效使用资源；而不是传统管理中的集权或分权
9	层级链	畅通的沟通渠道	法约尔认为，通常要严格按管理层级开展上下级沟通，只有遇到特殊情况才允许绕开直接上级。因为项目管理鼓励横向沟通，所以《PMBOK®指南》做了较大改动
10	良好的秩序	在正确的时间让正确的人用正确的材料做正确的事情	《PMBOK®指南》对法约尔的"秩序"做了具体的解读
11	公平	公正平等地对待所有员工	《PMBOK®指南》对法约尔的"公平"做了具体的解读
12	人员岗位的稳定性	工作职位保障	同一个岗位，不要经常换人；《PMBOK®指南》增加了"工作场所安全"
		工作场所安全	
13	工作主动性	每个人都可参与计划和实施	《PMBOK®指南》对法约尔的"主动性"做了具体的解读
14	团队精神	提升员工士气	这两个说法实质一致

例题 2-2 古典管理理论的代表人物之一是亨利·法约尔。他于1916年提出的14

条一般管理原则，其中哪一条通常不适用于对项目进行管理？

A. 团队精神

B. 人员岗位的稳定性

C. 工作主动性

D. 层级链

解释：正确答案是 D。因为项目管理是横向式管理，不同于传统的纵向式管理，所以法约尔提倡的严格按层级链进行上下级之间的沟通，就不适用于对项目进行管理。在项目管理中，鼓励打破层级边界进行横向沟通。

2.1.4　组织结构的主要类型

《PMBOK®指南》列出了八种单一的组织结构类型和两种混合的组织结构类型，以及在这些组织结构之下的项目管理的特点。它们都是项目所在组织的组织结构。下面用更通俗的语言对这些组织结构进行解释：

- 有机型或简约型。一个老板带领一小群员工。没有其他层级划分，没有职能部门划分，没有固定的分工。书面规章制度很少，大家商量着办。在简约型组织中，决策权高度集中于老板。在有机型组织中，老板把决策权授予全体员工。

- 职能型。按职能划分部门，如生产部、销售部等。有严格的层级划分，有较多的书面规章制度。决策权按层级和部门集中于相应的层级和部门领导。

- 事业部型。按地区、业务线、客户类型等设立不同的事业部。每个事业部内部又可采用所需的组织结构，如职能型。各事业部可能重复设置同一个职能部门。公司总部对各事业部的集中管控程度很低，即各事业部有很大的自主权。

- 矩阵型（包括弱矩阵型、平衡矩阵型和强矩阵型）。既按职能划分出一些永久的部门，又根据需要组建临时的项目部（从永久部门抽调成员）。它是职能型和项目型的结合。如果已把项目管理专门作为一种职能工作，设立了永久的"项目管理办公室"，那就是强矩阵型。如果虽然未设立项目管理办公室，但是设立了专职的项目经理岗位，那就是平衡矩阵型。如果既无项目管理办公室，又无专职项目经理，那就是弱矩阵型。

- 项目型。除了项目管理办公室，基本没有其他职能部门。整个组织都实行项目化管理，即根据需要设立众多的临时项目部。例如，咨询公司可采取这种组织结构。

- 虚拟型。绝大多数成员平时通过互联网远程办公，而不是面对面集中办公。

- 混合型。在不同的时间针对不同的工作灵活采用上述某种或某几种最适用的组织结构，即组织结构并非一成不变。

- 项目管理办公室（PMO）型。在这种组织中，PMO 的作用巨大，是最核心的职能部门，其他部门甚至老板都要围着 PMO 转。有 PMO 的组织，不一定就是PMO 型组织。

> PMP® 考试中可能出现的"紧密型矩阵",并不是一种特别的矩阵型组织结构,而是指矩阵型组织结构之下的项目成员集中办公。

2.1.5　组织结构对项目的影响

在不同的组织结构之下做项目,项目经理的权力和可用资源等都会有很大不同。常见的情况有以下三种:

- 把某个项目放到现有的某个职能部门内部去做。这种情况最容易出现在职能型组织结构中。
- 为某个项目组建专门的项目部,其中部分员工全职做项目,部分员工兼职做项目(仍兼做各职能部门的工作)。这种情况最容易出现在矩阵型组织结构中。
- 为某个项目组建专门的项目部,其全部员工都全职做项目。这种情况最容易出现在项目型组织结构中。

把上述三种情况分别称为职能型组织、矩阵型组织和项目型组织,如图 2-2 所示。

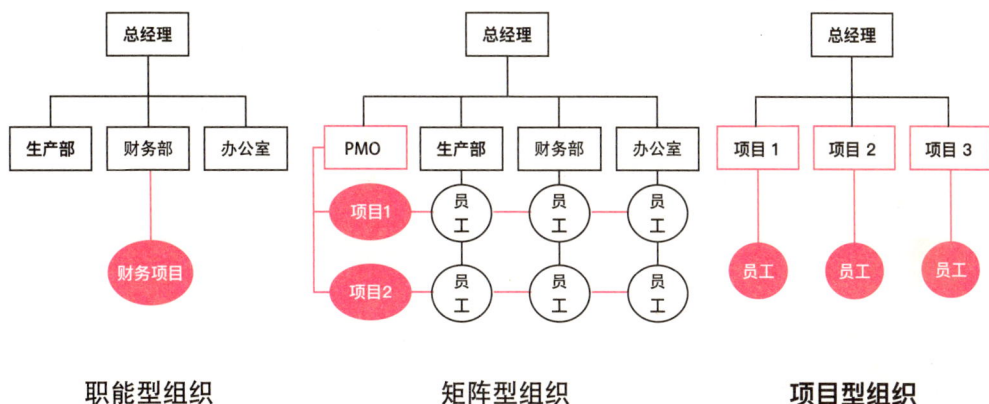

图 2-2　常用的项目组织结构

它们的主要区别如表 2-2 所示。

表 2-2　不同组织形式的主要区别

比较项	职能型组织	矩阵型组织	项目型组织
专门项目部	无	有	有
项目经理	兼职,无职权	全职或兼职,职权或大或小,没有管理项目的全权	全职,有管理项目的全权
控制项目预算者	职能经理	项目经理或职能经理	项目经理
员工全职或兼职	全部兼职	部分兼职,部分全职	全部全职

续表

比较项	职能型组织	矩阵型组织	项目型组织
适用项目	小型单一专业项目	中等跨专业项目	大型跨专业项目，工期很紧的项目
主要优点	员工可兼顾项目工作与职能工作	各职能部门参与，有利于取得他们对项目的支持	项目经理权力大，对项目资源有控制权
主要缺点	兼职员工易轻视项目工作	沟通和管理工作复杂	各项目重复配置资源，降低资源使用效率

例题 2-3　涉及多专业领域的项目，最好用什么组织形式加以管理？

A.　项目型组织

B.　矩阵型组织

C.　职能型组织

D.　直线型组织

解释：正确答案是 B。矩阵型组织最有利于跨部门（专业领域）的横向沟通与整合。项目型组织也可以进行跨部门（专业领域）合作，但需要把各部门（专业领域）的人员招聘到项目部全职工作，只有大型项目才适合这样做。本题并没有给出适用项目型组织的条件（没有说是大型项目），所以不能选 A。职能型组织与直线型组织，其实是一回事，适用于单一专业领域的小项目。

矩阵型组织最常用。它能够同时利用职能型组织和项目型组织的优点。其主要特点是：①借资源，即许多项目团队成员是从职能部门借来的（可能只是在项目上兼职）；②两个老板，即项目团队成员需要同时接受项目经理和职能经理的领导。这两个特点决定了矩阵型组织中的项目经理并没有管理项目的全权。在矩阵型组织中，项目经理控制着项目，但不一定控制着资源，许多资源由职能经理控制。

> 在矩阵型组织中，项目经理往往没有管理项目的足够的正式权力（职权）。

例题 2-4　在项目执行过程中，在项目经理不知情的情况下，两个团队成员被他们的职能经理派到另一个刚刚开始的新项目上去了，这给本项目带来了很大的麻烦。本项目所采用的组织结构很可能是以下哪种？

A.　项目型组织

B.　强矩阵型组织

C.　平衡矩阵型组织

D.　弱矩阵型组织

解释：正确答案是 D。题目所给出的信息是：职能部门经理可以单方面指挥他们的员工，甚至不需要与项目经理商量。只有在弱矩阵型或职能型组织中，才能这样（因为职能经理的地位、权力要明显高于项目经理）。在平衡矩阵型组织中，职能经理需要与项目经理协商。在强矩阵型组织中，职能经理更没有权力直接、单方面指挥项目团队成员。在项目型组织中，则根本不存在这样的问题。

2.1.6 项目管理办公室

随着项目管理的发展，组织的项目化程度越来越高，也就越来越需要建立项目管理办公室（PMO）。PMO 是组织中指导、协调和支持项目管理工作的一个常设职能部门，也就是管理项目管理的常设职能部门。它负责制定和贯彻标准化的项目管理方法论（包括工作流程与规章制度等），协调所辖各项目对资源、工具、技术和方法的共享，为所辖各项目提供必要的支持。PMO 的职能可以多种多样，例如，制定项目管理的政策、方法、指南等，为各部门和员工应用项目管理方法提供指导、培训和支持，从整个组织的高度来管理所辖的全部项目，为重要项目选派项目经理，直接管理一些很重要的项目。

简单的 PMO 功能很少，如只提供项目管理培训或项目管理软件维护；而复杂的 PMO 功能很多，如具有前段提及的大多数甚至全部功能。

除了简约型和有机型组织结构，在其他任何一种组织结构中都可加设 PMO。项目化程度越高的组织结构，越需要设立 PMO，PMO 的地位就越高，功能就越多，作用也就越大。通常，在强矩阵型或项目型组织结构中，PMO 经理可以直接向组织 CEO 汇报。组织设立了 PMO，则 PMO 经理通常就是项目经理的直接上级。

作为项目管理的成熟标志之一，组织中需要有较完整的项目管理系统，其中包括用来管理项目的一系列工具、技术、方法、资源与程序。建立、维护与管理该项目管理系统是 PMO 的重要职责之一，以确保该系统在各项目上得到基本一致的应用。为了不断完善项目管理系统，PMO 必须关注有关项目管理的组织过程资产的积累。PMO 必须把项目的经验教训、工作流程、工作模板和工作数据收集起来，整理成以后项目可以利用的组织过程资产。

> 项目管理办公室不同于专为某个项目而组建的临时的项目部、项目团队或项目组织。

从 PMO 对项目施加的控制程度来看，可以把 PMO 分成以下三种：

- 支持型。PMO 仅为项目提供行政支持服务，如提供工作模板、工作流程、过去项目的经验教训、项目管理培训和咨询等。它对项目没有控制权力，如 PMO 无权要求项目必须采用某种模板或流程。
- 控制型。PMO 在提供支持的基础上，有权对项目施加一定程度的控制，有权要求项目遵守 PMO 的相关规定，如项目必须采用 PMO 提供的工作模板和工作流程。
- 指令型。PMO 直接管理一些很重要的项目，对项目目标的实现负责。这些项目完全在 PMO 的控制之下。组织应该规定达到多大规模和何种复杂程度的项目才归 PMO 直接管理。

PMO 在组织中的地位可以从最低级的项目行政办公室到最高级的战略级 PMO。行政办公室仅对项目提供行政支持，即前文所述的支持型 PMO。而战略级 PMO 则直接承担项目组合管理的任务。《PMBOK® 指南》中没有直接提及战略级 PMO。战略级 PMO 的经理通常由组织中的高级管理人员兼任。在大型集团公司，往往同时存在不同级别的 PMO。例如，公司总部的 PMO 是战略级的，而基层分公司的 PMO 是支持型的，中间的地区性公司的 PMO 则介于这两者之间。

例题 2-5 项目管理办公室正在被越来越多的公司重视。下面哪一个是对项目管理办公室的最好描述？

A. 项目管理办公室是组织中指导与支持项目管理的职能部门

B. 项目管理办公室是专门为大型项目组建的项目部

C. 项目管理办公室是为项目提供行政支持的部门

D. 项目管理办公室管理一群相互关联的项目

解释：正确答案是 A。B 是完全错误的，项目管理办公室不同于专为某个项目而组建的项目部。C 和 D 都是部分正确，不如 A 那么完整。有些项目管理办公室仅提供行政支持，但有些还有其他更高级的功能。项目管理办公室管理的项目不一定相互关联。

2.2　事业环境因素和组织过程资产

项目执行组织会从两个方向对项目施加影响：一是事业环境因素，二是组织过程资产。前文所讨论的组织治理和组织结构，都是事业环境因素的重要组成部分。

2.2.1　事业环境因素

事业环境因素是能影响项目但项目团队无法控制的任何内外部环境因素。内部环境因素来自项目执行组织内部，外部环境因素来自项目执行组织外部。项目团队无法控制、无法回避，又不能忽视的任何因素，都是环境因素。如果忽视环境因素，项目就不能顺利开展。来自项目执行组织外部的因素都是项目不能直接影响的，都被归为"事业环境因素"。

事业环境因素可能提高或限制项目管理的灵活性，可能对项目有积极或消极的影响。项目管理中的几乎每个过程都要受事业环境因素的影响，即便《PMBOK® 指南》并未把事业环境因素列作某些过程的输入。

> 《PMBOK® 指南》不可能面面俱到，其中没有写出来的东西，并不一定就不存在。

《PMBOK® 指南》太多次提到事业环境因素。应该用提炼、归纳的方法把各处的事业环境因素集合到一起来学习和理解，以便把《PMBOK® 指南》看薄。

来自执行组织内部的主要环境因素，可以概括为如图 2-3 所示的三大类 12 条。

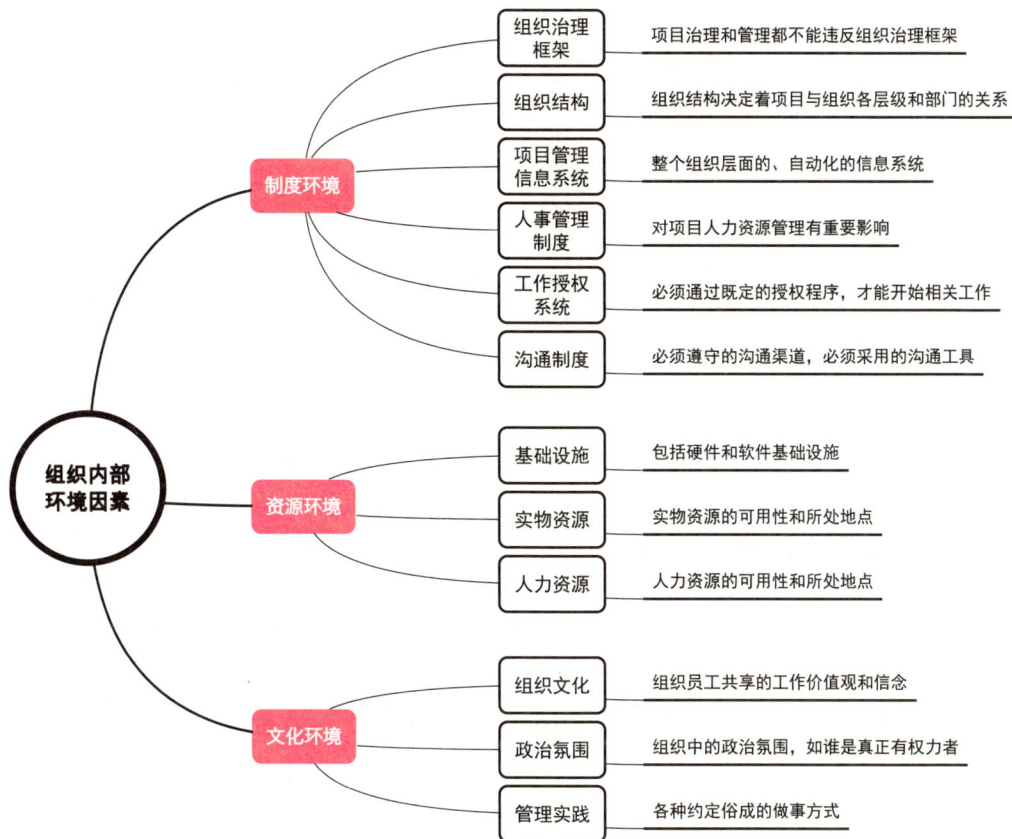

图 2-3　组织内部的事业环境因素

来自执行组织外部的主要环境因素，可以概括为如图 2-4 所示的四大类 17 条。

事业环境因素是项目不能直接影响，但会直接影响项目的那些因素。项目管理一般不会导致对事业环境因素的更新。《PMBOK® 指南》中只有三个过程（获取资源、建设团队和管理团队）会导致事业环境因素更新：

- 作为获取资源过程的结果，资源的可用性和所在地点都会发生变化。
- 在建设团队过程中，开展培训和团队建设活动，会导致团队成员工作技能的提升，从而提高人力资源的可用性。
- 在管理团队过程中，了解团队成员的工作表现，并把他们的表现提供给组织的人力资源管理部门，以便组织从整个组织的层面，更全面地评价成员的工作表现。

对事业环境因素，考生不必逐条记忆，而应在理解的基础上归纳记忆。

组织外部
环境因素

宏观环境
- 社会环境 —— 国家和地方的政治经济情况
- 文化环境 —— 国家和地方的文化习俗
- 市场条件 —— 全球、国家和地方的市场供需情况
- 法律法规 —— 国家和地方的法律法规
- 财务因素 —— 利率、货币汇率、通货膨胀率等
- 采购限制 —— 国际、国内或地方对采购的特别要求

行业环境
- 行业标准 —— 所在行业的技术和管理标准
- 商业数据库 —— 可获取的相关数据，如工期估算数据
- 学术研究资料 —— 相关的学术研究成果
- 生产力指标 —— 行业普遍使用的生产力测量指标
- 行业PMBOK —— 所在行业的项目管理知识体系

相关方环境
- 相关方期望 —— 相关方（包括客户）的通常期望
- 相关方文化 —— 相关方所在组织或群体的文化
- 风险临界值 —— 相关方通常愿意和能够承受的风险程度

物理环境
- 工作条件 —— 会影响项目的客观工作条件
- 气候条件 —— 会影响项目的气候条件
- 客观限制 —— 对项目的其他客观限制条件

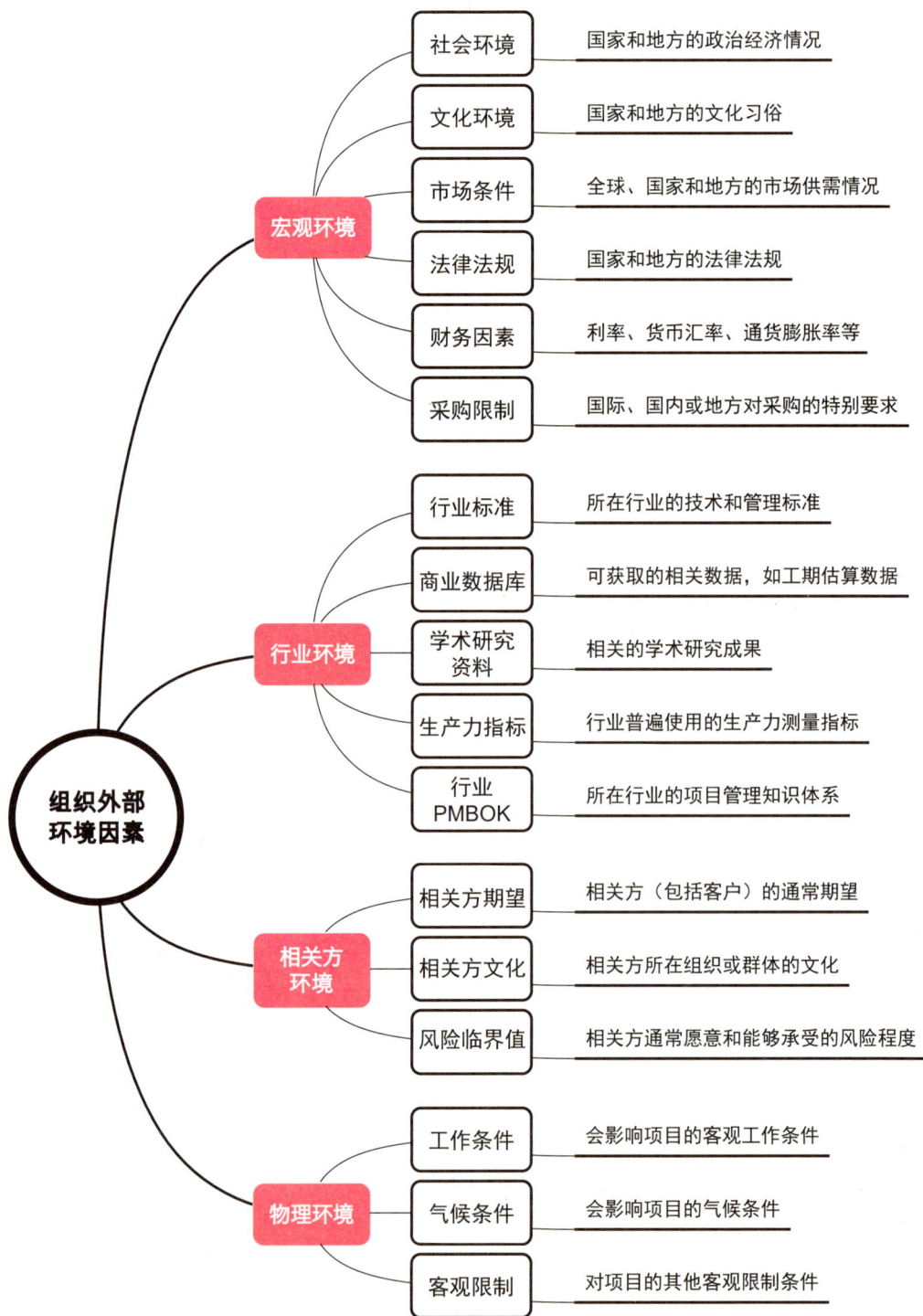

2-4　组织外部的事业环境因素

2.2.2 组织过程资产

组织过程资产是来自执行组织的，正式或非正式的政策、流程、程序、模板、工作指南和知识库（数据库），用于帮助项目成功。资产是能够在未来带来效益的任何东西。组织过程资产是组织中最重要的无形资产，是从过去的项目上积累起来的。项目管理中的几乎每个过程都要利用组织过程资产，即便《PMBOK® 指南》并未把组织过程资产列作某些过程的输入。

在实际工作中，组织过程资产与事业环境因素肯定是交叉的。例如，组织的人力资源政策既可以是组织过程资产，也可以是事业环境因素；组织的项目生命周期标准，既可以是组织过程资产，也可以是事业环境因素。一项政策或标准，究竟是资产还是环境，取决于项目经理的态度。如果你想主动利用它，它就是资产；如果你不想利用它，但又不得不遵守它，它就是环境。

> 虽然《PMBOK® 指南》对组织过程资产与事业环境因素做了基本区分，但仍有一些交叉。

组织过程资产可以概括为如图 2-5 所示的五大类。

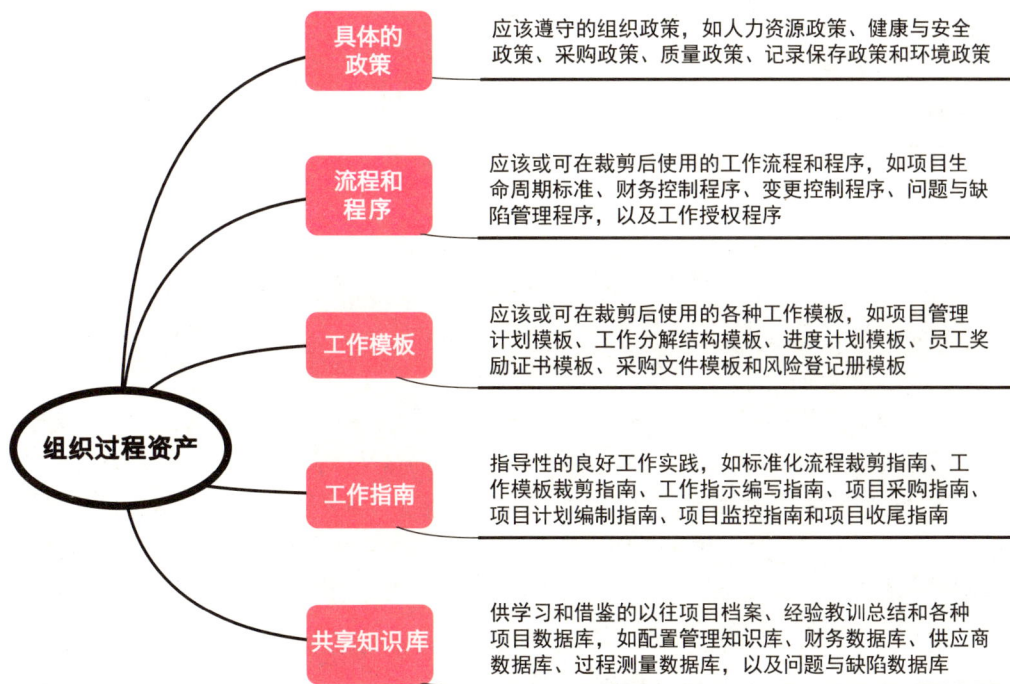

组织过程资产

- **具体的政策**：应该遵守的组织政策，如人力资源政策、健康与安全政策、采购政策、质量政策、记录保存政策和环境政策
- **流程和程序**：应该或可在裁剪后使用的工作流程和程序，如项目生命周期标准、财务控制程序、变更控制程序、问题与缺陷管理程序，以及工作授权程序
- **工作模板**：应该或可在裁剪后使用的各种工作模板，如项目管理计划模板、工作分解结构模板、进度计划模板、员工奖励证书模板、采购文件模板和风险登记册模板
- **工作指南**：指导性的良好工作实践，如标准化流程裁剪指南、工作模板裁剪指南、工作指示编写指南、项目采购指南、项目计划编制指南、项目监控指南和项目收尾指南
- **共享知识库**：供学习和借鉴的以往项目档案、经验教训总结和各种项目数据库，如配置管理知识库、财务数据库、供应商数据库、过程测量数据库，以及问题与缺陷数据库

图 2-5 组织过程资产的主要内容

简单地说，组织过程资产是从过去项目上积累起来的经验教训、工作流程、工作模板和工作数据。PMI 特别强调建立并不断维护和更新全面且系统的组织过程资产，而不能像许多单位实际所做的那样——只有一些零散的项目资料。

> PMP® 考试中，一定要假设项目执行组织有很好的历史资料库，有很好的组织过程资产积累。

例题 2-6   你被任命为一个新项目的项目经理。虽然你已经从事过多年的项目管理工作，但还从来没有管理过这类项目。现在你需要编制项目计划，你应该依据下列哪项资料？

A. 类似项目的历史资料

B. 你接受过的项目管理培训

C. 自己过去的经验

D. 高级管理层的指示

解释：正确答案是 A。过去类似项目的历史资料，可依靠的程度最高。"你接受过的项目管理培训"与"自己过去的经验"虽然是有用的，但与本项目的情况相距比较远。高级管理层的指示往往只是高层次的指导，对编制具体计划的用途不大。更何况，PMI 特别强调历史资料（组织过程资产）的作用。

在管理任何具体项目时，一方面，必须利用组织过程资产，给项目管理工作提供一个较高的起点，防止一切从零开始；另一方面，必须不断总结经验教训，收集工作流程、模板和数据，以便本项目持续改进，并供其他项目借鉴。在项目收尾阶段，如果经验教训没有总结出来，工作流程、模板和数据没有收集起来，就不能宣布项目关闭。

> 在整个项目生命周期中，要经常更新组织过程资产；在项目阶段结束及整个项目结束时，必须更新组织过程资产。

组织过程资产中的"共享知识库"是随项目进展而动态更新的。例如，项目的成本和付款数据产生后，就需要相应更新财务数据库。对组织过程资产中的政策、流程、程序、模板和工作指南，项目管理团队通常无权直接加以更新，而只能向 PMO 提出更新建议。《PMBOK® 指南》列出的组织过程资产更新的内容，绝大多数都隶属于"共享知识库"。《PMBOK® 指南》中的 10 个过程有"组织过程资产更新"这个输出，如表 2-3 所示。与《PMBOK® 指南》第 5 版相比，有这个输出的过程的数量有所减少，这是因为 PMI 提倡由 PMO 更多地承担更新组织过程资产的职责。

表2-3 组织过程资产更新的主要内容

过 程	所属过程组	所属知识领域	更新的主要内容
指导与管理项目工作	执行	项目整合管理	任何内容都可更新 *
管理项目知识	执行	项目整合管理	任何内容都可更新 *
结束项目或阶段	收尾	项目整合管理	项目档案，如项目管理计划、变更管理文档、运营支持文件、收尾文件、经验教训总结
获取资源	执行	项目资源管理	与获取和分配资源有关的文档
建设团队	执行	项目资源管理	培训需求，人员评价资料
管理沟通	执行	项目沟通管理	项目记录，项目报告，项目陈述资料
监督风险	监控	项目风险管理	风险管理计划模板，风险登记册模板，风险报告模板，风险分解结构
规划采购管理	规划	项目采购管理	关于合格卖方的相关信息
实施采购	执行	项目采购管理	预审合格的卖方的名单，与投标商打交道的经验教训
控制采购	监控	项目采购管理	支付计划和请求，卖方绩效评估文件，预审合格的卖方的名单，采购档案，经验教训

注：*《PMBOK® 指南》对指导与管理项目工作过程以及管理项目知识过程所列的组织过程资产更新的内容太全面了，不太合理。

例题 2-7 一个大型软件开发项目已经完成了一半。在进行阶段总结时，项目经理建议项目管理办公室根据本项目已有的经验教训，更新组织过程资产中的一些内容。他建议更新的内容最有可能是以下哪一项？

A. 组织中的项目生命周期标准
B. 过程测量数据库
C. 经验教训知识库
D. 阶段收尾文件

解释：正确答案为 A。项目经理通常无权直接更新组织的项目生命周期标准，而只有项目管理办公室才有权更新。B、C 和 D，都是共享知识库中的内容，它们会随数据、知识和文件的产生，由项目经理自主更新，无须经过特别的审批。

2.2.3 事业环境因素和组织过程资产的动态性

在整个项目期间，事业环境因素和组织过程资产都并非一成不变，而是会动态变化的。

对于事业环境因素，项目经理应该：
- 持续关注和定期调查商业环境的变化，如法律法规、技术、地域政治或市场的变化。
- 评估环境变化对项目的影响，如对项目范围、进度、成本或质量目标的影响。

- 为适应环境变化而提出对项目的变更建议，如建议修改项目范围、进度、成本或质量目标。
- 跟踪经批准的变更的实施情况，评价变更的有效性。
- 对于组织过程资产，项目经理应该持续关注新积累的经验教训、工作流程、工作模板和工作数据等，分析其与本项目的相关性，加以选择利用。

2.3　项目合规

2.3.1　概述

随着国际化项目越来越多，以及项目面临的环境日益复杂多变，项目合规 (Project Compliance) 管理也就日益重要。项目合规是指项目必须符合相关的法律、规则、标准或要求，包括内部合规和外部合规。内部合规是指符合项目内部以及组织内部的规则或要求。外部合规是指符合项目所在组织外部的法律、规则或标准。通常，要通过内部监控来确保内部合规，再以内部合规来确保外部合规。在大型项目上，甚至有必要设立专门的合规管理部门或合规管理专员。

2.3.2　合规要求

对项目的合规要求会来自许多不同方面，如国际组织、政府机构、行业协会和项目执行组织等。各种合规要求对项目的影响也会有所不同。有些合规要求可归类于事业环境因素，有些可归类于组织过程资产，它们都会从外部对本项目施加影响。还有些合规要求则必须作为本项目的一部分，列入项目工作分解结构和相关项目计划加以实施。

2.3.3　合规管理的步骤

项目合规管理的基本步骤包括：
- 调查和确认项目合规要求。如政治合规要求、文化合规要求、健康合规要求和环境合规要求等。
- 分析不合规的后果。例如，如果存在环境不合规，将会面临的处罚。
- 分析可能导致不合规的主要威胁。如认知偏差和短期利益考虑。
- 为方便管理，对合规要求进行归类。如按责任部门或人员来归类。
- 采取必要的方法和措施来响应合规要求。例如，把相关工作列入项目进度计划并加以实施。

- 采取合适的措施支持对合规要求的响应。例如，保持工作记录，开展日常检查，开展定期检查，进行处罚和奖励。
- 内部评估项目合规程度。例如，用完全合规、个别不合规、有些不合规、基本不合规和完全不合规的五点量表，对合规程度进行评级。
- 外部审计项目合规程度。例如，由项目执行组织或政府机构进行审计。

项目合规管理应该贯穿整个项目期间。在项目启动、规划、执行和收尾阶段，都要开展相应的项目合规管理工作。在每个项目阶段结束时，都要进行项目合规评估或审计。

2.4　项目生命周期

2.4.1　概述

项目生命周期是项目从开始到结束所经历的一系列技术工作阶段。为了便于管理和控制（如针对每个阶段编制计划、进行监控和开展收尾），而把项目生命周期划分成若干个不同的阶段。每个阶段都有阶段准入标准、应完成的工作和应提交的可交付成果，都需要有阶段验收标准与阶段放行口。阶段划分数量的多少取决于所需的管理和控制程度。所需的管理和控制程度越高，阶段的数量就要越多。为了进行非常严格的管理，即便工期很短的项目，也应该采用阶段很多的项目生命周期。

> 项目生命周期阶段的多少与项目工期长短没有必然联系，而取决于所需的管理和控制的严格程度。

通常，组织会制定适用于某类项目的项目生命周期标准，作为组织过程资产的一部分，供具体项目裁剪使用。该标准往往只是框架性的，仅规定项目必须经历的几个大阶段。

在具体项目的启动阶段，项目治理委员会应根据项目生命周期标准以及对本项目开展治理的需要，进一步规定项目阶段划分以及各阶段所需的控制，特别是阶段结束时的项目评审（由治理委员会主持开展）。这些阶段结束点都是重要的项目决策时点，可在此时决定项目是否需要重大变更甚至提前终止。

在具体项目的规划阶段，项目经理应根据项目生命周期标准和项目治理委员会的要求，对项目生命周期进行更详细的设计。例如，把已确定的一个大阶段划分成两个较小的阶段，并决定采用预测型、迭代型、敏捷型或混合型产品开发方法。详细设计的结果，应该写入项目管理计划。

项目管理虽然是以目标为导向的，但是也强调对过程的控制。在项目进行的全过程中，每个阶段结束时，都要进行阶段评审，考察应该完成的工作有没有完成，应该提交的可交付成果有没有提交出来，从而决定能否正式关闭本阶段。阶段评审有利于及时且经济有效地纠正错误。

笼统地讲，任何项目都需要经历开始、组织与准备、执行项目工作和关闭项目这四个阶段。随着项目生命周期的演进，项目对资源的需求逐渐增加，并在执行期间达到最高峰，然后在关闭阶段急剧下降。

> 在项目关闭阶段，对资源的需求必须急剧下降，因为收尾要快，不能拖拖拉拉。

通常，在项目的早期，不确定性大，项目风险多，能为项目增加价值的机会也大，进行项目变更所要付出的代价较小。随着项目的进行，不确定性降低，项目风险减少，增加价值的机会变小，项目变更的代价增大。

2.4.2 项目生命周期的特点

项目生命周期是按技术工作来划分项目阶段的，每个阶段都要完成不同的技术任务。例如，可以把建筑施工项目的全过程划分为可行性研究、初步设计、详细设计、施工和移交五个阶段，可以把软件开发项目的全过程划分为需求分析、框架设计、详细设计、编程、调试、安装和移交七个阶段。

对于项目生命周期，需要注意以下几点：

- 不同类型的项目有不同的阶段划分。例如，建筑施工项目与软件开发项目的阶段划分就完全不同，因为它们所需完成的技术工作完全不同。
- 每个阶段都可看作一个单独的项目或子项目。是否应该把它看成一个单独的项目或子项目，取决于客观情况及主观需要。
- 通常，一个阶段结束后，才开始另一个阶段（阶段之间为先后顺序关系）。如果所涉及的风险不大，也可在这个阶段结束前就开始下一个阶段（阶段之间为交叠关系）。
- 阶段之间也可以是迭代关系，即各阶段的技术工作的种类相似，但越来越精细。
- 如果一个项目包括几个相对独立的部分，各阶段既可能在各个组成部分同步演进，也可能不同步演进。例如，在某个时点，一个组成部分处于这个阶段，而另一个组成部分处于上一个或下一个阶段。
- 一个阶段的结束并不一定意味着下个阶段的开始。严格地讲，批准这个阶段的结束与批准下个阶段的开始，是两件事情，虽然可同时完成。任何一个阶段的结束点，都有可能成为项目的结束点（项目不再继续下去）。

例题 2-8　以下关于项目的哪个说法是正确的？

A. 项目越接近完成，风险发生的可能就越大

B. 在项目被正式批准开始之前，有一个项目生命周期的阶段

C. 有经验的项目经理应该回避有风险的项目

D. 项目生命周期在每个项目上都是一样的

解释：正确答案是B。在正式启动项目之前，需要做一些前期准备工作，如可行性研究。通常来说，项目越接近完成，风险就越小。不确定性是项目所固有的，如果C是正确的，项目经理就没有项目可做。项目生命周期通常在不同类别项目上是不同的。

2.4.3　项目生命周期的类型

《PMBOK® 指南》列出了以下五种不同的项目生命周期：

- 预测型生命周期，也叫计划驱动型生命周期，是先编制好项目计划，详细定义项目产品及所需开展的工作，再严格按计划开展工作并完成已定义好的产品。
- 迭代型生命周期，是通过越来越精细地重复开展同种类的技术工作来不断优化产品功能。例如，磨刀，每轮（每次迭代）都要把刀磨得更锋利。
- 增量型生命周期，是经过一个又一个固定时间段（称为"时间盒"）来逐渐增加产品功能。例如，开发万用刀（瑞士军刀），先在第一阶段开发出一个功能（价值最大的），再在第二阶段开发出第二个功能（价值第二大的）。
- 适应型生命周期，也叫敏捷型或变更驱动型生命周期，是迭代型和增量型的混合。在许多项目上，既不能只是迭代开发，也不能只是增量开发，而需要两者结合。
- 混合型生命周期，是预测型和适应型的混合。例如，在同时包含硬件和软件开发的项目上，对硬件部分用预测型，对软件部分用适应型。

> 开展迭代，是因为不可能一次就做好某个功能；进行增量开发，是因为不可能一次就做全所有功能。

以研发新产品项目为例。如果一开始就知道产品需要具备三个特定功能，以及这些功能须达到的技术水平，那就用预测型生命周期（见图2-6）。如果一开始知道需要具备三个特定功能，但不知道它们须达到的技术水平，那就用迭代型生命周期（见图2-7）。如果一开始只知道其中的一个功能及其技术水平，那就用增量型生命周期（见图2-8）。

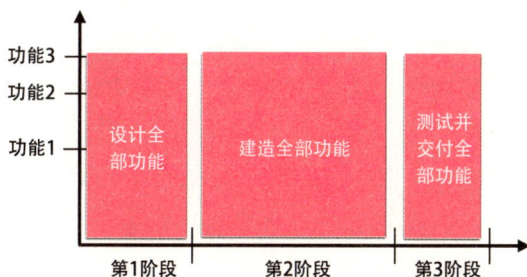

图2-6　预测型生命周期示意

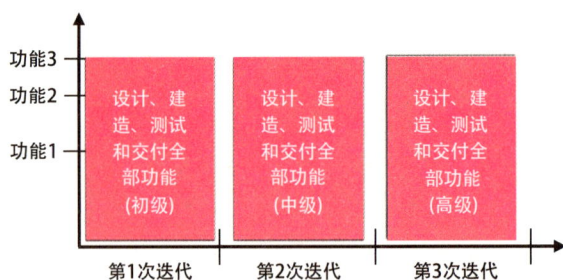

图 2-7　迭代型生命周期示意

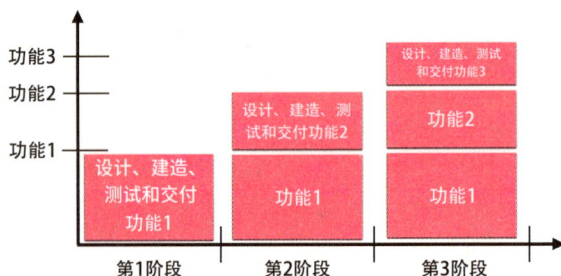

图 2-8　增量型生命周期示意

预测型生命周期是编好计划再去做，适应型生命周期是一边做一边变。

表 2-4 概括了预测型和适应型项目生命周期的主要区别。

表 2-4　预测型和适应型项目生命周期比较

比较项	预测型项目生命周期	适应型项目生命周期
适用条件	需求明确、产品清晰、无须变更、风险较低	需求不清、产品模糊、频繁变更、风险较大
开发流程	依次进行设计、建造和测试，一次交付完整产品	每个迭代期都须设计、建造和测试，并交付产品原型；经若干迭代期后，交付最终产品
相关方参与	只参与项目的开始与结束阶段，即整个产品的设计和交付	频繁参与，即参与每个迭代期的原型设计和交付
项目范围	一开始就明确整个项目的范围，且通常不变	依次明确各迭代期的项目范围；范围在一个迭代期内不变，在迭代期之间通常要变

　　秘书（项目经理）为领导（客户）写稿子，就必须采用适应型生命周期。秘书先根据领导的最初需求写出第一个草稿（原型），交给领导审阅。领导审阅后提出修改意见（新的需求）。秘书再根据修改意见写出第二个草稿（新一代原型），交领导审阅；如此多次迭代，直到写出让领导满意的稿子。

2.4.4　产品生命周期

产品生命周期是从项目开始到项目结束再到项目产品运营终止（退出市场）的全过程。项目生命周期只是产品生命周期中的一个产品阶段。产品生命周期由一系列产品阶段构成，如研发阶段、导入阶段、上升阶段、成熟阶段、衰退阶段和退出阶段。

在一个产品生命周期中，通常包括多个项目生命周期，因为不仅产品的研发是一个项目，产品在运营过程中的升级及其他许多工作也都可当项目做。

与产品生命周期相对应的成本概念，是"生命周期成本"，即在整个产品生命周期中所发生的全部成本，包括项目建设成本、项目建成后的运营成本，以及产品退市的处理成本。因为项目决策往往会影响项目建成后的运营成本，所以项目经理除了关注项目本身的成本，也要关注产品生命周期的成本。

例题 2-9　以下哪个是对产品生命周期的正确描述？

A. 等于项目生命周期加项目管理生命周期

B. 可以包括几个项目生命周期

C. 是指项目产品建成后的运营周期

D. 定义项目的每个阶段该做什么工作

解释：正确答案是 B。一个产品生命周期中可以包括多个项目生命周期。选项 A 是一个完全错误的说法，因为项目生命周期与项目管理生命周期是完全并行的，不能相加。选项 C 只包括了产品生命周期的一部分。选项 D 是项目生命周期。

2.4.5　项目生命周期与项目管理过程组

做项目，必须同时做技术工作和管理工作。技术工作是基础，管理工作则能提高效率和改进效果。项目生命周期关注的是每个阶段要做什么技术工作，而项目管理过程组关注的是每个过程组要做什么管理工作。

因为项目生命周期的每个阶段都可看作一个子项目，所以每个阶段都可用项目管理五大过程组进行管理。也就是说，每个阶段都要经过启动、规划、执行、监控和收尾过程组。如果项目生命周期有三个阶段，那么在这个项目上，每个项目管理过程组都至少要做四次。不仅要对整个项目做一次，而且要对每个阶段做一次。

2.5　项目经理

2.5.1　项目经理的定义

项目经理是受项目执行组织委派，领导项目团队去实现项目目标的个人。一个项目可能有多个执行组织，而每个执行组织都有一个对本组织负责的项目经理。

《PMBOK®指南》之所以不用"业主""承包商"等词，而用"项目执行组织"，是因为这个词不仅在各行各业通用，而且能够包容参与项目的各类组织，如业主、监理公司、承包商及其他相关组织。在项目执行组织中，高级管理层授权项目经理组建并领导项目团队去实现项目目标。高级管理层是项目执行组织中高于项目经理的、具有项目高级决策权的人员的集合。

由于不同项目在组织中具有不同的重要性，项目经理在组织中的地位也就高低不等。大型项目的项目经理具有很高的地位，而小型项目的项目经理则具有较低的地位。无论地位高低，所有项目经理都要负责在规定的范围、进度、成本和质量要求之下完成项目任务。

例题 2-10 项目经理对于项目取得成功能起关键作用。许多组织正在把更多的工作当项目来做，从而就需要更多项目经理。项目经理是：

A. 负责管理项目管理办公室的人

B. 对比较重要的职能部门的经理的专用称呼

C. 代表项目执行组织实现项目目标的个人

D. 特别优秀的专业技术人才

解释：正确答案是 C。项目执行组织委派项目经理去实现项目目标。A 是项目管理办公室经理，不同于项目经理。B 是完全错误的说法。项目经理需要懂技术，但不必是技术专家，故 D 也不对。

2.5.2 项目经理的责任

项目经理对所管理的项目、项目所在组织、项目管理职业以及相关行业和学科，都负有程度不等的责任。

项目经理是所管理的项目的唯一责任点，必须确保在规定的范围、进度、成本和质量要求之下交付出可交付成果，并满足项目相关方在项目上的利益追求。为了做到这一点，项目经理必须协调相互竞争的范围、进度、成本和质量要求，协调不同相关方的利益矛盾，以及开展项目团队建设。

对于项目所在组织，项目经理有责任在组织中宣传项目的重要性，有责任协助项目集经理实现项目集目标，有责任协助项目组合经理实现项目组合对组织战略目标的贡献，有责任与其他项目经理开展有效互动，有责任通过与高级管理层和运营经理的合作来促进项目为组织创造价值，有责任促进项目管理办公室的发展和组织级项目管理水平的提高。

对于项目管理职业，项目经理有责任严格遵守职业道德和专业行为规范，有责任不断学习和持续改进，有责任在项目管理社群中分享知识和经验，有责任促进项目管理职业和学科的发展。

对于其他相关行业和学科，项目经理有责任学习必要的专业知识，有责任了解和利用它们的发展趋势，有责任了解它们对项目管理职业和学科的可能影响，有责任分析项目管理职业和学科能够对它们产生的影响，有责任向相关人员宣传项目管理方法的价值。

2.5.3　项目经理的胜任力

胜任力是指为了胜任某个特定岗位而必须具备的知识、技能和态度，以及相应的行为。项目经理必须知道项目管理是什么（知识），必须具备把项目管理知识应用于实践的技能，必须以积极的态度待人处事，必须采取合理行为确保项目成功。

> 不同于一般意义上的"能力"，"胜任力"专门针对特定岗位或特定工作而言。

根据一个通用的胜任力开发模型，胜任力开发需要通过以下五个阶段：

- 不知自己无能。完全不知道自己无能，不知道需要学习。
- 知道自己无能。已经知道自己无能，从而主动学习。
- 知道自己有能。通过学习，获得了所需的知识、技能和态度，从而能够胜任岗位工作。
- 不知道自己有能。应用相关知识、技能和态度，已成为一种习惯和潜意识。
- 故意保持自己有能。通过不断学习新知识、新技能和新态度，来持续改进。

PMI 发布的"人才三角"，是高层级的项目经理胜任力框架，其中包含项目管理技术、领导力以及战略和商务管理三个维度。它要求项目经理掌握和应用项目管理知识和技术，如编制进度计划的知识和技术；具备强大的领导力，能够指导和激励团队成员去达成目标，如运用人际关系技能；掌握和应用一定的战略和商务管理知识，去取得高级管理人员和职能部门人员的支持，如了解组织的战略目标和运营目标。

项目经理掌握了项目管理技术，就能够亲自做事；具备了领导力，就能够组织别人做事；具备战略和商务管理知识，就能够明确项目管理与战略管理和商务管理的关系，就能够通过与高级管理人员和运营管理人员的有效合作来为组织创造价值。

2.5.4　项目经理的权力

权力（Power）是指一个人影响他人、使他人按自己的意愿去行动或不行动的能力。注意：在英文中，Power 与 Authority（职权）是有区别的，前者的外延比后者广得多，后者只是前者的来源之一。在项目管理中，项目经理往往需要在正式权力（职位权力）不足的情况下，组织其他人来完成任务，所以他必须知道如何取得他人的合作。

广义的权力，有许多来源，如职位、人身或人际互动。《PMBOK® 指南》列出了 14 种权力，并提示项目经理权衡使用。这 14 种权力的归类和解释，如表 2-5 所示。

表2-5　各种权力及其归类和解释

来源	权力	含义	举例
人身	参照权力	别人信任你、欣赏你，以你为榜样（参照物）	明星对追星族的权力
	专家权力	拥有相关专业知识和经验	医生对病人的权力
	魅力权力	拥有个人魅力，能够吸引别人，可归并到参照权力	漂亮的外貌
职位	正式权力	处于某职位的人有权做出相关决定	财务部主任审批费用报销
	奖励权力	处于某职位的人有权奖励下属	财务部主任给下属发奖金
	处罚权力	处于某职位的人有权处罚下属	财务部主任扣发下属的工资
	加压权力	处于某职位的人有权限制下属的活动自由	财务部主任要求下属周末加班
人际互动	关系权力	所处的人际圈，特别是能直接联系权威人士	一个孩子炫耀他爸爸的身份或成就
	迎合权力	相互奉承，或者寻找共同背景	老乡见老乡，两眼泪汪汪
	愧疚权力	用特殊言行促使对方产生某种愧疚感	带头捐款，促使别人跟着捐款
	说服权力	正面说服别人做或不做某事	告诉别人捐款是行善积德
	回避权力	通过拒绝参与某件事，促使别人改变行动	如果某人参会，我就不参会
复合（上述三种）	信息权力	通过获取、掌握和分发信息，来影响他人	如果你这么做，我就告诉你相关情况
	情景权力	在特别紧急的情况下，先站出来的人很容易影响他人	在事故发生时，某人站出来号召大家不要乱

来自人身的权力是长久有效的权力，是每个人都应该尽力追求的。正式权力不足的项目经理，就更应该注重自己的参照权力、专家权力和魅力权力。

例题2-11　PMP®考前培训班的老师告诉学员，《PMBOK®指南》应该至少看三遍，还要认真读两遍《汪博士解读PMP®考试》，还要做至少1 000道模拟试题，以确保通过PMP®考试。老师正在使用：

A．正式权力

B．参照权力

C．专家权力

D．奖励权力

解释：正确答案是C。考前培训班的老师基本上没有产生于职位的正式权力。题目所涉及的内容也与参照权力或奖励权力无关。

2.5.5　领导风格

项目经理既是领导者，又是管理者。作为领导者，他应该通过启发和激励团队成员来领导项目团队去实现项目目标；作为管理者，他应该通过约束和控制团队成员来确保规章制度得到遵守，以便实现项目目标。在不同的项目上，针对不同的人员，项目经理作为领导者和管理者的比重应该有所不同。在采用敏捷方法的项目上，项目经理更应该是领导者而非管理者；而在采用预测型方法的项目上，项目经理更应该是管理者而非领导者。因为变化越来越快，敏捷方法用得越来越多，所以《PMP®考试大纲》弱化了项目经理的管理者角色，强调了项目经理的领导者角色。

领导，主要是对人；管理，主要是对事。领导是指创建愿景，使员工看到愿景，并通过启发和激励带领员工朝愿景前进。管理则是指通过规划、组织和协调，把困难的事情做成功。虽然"领导"与"管理"存在紧密联系，这两个词甚至可替换使用；但是优秀的领导者不一定就是优秀的管理者，反之亦然。例如，一位将军虽然用激情演讲和个人魅力，使士兵很愿意跟随他；但是他糟糕的战术安排却使士兵伤亡惨重。他是优秀的领导者，但并不是优秀的管理者。再如，足球比赛中的优秀裁判员是优秀的管理者，但不必是优秀的领导者。

> 项目经理应该用源自职位的权力做好管理，用源自人身的权力做好领导。

项目经理应该根据自身、项目、团队和组织的特点，采用合适的领导风格或管理风格。虽然"领导风格"与"管理风格"这两个词并不完全对等，但又常可替换使用。《PMBOK®指南》列出了六种常用的领导风格：

- 放任型。充分信任团队成员，允许他们自由设定工作目标和采取工作行为。
- 交易型。通过给予团队成员适当的回报或奖励来激励他们。例如，采用"异常管理"，对好的异常情况给予奖励，对坏的异常情况进行处罚。
- 仆人型：通过为团队成员提供服务来使他们愿意跟随自己。《PMP®考试大纲》强调了项目经理要重视仆人型领导风格，要引导团队习惯于在仆人型领导风格之下工作。
- 变革型。用项目成功将给个人、团队和组织带来的价值，来激励大家为项目成功而努力。
- 魅力型。用个人的专家和性格魅力来激励团队成员。
- 交互型。这是交易型、变革型和魅力型的混合体。

领导风格还有其他多种划分方法。例如，可以根据给予工作指导的多少和考虑下属感受的程度，把领导风格划分成：

- 命令式。指导多，不考虑下属感受。

- 推销式。指导多，考虑下属感受。
- 参与式。指导少，考虑下属感受。
- 授权式。指导少，不考虑下属感受。

领导风格甚至可以被最粗略地分为：

- 独裁式。由老板严格控制、独自决断，容易出错，适用于小型低风险项目。
- 民主式。是一种参与式管理，是项目上用得最多的一种领导风格。团队成员参与决策，有利于调动成员的积极性，提高他们的责任心。
- 放任式。对员工放任自流，进行松散式管理，适用于高度创新型项目以及高度自觉并能力很强的人。

上述三种领导风格各有优缺点，适用于不同的项目以及不同类型的人，如表2-6所示。

表2-6　三种领导风格的比较

比较项	优　点	缺　点	适用项目	适用人员
独裁式	决策快	容易出错	低风险、范围清楚	能力差、愿意服从
民主式	集体参与	决策慢	大多数项目	能力强、有参与愿望
放任式	发挥员工创造力	易失去控制	高度创造性的项目	能力强、自觉性高

在项目生命周期的不同阶段，项目经理的领导风格或管理风格也应该有所不同。虽然没有一个确定的说法，但是许多人都同意：在项目规划（特别是规划阶段的早期）与收尾阶段，项目经理需要更多地运用"命令或独裁"风格，而在项目执行阶段则需要更多的"参与或民主"风格。也就是说，一头一尾要集中，中间要民主。

究竟采用哪种领导风格或管理风格，需要因人因事因时而异。

2.6　项目经理作为整合者

2.6.1　概述

项目经理需要懂技术，具备一定的技术能力，但不必是技术专家。特别是，项目经理不能是纯粹的单一技术领域的专家。否则，他很可能过分专注于自己所擅长的这个技术领域，而有意无意地忽视对项目的管理工作。

作为跨专业的项目的管理者，项目经理必须是一个整合者。对于相互竞争或矛盾的要素，他必须设法寻找最佳平衡点；对于不相矛盾的要素，他必须设法找出相互之间的有效联系，并加以利用。项目经理就像一个交响乐队的指挥。指挥虽然不亲自演奏任何一种乐器，但是他以自己的指挥行为把所有乐手的行为协调在一起。他是指挥整个乐队的人，是组织所有技术专家协调做事的人。

> 项目经理绝对不能把整合管理授权给别人去做，而必须自己亲自做。

要做好整合管理，项目经理必须基于项目的复杂性，从两个角度着眼，从三个层面入手，运用四大技能，处理好项目内外的五大关系。

2.6.2　项目的复杂性

越是复杂的项目，界面就越多，也就越需要且越难以整合。项目的复杂性主要来自三个方面。一是系统行为。项目是一个开放且动态的系统，其组件之间以及组件与整个系统之间的关系会不断变化。二是人类行为。个人或小组的行为是不断变化的，他们之间的关系也是不断变化的。三是事物的模糊性。对事物缺乏认知，未来充满了不确定性，如可能发生突发事件。

2.6.3　两个角度

项目经理必须从两个角度着眼。一是项目外部角度。使项目符合所在组织的需要。项目经理必须与项目发起人、高级管理层、项目集经理、项目组合经理、PMO 经理及职能经理合作，保持项目与战略目标的一致性，保持项目与运营目标的一致性，保证项目可交付成果能够顺利融入日常运营，从而保证项目能够为组织创造商业价值。

二是项目内部角度。使项目团队中的每个人都朝着同一个方向努力。作为领导项目团队去实现项目目标的个人，项目经理必须带领全部成员朝项目目标前进。

2.6.4　三个层面

项目经理必须做好三个层面的整合。一是过程层面。必须把项目管理的各个过程整合起来开展。不仅要协调开展同一过程组内或同一知识领域中的过程，而且要协调开展不同过程组或不同知识领域的过程。例如，在监控过程中提出并审批变更请求之后，就需要重新开展规划过程，根据批准的变更请求去修改项目管理计划或项目文件。

二是认知层面。首先，必须提高自己在每个知识领域的知识水平，深入了解项目的各种特点；然后，综合利用这些知识，考虑这些特点，选择最适合项目的管理方法。

三是背景层面。必须动态了解与项目有关的大背景，如新技术的出现、社交网络的发展、虚拟团队的普及和新型价值观的涌现，并加以综合利用。

2.6.5　四大技能

为了实现有效整合，项目经理必须运用四大技能（基于 PMI 的人才三角模型）。一是掌握项目管理的主要技术，能够自己亲自做事。二是具备强大的领导力，能够激励和领导别人做事。三是掌握一些商务管理知识，能够取得职能经理的支持，并使项目更好地服务于组织经营。四是掌握一些战略管理知识，能够有效地与高层管理人员对话，并使项目更好地服务于组织的战略目标。

2.6.6　五大关系

为了实现有效整合，项目经理必须处理好五大关系。一是项目内部的关系。项目经理必须平衡项目中的相互竞争的要素，必须引导项目内部的相关方就项目事宜达成一致，或者在保留意见的前提下全力支持项目决定。

二是项目与所在组织的关系，包括与其他项目、职能部门、项目管理办公室等的关系。

三是项目与所在行业的关系。项目经理必须了解所在行业（如 IT 开发）的发展现状和趋势，并在本项目中加以体现，如使本项目符合最新的行业标准。

四是项目与项目管理职业的关系。项目经理必须活跃于项目管理职业，既要从中吸取知识，服务于项目，又要从项目中提炼知识，贡献给项目管理职业。

五是项目与其他职业的关系。项目经理必须适当向其他职业工作者（如工程师）宣传项目管理，并且适当学习其他职业的知识。

2.7　疑难问题解答

1. 在一个具体的项目上，项目经理应该在什么时候就位？

答：通常，项目经理（候任）应该在项目启动阶段就位，接受项目发起人的委托，主持办理项目的立项（启动）手续。待项目正式启动（项目章程发布）时，项目经理才正式得到任命。在进入启动阶段之前，项目发起人需要组织商务分析师等专家做好项目的前期准备工作。项目经理也可以参与前期准备工作（通常不是以项目经理的身份）。

2. 既然项目是临时性的，为什么还存在项目生命周期？"周期"与"临时性"是否有矛盾？

答：如果从单个项目来讲，项目的临时性的确决定了"项目生命期"不会周而复始，因此不具备"周期"的意义。但是，为了强调每个项目都要为后续项目积累组织过程资产，每个项目都要比前一个项目在更高水平上开展，我们还是要用"项目生命周期"这个词。也就是说，项目的生命期是在不同项目上周而复始、螺旋式上升的。

3. 项目生命周期与开发生命周期是什么关系？

答：项目生命周期是针对整个项目而言的，而开发生命周期是针对项目中的产品、服务或成果开发而言的。如果整个项目只开发一个产品、服务或成果，那么项目生命周期和开发生命周期就基本一样，只是项目生命周期在前端和后端会有一段用来做项目启动和项目收尾的行政工作的时间。如果在同一个项目中，要开发几个产品、服务或成果，那么在一个项目生命周期内就有几个开发生命周期。只有这些开发生命周期都完结了，项目生命周期才能完结。

项目生命周期的类型取决于开发生命周期的类型，即如果开发生命周期是适应型的，那么项目生命周期也就是适应型的。引入"开发生命周期"这个概念的一大好处是：防止人们滥用敏捷方法。通常，敏捷方法只能用于产品功能开发（针对开发生命周期），而不能用于对整个项目的管理。如果对整个项目采用敏捷方法，就会出现不应有的混乱。

第3章
项目管理过程

3.1 过程及其相互关系

3.1.1 定义和作用

过程是旨在完成预定目标的、一系列相互关联的活动的集合，以便运用一系列工具与技术把特定的输入转化成特定的输出。项目管理工作需要接收各种相关的输入（原材料），并对这些输入进行适当处理（运用工具与技术），来创造所需要的输出（结果）（见图 3-1）。《PMBOK® 指南》的大部分内容，都围绕"输入—处理—输出"的逻辑结构编写。当然，《PMBOK® 指南》中对各过程所列的输入、工具与技术和输出，都是指导性而非强制性的。在现实工作中，实施各过程所需的输入、工具与技术，或所得的输出，可以有所不同。

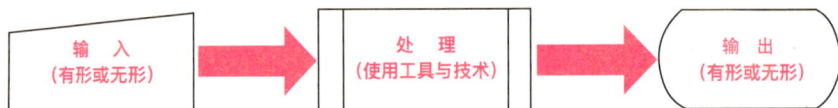

输　入		处　理		输　出
（有形或无形）	→	（使用工具与技术）	→	（有形或无形）

图 3-1　过程示意图

借助各种过程来描述项目管理工作，就可以把本来比较模糊的、非结构化的、不便于言传的项目管理，转变成比较清晰的、结构化的、便于言传的项目管理。《PMBOK® 指南》的主要贡献就是把非结构化的项目管理，变成了相对结构化的项目管理。结构化是指把做事的程序、内容和目标规定得很具体、很明确，以保证结果的可控性和可重复性。例如，为了确保生产安全，就必须制定并遵守具体的操作规程。应该把可以结构化的方面尽量结构化，以便腾出更多的时间和精力，去应对那些实在不能结构化的方面。这是提高工作效率与效果的有效途径。例如，Microsoft Word 软件，就把文档创作中的很多工作结构化了。

> 《PMBOK® 指南》用项目管理过程把项目管理方法结构化，使其便于操作。

学习《PMBOK® 指南》和准备 PMP® 考试，特别需要注意中式思维与西式思维的差别。例如，中式思维比较偏向于非结构化，喜欢留出较大的发挥余地，不讲究精确；而西式思维比较偏向于结构化，强调具体化和可操作化，讲究精确。

3.1.2　项目管理过程之间的逻辑关系

为了讨论的方便，项目管理各过程以相互独立、界限分明、首尾相连的形式，出现在《PMBOK® 指南》中。实际上，项目管理各过程之间的关系并非如此简单，各过程会以无法书面详述的方式相互交叠、相互作用，甚至形成反复的循环关系。

理解项目管理各过程之间的逻辑关系时，需要注意以下几点：

- 在实际工作中，各过程之间的界面不一定非常明确，它们之间可能有很大程度的相互交叠，即并行开展。不仅同一个过程组内的各过程可以并行开展，而且不同过程组的过程也可以并行开展。例如，执行过程组中的指导与管理项目工作过程和管理质量过程通常是并行开展的，执行过程组的过程与监控过程组的过程也通常是并行开展的。

- 每个过程在一个项目上可能需要反复进行几次甚至许多次。有两种情况：一种是每次都在更加详细的程度上进行，这是由项目的渐进明细性决定的。另一种是在下一个过程的进行期间，发现有必要重新进行上一个过程。例如，根据执行过程的情况来调整项目计划安排，这就意味着重新进行了一次规划过程。

- 监控过程实际上会针对所有其他过程，而不只是针对执行过程，因为任何工作都要被监控。

- 除了专门开展的事后监控，更多的监控工作会随被监控工作同时开展，而不能在时间段上独立存在。例如，对执行过程的监控往往是与执行过程同时进行的，即一边执行一边监控。

- 一个项目或子项目或某个阶段，在正式启动之后、正式结束之前，往往需要反复开展规划、执行与监控过程。

> 不能用纯直线型思维去理解项目管理各过程之间的关系，各过程之间通常存在交叠和循环关系。

3.1.3 项目管理过程的开展频率

总的来说，项目管理各过程之间并非纯直线型关系，其同时存在顺序、交叠和循环关系。一个过程可能需要开展不止一次。有些过程开展的频率较低，有些过程开展的频率较高。《PMBOK® 指南》中列出了只须开展一次或只须在预定义时点开展的过程（见表 3-1）、在整个项目期间须定期开展的过程（见表 3-2），以及在整个项目期间须持续开展的过程（见表 3-3）。

表 3-1　仅开展一次或仅在预定义时点开展的项目管理过程

序号	过　程	所属过程组	说　明
1	制定项目章程	启动	项目章程尽量在整个项目期间保持不变
2	制订项目管理计划	规划	各种管理（程序性）计划和项目基准尽量在整个项目期间保持不变 *
3	规划范围管理	规划	除规划沟通管理过程和规划相关方参与过程以外的全部规划 ×× 管理过程。这些过程的输出都是作为程序性计划的"×× 管理计划"，尽量在整个项目期间保持不变
4	规划进度管理	规划	
5	规划成本管理	规划	
6	规划质量管理	规划	
7	规划资源管理	规划	
8	规划风险管理	规划	
9	规划采购管理	规划	
10	收集需求	规划	项目范围尽量保持不变。敏捷型项目，也仅在迭代期开始时（预定义时点）变更
11	定义范围	规划	
12	创建 WBS	规划	
13	制定预算	规划	项目预算尽量保持不变。敏捷型项目，也仅在迭代期开始时（预定义时点）变更
14	结束项目或阶段	收尾	只在阶段结束或整个项目结束时开展

注：* 借用法律中的程序法（如民事诉讼法）和实体法（如民法总则）的说法，把项目计划分成程序性计划（如进度管理计划）和实体性计划（如项目进度计划）。

> 预定义时点包括项目阶段开始时、项目阶段结束时或项目发生重大变更时。

表 3-2　需要定期开展的过程

序号	过　程	所属过程组	说　明
1	识别相关方	启动	定期识别项目相关方
2	规划沟通管理	规划	定期调整沟通管理计划（主要是调整实体性计划）
3	规划相关方参与	规划	定期调整相关方参与计划（主要是调整实体性计划）

续表

序号	过 程	所属过程组	说 明
4	估算成本	规划	这三个过程，列作"需要持续开展的过程"更合适，与定义活动过程、估算活动持续时间过程对应
5	估算活动资源	规划	
6	获取资源	执行	
7	实施采购	执行	定期开展采购
8	确认范围	监控	在可交付成果形成时，及时进行验收

> 定期开展，包括在预定义时点开展，以及其他所需时点开展。

表3-3 需要持续开展的过程

序号	过 程	所属过程组	备 注
1	定义活动	规划	虽然进度基准（高层级进度计划）应尽量不变，但是详细的进度计划需要随项目进展而不断编制和调整
2	排列活动顺序	规划	
3	估算活动持续时间	规划	
4	制订进度计划	规划	
5	识别风险	规划	需要经常识别风险，并开展相应的风险分析和应对措施制定
6	实施定性风险分析	规划	
7	实施定量风险分析	规划	
8	规划风险应对	规划	
9	管理质量	执行	除了获取资源过程和实施采购过程，全部执行过程都需要持续开展。照理，获取（活动）资源过程也需要持续开展，因为定义活动过程是持续开展的
10	建设团队	执行	
11	管理团队	执行	
12	管理沟通	执行	
13	实施风险应对	执行	
14	管理相关方参与	执行	
15	指导与管理项目工作	执行	
16	管理项目知识	执行	
17	控制范围	监控	除了确认范围过程，全部监控过程都需要持续开展。监控贯穿项目的始终。控制采购过程在合同存续期间持续开展
18	控制进度	监控	
19	控制成本	监控	
20	控制质量	监控	
21	控制资源	监控	
22	监督沟通	监控	
23	监督风险	监控	

续表

序号	过　程	所属过程组	备　注
24	控制采购	监控	除了确认范围过程，全部监控过程都需要持续开展。监控贯穿项目的始终。控制采购过程在合同存续期间持续开展
25	监督相关方参与	监控	
26	监控项目工作	监控	
27	实施整体变更控制	监控	

绝大多数执行和监控过程都需要持续开展。

3.2　过程组

3.2.1　过程组与戴明环

《PMBOK®指南》把49个项目管理过程归纳为五大过程组，即启动、规划、执行、监控和收尾。其中，启动过程组有2个过程，规划过程组有24个过程，执行过程组有10个过程，监控过程组有12个过程，收尾过程组有1个过程。虽然只有1个收尾过程，但是项目经理可根据实际需要添加其他收尾过程；所以，仍然叫"收尾过程组"。

这五大过程组的理论基础是著名的"计划—实施—检查—行动"循环（PDCA循环）。这个循环又经常被简单地称为"戴明环"，因为它是经美国质量管理大师威廉·爱德华兹·戴明（William Edwards Deming）改进之后才广为流传的。"规划过程组"相当于戴明环中的"计划"，"执行过程组"相当于戴明环中的"实施"，"监控过程组"相当于戴明环中的"检查"与"行动"。因为项目有明确的开始与结束时间，所以项目管理过程组是两头开口的循环，比戴明环多了一个入口和一个出口，即启动过程组与收尾过程组。

例题 3-1　下列哪个是《PMBOK®指南》中的项目管理过程组？

A. 启动

B. 可行性研究

C. 概念设计

D. 商业分析

解释：如果你记住了《PMBOK®指南》中的五大项目管理过程组，即启动、规划、执行、监控和收尾，就很容易答对这个题目。正确答案是A。可行性研究、概念设计和商业分析都是在项目正式进入启动过程组之前需要做的前期准备工作，不属于项目管理过程组。

3.2.2 过程组之间的关系

项目管理各过程之间的交叠和循环关系，当然就造成了项目管理五大过程组之间的交叠和循环关系。尽管五大过程组之间有一定的先后顺序关系，但是绝对不能以简单的直线型思维去理解这五大过程组之间的关系。它们之间存在相当程度的交叠和循环关系。这种交叠和循环关系无法以书面方式详细描述。特别是，监控过程组与其他四大过程组都是交叠的，因为任何工作都需要监控。

《PMBOK®指南》特别强调"项目阶段不同于项目管理过程组"。项目阶段关注的是项目的技术工作，即每个阶段开展不同的技术工作。项目管理过程组关注的是项目的管理工作，即各过程组开展不同的管理工作。例如，严格地讲，规划过程组不等同于规划阶段。规划过程组的过程，不仅可以在规划阶段开展，而且可以在执行阶段开展。之所以把某个过程归入规划过程组，是因为其主要是在规划阶段开展的。

> 实际上，任何一个项目管理过程都可以在任何一个项目阶段开展。甚至在项目的起始阶段也可以开展结束项目或阶段过程，考虑将来的项目收尾该怎么做。

例题 3-2 一个大型软件开发项目的实施已经接近尾声。项目经理发出通知，召集全体团队成员开一次项目风险识别会议。一位成员找到项目经理说，根据《PMBOK®指南》的规定，识别风险是规划过程组的过程，所以现在无须再开展此过程。对此，项目经理最好怎么回答这位成员？

A. 识别风险虽然是规划过程组的过程，但是在每个项目阶段都需要开展

B. 项目越接近尾声，面临的风险就越多

C. 以前的风险识别太片面，故现在需要继续识别风险

D. 你的说法是正确的，我们无须再识别风险

解释：答案是 A。识别风险主要是在规划阶段开展，在其他阶段也要根据需要开展。B 恰好说反了，应该是项目后期的风险会更少。C 有这种可能，但题干并未提示以前的风险识别太片面。D 则是完全错误的说法。

如果不考虑五大过程组之间的交叠和循环关系，它们之间的主要关系可以概括为如图 3-2 所示。

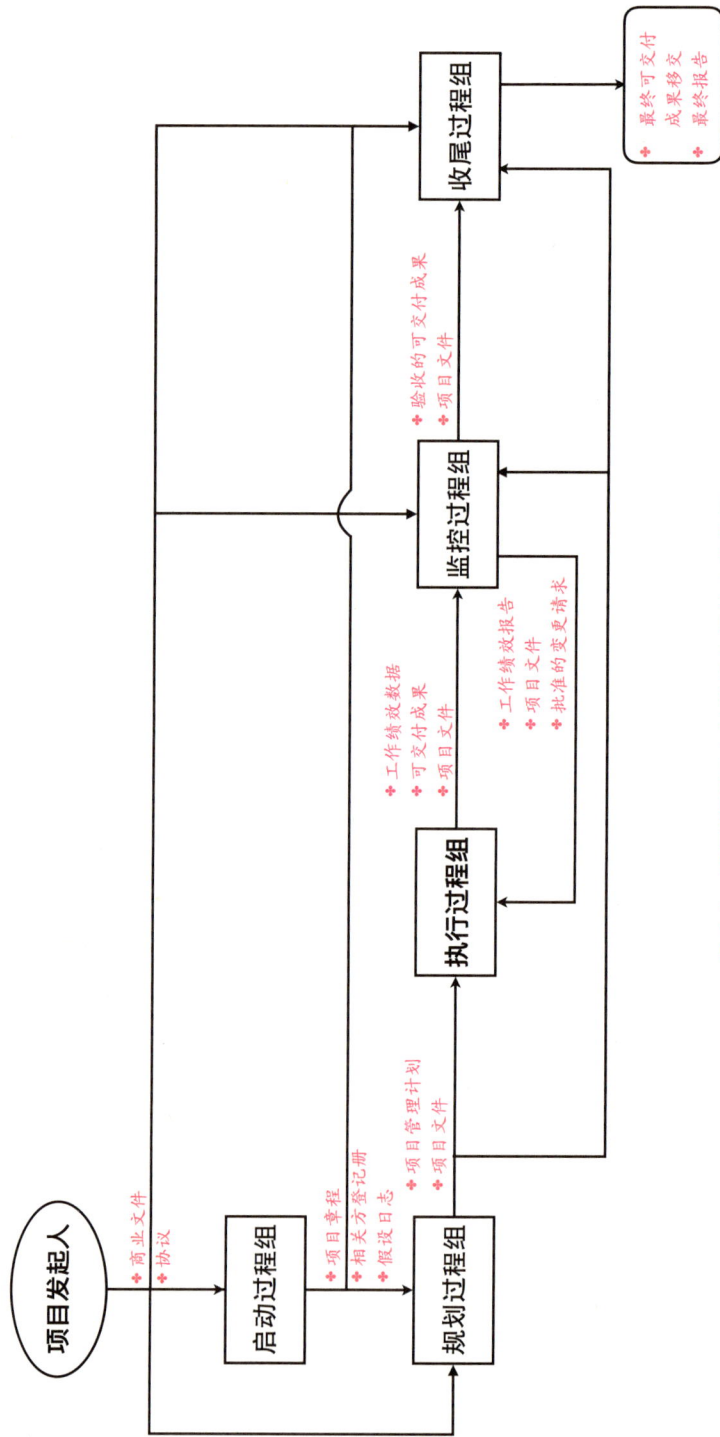

图 3-2 项目管理五大过程组之间的主要关系

3.2.3 启动和收尾过程组的主要工作

项目管理强调按正确的程序做事。虽然在具体项目上，由项目经理和项目管理团队自行决定具体的做事程序，但是项目管理业界还是已经形成一些基本的程序。考试中可能有这样的题目：给出一个情景，要你选择下一步该做什么。所以，考生需要弄清楚项目管理工作的基本程序。

启动过程组旨在制定项目的总体目标，并宣布项目正式立项。启动过程组其实是办理项目的立项手续。在正式进入启动过程组之前，项目发起人需要组织专家完成项目的前期准备工作，编写出相应的商业文件（如商业论证报告），签妥发起项目的合作协议。在启动过程组，用项目章程宣布项目正式立项。为了尽早与项目相关方打交道，还应该在启动过程组编制相关方登记册。相关方登记册将不断调整和完善。

> 通常，项目经理参与但并不领导项目启动工作。启动工作由项目发起人或高级管理层领导。

收尾过程组旨在正式关闭项目，并更新组织过程资产。《PMBOK® 指南》对收尾过程组写得比较简单，因为这个过程组不是用来解决问题的，而只是用来收集资料、开展项目后评价（总结经验教训）和更新组织过程资产的。这些工作都属于行政收尾工作。对收尾过程组，需要注意：

- 如果项目是通过合同来做的，对每个合同都要进行合同收尾。每个合同的收尾，是控制采购过程（监控过程组）的一件工作。在结束项目或阶段过程中，要全面审阅与采购有关的资料（可能涉及不止一个合同），全面总结采购管理的经验教训。
- 项目的产品范围或技术工作全部完成了，并不代表项目结束。项目必须经过正式的结束项目或阶段过程，完成行政收尾工作，才可以正式关闭。
- 收尾工作不仅针对整个项目，也要在每个阶段结束时进行。
- 做好向后续阶段或成果运营的知识转移，以支持后续阶段或成果运营的开展。

> 收尾过程组并非用来解决项目中存在的问题，所有问题都必须通过监控过程组和其他三大过程组加以解决。

3.2.4 规划过程组的工作流程

规划过程组旨在细化项目目标，并为实现项目目标编制项目计划（包括项目管理计划和各种项目文件）。规划过程组的总体思路是：首先编制各分项管理计划（程序性计划，或程序性和实体性计划的综合），然后根据各分项管理计划编制项目范围计划、进度计划、成本计划、质量计划、风险计划和采购计划（实体性计划），最后把所有分项管理计划以及高层次的范围计划（范围基准）、进度计划（进度基准）和成本计划（成本基准）汇编成项目管理计划。其他低层次实体性计划则作为项目文件或采购文档而存在。

在项目范围管理、进度管理、成本管理、质量管理、风险管理和采购管理这六大知识领域，程序性计划和实体性计划是分开的。例如，项目范围管理知识领域中的程序性计划是需求管理计划和范围管理计划，而实体性计划则是项目范围说明书、工作分解结构和工作分解结构词典。在项目资源管理、沟通管理和相关方管理这三大知识领域，程序性计划和实体性计划合二为一。例如，沟通管理计划，同时也就是沟通计划。在项目整合管理知识领域，项目管理计划中既有程序性计划（各种分项管理计划），又有实体性计划（项目基准）。

规划过程组的内容比较多，总共有 24 个项目管理过程。为便于掌握，应该对项目计划（包括项目管理计划和各种项目文件）编制的步骤进行总结，如表 3-4 所示。

表 3-4　项目计划编制的步骤

工作步骤	具体工作	说　明
第 1 步：编制各分项管理计划	编制相关方参与计划、沟通管理计划、需求管理计划、范围管理计划、进度管理计划、成本管理计划、质量管理计划、资源管理计划、风险管理计划、采购管理计划	确定编制后续计划的程序和方法，以及开展项目执行、监控和收尾的程序与方法
第 2 步：确定项目范围	收集需求	了解项目相关方对项目的需求
	定义范围	编制项目范围说明书，划定项目范围边界
	编制工作分解结构和 WBS 词典	确定项目范围边界内的具体可交付成果，并加以解释
第 3 步：确定项目工期	定义活动	在弄清楚要做的各项活动及其相互关系、所需资源的基础上，进行工期估算，编制项目进度计划
	排列活动顺序	
	估算活动所需资源	
	估算活动工期	
	编制进度计划	
第 4 步：确定项目成本	估算各活动的成本	根据项目范围和进度计划，考虑所需资源情况，编制项目成本预算
	确定成本预算	
第 5 步：确定项目质量标准	编制具体的质量测量指标	确定项目质量标准和如何达到
	规定达到质量指标的方法	
	规定如何检查项目质量	
第 6 步：规划风险应对	识别风险	识别项目风险,分析项目风险,制订风险应对计划
	风险定性分析	
	风险定量分析	
	编制风险应对计划	

工作步骤	具体工作	说　明
第7步： 策划项目采购	编制项目采购计划	确定采购需要，编制招标文件和其他配套文件
第8步： 形成综合计划	把所有分项管理计划以及高层次范围、进度和成本计划汇编成项目管理计划，同时协调其他所有低层次计划，作为项目文件或采购文档	综合上述所有内容

规划过程组的总体工作流程如图 3-3 所示。

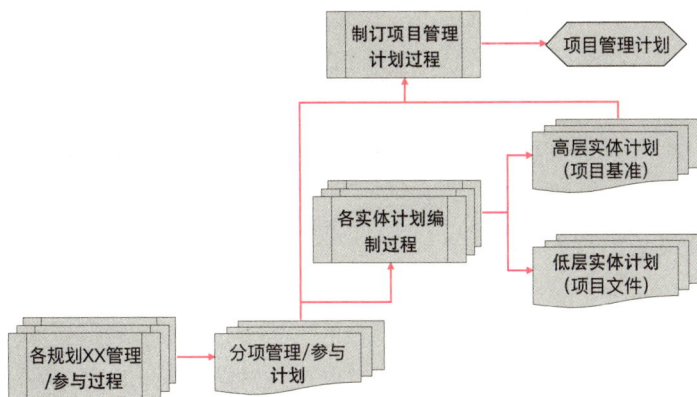

图 3-3　规划过程组的总体工作流程

3.2.5　执行过程组的工作流程

执行过程组旨在获取资源，开展项目计划中的项目工作，实现项目目标。因为《PMBOK® 指南》是关于项目"管理"工作的指南，所以只列出了 10 个与管理工作密切相关的执行过程，而没有列出开展纯技术执行工作的过程，如没有列出"执行进度计划过程"。执行过程组内部的工作流程，可以概括为如下 10 个步骤：

第 1 步：获取项目资源，包括人力和实物资源（获取资源过程）。

第 2 步：开展项目团队建设（建设团队过程）。

第 3 步：管理项目团队（管理团队过程）。

第 4 步：管理相关方参与（管理相关方参与过程）。

第 5 步：对外购部分进行采购，选择卖方，签订采购合同（实施采购过程）。

第 6 步：按项目计划开展项目实施（指导与管理项目工作过程）。

第 7 步：管理项目知识（管理项目知识过程）。

第 8 步：开展质量管理，包括质量保证（管理质量过程）。

第 9 步：实施风险应对策略和措施（实施风险应对过程）。

第 10 步：发布项目信息（管理沟通过程）。

上述步骤的顺序只是为了方便理解，在实际工作中这些步骤往往是纠缠在一起的，没有明显的先后顺序。例如，指导与管理项目工作过程，其实无法与其他9个执行过程截然分开。

> 执行过程组的主要成果是工作绩效数据和可交付成果。

3.2.6　监控过程组内的工作流程

监控过程组旨在监督项目进展情况，发现并分析实际与计划的偏差，提出并审批变更请求，以保证项目目标的实现。每个知识领域都有监控过程（共12个）。监控过程组的总体工作流程如下。

第1步：开展基层局部监控。即开展控制范围、确认范围、控制进度、控制成本、控制质量、控制资源、监督风险、控制采购、监督沟通和监督相关方参与过程，得到工作绩效信息，提出必要的变更请求。

第2步：开展高层全局监控，监控整个项目的绩效。即开展监控项目工作过程，得到工作绩效报告，提出必要的变更请求。

第3步：审批变更请求。即开展实施整体变更控制过程，得到变更日志、批准的变更请求。变更日志在《PMBOK®指南》未单独列出，而是含在"批准的变更请求"中。

> 无论是哪个过程提出的变更请求，都必须提交实施整体变更控制过程审批。

监控过程组的总体工作流程如图3-4所示。

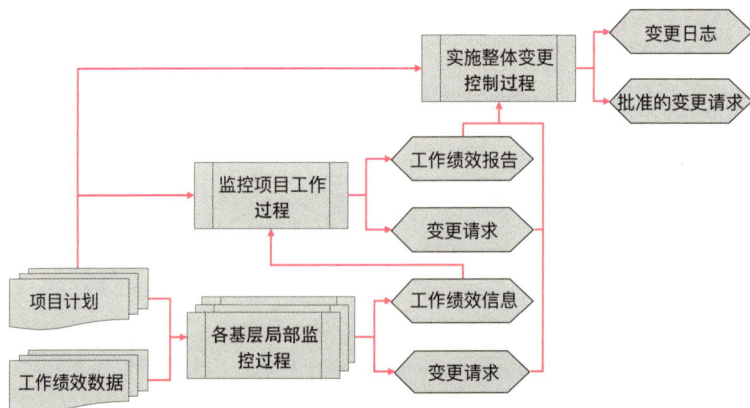

图3-4　监控过程组的总体工作流程

例题 3-3　一个大型复杂的项目，刚刚发布了项目章程。项目的一个重要相关方要求立即看到详细的项目进度计划和详细的项目预算。项目经理应该如何回应该相关方的这个要求？

    A. 立即根据项目章程编制详细的进度计划和预算

    B. 告诉他只有编制出工作分解结构之后，才能编制详细的进度计划和预算

    C. 拒绝他的这个不合理要求

    D. 请他向项目发起人索要详细的进度计划和预算

解释：B是正确答案。A：项目章程不应该是编制详细进度计划和预算的直接依据。C：简单地拒绝，不是一种良好做法。D：编制详细进度计划和预算不应该是项目发起人的事情。

3.3 数据、信息和报告

3.3.1 工作绩效数据

工作绩效数据（Work Performance Data）是在项目执行过程中，一边执行一边收集起来的，未经任何加工整理的原始资料，用于真实、完整地记录工作的执行情况。它是指导与管理项目工作过程的输出，是项目监控时用来与计划要求做比较的实际数据。未经分析和整理的原始资料，本身是没有任何用途的，因为你不知道数据之间的联系，不知道数据产生的背景。

3.3.2 工作绩效信息

工作绩效信息（Work Performance Information）是对工作绩效数据进行加工整理后得到的，是相互联系且有明确的产生背景的数据。它是全部的基层局部监控过程的输出，并成为监控项目工作过程（高层全局监控过程之一）的输入。在《PMBOK® 指南》中，总共有10个基层局部监控过程，即控制范围、确认范围、控制进度、控制成本、控制质量、控制资源、监督沟通、监督风险、控制采购和监督相关方参与过程；总共有3个高层全局监控过程，即监督风险、监控项目工作和实施整体变更控制过程。工作绩效信息的主要内容是实际执行情况与计划要求之间的偏差、对偏差程度和原因的分析结果，以及据此做出的未来情况预测。

> 监督风险过程，用于单个项目风险时，为基层局部的监控过程；用于整体项目风险时，则为高层全局的监控过程。

3.3.3 工作绩效报告

工作绩效报告（Work Performance Reports）则是对工作绩效信息进行进一步加工、

整理、汇编而得到的，关于项目绩效的专题或综合报告，可以定期编制，或为某种特殊目的而专门编制（如配合领导即将对项目进行的检查）。它是监控项目工作过程的输出，要发送给主要项目相关方，以便他们据此关注项目情况，做出相关决定或采取相关行动。

工作绩效数据、工作绩效信息与工作绩效报告之间的主要区别，如表 3-5 所示。

表 3-5　工作绩效数据、信息与报告的区别

比较项	工作绩效数据	工作绩效信息	工作绩效报告
产生于	指导与管理项目工作过程	确认范围、控制范围、控制进度、控制成本、控制质量、监督沟通、控制资源、监督风险、控制采购、监督相关方参与过程	监控项目工作过程
产生时间	随时	间隔一定时间，经常	间隔较长时间，定期或在特殊需要时
主要用途	记录项目执行情况	反映项目执行与计划之间的偏差，以便决定是否需要变更	整个项目层面的，更深入或更综合的执行与计划的比较，以便决定是否须变更或采取其他行动
回答的主要问题	是什么（What）	为什么会如此（Why）	准备怎么解决和预防问题（How and how will）
使用者	项目团队	项目团队	项目团队、发起人、高级管理层、客户及其他主要相关方
实例	截至本月底完成了价值 1 000 万元的工作	截至本月底，与计划相比，进度落后了 100 万元，超出了控制临界值，主要原因是人员的技能水平低下	截至本月底，进度偏差为 –100 万元，超出控制临界值。应加强人员培训，提高技能水平，赶上进度，并预防再次进度落后

工作绩效数据、信息与报告之间的关系如图 3-5 所示。

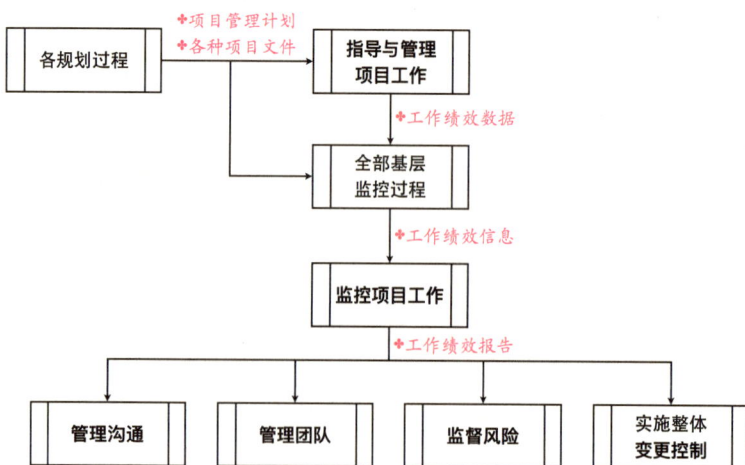

图 3-5　工作绩效数据、信息与报告之间的关系

例题 3-4　你的一个朋友第一次出任项目经理。他很快就要向项目发起人和客户报告项目进展情况。他来问你，应该向发起人和客户报送什么资料。你应该建议他报送以下哪种资料？

A. 工作绩效数据，因为它最真实

B. 工作绩效信息，因为它能够说明实际与计划的偏离

C. 工作绩效报告，因为它有利于发起人和客户采取必要的行动

D. 同时报送工作绩效数据、信息和报告，因为这样最全面

解释：C 是正确答案。工作绩效数据只是原始资料，不仅量大，而且杂乱，不应交给发起人和客户。工作绩效信息通常是项目团队内部使用的，只反映问题，而不说明该如何解决问题，对发起人和客户没有太多价值。

3.4　全部过程的输入

3.4.1　概述

《PMBOK® 指南》共列出了 20 个输入和 73 个输出。在全部输入中，4 个来自项目外部，即事业环境因素、组织过程资产、商业文件和卖方建议书；1 个（协议）既可以来自项目外部，也可以来自项目内部；其他 15 个都是本项目内部产生的，即相应项目管理过程的输出。来自项目外部的协议，又有两种情况：一种是项目发起人之间关于发起项目的合作协议。另一种是从承包商的角度来看的它与业主之间的合同，该合同是承包商启动承包项目的依据。

在全部输出中，2 个会成为项目最终的成果，即最终产品、服务或成果移交，最终报告；4 个先成为本项目其他项目管理过程的输入，待最后更新后就成为最终成果，即事业环境因素更新、组织过程资产更新、采购文档更新、项目文件更新；其他 67 个都会成为本项目其他项目管理过程的输入，即仅在项目内部使用。请注意，这 67 个输出在成为其他过程的输入时，除了项目章程、项目管理计划、项目资金需求、可交付成果、变更请求、批准的变更请求、协议、团队绩效评价、核实的可交付成果、验收的可交付成果、工作绩效数据、工作绩效信息和工作绩效报告这 13 个，其余 54 个都被归并到了"项目管理计划""项目文件""采购文档"和"其他过程的输出"中（见表 3-6）。

> 项目资金需求主要供发起人及时按量为项目准备资金，而非供项目团队内部使用，故没有归入"项目文件"。

表 3-6 各种输出归并为输入的情况

序号	各种输出	归并后的输入
1	需求管理计划、范围管理计划、进度管理计划、成本管理计划、质量管理计划、资源管理计划、风险管理计划、相关方参与计划、沟通管理计划、采购管理计划、范围基准、进度基准、成本基准、项目管理计划更新	其他过程的输出或项目管理计划
2	活动清单、活动属性、假设日志、估算依据、成本估算、成本预测、持续时间估算、变更日志、问题日志、经验教训登记册、里程碑清单、实物资源分配单、项目日历、项目沟通记录、项目进度计划、项目进度网络图、项目范围说明书、项目团队派工单、质量控制测量结果、质量测量指标、质量报告、需求文件、需求跟踪矩阵、资源分解结构、资源日历、资源需求、风险登记册、风险报告、进度数据、进度预测、相关方登记册、团队章程、测试与评估文件	项目文件
3	自制或外购决策、采购策略、招标文件、采购工作说明书、独立成本估算、选定的卖方、供方选择标准＊、结束的采购	采购文档

注：＊供方选择标准在《PMBOK®指南》第 98 页又被列为"项目文件"，这不合理。

> "项目管理计划"是一份单一的文件，而"项目文件"和"采购文档"都不是单一的文件，只是各种文件的统称。

例题 3-5 以下哪个属于项目文件的组成部分？

A. 项目工作说明书

B. 采购工作说明书

C. 范围基准

D. 项目范围说明书

解释：正确答案是 D。在经批准成为范围基准的组成部分之前，项目范围说明书是一种项目文件，经批准之后，就被收进项目管理计划。项目工作说明书，在《PMBOK®指南》（第 5 版）中的概念，是项目发起人编制的关于做项目的初步想法的文件，可以归入《PMBOK®指南》（第 6 版）中的商业文件。采购工作说明书是采购文档的组成部分。范围基准是项目管理计划的组成部分。

如同不能用纯直线型思维去理解项目管理过程之间的关系，理解过程输入与输出之间的关系也不能用纯直线型思维。例如，某过程有三个输入和三个输出，并不一定就意味着三个输入同时进去，三个输出同时出来，也许存在循环关系。

PMP®考试中会有不少题目与输入与输出或工具与技术有关。考生不仅需要理解所有输入与输出和工具与技术，而且需要记忆。如果只是一个一个地机械式记忆，困难很大。考生应该在理解的基础上，采用归纳法，以提高记忆的效率与效果，并进一步加深理解。下面就对全部过程的输入进行归纳。

在理解的基础上记忆项目管理过程的输入与输出、工具与技术，这是必须的。

3.4.2　事业环境因素和组织过程资产

在实际工作中，几乎每项工作和每个过程都在不同程度上受事业环境因素的影响，并需要不同程度地利用组织过程资产。不过，《PMBOK®指南》中并没有对全部过程都列出这两个输入。

《PMBOK®指南》中共有 40 个过程使用事业环境因素这个输入，其中有：

- 全部 2 个启动过程。
- 全部 24 个规划过程。
- 8 个执行过程，即指导与管理项目工作、管理项目知识、管理沟通、管理相关方参与、实施采购、获取资源、建设团队、管理团队。只有"管理质量"和"实施风险应对"这两个执行过程没有事业环境因素这个输入。
- 6 个监控过程，即监控项目工作、实施整体变更控制、控制质量、监督沟通、监督相关方参与、控制采购。另外 6 个监控过程，即控制范围、确认范围、控制进度、控制成本、控制资源和监督风险，没有事业环境因素这个输入。

事业环境因素是全部启动过程和全部规划过程的输入，这是为了强调在项目的启动和规划阶段就认真、全面、系统地考虑环境因素，编制好项目章程和项目计划，为以后的项目执行、监控和收尾奠定坚实基础。

在整个项目生命周期中，都要利用组织过程资产。在全部 49 个过程中，对 47 个过程列出了"组织过程资产"这个输入，只有以下 2 个监控过程不用组织过程资产：确认范围、监督风险。

3.4.3　项目管理计划

《PMBOK®指南》各过程的文件类输出，又可以分成两类：第一类是项目管理计划及其组成部分，第二类是各种各样的具体文件。项目管理计划是关于管理工作的安排和高层次的项目要求（项目基准）。规划阶段所编制的各种具体文件，则是关于技术工作的安排和细节性的项目要求（为了确保基准的实现）。

在全部 49 个项目管理过程中，只有"制定项目章程"和"制订项目管理计划"这两个过程没有"项目管理计划"这个输入。

各过程所使用的"项目管理计划"的具体内容不一定相同。例如，所有"规划××管理/参与过程"仅使用"项目管理计划"大纲，或已编制出的子管理计划。

3.4.4 项目文件

在全部 49 个项目管理过程中，只有 6 个过程没有"项目文件"这个输入，即制定项目章程、制订项目管理计划、规划范围管理、规划进度管理、定义活动、规划成本管理。

各过程所使用的具体项目文件很可能是不同的。所以，在看到"项目文件"这个输入时，必须仔细了解究竟要用哪一种或哪几种具体的项目文件。对于所用的具体项目文件，应该注重理解，而不是死记硬背。

3.4.5 其他输入

按照涉及的过程多少，对其他所有输入进行归纳，如表 3-7 所示。

表 3-7　其他输入与相应过程的对照

序号	输　　入	用到该输入的过程
1	项目章程	识别相关方、制订项目管理计划、规划范围管理、规划进度管理、规划成本管理、规划质量管理、规划风险管理、规划资源管理、规划沟通管理、规划相关方参与、规划采购管理、收集需求、定义范围、结束项目或阶段
2	协议	制定项目章程、识别相关方、规划相关方参与、收集需求、制订进度计划、制定预算、识别风险、监控项目工作、控制资源、控制采购、结束项目或阶段
3	工作绩效数据	确认范围、控制范围、控制进度、控制成本、控制质量、控制资源、监督沟通、监督风险、控制采购、监督相关方参与
4	商业文件	制定项目章程、识别相关方、规划采购管理、收集需求、制定预算、结束项目或阶段
5	工作绩效报告	管理沟通、管理团队、监督风险、实施整体变更控制
6	批准的变更请求	指导与管理项目工作、控制质量、控制采购
7	采购文档	识别风险、实施采购、控制采购、结束项目或阶段
8	可交付成果	管理项目知识、控制质量
9	变更请求	实施整体变更控制
10	其他过程的输出	制订项目管理计划
11	工作绩效信息	监控项目工作
12	核实的可交付成果	确认范围
13	验收的可交付成果	结束项目或阶段
14	项目资金需求	控制成本
15	卖方建议书	实施采购
16	团队绩效评价	管理团队

3.5 全部过程的输出

3.5.1 概述

《PMBOK® 指南》所列的 73 个输出中，只有 4 个是非文件类的输出，即可交付成果、核实的可交付成果、验收的可交付成果和最终产品、服务或成果移交（移交的可交付成果）。当然，即便非文件类的输出，也需要有相关文件的配合。例如，需要用质量检查合格文件来配合"核实的可交付成果"。其他全部输出都是文件类输出，即项目管理计划及其组成部分、各种项目文件、各种采购文档、结束的采购（宣布采购关闭的文件），以及在这些基础上形成的事业环境因素更新和组织过程资产更新。

3.5.2 变更请求

总共 24 个过程会提出变更请求，它们是：

- 1 个启动过程，即识别相关方。重复开展识别相关方过程时，可能提出变更请求。
- 4 个规划过程，即定义活动、制订进度计划、规划风险应对、规划采购管理。
- 8 个执行过程，即指导与管理项目工作、管理质量、获取资源、建设团队、管理团队、实施风险应对、实施采购、管理相关方参与。其他 2 个执行过程，即管理项目知识、管理沟通，没有"变更请求"这个输出。
- 除实施整体变更控制过程以外的全部（11 个）监控过程，即监控项目工作、确认范围、控制范围、控制进度、控制成本、控制质量、控制资源、监督沟通、监督风险、控制采购、监督相关方参与。监控就是发现偏差，提出必要的变更请求。实施整体变更控制过程则专用于审批变更请求。

> 变更请求主要是执行与监控过程的输出。因为收尾阶段不能再变更，所以收尾过程不会提出变更请求。

例题 3-6 变更请求是下列哪个过程的输出？

A. 制定项目章程

B. 识别相关方

C. 控制范围

D. 结束项目或阶段

解释：C 为正确答案。虽然识别相关方过程也有"变更请求"这个输出，但是第一次开展这个过程时不可能提出变更请求。只有重复开展识别相关方过程时，才可能提出变更请求。

3.5.3　项目管理计划更新

总共 26 个过程会输出"项目管理计划更新"，它们是：

- 1 个启动过程，即识别相关方。
- 5 个规划过程，即定义活动、制订进度计划、规划质量管理、规划沟通管理、规划风险应对。
- 9 个执行过程，即指导与管理项目工作、管理项目知识、管理质量、获取资源、建设团队、管理团队、管理沟通、实施采购、管理相关方参与。只有一个执行过程，即实施风险应对，不会导致项目管理计划更新。
- 11 个监控过程，即监控项目工作、实施整体变更控制、控制范围、控制进度、控制成本、控制质量、控制资源、监督沟通、监督风险、控制采购、监督相关方参与。只有一个监控过程，即确认范围，不会导致项目管理计划更新。

因为收尾阶段不能再变更，所以收尾过程既不会提出变更请求，也不会导致项目管理计划更新。

> "项目管理计划更新"主要是执行和监控过程的输出。

本书作者认为，《PMBOK® 指南》对"项目管理计划更新"的规定是不合理的。既然项目管理计划是通过制订项目管理计划过程编制的，那么其更新也必须通过该过程进行，即"项目管理计划更新"只能是制订项目管理计划过程的输出。当然，在 PMP® 考试中，必须按《PMBOK® 指南》中的规定答题，哪怕你认为它是不合理的。

3.5.4　项目文件更新

总共 39 个过程会输出"项目文件更新"。只有 10 个过程没有"项目文件更新"，即制定项目章程、制订项目管理计划、管理项目知识、规划范围管理、收集需求、规划进度管理、定义活动、规划成本管理、规划风险管理、规划相关方参与。

除了管理项目知识过程，其余全部执行过程都有"项目文件更新"。全部监控过程都有"项目文件更新"。

项目文件（Project Documents）并不是一个单一的文件，而是各种项目文件的统称。在《PMBOK® 指南》中，每种项目文件（如风险登记册），只在第一次作为输出出现时会单独列出；后续更新时就不再单独列出，而是统一归入"项目文件更新"（Project Documents Updates）。看到"项目文件更新"时，应根据上下文判断究竟是哪一种或哪几种文件的更新。

更新项目管理计划必须走变更流程、经过审批，而更新项目文件不一定要走流程审批。

3.5.5　组织过程资产更新

总共 10 个过程有"组织过程资产更新"这个输出，它们是：

- 1 个规划过程，即规划采购管理。
- 6 个执行过程，即指导与管理项目工作、管理项目知识、获取资源、建设团队、管理沟通、实施采购。
- 2 个监控过程，即监督风险、控制采购。
- 1 个收尾过程，即结束项目或阶段。

另外，《PMBOK® 指南》中的 3 个过程有"事业环境因素更新"，即获取资源、建设团队、管理团队；1 个过程有"采购文档更新"，即控制采购。

与《PMBOK® 指南》（第 5 版）相比，会输出"组织过程资产更新"的过程有所减少，这是为了更强调 PMO 的作用，即由 PMO 承担更新组织过程资产的更多责任。

3.5.6　其他输出

对其他所有输出的归纳如表 3-8 所示。

表 3-8　除变更请求及各种更新以外的输出及其相应的项目管理过程

序号	输　出	导致输出的过程
1	项目章程	制定项目章程
2	假设日志	
3	相关方登记册	识别相关方
4	项目管理计划	制订项目管理计划
5	需求管理计划	规划范围管理
6	范围管理计划	
7	需求文件	收集需求
8	需求跟踪矩阵	
9	项目范围说明书	定义范围
10	范围基准	创建 WBS
11	进度管理计划	规划进度管理

序号	输　　出	导致输出的过程
12	活动清单	定义活动
13	活动属性	
14	里程碑清单	
15	项目进度网络图	排列活动顺序
16	持续时间估算	估算活动持续时间
17	估算依据	估算活动持续时间、估算成本、估算活动资源
18	项目日历	制订进度计划
19	项目进度计划	
20	进度基准	
21	进度数据	
22	成本管理计划	规划成本管理
23	成本估算	估算成本
24	成本基准	制定预算
25	项目资金需求	
26	质量管理计划	规划质量管理
27	质量测量指标	
28	资源管理计划	规划资源管理
29	团队章程	
30	资源需求	估算活动资源
31	资源分解结构	
32	沟通管理计划	规划沟通管理
33	风险管理计划	规划风险管理
34	风险登记册	识别风险
35	风险报告	
36	采购管理计划	规划采购管理
37	采购策略	
38	自制或外购决策	
39	采购工作说明书	
40	招标文件	
41	供方选择标准	
42	独立成本估算	
43	相关方参与计划	规划相关方参与

续表

序号	输　出	导致输出的过程
44	可交付成果	指导与管理项目工作
45	工作绩效数据	
46	问题日志	
47	经验教训登记册	管理项目知识
48	测试与评估文件	管理质量
49	质量报告	
50	实物资源分配单	获取资源
51	项目团队派工单	
52	资源日历	
53	团队绩效评价	建设团队
54	项目沟通记录	管理沟通
55	选定的卖方	实施采购
56	协议	
57	工作绩效报告	监控项目工作
58	工作绩效信息	确认范围、控制范围、控制进度、控制成本、控制质量、控制资源、监督沟通、监督风险、控制采购、监督相关方参与
59	验收的可交付成果	确认范围
60	进度预测	控制进度
61	成本预测	控制成本
62	质量控制测量结果	控制质量
63	核实的可交付成果	
64	结束的采购	控制采购
65	批准的变更请求	实施整体变更控制
66	最终产品、服务或成果移交	结束项目或阶段
67	最终报告	

作为输入的项目管理计划的具体组成部分，请见本书附录 C；作为输入的各项目文件和商业文件，请见本书附录 D。

3.6　全部过程的工具与技术

《PMBOK® 指南》总共列出了 65 个工具与技术（这里把一个技术组暂且当作一个

技术看待），用于 49 个项目管理过程。其中有些工具与技术是 2 个或以上过程共用的。《PMBOK® 指南》附录 X6 按英文字母顺序罗列了全部工具与技术。本书在这里按使用频率从高到低罗列了全部工具与技术。

3.6.1 专家判断

在实际工作中，几乎每件工作都或多或少地需要用到"专家判断"。在《PMBOK® 指南》中，使用"专家判断"的 35 个过程是：

- 全部 2 个启动过程，即制定项目章程、识别相关方。
- 22 个规划过程。只有 2 个规划过程没有"专家判断"，即排列活动顺序、制定进度计划。
- 5 个执行过程，即指导与管理项目工作、管理项目知识、实施风险应对、实施采购、管理相关方参与。
- 5 个监控过程，即监控项目工作、实施整体变更控制、控制成本、监督沟通、控制采购。
- 1 个收尾过程，即结束项目或阶段。

3.6.2 数据分析

这是一个技术组，其下属有 27 个技术。在《PMBOK® 指南》中，使用"数据分析"的 32 个过程是：

- 1 个启动过程，即识别相关方。
- 18 个规划过程。只有 6 个规划过程没有"数据分析"，即创建 WBS、定义活动、排列活动顺序、规划资源管理、规划沟通管理、制订项目管理计划。
- 2 个执行过程，即管理质量、实施采购。
- 10 个监控过程。只有 2 个监控过程没有"数据分析"，即确认范围、监督沟通。
- 1 个收尾过程，即结束项目或阶段。

3.6.3 会议

会议是经常使用的工具。使用"会议"的 28 个过程是：
- 全部 2 个启动过程，即制定项目章程、识别相关方。
- 15 个规划过程，即制订项目管理计划、规划范围管理、规划进度管理、规划成本管理、规划质量管理、规划资源管理、规划沟通管理、规划风险管理、规划采购管理、规划相关方参与、定义活动、排列活动顺序、估算活动资源、识别风险、实施定性风险分析。
- 4 个执行过程，即指导与管理项目工作、建设团队、管理沟通、管理相关方参与。

- 6 个监控过程，即监控项目工作、实施整体变更控制、控制质量、监督沟通、监督风险、监督相关方参与。
- 1 个收尾过程，即结束项目或阶段。

3.6.4 人际关系与团队技能

这是一个技术组，其下属有 17 个技术。使用"人际关系与团队技能"的 20 个过程是：

- 1 个启动过程，即制定项目章程。
- 8 个规划过程，即制订项目管理计划、收集需求、定义范围、规划沟通管理、识别风险、实施定性风险分析、实施定量风险分析、规划风险应对。
- 8 个执行过程。只有 2 个执行过程没有"人际关系与团队技能"，即指导与管理项目工作、管理质量。
- 3 个监控过程，即控制资源、监督沟通、监督相关方参与。

3.6.5 数据收集

这是一个技术组，其下属有 9 个技术。使用"数据收集"的 13 个过程是：

- 全部 2 个启动过程，即制定项目章程、识别相关方。
- 9 个规划过程，即制订项目管理计划、规划质量管理、规划采购管理、收集需求、识别风险、实施定性风险分析、实施定量风险分析、规划风险应对、规划相关方参与。
- 1 个执行过程，即管理质量。
- 1 个监控过程，即控制质量。

3.6.6 决策

这是一个技术组，其下属有 2 个技术。使用"决策"的 13 个过程是：

- 7 个规划过程，即收集需求、定义范围、估算活动持续时间、估算成本、规划质量管理、规划风险应对、规划相关方参与。
- 2 个执行过程，即获取资源、管理质量。
- 4 个监控过程，即监控项目工作、实施整体变更控制、确认范围、监督相关方参与。

3.6.7 项目管理信息系统

使用"项目管理信息系统"的 12 个过程是：

- 4 个规划过程，即排列活动顺序、估算活动资源、制订进度计划、估算成本。
- 4 个执行过程，即指导与管理项目工作、管理团队、实施风险应对、管理沟通。
- 4 个监控过程，即控制进度、控制成本、控制资源、监督沟通。

3.6.8　数据表现

这是一个技术组，其下属有 15 个技术。使用"数据表现"的 11 个过程是：

- 1 个启动过程，即识别相关方。
- 6 个规划过程，即规划质量管理、规划资源管理、规划沟通管理、规划相关方参与、收集需求、实施定性风险分析。
- 1 个执行过程，即管理质量。
- 3 个监控过程，即控制质量、监督沟通、监督相关方参与。

> 关于技术组中的具体技术及其所在过程，请见《PMBOK® 指南》附录 X6。

3.6.9　两个至四个过程共用的工具与技术

2~4 个过程共用的工具与技术共 16 个，如表 3-9 所示。

表 3-9　2~4 个过程共用的工具与技术

序号	工具与技术	使用该工具与技术的过程
1	检查	控制质量、确认范围、控制采购
2	类比估算	估算活动资源、估算活动持续时间、估算成本
3	参数估算	
4	自下而上估算	
5	审计	管理质量、监督风险、控制采购
6	沟通技能	管理沟通、管理相关方参与、监督相关方参与
7	沟通技术	规划沟通管理、建设团队、管理沟通
8	提前量与滞后量	排列活动顺序、制订进度计划、控制进度
9	沟通方法	规划沟通管理、管理沟通
10	关键路径法	制订进度计划、控制进度
11	资源优化	
12	进度压缩	
13	分解	创建 WBS、定义活动
14	问题解决	管理质量、控制资源
15	三点估算	估算活动持续时间、估算成本
16	虚拟团队	获取资源、建设团队

3.6.10 仅供一个过程使用的工具与技术

仅供一个过程使用的工具与技术共 41 个，如表 3-10 所示。

表 3-10 仅供一个过程使用的工具与技术

序号	工具与技术	使用过程
1	预分派	获取资源
2	系统交互图、原型法	收集需求
3	广告、投标人会议	实施采购
4	完工尚需绩效指数	控制成本
5	索赔管理	控制采购
6	测试或产品评估	控制质量
7	滚动式规划	定义活动
8	产品分析	定义范围
9	成本汇总、历史信息审核、资金限制平衡、融资	制定预算
10	敏捷发布规划、进度网络分析	制订进度计划
11	集中办公、培训、个人和团队评估、认可与奖励	建设团队
12	提示清单	识别风险
13	项目报告发布	管理沟通
14	信息管理、知识管理	管理项目知识
15	面向 X 的设计、质量改进方法	管理质量
16	基本规则	管理相关方参与
17	变更控制工具	实施整体变更控制
18	风险分类	实施定性风险分析
19	不确定性表现方式	实施定量风险分析
20	沟通模型、沟通需求分析	规划沟通管理
21	供方选择分析	规划采购管理
22	测试与检查规划	规划质量管理
23	组织理论	规划资源管理
24	应急应对策略、机会应对策略、威胁应对策略、整体项目风险应对策略	规划风险应对
25	确定和整合依赖关系、紧前关系绘图法	排列活动顺序

3.7 疑难问题解答

1. 如何理解"工具"与"技术"的区别？

答：严格地说，"工具"与"技术"是不同的。工具是为创造产品或成果而使用的有形的东西，包括硬件工具和软件工具。技术则是为创造产品或成果而使用的一套系统化的程序。技术往往要借助工具才能付诸应用。因为工具和技术往往密不可分，所以《PMBOK® 指南》没有对它们进行明确区分。考生也无须明确区分"工具"与"技术"。

2．为什么各过程的工具与技术都没有写入《PMBOK® 指南》的附录"项目管理标准"？

答："项目管理标准"中对每个过程只列出了输入与输出，而没有列出工具与技术。这主要是因为究竟使用什么工具与技术，往往有很大的灵活性，不应该强求。你也许可以使用不同的工具与技术取得同样的输出。《PMBOK® 指南》各过程的工具与技术，既不穷尽，也非必须使用，只是推荐使用。

3．为什么有些工具与技术比较笼统，有些又比较具体？

答：《PMBOK® 指南》(第6版) 的一个显著改变，就是把许多具体的工具与技术归并成了更笼统的复合型工具与技术。每个复合型工具与技术之下，都会有至少两个具体的工具与技术。例如，"数据分析"之下就有多种具体分析技术。

4．既然每个项目管理过程都可以在任何项目阶段使用，那么究竟用什么方法把某个过程归入某个过程组呢？

答：可以这样说，各项目管理过程都被归入与其大多数活动所在的项目阶段相对应的那个过程组。因为每个项目管理过程都可在项目的每个阶段（技术阶段）使用，所以必须用特定的标准对项目管理过程进行归类。例如，识别风险过程之所以被归入规划过程组，是因为识别风险的工作主要是在规划阶段开展的，而与规划阶段相对应的就是规划过程组；尽管在项目的启动阶段要识别大风险，在执行阶段要识别一些新风险。在启动和执行阶段开展风险识别，也是在做规划过程组的识别风险过程，这样也就导致了规划过程组与启动过程组、执行过程组交叠。

第4章
项目整合管理

4.1 概述

4.1.1 基本概念

整合是指协调、统一与综合。协调是指使各要素没有矛盾，统一是指使各要素都指向同样的目标，综合是指使各要素形成一个能发挥更大作用的新系统。项目整合管理是项目管理的核心，是为了实现项目各要素之间的相互协调，并在相互矛盾或竞争的目标中寻找最佳平衡点。之所以需要整合管理，是因为项目的结合部（界面）最容易出问题。例如，组织（部门）与组织（部门）之间的结合部、专业与专业之间的结合部、个人与个人之间的结合部、工序（过程）与工序（过程）之间的结合部等。就像供水管道或铁轨一样，最薄弱的环节是两段之间的连接处。

在一个项目内部，整合管理涉及以下几个方面：

- 在相互竞争的项目各分目标之间的整合，即范围、进度、成本和质量要求。
- 在具有不同利益的各项目相关方之间的整合，如建筑项目的业主、设计方与承包商等。
- 在项目所需要的不同专业工作之间的整合，如各种技术工作之间。
- 在项目管理的各过程之间的整合。例如，把项目的进度管理与成本管理联合起来考虑，开展进度管理或成本管理时都要考虑风险，项目范围变更需要与可能连带的成本、进度变更联合起来考虑。
- 在管理与技术工作之间的整合。例如，管理者的管理工作必须与一线工人的技术工作协调起来，否则就无法实现管理者的意图。

在一个项目外部，整合管理涉及以下几个方面：

- 项目目标与组织的战略目标之间的整合，确保项目目标符合组织战略。
- 项目目标与组织的运营目标之间的整合，确保项目成果能够有效融入日常运营。

项目内部的整合，肯定是项目经理的责任；项目外部的整合，项目经理至少要承担协助的责任。

> 需要整合的地方，无法一一列举，因为只要存在结合部，就需要整合。

例题 4-1 有效的项目整合管理，需要强调：

A. 发挥团队成员个人的作用
B. 有效进行内部控制工作
C. 在项目结合部进行有效联系
D. 有效进行项目相关方之间的沟通

解释：四个选项都有一定的道理，但只有 C 最完整地阐述了整合管理的内涵——只要有结合部，就需要整合。另三个都仅仅表述了整合管理中的一部分内容。

4.1.2　项目经理作为整合者

项目经理在项目管理中的角色是多方面的，其中最重要的角色是整合者。作为整合者，项目经理必须看到项目的"大局图"，确保项目全局的利益。例如，项目经理必须：

- 通过与项目相关方主动、充分的沟通，来了解他们对项目的需求。
- 在相互竞争的众多相关方之间寻找平衡点。
- 通过认真、细致的协调工作，来达到各种需求之间的平衡，实现整合。

《PMBOK® 指南》特别强调，项目经理必须亲自承担项目整合管理的工作，而不能把这个工作授权给任何其他团队成员去开展。

> 项目经理最重要的角色是整合者，必须通过沟通来协调，通过协调来整合。

4.1.3　整合管理在各知识领域中的地位

项目整合管理是项目管理的管理哲学，是项目管理与传统管理的最大区别所在。项目管理是以整合为主的管理，强调整合各种要素来完成跨部门、跨专业的工作；而传统管理是以分工为主的管理，强调各部门或各专业分工负责，完成各自边界内的工作。如果只用一句话来介绍项目管理，那就是"项目管理是以整合为主、分工为辅的管理"。

从十大知识领域的相互关系来看，整合管理是项目管理的指导思想。项目管理团队应该在整合管理的指导下，去从事后面九大知识领域的管理。整合管理也是项目管理的归宿。后面九大知识领域的管理，最终是为了实现项目的整合管理，即实现项目目标的综合最优，而不只是哪个方面最优。某方面的最优也许并不利于甚至有害于实现综合最优。

> 整合管理是项目管理的管理哲学，是项目管理最本质的内容。

4.2 各过程的输入与输出

4.2.1 输入与输出的关系总览

项目整合管理的实现过程包括制定项目章程、制订项目管理计划、指导与管理项目工作、管理项目知识、监控项目工作、实施整体变更控制和结束项目或阶段。这些过程通过输入与输出相互联系。前一个过程的输出往往就是后一个或几个过程的输入。

项目整合管理各过程的输入与输出之间的关系如图 4-1 所示（未考虑事业环境因素、组织过程资产和各种更新）。相关图例如图 4-2 所示。

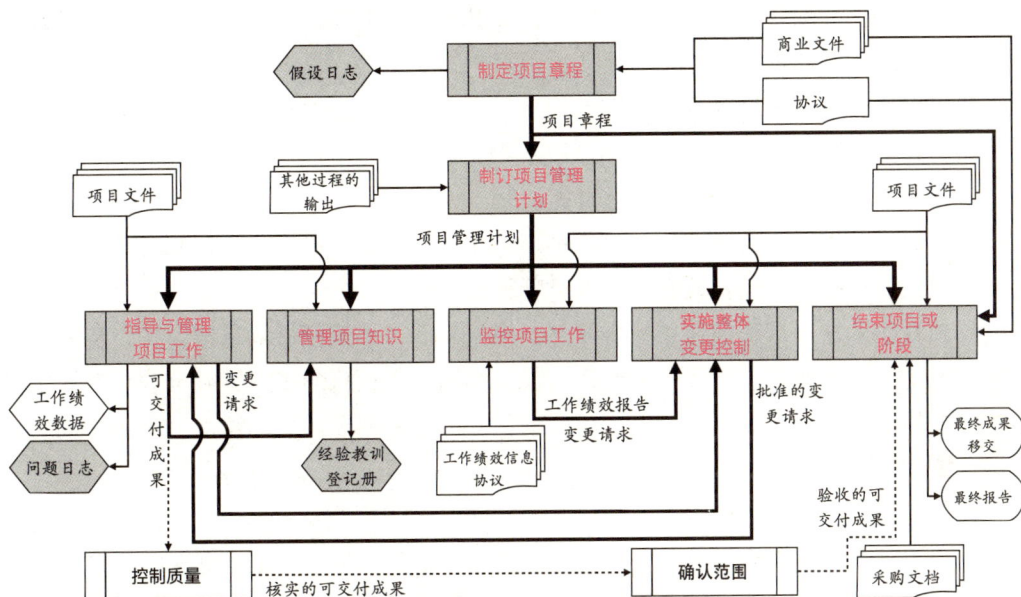

图 4-1 项目整合管理各过程的输入与输出关系

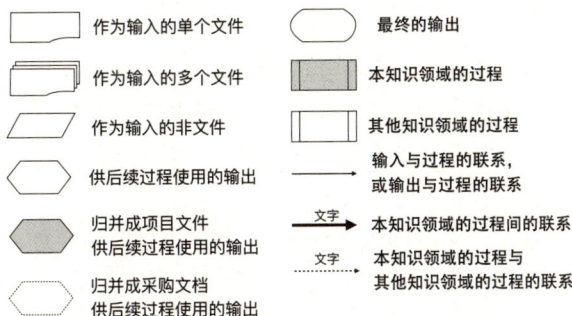

图 4-2 输入与输出关系图的图例

4.2.2　对输入与输出的解释

以下各点有助于考生在理解的基础上记住项目整合管理各过程的输入与输出：

- 项目发起人组织开展项目前期准备工作，发布<u>商业文件</u>[1]（含<u>商业论证</u>和<u>效益管理计划</u>）和<u>协议</u>。然后，项目进入制定项目章程过程，办理立项手续。<u>协议</u>，既可以是发起人之间的合作协议（如果不止一个发起人），也可以是承包合同（对承包商而言）。

- 在制定项目章程过程中，项目经理起草<u>项目章程</u>并报发起人签发。为了便于将来不断更新并逐项落实假设条件，还需要单独编制<u>假设日志</u>。

- 项目经理带领项目团队，在<u>项目章程</u>的指导之下，把后九大知识领域各规划过程所编制的分项管理计划和分项基准，即<u>其他过程的输出</u>，汇编成<u>项目管理计划</u>并报高级管理层审批。

- 项目团队依据<u>项目管理计划</u>和各种<u>项目文件</u>开展项目执行。一边执行，一边收集<u>工作绩效数据</u>。通过执行，产出<u>可交付成果</u>。在执行中，可能需要提出<u>变更请求</u>，还需要把发现的问题记入问题日志。

- 项目团队根据<u>项目管理计划</u>、各种<u>项目文件</u>和<u>可交付成果</u>，通过管理项目知识过程来持续地总结经验教训，形成<u>经验教训登记册</u>。

- 项目团队在<u>项目管理计划</u>的指导下，根据后面各知识领域的基层监控过程所得到的<u>工作绩效信息</u>，以及各种<u>项目文件</u>，编制整个项目的<u>工作绩效报告</u>，并提出必要的<u>变更请求</u>。对于外包出去或所承包的工作，还需要根据<u>协议</u>（承包合同）来监控。

- 任何过程提出的<u>变更请求</u>，都要提交实施整体变更控制过程审批，得到<u>批准的变更请求</u>。审批变更请求，需要在<u>项目管理计划</u>的指导下进行，并参考<u>工作绩效报告</u>和相关<u>项目文件</u>。<u>批准的变更请求</u>，又要提交给指导与管理项目工作过程实施。

- 项目团队把执行过程所产出的<u>可交付成果</u>，提交给控制质量过程核实（是否符合质量要求），得到<u>核实的可交付成果</u>；继而再由确认范围过程确认（验收），得到<u>验收的可交付成果</u>。

- 在结束项目或阶段过程中，根据<u>项目管理计划</u>以及各种<u>项目文件</u>、<u>商业文件</u>和<u>协议</u>，把<u>验收的可交付成果</u>移交给项目发起人或客户，并编制项目的<u>最终报告</u>。需要考察<u>项目管理计划</u>、<u>商业文件</u>和<u>协议</u>中的项目目标和商业价值的实现情况。

> 整合管理是从整个项目的全局视角开展的，项目管理计划的任何内容以及任何一种项目文件都可以成为其中的执行、监控和收尾过程的输入。

1　对输入与输出进行解释时，带下画线的词都是输入或输出。

4.3 制定项目章程

制定项目章程，是项目启动阶段的一项重要工作，以便正式启动已经选定的某个项目，确立该项目在组织中的合法地位，授权项目经理动用组织资源开展项目工作。制定项目章程过程是要对已经被选定的项目办理正式的立项手续。

4.3.1 项目的前期准备

在进入制定项目章程过程之前，必须完成项目的前期准备工作，包括项目发起人提出项目的初步设想，聘请专家团队对项目开展商业论证（形成商业论证报告和效益管理计划），以及与相关机构签署关于发起项目的合作协议。

项目经理可参与前期准备工作，但通常不是主持人。因为项目不应该是孤立的，所以前期准备工作通常是在项目组合管理和项目集管理的层面上开展的。也就是说，应该在众多备选项目中，通过考察项目本身的可行性及其与其他项目的配套情况，来选择最合适的项目。

> 前期准备工作的主要目的是，落实项目的可行性，落实项目所需资金。

严格地说，前期准备工作不包括在项目管理的五大过程组之中，也不包括在项目管理的十大知识领域之中，当然也就不在项目经理的工作范畴之内。即便后来被任命为项目经理的某人实际参与了前期准备工作，他通常也并不以候任项目经理的身份参与其中。

4.3.2 项目启动

完成了前期准备，被确认为可行且发起人打算立即上马的项目，就要进入正式的项目启动阶段来制定和发布项目章程。通常，发起人会亲自领导整个启动阶段，直至项目章程发布。项目章程发布之后，就由项目经理来领导项目。

在项目启动阶段，发起人授权候任项目经理开展以下主要工作：

- 开展项目评估。对商业论证报告的内容和结论进行审查，以便确认商业论证报告仍然合理可靠，即项目仍然符合组织战略，能够产出预期的商业价值。因为商业论证可能是很久以前做的，且不是候任项目经理亲自主持的，所以有必要开展项目评估。
- 识别高层级的可交付成果。搞清楚为实现商业论证报告中的项目目的而必须产出的主要可交付成果。这些可交付成果代表着高层级的项目范围和质量要求。
- 确定高层级的进度和成本要求。搞清楚主要的进度里程碑以及大概需要多少资金。
- 确定整体项目风险的级别及其主要来源。只有整体项目风险处于可接受区间内的项目，才能正式启动。

- 识别主要的假设条件和制约因素。
- 识别和分析项目的主要相关方。
- 编制项目章程，获得发起人对项目章程的批准，并分发项目章程。

> 开展商业论证是为了筛选项目，而开展项目评估是为了确认可行的项目仍然可行。进入制定项目章程过程的项目一般不会被砍掉。

4.3.3　项目章程

项目章程是一份非常重要的、对主要项目相关方有约束力的文件，相当于项目的"宪法"。后续的一切项目计划都要围绕项目章程来编制，不能违反项目章程。项目章程宣告项目的正式立项，确定项目的高层级目标，宣布项目经理的任命。

项目发起人或高级管理层可以亲自编制项目章程，也可以授权项目经理代为编制。后一种情况更为常见。即便前一种情况，项目经理也应该参与项目章程的编制工作，给项目发起人或高级管理层提供专业协助。项目发起人是项目资金的提供者。高级管理层是项目执行组织中高于项目经理的管理者。

编制项目章程，不是要无中生有，而是要收集、分析、汇编和提炼已有的各种资料，如商业论证报告、效益管理计划、合作协议和项目评估报告。项目章程中的内容都应该是从过去已有的资料中整理出来的，而不能凭空编造。

项目章程必须由项目发起人或高级管理层签署，并发布给主要的项目相关方，以便各相关方都知道项目已经正式启动，都了解项目的主要目标，都了解各自在项目上的角色和职责。项目发起人通常召开项目启动会议来发布项目章程，宣布项目经理的任命，宣告项目正式启动。

> 做项目，不可以没有项目章程，否则项目就没有基本的保障。

对于某组织发起并执行的项目，该组织的领导作为发起人兼高级管理层，签发项目章程。对于某组织发起但由另一个组织执行的项目，发起组织与执行组织签署合作协议，再由执行组织的高级管理层签发项目章程。例如，美国的某慈善机构出资在中国做疾病预防项目，就属于这种情况。由几个组织联合发起的项目，各发起组织之间签署合作协议，再由它们的领导根据合作协议联合签发项目章程。

用立法和执法做类比，发起人或高级管理层是项目章程的立法者，而项目经理则是项目章程的执法者。项目章程体现了发起人和高级管理层对项目的原则性要求，并授权项目经理动用组织资源去实现这些要求。项目章程是项目经理手中的"尚方宝剑"，是项目经理寻求各主要相关方支持的依据性文件。

例题 4-2　某公司的管理层找到你，想请你出任一个小项目的项目经理，并说你在这方面非常有经验，所以就不需要发布项目章程。你应该做什么？

A. 接受这个任务

B. 告诉管理层，没有项目章程就做项目可能产生的不良后果

C. 向管理层要求更高的报酬，然后接受这个任务

D. 动手起草项目章程

解释：正确答案是 B。A 与 C 都是专业项目经理不能做的，因为不符合项目管理职业的要求。在没有得到管理层授权的情况下，你没有权力起草项目章程，所以 D 也不对。在告诉管理层没有项目章程做项目可能产生的不良后果后，如果管理层坚持不发布项目章程，那你只有拒绝这个任务；如果管理层授权，你可以动手起草项目章程。

项目章程所规定的是一些原则性要求，所以，通常不会因项目变更而导致对项目章程的修改。万一要对项目章程进行修改（如项目目标的修改），只有发起人或高级管理层才有权修改。谁签发项目章程，谁才有权修改项目章程。

项目章程应该包括以下主要内容：

- 项目概述和产品概述。这是一个什么项目？要形成什么产品？
- 项目目的或批准项目的理由。为什么要做这个项目？
- 可测量的项目成功标准。用什么具体标准来考核项目总体目标的实现情况？
- 高层级需求和相应的项目总体要求。包括项目的总体范围要求和总体质量要求，即主要可交付成果及其质量要求。
- 总体里程碑进度计划。何时开工？何时完工？何时实现中间的各里程碑？
- 预先批准的财务资源。发起人可以为项目提供多少资金？
- 整体项目风险的程度。项目是属于高风险、中等风险还是低风险的项目？整体项目风险的主要来源是什么？
- 主要相关方。有哪些已知的主要相关方？
- 项目审批权限。在项目规划、执行、监控和收尾过程中，应该由谁做出什么审批？
- 项目退出标准。在什么条件下应该关闭或取消项目？
- 项目经理及其权责。谁是项目经理？他有什么权力和责任？
- 项目章程签发者的姓名和职权。

> 与《PMBOK®指南》（第 5 版）不同的是，项目章程中不再有"假设条件和制约因素"。现在用专门的"假设日志"记录在制定项目章程过程中识别的假设条件和制约因素。

根据项目的大小、复杂程度不同，项目章程可以是几页、几十页甚至更多。无论如何，项目章程至少要包括以下几个方面的内容：

- 正式确认项目的存在，给项目一个合法的地位。
- 明确启动项目的理由，把项目与运营及战略目标联系起来。
- 规定项目的高层级目标，包括范围、进度、成本和质量要求。
- 授权项目经理动用组织资源去开展项目工作。

例题 4-3 项目章程应该包括下列哪项内容？

A. 项目经理及项目管理团队成员名单

B. 项目里程碑进度计划

C. 项目成本预算

D. 项目范围描述

解释：正确答案是 B。A：项目经理的名字会出现在项目章程中，但是不会出现项目管理团队成员的名单。C：项目章程中只有预先批准的可用资金，没有准确度较高的成本预算。D：项目章程中只有初步的项目范围描述，没有详细的范围描述。

4.4 制订项目管理计划

项目正式启动之后，就要编制项目管理计划，即把全部的分项管理计划和分项基准汇编成综合的项目管理计划。分项管理计划是后面九大知识领域中各规划 ×× 管理过程和规划相关方参与过程的输出，分项基准则是创建 WBS、制订进度计划和制定预算过程的输出。

4.4.1 项目管理计划的主要内容

项目管理计划是在其他规划过程的结果（输出）的基础上编制的。后面九大知识领域所编制的各分项管理计划，以及创建 WBS、制订进度计划和制定预算三个过程所得到的分项基准，作为项目管理计划的组成部分，都是制订项目管理计划过程的输入。后面九大知识领域的规划过程所得到的其他输出，则都是作为各种项目文件或采购文档而存在和使用的。

《PMBOK® 指南》中没有出现"项目计划"这个词，PMI 发布的《PMP® 考试大纲》中则有。在实际工作中，人们经常使用"项目计划"这个词。在 PMP® 考试中，也可能出现"项目计划"这个词。广义的"项目计划"包括项目管理计划，以及从规划过程得到的各种项目文件和采购文件。狭义的"项目计划"则仅指项目管理计划，甚至仅指更为具体的分项管理计划，或者仅指某种或某几种项目文件。

> 看到"项目计划"这个词时，必须根据上下文判断其外延。

根据《PMBOK® 指南》，项目管理计划由三大部分组成：分项管理计划、三大基准、项目生命周期。主要的分项管理计划包括：

- 范围管理知识领域的范围管理计划、需求管理计划。
- 进度管理知识领域的进度管理计划。
- 成本管理知识领域的成本管理计划。
- 质量管理知识领域的质量管理计划。
- 资源管理知识领域的资源管理计划。
- 沟通管理知识领域的沟通管理计划。
- 风险管理知识领域的风险管理计划。
- 采购管理知识领域的采购管理计划。
- 相关方管理知识领域的相关方参与计划。
- 整合管理知识领域的变更管理计划、配置管理计划（由制订项目管理计划过程生成）。

三大基准是范围基准、进度基准和成本基准。在制订项目管理计划过程中，要把这三大基准整合成"绩效测量基准"。

基准是经过批准的、高层次的项目计划，以便作为比较的基础，据此考核项目执行情况，确定实际绩效与计划要求之间的偏差是否在可接受的区间内。也可以说，基准是一种特殊版本的项目计划。其特殊性表现在以下几个方面：

- 是项目经理据以考核项目执行情况的依据。并不是所有项目计划都有这个作用。大量的细节性计划是项目团队成员自行编制和使用的，项目经理不会依据这些计划来考核项目执行情况。
- 一定是经过高级管理层和主要项目相关方批准的，而不是项目团队自编自用、无须特定批准的细节性计划。
- 除非另行说明，都是指最新版本的项目计划，即当前基准，而不是过去曾经作为基准使用过的项目计划。
- 如果要对基准进行变更，只有变更控制委员会才有权力批准。项目经理无权批准。

在项目管理计划中没有"质量基准"，在《PMBOK®指南》的其他部分也没有出现"质量基准"。这是因为高层级的质量标准通常并非由项目经理或项目执行组织自行制定，而是在法律法规或行业标准中规定的。

项目管理计划中与项目生命周期有关的主要内容是，项目生命周期的类型和阶段划分、计划采用的产品开发方法，以及管理层对项目进行审查的时点和内容安排。

> 项目管理计划是综合性计划，任何单项计划都不等同于项目管理计划（除非上下文另有要求）。

例题 4-4 项目管理计划应该基准化，这是指：

A. 项目管理计划一经批准，就不能修改

B. 一次性编制出项目管理计划，并保持不变

C. 项目管理计划应该由高级管理层制订并下达

D. 项目管理计划一经批准，就只能通过实施整体变更控制过程加以修改

解释：正确答案是 D。A：经过既定的变更管理流程，项目管理计划可以修改。B：项目管理计划的编制并非一次性完成，可以根据变更管理流程进行修改。C：项目管理计划不应由高层领导制订并下达，但应由高层领导审批。

4.4.2 项目管理计划的作用

制订项目管理计划过程是收集其他规划过程的输出，并在本过程生成一些内容，再汇总成一份综合的、经批准的、现实可行的、正式的项目管理计划。项目管理计划不仅要经高级管理层批准，可能还要经其他主要项目相关方批准。例如，其中的进度管理计划和进度基准，就需要得到相关职能经理的批准，因为他们负责提供项目所需的不少人员。如果人员不能在需要时到位，进度基准肯定无法实现。

项目管理计划是关于将如何开展项目规划、执行、监控和收尾，经过正式批准的综合性计划。一旦有了项目管理计划，后续的一切规划、执行、监控和收尾工作都必须按该计划开展。正是这个原因，导致《PMBOK®指南》中除制定项目章程和制订项目管理计划过程以外，其余全部 47 个项目管理过程都要用"项目管理计划"作为输入。例如，高级管理人员应该按照其中规定的检查时间、内容和方式，对项目进行检查。高级管理人员不能随意、无序地对项目进行检查。

项目执行应该是被计划管着的，而不是被领导管着的；团队成员每天该做什么，应该看计划的安排，而不是听领导的指示。只有这样，才能在项目的各种工作之间形成较好的协调（因为大家都依据同一个计划开展工作），才能真正使成员做到领导在和不在一个样。

> 除制定项目章程和制订项目管理计划过程以外，全部 47 个项目管理过程都要用项目管理计划作为输入。

4.4.3 项目管理计划和项目文件的区别

项目管理计划是一份综合性计划，而项目文件是各种单个文件的统称，包括未经汇编的各种各样的文件。在 49 个过程的全部输出中，除了少数非文件类输出（可交付成果、核实的可交付成果、验收的可交付成果、最终可交付成果移交），剩余的输出要么是项目管理计划及其组成部分，要么是各种各样的项目文件（这里暂且把与采购有关的文件也包括在内）。项目管理的五大过程组，每个过程组都会形成相应的项目文件。例如，

项目章程是启动过程组的文件，活动清单是规划过程组的文件，工作绩效数据是执行过程组的文件，工作绩效信息是监控过程组的文件，最终报告是收尾过程组的文件。

项目管理计划一定是经过高级管理层审批的，而项目文件一般无须高级管理层审批，通常是项目团队自编自用的。某些文件在经高级管理层审批之前，属于项目文件；经高级管理层审批之后，就成了项目管理计划的组成部分，如项目范围说明书、概括性进度计划。

项目管理计划中的分项管理计划是程序性计划，相当于法律中的程序法（如刑事诉讼法）；而产生于规划过程组的各种项目文件都是实体性计划，相当于法律中的实体法（如刑法）。项目管理计划中的项目基准是高层级的项目目标，而产生于规划过程组的各种项目文件则用于支持高层级项目目标的实现。

对项目管理计划的更新（修改）必须走变更流程，经高级管理层审批；而对项目文件的更新则不一定需要走变更流程；即便需要走变更流程的项目文件更新，也无须高级管理层审批。例如，问题日志和项目沟通记录，作为项目文件，其更新就是自然进行的，无须走变更流程。例如，详细进度计划作为项目文件，其修改（只要不会引起进度基准的修改）无须高级管理层审批。

> 考试时，看到"项目管理计划"和"项目文件"这两个词时，要根据题意小心判断它们的覆盖范围。

4.4.4 项目计划的编制者

与中国人"自上而下"的思维方式不同，美国人习惯用"自下而上"的思维方式。诞生于美国的现代项目管理方法，自然就会体现这种自下而上的思维方式。因此，在项目管理中，通常不能由上级或某个部门"关起门来"编制出一份计划，然后布置给项目团队去执行。项目计划必须是自下而上编制出来的。项目团队成员要对与自己密切相关的部分（如自己最熟悉或将从事的工作）编制相应计划，并逐层向上报告和汇总。最后，由项目经理负责协调各种细节文件，并汇编出综合性的项目管理计划。即便有些成员不需要亲自编制项目计划的任何部分，至少也要对其他成员的计划编制工作提供协助（如提出自己的意见）。就像一群朋友外出吃饭，应该先由每个人点一个菜，再由某个人（相当于项目经理）对大家所点的菜进行综合平衡，确定最终的菜单。他在平衡的过程中必须与大家做必要的沟通，如要更换某个菜，就必须与原先点这个菜的人商量。

在编制项目计划的过程中，项目经理和团队成员也要充分听取其他主要相关方的意见，以便把相关方的需求尽可能地反映在项目计划中。这样一来，就可以避免以后出现这样的情况：项目完全按计划执行，但是某个重要相关方仍然对项目不满意。一份没有充分反映相关方需求的计划，不是一份好的计划，即便完全按该计划执行，也没有什么意义。

> 项目团队成员编制项目计划，项目经理起总负责和整合的作用。其他重要相关方也要参与项目计划的编制工作。

计划的执行者必须参与计划的编制工作。这不仅有利于提高计划的质量（更加现实可行），而且能够使他们对计划有强烈的主人翁感，从而会努力按计划去执行。

例题 4-5 项目计划应该由谁编制？

A. 高级管理层

B. 项目经理

C. 职能经理

D. 项目团队成员

解释：D 为正确答案。A：高级管理层会审批高层级的计划，通常不会直接编制项目计划。B：项目经理对计划编制起领导作用，且可以作为团队成员直接参与计划编制。C：职能经理应该提供协助，但不会直接编制项目计划。

4.4.5 项目计划的编制时间

在项目执行开始之前，要编制出尽可能完整的项目计划（包括项目管理计划和项目文件）。但是，项目计划也需要在项目生命周期的后续阶段不断被审查、细化、完善和更新。例如，随着各种情况的明朗，逐渐细化项目计划的内容；根据情况的变化，修改项目计划。正是由于这个原因，《PMBOK®指南》中的许多执行过程和监控过程都会导致项目管理计划更新或项目文件更新。

> 项目计划编制无法一蹴而就、一劳永逸，而是需要在相当长的时间内不断对计划进行审查、细化、完善和更新。

项目管理强调项目的特性和计划都是渐进明细出来的，因为项目的各种情况是逐渐明朗的。往往不可能一开始就明确项目的各种特性，编制出详细的项目计划。如果一开始就强行编制详细计划，那么计划很可能不切实际。

把后续的计划更新也考虑在内，项目计划的编制要经历以下步骤：

- 各具体知识领域编制各自的分项计划，包括分项管理计划、分项基准和其他文件。
- 整合管理知识领域收集各分项管理计划和分项基准，整合成项目管理计划。
- 用项目管理计划和各种分项计划去指导项目的执行和监控工作，并在执行和监控过程中提出必要的变更请求，报实施整体变更控制过程审批。
- 根据经批准的变更请求，更新项目管理计划和各种分项计划。

> 通常采用滚动式规划方法编制项目计划，即对近期就要开展的工作，编制详细计划；而对远期的工作，只做粗略计划，以后再随时间推移而细化。

4.4.6 项目计划的整合

在《PMP® 考试大纲》中，特别要求整合开展各种项目规划活动，把各种分项计划综合成一个有机整体。第一，要确定编制和整合各分项计划所需要的关键信息；第二，要收集和分析这些信息，并编制出各分项计划；第三，分析各分项计划之间的衔接关系，防止衔接不良；第四，汇编各分项计划，形成完整的项目计划；第五，确认完整的项目计划能够持续实现商业价值。

通常，先根据项目主要相关方在项目上的利益追求，制订相互协调的范围、进度、成本和质量初步计划；再制订相应的资源计划，使之与范围、进度、成本和质量计划相协调；最后考虑风险，制订相应的风险应对计划。也许要根据资源计划去调整范围、进度、成本和质量计划，也许要根据风险应对计划去调整资源计划以及范围、进度、成本和质量计划，以使所有计划相互协调和支持。

4.5 指导与管理项目工作

从"指导与管理项目工作"这个名称来看，本过程不仅要指导与管理执行阶段的工作，还要指导与管理其他阶段的工作。为了简便起见，《PMBOK® 指南》对本过程的描述主要针对项目执行阶段的工作。

本过程是开展项目管理计划中的各种活动，来实现计划的要求，完成可交付成果，并识别必要的项目变更，提出变更请求。项目执行阶段的开始通常以"开工会议"为标志。该会议是项目计划编制工作结束、执行工作开始时，由项目经理和项目发起人召集主要项目相关方参加的一个会议，以便向主要相关方介绍项目目标与项目计划，获得他们对项目的承诺与支持，并宣布项目正式进入执行阶段。开工会议相当于开工典礼。

> 召开开工会议通常是规划阶段的最后一项工作。如果计划编制者和执行者是不同的两批人，而执行者的就位又需要一段时间，则召开开工会议是执行阶段的第一项工作。例如，大型施工项目必须等施工队伍进点后才能召开开工会议。

在项目执行中，需要使用工作授权系统。工作授权系统是整个项目管理信息系统的一个子系统。它是一系列正式书面程序的集合，用来授权项目工作的开始，以保证该工作由正确的组织在正确的时间以正确的顺序执行。项目执行期间的许多比较重要的工作，不是到了进度计划所规定的开始时间就可以自动开始的，而是要得到正式的工作授权才能开始。就像大学生不是读完一年级之后即可自动进入二年级的，而必须经过一个"注册"（相当于授权）程序。

本书第2章曾经提到工作授权系统作为事业环境因素，工作授权程序作为组织过程资产。那里的工作授权系统和程序都是整个组织层面的。而作为项目执行中要使用的工作授权系统（包括程序），是专为具体项目而设立的，相当于工具与技术。

除了按原定计划执行项目工作，本过程也要执行那些经批准的变更请求，包括经批准的预防措施、纠正措施与缺陷补救措施。这些经批准的变更请求都是实施整体变更控制过程的输出，这些输出又成为指导与管理项目工作过程的输入。

例题 4-6　项目管理中，运用工作授权系统的主要目的是：

A. 控制什么时候做什么活动

B. 控制谁在什么时候做什么活动

C. 控制什么时候做什么工作以及以什么顺序做这些工作

D. 把工作任务分配给各小组或成员

解释：正确答案是 C。工作授权系统是用来控制在什么时候、以什么顺序进行项目工作的。"控制什么时候做什么活动"，是依据项目进度计划来控制进度的；"控制谁在什么时候做什么活动"，是依据资源横道图（进度计划的一种形式）来控制进度的；"把工作任务分配给各小组或成员"，则是责任分配矩阵的事情。

4.6　管理项目知识

本过程是知识管理学科在项目管理中的应用。因为各种各样的知识太多了，所以就产生了知识管理学科。未经管理的知识，不仅不能很好地发挥作用，而且还会泛滥成灾。就像现在每个人的手机中都有成千上万张照片，如果不加以整理，就难以利用，就成灾了。这也许会催生出照片管理学科。

知识管理的重点是把现有的知识条理化和系统化，以便更好地加以利用；同时，还要基于这些条理化和系统化的知识，以及对这些知识的实践来生成新的知识。管理项目知识过程是要在项目环境中持续整理和利用现有知识，不断创造出新的知识，以便实现项目目标，并促进项目执行组织持续学习。这个过程应该贯穿项目始终，需要持续开展。

《PMBOK®指南》中特别提及了两个重要的知识管理活动：知识分享和知识集成。项目经理要创造一个很好的氛围，激励大家分享知识。不仅要分享以数字、文字或图形方式存在的显性知识，而且要分享存在于个人头脑中的隐性知识。知识集成则是把来自不同领域、产生于不同背景的各种知识系统化。系统化的知识比零散的知识更加有用。

在《PMP®考试大纲》中，要求为确保"项目连续性（Project Continuity）"而进行知识分享。项目连续性是指项目工作不因严重风险或问题的发生而中断，例如，重要人员离职、相关方干扰和自然灾害突发。应该创造有利于知识分享的氛围，明确与知识分享有关的权责，采用合适的知识分享途径和方法。

4.7 监控项目工作

本过程是对项目工作进行监控，以保证实现项目管理计划所定义的项目目标。在《PMBOK® 指南》中，一方面，提到了监控是贯穿项目始终的，即对启动、规划、执行和收尾工作都要进行监控；另一方面，重点讨论了针对执行工作的监控。本书下文仅讨论针对执行工作的监控。

监控过程组中的"监控"，就是"监督"加"控制"。监督是指把实际执行情况与计划要求相比较，发现偏差。控制是指分析偏差，并提出和审批必要的变更请求，以便解决不可接受的大偏差。监督和控制密不可分。监控也包括预测未来绩效，把预测结果与计划要求进行比较，发现将要出现的偏差。如果偏差太大，就提出变更请求（预防措施建议）。在《PMBOK® 指南》中，共有 12 个监控过程。除了专用于审批变更请求的"实施整体变更控制过程"，其他监控过程都要把执行情况与计划要求相比较，发现并分析偏差，并为解决不可接受的大偏差提出变更请求。

在这 11 个负责提出变更请求的监控过程中，监控项目工作过程是整个项目层面上的高层全局监控。它是在后九大知识领域的全部 10 个基层局部监控过程（如控制范围）的基础上开展的。它要依据这些基层局部监控过程所得到的"工作绩效信息"和其他资料，以及制订项目管理计划过程所得到的"项目管理计划"，来编制工作绩效报告，并提出必要的变更请求。工作绩效报告既可以是专题报告，如事故报告，也可以是综合报告，如项目进展报告；既可以不定期编制，如为配合高级管理层即将开展的项目检查而编制，也可以定期编制，如每个季度编制一份项目季度进展报告。根据实际需要，工作绩效报告可详可简。详细的工作绩效报告，可以包括项目各个方面的情况。简单的工作绩效报告，则可以只包括项目的范围、进度、成本和质量绩效情况。

《PMBOK® 指南》中的"变更请求"是广义的，不仅包括对正式受控的项目计划（如项目管理计划）的修改建议，而且包括纠正措施建议、预防措施建议和缺陷补救建议。

4.8 实施整体变更控制

本过程是对项目启动、规划、执行和监控过程中提出的变更请求进行综合评审，以便批准或否决变更请求，控制对项目的变更，维护项目基准的严肃性和完整性。

本过程专用于审批各种变更请求。无论哪个过程提出的哪种变更请求，都必须提交给实施整体变更控制过程审批。本过程的主要任务是接收变更请求，评审变更请求，批准或否决变更请求。需要特别强调，本过程对变更请求的评审必须是全面、系统和综合的，必须考察一个变更可能给项目各方面带来的影响，而不能局限于考察对一两个方面的影响。考试中可能有这样的题目：项目相关方提出了某个范围变更请求，该变更对项目的进度有某种影响，问你接下来应该做什么。你应该考察该变更对项目其他方面的影响，然后才能做出批准或否决的决定。

> 对变更请求的评审必须是综合性的。只有从总体上有利于项目的变更，才能被批准。必须防止因局部利益而损害全局利益。

当然，对某个变更请求，可能既没有理由批准，也没有理由否决。在这种情况下，本过程就会做出一个临时的决定：暂时悬置变更请求。悬置的变更请求，往往要退回给变更请求的提出者，要求他们补充资料。

任何人都可以提出变更请求，但不是任何人都有权审批变更请求的。关于变更请求的审批权限，请见后文 4.11 节。

例题 4-7 在项目实施过程中，一个项目团队成员提出了一项变更请求。这个变更对项目的质量没有影响，而且工作量也不大。项目经理应该做什么？

A. 立即实施变更

B. 把变更请求提交给变更控制委员会

C. 拒绝变更请求

D. 评价变更对项目其他方面的影响

解释：正确答案是 D。虽然变更对质量没有影响，但还需要评价对进度、成本、范围、风险等其他方面的影响，然后采取进一步的行动。在没有对变更进行全面评价之前，不能去找变更控制委员会，更不能立即实施变更。而且，较小的变更一般不需要报给变更控制委员会。选项 C，也明显是一种不合适的做法，不能未经评审就加以拒绝。

4.9 结束项目或阶段

本过程是按照正式的收尾程序，正式关闭采购合同、项目阶段或整个项目。为简便起见，本节只讨论关闭项目的情况。这些讨论同样适用于关闭阶段。关于关闭采购合同，将在采购管理知识领域中讨论。

完成项目的产品范围或做完项目的全部技术工作，并不等于项目结束。项目必须经过正式的收尾过程，才能正式关闭。从项目管理的角度来说，项目不可以不经收尾过程而不了了之。即便对未实现目标就提前终止的项目，也必须经由本过程来正式关闭。

> 项目无论何因何时终止，都必须用结束项目或阶段过程来正式关闭。

为了关闭项目，必须开展以下行政收尾工作：

- 完成剩余尾工，开展财务结算和决算，确保项目达到既定的完工（退出）标准。
- 获得重要相关方对项目可交付成果的最终验收。注意：这里的验收，只是形式上的验收，而不是实质性的技术验收。实质性的技术验收应该早就在"确认范围过程"中完成了。就像两个公司的首席执行官签署合作协议，只是走一个流程，实质性的合作谈判和其他准备工作早已做完。
- 把项目可交付成果以及对其的照管责任移交给指定的相关方，如发起人或客户。这项工作往往与最终验收同时开展。
- 编制和分发最终的项目绩效报告。这份报告既有利于相关方了解项目的最终绩效，又可以成为开展项目后评价的重要依据。
- 收集各主要相关方对项目的反馈意见，了解他们的满意度。
- 整理项目资料，开展项目后评价，总结经验教训，更新组织过程资产，为组织和以后项目提出改进建议。这是为了保留项目记录，遵守相关法律法规，供后续审计（如果需要开展）使用，以及供以后项目借鉴。
- 分享项目知识，如分发项目后评价报告，召开经验交流会。
- 释放资源（如退还剩余的资金和材料），解散团队，宣布项目正式关闭。

> 结束项目或阶段过程是开展行政收尾，正式关闭项目。行政收尾的最后一项工作是解散项目团队。一旦团队解散，就什么事也做不了了。

例题 4-8　在下列所有时间都应该开展行政收尾工作，除了：

A. 在项目每个阶段结束时

B. 在整个项目结束时

C. 在项目提前终止时

D. 在新项目经理上任时

解释：正确答案是 D。即便新旧项目经理更换，也不需要进行行政收尾。在项目阶段结束、项目提前终止以及整个项目结束时，都要进行行政收尾工作。

4.10　各过程的工具与技术

4.10.1　专家判断

专家判断[1]是项目整合管理 7 个过程共同使用的工具与技术。专家判断是项目管理中最常用的工具与技术。其他各知识领域中的许多过程也要用到专家判断。

专家判断是有关专家根据自己的知识与经验对问题做出判断。因为项目管理既有科

1　在解释各过程的工具与技术时，带波浪下画线的词都是工具与技术。

学的成分，也有艺术的成分，所以能够体现艺术性的专家判断就是一种极其重要的技术。实际上，几乎任何管理和技术工作都离不开专家判断，专家判断适用于一切管理和技术工作。

专家判断可来自具有相应专业知识、专业实践或专业培训经历的任何小组或个人，可以从许多渠道获取。甚至可以说，专家判断可以来自你想得到的任何人。

在日常生活中，人们也经常寻求专家判断，或给别人提供专家判断。例如，你在一个陌生的城市向当地人问路，就是寻求对方的专家判断。对于别人给你提供的专家判断，你必须再用自己的专家判断来决定是否采纳，以及该如何采纳。

> 专家判断可以来自项目执行组织内部或外部、项目团队内部或外部。

4.10.2　会议

在项目整合管理的 7 个过程中，只有管理项目知识过程没有会议这个工具。当然，在各个过程中需要召开的会议，应该是有所不同的。

在制定项目章程过程中，需要召集主要相关方开会，讨论项目章程的主要内容并达成一致意见；还需要召开由主要相关方参加的项目启动会（Initiating Meeting），来分发项目章程，宣布项目经理上任，宣布项目正式立项。启动会由项目发起人主持。

在制订项目管理计划过程中，需要召开计划编制会议；还需要在计划编制完成时，召开项目开工会（Kick-off Meeting），来介绍项目目标和项目计划，获取主要相关方的支持，宣布项目正式进入执行阶段。《PMBOK®指南》中也提到了，在大型项目上，开工会可能在执行阶段召开；在多阶段项目上，每个阶段开始时都需要召开开工会。不过，把开工会作为规划过程组的会议，还是最常见的。

> 开工会是很可能要考的，且往往与启动会一起考。考试中，可能把 Kick-off Meeting 也翻译成"启动会"。在看到"启动会"时，一定要看一下它的英文究竟是什么。

在指导与管理项目工作过程中，需要召开项目状态评审会，来交流项目进展情况。《PMBOK®指南》中所列的技术会议、每日站会、指导小组会议、问题解决会议、进展跟进会议和回顾会议，都属于项目状态评审会。

在监控项目工作过程中，需要召开项目状态评审会，来评审项目进展情况，做出相关决定。因为监控和执行实际上无法截然分开，所以项目状态评审会，既是执行过程组的会，也是监控过程组的会。

在实施整体变更控制过程中，需要召开变更控制会，来评审变更请求，做出批准、否决或悬置变更请求的决定。

在结束项目或阶段过程中，需要召开收尾报告会、客户总结会、经验教训总结会、完工庆祝会。

从会议目的来讲，可以分成信息交流会、方案产生与评审会，以及决策制定会。这三种会议最好依次分开来召开。如果必须合在一起开，也应该把整个会议分成三个大阶段。第一个阶段只交流信息，确认事实；第二个阶段提出主意并对主意进行评审；第三个阶段做出决定，选择最好的主意。

对于会议，项目经理应该：

- 事先明确会议目的。
- 事先制定会议规则，准备会议议程，并分发给相关人员。
- 只邀请相关人员参加会议，并要求每个参会者明白自己的责任。
- 按时开始、按时结束会议。
- 在会议上要坚持事先制定的议程，避免跑题。例如，不要试图解决会议上所产生的全部冲突，否则很容易跑题。
- 除了解决特定问题，还应该使会议起到团队建设的作用。
- 做好会议记录，并在会后及时整理和分发会议纪要。会议纪要应该在会议结束后24小时之内分发给相关人员。

对于参会人数较多、重要性较高的会议，应该不允许参会者自行记笔记，而应该安排专人记录，并实时投影到大屏幕上。这样做至少有两个好处：一是避免与会者因埋头记笔记而分心；二是确保后续讨论基于同样的信息（大屏幕所显示的），从而避免因各人听到的信息的差别而导致的后续意见分歧。

> 会议是必需的，但又不能太多。如果什么事都要开会来解决，就说明工作制度不健全。

4.10.3　人际关系与团队技能

人际关系与团队技能是制定项目章程、制订项目管理计划和管理项目知识过程的工具。

在制定项目章程和制订项目管理计划过程中，项目经理需要使用的人际关系与团队技能主要是引导、冲突管理和会议管理。

在制定项目章程过程中，项目经理应该充当引导者，引导主要项目相关方对项目目标和项目章程的其他内容达成一致意见。在制订项目管理计划过程中，项目经理要引导大家对项目管理计划的内容达成一致意见。引导者必须引导大家积极参与讨论，相互体谅和理解，考虑全部意见，以及按事先规定的决策流程达成一致意见。

如果双方或多方的意见不一致，项目经理首先使用引导技术加以引导，促使他们自己达成协议。如果经过引导，仍然无法达成协议，那就要把意见分歧看成冲突，并运用冲突管理技术去解决。

无论是引导还是冲突管理，都可以召开会议。要开会，就需要用会议管理技术，包括准备会议议程、按时召开会议等。会议管理与会议这两个工具严重交叉。

在管理项目知识过程中，项目经理需要使用的人际关系与团队技能主要是积极倾听、引导、领导力、人际交往和政治意识。这里使用的人际关系与团队技能之所以有很大不同，是因为主要不是为了解决矛盾或冲突，而是为了促进知识分享（特别是隐性知识的分享）和知识创造。

> 制定项目章程和制订项目管理计划过程使用人际关系与团队技能，是为了解决对项目目标和计划的意见不一致，而管理项目知识过程则是为了促进知识分享和知识创造。

例题 4-9 项目的商业论证报告已经获得批准。这时，一位产品经理对项目提出了反对意见。请问：项目经理该怎么办？

A. 召开引导式研讨会

B. 继续制定项目章程

C. 不理会产品经理的意见

D. 向高级管理层报告

解释：B是正确答案，其中隐含着采用引导技术或冲突管理技术去说服产品经理不要反对项目。A：虽然在引导式研讨会中也可以使用引导技术，但引导式研讨会首先要收集各参会方的意见。根据题意，无须收集意见。C：不能不理会产品经理的意见。D：应该首先设法自己解决问题。

4.10.4 数据收集

数据收集是制定项目章程和制订项目管理计划过程的工具，是各种各样的数据收集技术的统称。《PMBOK®指南》为这两个过程列出了都需要使用的头脑风暴、焦点小组和访谈。可以使用这些技术来收集编制项目章程或项目管理计划所需要的意见、创意或解决方案。

头脑风暴是找一群人，通过发散性思考和相互启发来集思广益，获得尽可能多的意见或创意。焦点小组是召集 6~10 位具有某方面相同背景（如来自公司同一部门）的人，针对主持人提出的问题，进行互动讨论，得到集体的意见。访谈是由访谈者直接询问被访谈者。

对制订项目管理计划过程，《PMBOK®指南》还列出了核对单这个数据收集技术。

可以用自己编制或其他标准化的核对单来检查项目管理计划是否包含了全部内容。如果发现有遗漏，就应该进行补充。

4.10.5 数据分析

数据分析是监控项目工作、实施整体变更控制和结束项目或阶段过程的工具，是用来探究变量之间的复杂关系的各种技术的统称。例如，回归分析是基于历史数据，探究变量之间的因果关系，以便根据自变量的值预测（回归出）因变量的值。

在监控项目工作过程中，需要计算已发生的绩效偏差（挣值分析）并分析其程度（偏差分析）和原因（根本原因分析）；需要预测未来绩效（趋势分析）；还需要为纠正偏差制定和选择备选方案（备选方案分析、成本效益分析）。

在实施整体变更控制过程中，需要分析变更的备选方案（备选方案分析），分析变更的成本和效益（成本效益分析），以便做出批准或否决变更请求的决定。

在结束项目或阶段过程中，需要分析最终项目偏差的严重程度，以及究竟是哪些因素导致了项目偏差，并对项目产品未来的效益做出预测。在做项目后评价时，要使用分析技术来总结经验教训，分析导致项目成功或失败的主要原因。本过程需要使用文件分析、回归分析、趋势分析和偏差分析技术。

4.10.6 决策

决策是监控项目工作和实施整体变更控制过程的工具，是用于做决策的各种具体技术的统称。在监控项目工作过程中，可能需要通过投票决定是否需要提出变更请求，以及需要提出怎样的变更请求。在实施整体变更控制过程中，通常需要采用多标准决策分析技术，从多个方面（用多个标准）去评价某个或某几个变更方案的优劣，以便做出决定；也可以由一些专家通过投票来决定是否批准某个变更请求；特殊情况下，可以由一个人进行独裁型决策制定。

4.10.7 项目管理信息系统

指导与管理项目工作过程，需要使用项目管理信息系统。整个组织层面的项目信息系统，是项目的事业环境因素。这个过程要使用的项目管理信息系统，则是为某个具体项目专设的信息系统，其中包括自动化的工具，如信息收集与发布系统、项目关键绩效指标监控系统。

4.10.8 知识管理

知识管理是管理项目知识过程的工具，是用于促进员工分享隐性知识、集成各人的知识以及合作创造新知识的各种具体方法的统称，如人际交往、会议、研讨会、讲故事、工作跟随和跟随指导。工作跟随（Work Shadowing）是徒弟跟着师傅实习，徒弟无须承担任何责任，全部责任都由师傅承担。跟随指导（Work Reverse Shadowing）其实是反向跟随，是指经验丰富的人在特定时间跟随和观察新手的工作情况，并给予指导。

4.10.9　信息管理

信息管理是管理项目知识过程的工具，是用于促进显性知识分享的各种具体方法的统称，如图书馆服务、文献检索、经验教训登记册编制。

> 知识管理用于在人与人之间建立联系，以便分享隐性知识（无法脱离人而存在）；信息管理用于在人和信息之间建立联系，以便分享显性知识（可以脱离人而存在）。

4.10.10　变更控制工具

变更控制工具是实施整体变更控制过程的工具。应该根据项目的具体情况、相关方对变更管理的要求和各种环境因素，选择合适的变更控制工具。借助变更控制工具，可以更有效地记录和评审变更请求，追踪变更处理情况，以及沟通相关事宜。例如，变更追踪软件和版本控制软件，都是软件开发项目常用的变更控制工具。

4.11　项目变更管理

项目变更管理是 PMP® 考试中的一个重点，可能有 20~40 道题目。变更管理，在实际的项目管理工作中也特别重要。考生必须充分重视与项目变更管理有关的内容。

4.11.1　基本概念

项目变更管理是指基于拥抱变更的心态，采用合适的变更管理策略（不同的产品开发方法需要不同的变更管理策略），主动预测和开展变更，确保项目一直朝正确的方向前进。

项目变更是指采取纠正措施、缺陷补救措施或预防措施，以及因计划本身的问题而修改已经批准的项目计划。如果项目执行有问题，出现了不可接受的较大偏差，就需要采取纠正措施。如果正在或已经形成的可交付成果存在范围或质量缺陷，就要采取缺陷补救措施。范围缺陷是指产品功能不全，质量缺陷是指已有的功能不符合技术要求。如果预计未来的项目绩效达不到要求，就要采取预防措施。因为项目规划和执行都不可能完美无缺，更何况项目情况不断变化，所以项目变更是必然的。项目变更管理就是预防不必要的变更，并提出、评审、实施和总结必要的变更。

4.11.2　变更产生的原因

变更产生的基本原因包括项目计划中的缺陷，项目外界情况的变化，以及项目执行的低效。如果项目计划中存在较严重的缺陷甚至根本错误，就必须变更。如果外界的情况发生了较大变化，如组织战略调整、项目集目标调整、竞争者的情况变化，就必须做出相应改变。如果项目执行存在较严重问题，或者发现了可更有效地开展项目执行的新方法，那也必须通过变更来解决问题，或者可能需要采用新方法。

项目经理不仅应该为确保项目目标的实现而开展变更管理，而且应该协助项目集经理或其他高管人员为确保项目继续符合组织的商业需求而开展变更管理。前者属于项目内部的变更管理，后者则属于为适应外界新情况而开展变更管理。在组织的商业需求发生变化后，项目必须做出相应的改变。否则，即便实现了原定的项目目标，项目对组织也没有什么意义。

虽然变更是必然的，我们不应该害怕变更，但是如果变更超出一定的数量、一定的规模，项目就会失去应有的控制。所以，对项目变更必须进行有效的控制，防止无序、过多、过大的变更。

> 如果变更太多、太大，就可能需要修改项目章程，甚至必须终止现行项目，而另外启动一个新项目。

4.11.3　变更管理的程序

变更并不可怕，可怕的是无序地乱变。项目管理特别强调有计划、按程序来开展变更。考试中会有与变更管理程序有关的情景题。

变更管理的程序包括五大步骤：从源头上管理变更，提出变更请求，评审变更请求，实施和跟踪批准的变更，以及总结经验教训。

1. 从源头上管理变更

项目经理应该积极主动而非消极被动地工作。他要主动地对引发变更的各种因素施加影响，以避免不必要的变更。例如，应该透彻理解相关方的需求，防止因误解或遗漏相关方的需求而引起变更；应该邀请各主要相关方参与项目计划的编制，提高他们对项目计划的主人翁感，防止他们以后因感性原因对项目计划提出变更请求。例如，项目经理发现项目的范围描述不完整，就应该在开始编制项目其他计划之前，与主要相关方讨论，设法完善项目范围描述，从而避免日后因范围描述不完整而引起变更。

项目经理还要主动地对导致人们规避整体控制的因素施加影响，防止人们有意无意地规避对变更的综合评审。例如，进度工程师可能不愿意把工期压缩请求提交综合评审，因为担心在综合评审中被否决。工期压缩请求，如果仅从工期这一点来评审，是可以被批准的；如果综合考虑工期压缩会导致成本增加、团队加班和质量风险，就不一定能被批准。

> 虽然《PMBOK®指南》中没有专用于从源头上管理变更的过程，但是大多数过程中都隐含着这项工作。

2. 提出变更请求

任何人都可以提出变更请求。应该尽可能用书面方式提出变更请求。在特殊情况下，也可以口头方式提出变更请求。对于口头提出的变更请求，必须在第一可能的时间加以书面记录。这种先口头提变更请求再书面记录的情况，常出现在项目状态评审会议上。参会者可以口头提出变更请求，然后写入会议纪要，并单独整理出书面的变更请求。

无论是书面还是口头的变更请求，都必须是正式提出的。非正式提出的变更请求，不能进入后续的变更管理程序。

提出变更请求者，必须清楚地说明变更是什么、为什么要进行变更，必须初步说明变更可能产生的后果，变更可用什么方案实现。必须防止相关方很随意地提出变更请求，不考虑后果地乱提变更请求。

在《PMBOK®指南》中，共有24个过程会提出变更请求，其中包括1个启动过程和4个规划过程。在项目计划被批准之前开展启动过程和规划过程，是不会提出变更请求的。在项目计划批准之后，仍可能重复开展启动和规划过程。

> 在项目计划被批准之后重复开展启动和规划过程，可能提出变更请求。

3. 评审变更请求

任何变更请求，都必须提交给项目经理。项目经理收到变更请求后，立即进行形式审查，并把看似有效的变更请求写入变更日志。一旦变更请求被写入变更日志，它就进入了评审阶段。在《PMBOK®指南》中，对变更请求的评审是实施整体变更控制过程的工作。

> PMP®考试中的"记录变更"，一般都是指把变更请求写入变更日志。

先基于变更请求中的变更方案，评审变更对所在领域的影响。例如，对某个范围变更请求，要评价对项目产品功能的影响；对某个活动工期变更请求，要评价对整个项目工期的影响。

再基于变更请求中的变更方案，全面评审变更对项目各方面的综合影响。例如，对于范围变更请求，要评审对项目工期、成本、质量、风险等方面的影响；对于进度变更请求，要评审对项目范围、成本、质量、风险等方面的影响。

如果必要，再设计其他备选方案并进行评审。某个变更，也许用多个不同的方案都能够实现。例如，要缩短工期，就可以用赶工、快速跟进、改变工作方法、削减相关工作等多种方案。应该设计出几种备选方案，并分别评审每个方案对项目的影响，以便选择一个最好的方案。

> 变更无论大小，都必须经过综合评审，确认从总体上有利于项目，才能加以批准。

在设计变更方案、进行变更评审的过程中，必须与主要相关方密切沟通，征求他们对变更的意见。应该先征求项目团队成员的意见，再征求项目执行组织中相关部门和人员的意见。如果必要，还要征求外部相关方对变更的意见。这些沟通，不仅对于优化变更方案非常重要，而且对于提升相关方对变更的主人翁感更加重要。相关方参与制订的变更方案会更容易实施下去。

应该根据变更的审批权限，由项目经理、变更控制委员会、高级管理层或项目发起人来审批变更请求，做出批准、否决或悬置变更请求的书面决定。悬置的变更请求，通常要返回给提出者补充资料。

4．实施和追踪批准的变更

只有经过批准的变更，才能被实施、跟踪、考核和报告。如果某个变更已经发生但未经审批，必须先补办审批手续，然后才能去跟踪、考核和报告。

变更请求被批准后，要及时更新项目文件和项目管理计划。批准的纠正措施、缺陷补救措施和预防措施，都要写入相应的项目文件。批准的计划修改，根据具体情况，要写入项目文件甚至项目管理计划。

变更请求被批准后，要及时通知会受变更影响的相关方。这对于保证变更的顺利实施是非常重要的。

变更请求被批准后，要及时付诸实施，并追踪实施情况。

在《PMBOK®指南》中，对变更的实施，是通过指导与管理项目工作过程来开展的；对变更实施情况的追踪，是通过控制质量过程来开展的。

5．总结经验教训

一项变更实施完毕后，必须及时考察变更的效率和效果，总结经验教训。在《PMBOK®指南》中，这项工作是通过监控项目工作过程来开展的，即通过该过程把变更管理的经验教训及时写进工作绩效报告。例如，哪些变更已经或还未执行到位及其主要原因。

考试中可能问你，在某一个情景下，项目经理紧接着该做什么。这就需要你按照本节提示的变更管理程序来判断项目经理已做过什么、接下去该做什么。

例题 4-10　在项目执行过程中，变更是比较常见的。针对变更，项目经理应该：

A. 做出必要的变更

B. 对可能引起变更的因素施加影响

C. 防止不必要的变更

D. 避免一切变更

解释：正确答案是 B。这是最积极、主动的做法，是最先要做的事情。选项 A 虽然也是项目经理要做的，却是稍后才做的。选项 C 内容不够全面，项目经理也需要积极进行有利于项目的变更，而且可以认为"防止不必要的变更"已经包括在"对可能引起变更的因素施加影响"之中。选项 D 从逻辑上讲是不对的，不可能也不应该避免一切变更。

4.11.4　变更的审批权限

任何人都可以提出变更请求，但不是任何人都有权批准变更的。谁有权批准什么变更，这是与变更管理程序同样重要的问题。

变更的审批权限如图 4-3 所示。

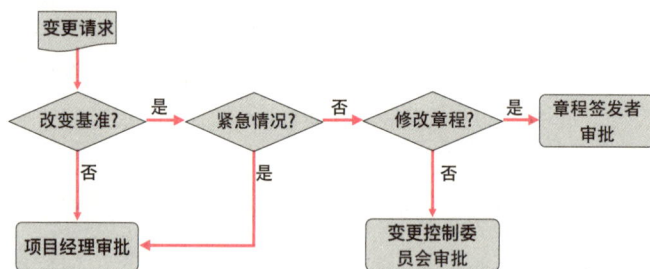

图 4-3　变更的审批权限

如果变更是项目管理计划内的，不会导致项目基准的修改，那么项目经理有权做出决定。例如，为了应对风险，需要在项目进度计划中增加一项进度活动。该活动所需的时间，可以通过对其他活动赶工或快速跟进，而在原有的项目工期内消化掉。项目经理就有权批准增加该活动。

如果变更将导致项目目标的修改，即会导致项目基准的修改，那么项目经理就要判断该变更是否属于紧急情况。如果是紧急情况，那么项目经理有权先行审批，以后再向变更控制委员会或其他高级管理人员补办审批手续。如果不是紧急情况，且不会导致项目章程的修改，项目经理就要编写变更评审报告，上报给变更控制委员会审批。如果不是紧急情况，且会导致项目章程的修改，就必须上报给项目章程的签发者审批。

> 不影响基准的变更，由项目经理审批。会影响基准的变更，项目经理无权审批，除非是紧急情况。

提前终止项目的变更，是项目上可能出现的最大变更，只能由项目发起人审批。

4.11.5　变更控制委员会和变更控制系统

变更控制委员会由项目主要相关方正式组建，并派代表参加。项目经理可以是其中的成员，但通常不是主任。该委员会负责审查某些变更请求，批准或否决这些变更请求。对于会影响项目目标（基准）的变更，必须经过变更控制委员会的批准才能付诸实施。例如，在建筑施工项目上，可以由业主、设计方、承包商、政府机构等的代表组成变更控制委员会。

项目需要有效的变更控制系统。变更控制系统是关于变更管理的一系列正式的书面程序的集合，包括所需文档、跟踪要求和审批层次等。该系统不仅要规定什么变更需要哪个层次的批准，而且可以规定在什么特殊情况下可以不经批准就实施变更。例如，特别紧急情况下的变更可以不经批准就实施，待事后补办相关手续。

4.11.6　配置管理

配置管理是项目整体变更管理的组成部分。配置是会直接决定项目产品的功能的重要技术参数，如手机的32GB内存或64GB内存。如果这些参数发生变化，项目产品的功能就会发生变化。为了保证项目产品能够发挥既定的功能，对项目配置及其变更的管理必须十分严格。

配置管理通过以下四个步骤来完成：

（1）识别和记录项目产品的重要功能以及为实现这些功能所需的技术参数。

（2）跟踪这些参数，控制对这些参数的变更，并记录参数变更情况。

（3）按既定的参数（包括变更后的参数）执行项目，并记录与报告参数实现情况。

（4）审计项目产品，以确保所有参数都已实现，项目产品能发挥既定功能。

举个简单的例子来帮助大家理解。我委托你替我去买一台计算机：

（1）我需要告诉你（以书面方式）计算机的用途（游戏或办公用），以及计算机必须具备的基本配置。这就是识别与记录配置（除了我所要求的基本配置，其他配置你可以自行决定）。

（2）你做市场调查时，必须弄清楚我所要求的基本配置能否实现。如果某个配置无法实现，你无权私自变更，必须把情况报告给我，由我来控制对配置的变更。这就是跟踪配置，并控制对配置的变更。配置的变更，需要记录在案。

（3）你按变更后的基本配置购买计算机，然后在向我交货时书面报告配置的实现情况。这就是实现配置并记录和报告实现情况。

（4）我收到计算机后，需要及时检查，以确保我所要求的基本配置都已实现，计算机能发挥既定的功能。这就是审计项目产品以确保配置都已实现。

> 配置管理的重点是，确定哪些是核心技术参数，并以特别严格的程序来控制对这些技术参数的变更，确保配置变更可控、在控、可追踪。

在 IT 开发项目上，由于所开发的软件将要不断升级，配置管理就非常重要。为了使新版软件与老版软件尽可能兼容，就必须通过配置管理确保一些核心技术参数保持不变。

4.12 疑难问题解答

1. 预防措施、纠正措施和缺陷补救措施是否会导致计划变更？

答：应该从两个层面来说。从较高的层面上说，预防措施、纠正措施和缺陷补救措施都是为了保证实际执行符合基准计划的要求，并不是要更新或修改基准计划，所以不会导致对基准计划（项目管理计划）的变更。从较低的层面上说，预防措施、纠正措施和缺陷补救措施都需要列入具体的操作性计划（项目文件），然后再加以执行，所以它们会影响具体的操作性计划（项目文件）。

2. 项目配置管理与项目变更管理之间是什么关系？

答：项目配置管理是对项目的重要技术参数（如电脑的处理器、内存、显卡等）的管理，包括识别这些技术参数，控制对这些技术参数的变更，实现这些技术参数以及审计其实现情况。技术参数是与项目范围和质量密切相关的，直接决定项目产品的功能多少和高低。其中的控制对技术参数的变更，就是配置变更管理，属于项目变更管理的一部分。项目变更管理，除了包括配置变更管理，还包括对项目工期和成本等的变更管理。在 IT 开发项目上，产品配置通常对项目工期和成本具有决定性的影响，故配置管理非常重要。例如，两台外形完全相同的手机，会因内存容量的不同而有很不同的价格。

3.《PMBOK®指南》中的 12 个监控过程之间是什么关系？

答：后九大知识领域中的确认范围、控制范围、控制进度、控制成本、控制质量、控制资源、监督沟通、监督风险、控制采购和监督相关方参与，都是各自知识领域的局部、基层的监控，以便提出各自领域的变更请求，并分析该变更对本领域的影响。

整合管理知识领域的监控项目工作过程，是在上述基层监控过程的基础上开展的，是在整个项目层面上监控，以便从宏观的视角发现问题，提出变更请求。

整合管理知识领域的实施整体变更控制过程，专用于综合评审并批准或否决变更请求。某个领域的一项变更，除了对本领域产生影响外，还可能对其他领域产生影响，所以需要综合评审，确保只有从总体上有利于项目的变更才能被批准。

还需要特别说明，监督风险过程，除了监督单个项目风险，还要监督整体项目风险。前者是局部基层的监控，后者则是全局的、整个项目层面的监控。

4．所有问题都要记录在问题日志中吗？

答：不是的。问题可以分成两大类：一是因已识别的消极风险（威胁）的发生而导致的问题，二是除此之外的其他各种问题。前一类问题要记录在风险登记册中，后一类问题要记录在问题日志中。如果无法立即判断是不是已识别的消极风险引发的问题，那就先记录在问题日志中；如果确属已识别的消极风险引发的，随后再在风险登记册中补记。

第5章
项目范围管理

5.1 概述

5.1.1 基本概念

项目范围管理旨在保证做且只做为完成项目所需的全部工作。它关注的焦点是，什么是包括在项目之内的，什么是不包括在项目之内的，以便为项目工作明确划定边界。通俗地讲，项目范围管理就是要做范围内的事，而且只做范围内的事，既不少做也不多做。如果少做，会影响项目既定功能的实现；如果多做，又会浪费资源，并产生极高的机会成本。

项目范围管理需要：

- 明确项目边界，明确什么工作是项目范围内的。
- 明确项目必须提交的全部可交付成果。
- 动态对项目工作进行监控，确保所有该做的工作都做了。
- 动态对项目工作进行监控，防止发生范围蔓延。
- 对不包括在项目范围之内的额外工作说"不"，预防做额外工作（镀金）。
- 及时对项目可交付成果进行实质性验收。

范围蔓延（Scope Creep）是指未经控制的项目范围逐渐扩大。一方面，项目范围很容易以一种不易察觉的方式逐渐扩大，等到察觉后，项目范围已经发生实质性变化；这就导致项目范围重大偏离。另一方面，项目相关方可能误认为，让项目团队多做事情能增加项目价值，从而不经过既定的申请和审批程序，就随意增加工作内容。所以，要特别注意防止范围蔓延。

范围蔓延导致的结果就是镀金，即做了额外的工作。项目管理反对镀金。PMI 的一个重要思想是，给客户提供他们所要求的东西，既不少给，也不多给。考生必须对 PMI 反对镀金的思想有足够的理解。

镀金的项目是失败的，因为用于镀金的资源本可用于更有价值的事情。

例题 5-1 在项目执行过程中，项目经理不断提醒团队成员要集中精力完成工作分解结构中所规定的可交付成果，不要去做其他未经批准的工作。项目经理是在关注：

A. 项目风险管理

B. 项目范围管理

C. 项目变更管理

D. 项目团队建设

解释：正确答案是 B。因为项目经理关注的是做范围内的事，而且只做范围内的事。其他三个选项与题目的相关性都很差。注意，题目中没有与变更有关的信息，故不能选 C。

5.1.2 范围管理的重要性

项目范围管理是项目其他各方面管理的基础。如果范围都弄不清楚，进度、成本和质量等也就无法弄清楚。在传统的三重制约中，只包括项目的进度、成本和质量三个方面。项目的范围是 20 世纪 80 年代才加进去的。PMI 在 1983 年出版的《ESA 研究报告》中首次把项目范围与项目进度、成本及质量一起列作用来定义项目目标的重要维度，而且是第一个维度。在该报告中，"项目范围管理"被正式列为项目管理的一个新功能。这也反映了人们对项目范围管理重要性的认识的飞跃。现在，虽然仍沿用三重制约的说法，但实际上这个词包含着项目范围、进度、成本和质量四个方面。这四个方面都是确定项目目标所必不可少的要素。

5.1.3 产品范围与项目范围

产品范围与项目范围既有联系又有区别。产品范围是指项目将要形成的项目产品的特性和功能，而项目范围是指为了完成具有既定特性和功能的项目产品而必须开展的工作。例如，要煮一锅土豆焖饭，产品范围就是煮成的饭及其应具备的特性，如土豆和米饭的占比；项目范围就是准备土豆、大米、水、锅、柴火，以及烧火煮饭。产品范围是面向客户的，项目范围是面向项目团队的。

一方面，产品范围决定项目范围，只有弄清楚产品范围，才能弄清楚项目范围。另一方面，项目范围服务于产品范围，只有项目范围做到位，产品范围才能实现。产品范围的完成情况，要依据产品需求文件来考核。项目范围的完成情况，要依据项目管理计划来考核。

> 广义的项目范围，由产品范围和狭义的项目范围构成。

产品范围的变化与项目范围的变化，没有必然的联系。例如，一面原计划油漆成白颜色的墙，要改油漆成黄色，产品范围发生了变化，但如果这一改变是在油漆采购之前做出的，项目范围不会发生变化。

PMP®考试中，考项目范围的可能性比较大。考生应该看清楚题目中说的是"产品范围"还是"项目范围"。也有可能考产品范围与项目范围之间的联系和差别。

例题 5-2　在与客户的例行见面会上，客户提交了一份书面文件，要求你对项目范围做一个小的变更。这个客户是你的重要客户之一，你还指望以后从他那里获得更多的合同。你应该如何处理这个变更要求？

A. 同意免费进行这个变更

B. 给客户报一个进行该变更的价格

C. 拒绝这个变更要求

D. 告诉客户你需要评审这个变更对项目的影响，然后才能做出决定

解释：正确答案是 D。该变更即便不会对成本产生影响，也不一定就不会对其他方面产生影响，所以不能在没有做合理评估之前，做出"免费进行这个变更"的纯感性决定。现在给客户报价，还为时太早，因为还没有进行评审。简单地拒绝也是不合适的，项目范围应该是可以变更的。注意，题目中关于该客户的重要性的信息是干扰信息，不应该受它误导。

5.2　各过程的输入与输出

5.2.1　输入与输出的关系总览

项目范围管理的实现过程是规划范围管理、收集需求、定义范围、创建 WBS、确认范围和控制范围。这些过程是通过输入与输出联系起来的。它们的输入与输出关系可以概括为如图 5-1 所示（未考虑事业环境因素、组织过程资产和各种更新）。

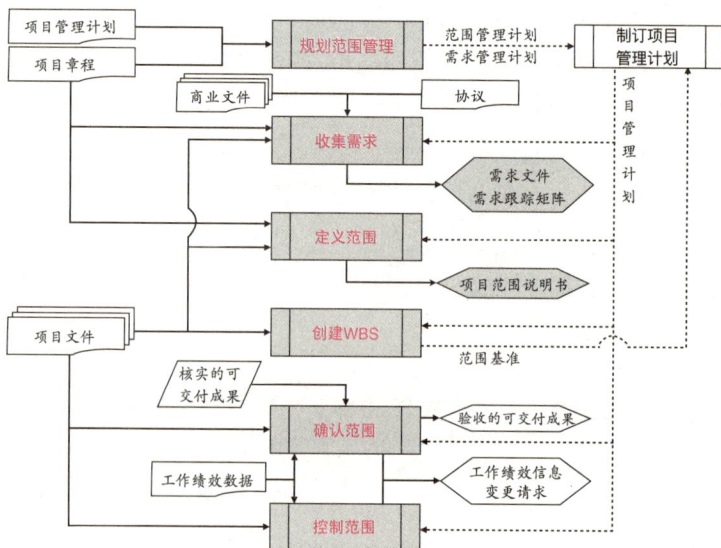

图 5-1　项目范围管理各过程的输入与输出关系

5.2.2　规划范围管理

在项目章程的指导之下，参考项目管理计划中已有的子计划（如质量管理计划）和其他内容（如项目生命周期、开发方法），编制范围管理计划和需求管理计划。这两个管理计划将作为项目管理计划的组成部分，用于指导收集需求、定义范围、创建 WBS、确认范围和控制范围过程。

5.2.3　收集需求

在项目章程和项目管理计划（如需求管理计划、范围管理计划、相关方参与计划）的指导之下，根据项目文件（如相关方登记册、假设日志）去收集相关方的需求。在收集需求的过程中，需要用商业文件（如商业论证）去引导相关方表述合理的需求。对于为客户做项目的乙方，还需要使用协议（合同）。

重复开展本过程时，需要参考已记录在经验教训登记册（一种项目文件）中的经验教训。

收集来的需求，必须记录下来，形成需求文件，同时编制需求跟踪矩阵。需求文件是定义、管理和控制项目范围的基础，将作为一种项目文件用作定义范围、创建 WBS、确认范围和控制范围过程的输入。需求跟踪矩阵是用来动态跟踪、监控需求的实现情况的，将作为一种项目文件用作确认范围和控制范围过程的输入。

5.2.4　定义范围

在项目章程和项目管理计划（如范围管理计划）的指导之下，基于前一个过程所得到的需求文件（一种项目文件），依据假设日志（一种项目文件），编制项目范围说明书。项目范围说明书在经高级管理层批准之前，将作为一种项目文件用作创建 WBS 过程的输入。经批准之后，成为范围基准和项目管理计划的组成部分。

在风险管理知识领域分析风险之后，可能要根据风险登记册（一种项目文件）来缩减项目范围，以减轻作为威胁的整体项目风险；或者扩大项目范围，以提升作为机会的整体项目风险。

5.2.5　创建 WBS

根据项目管理计划中的范围管理计划，以及项目文件中的需求文件和项目范围说明书，编制 WBS 和 WBS 词典，并进而形成项目的范围基准。范围基准是项目管理计划的组成部分。

5.2.6　确认范围

根据项目管理计划中的<u>范围管理计划</u>、<u>需求管理计划</u>和<u>范围基准</u>，<u>项目文件中的需求文件</u>（含验收标准）、<u>需求跟踪矩阵</u>（含验收方法）和<u>质量报告</u>，以及<u>工作绩效数据</u>，对核实的可交付成果进行实质性验收。验收工作中会形成相关资料，即<u>工作绩效信息</u>。如果符合验收标准，就得到<u>验收的可交付成果</u>。如果不符合验收标准，就提出<u>变更请求</u>。

重复开展本过程时，需要参考已记录在<u>经验教训登记册</u>（一种<u>项目文件</u>）中的经验教训。

5.2.7　控制范围

把体现在<u>工作绩效数据</u>中的项目范围实际绩效，与体现在<u>项目管理计划</u>（如<u>范围管理计划</u>、<u>需求管理计划</u>、<u>范围基准</u>、<u>绩效测量基准</u>）和<u>项目文件</u>（如<u>需求文件</u>、<u>需求跟踪矩阵</u>）中的计划要求做比较，得到<u>工作绩效信息</u>。如果绩效偏差太大，就应该根据<u>变更管理计划</u>和<u>配置管理计划</u>（项目管理计划的组成部分）中的规定，提出<u>变更请求</u>。

重复开展本过程时，需要参考已记录在<u>经验教训登记册</u>（一种<u>项目文件</u>）中的经验教训。

5.3　各过程的主要工作和成果

5.3.1　规划范围管理

在《PMBOK®指南》中，除了项目整合管理知识领域，每个知识领域都有以"规划"这两个字开头的过程。在与项目目标直接相关的五大知识领域中，都首先通过"规划××管理过程"编制相应的管理计划（关于管理工作的程序性计划），以便后续根据程序性计划制订实体性计划（关于技术工作的安排）。这五大知识领域中的程序性计划和实体性计划的对照，如表5-1所示。

表5-1　与项目目标直接相关的计划

知识领域	程序性计划	实体性计划
范围管理	需求管理计划、范围管理计划	需求文件、需求跟踪矩阵、项目范围说明书、工作分解结构（WBS）、WBS词典、范围基准
进度管理	进度管理计划	活动清单、活动属性、里程碑清单、项目进度网络图、持续时间估算、项目进度计划、进度基准
成本管理	成本管理计划	成本估算、成本基准、项目资金需求
质量管理	质量管理计划	质量测量指标
风险管理	风险管理计划	风险登记册、风险报告

规划范围管理过程就是要编制范围管理计划和需求管理计划。范围管理计划是关于将如何定义、制定、监控和确认产品范围与项目范围的计划。例如，将采用什么流程编制项目范围说明书、工作分解结构（WBS）和WBS词典？范围基准将由谁来审批？范围变更将按什么流程进行管理？将如何验收可交付成果？

需求管理计划是关于将如何收集、记录、分析和控制需求的计划。例如，将用什么方法收集什么人的需求？将用什么标准对需求进行优先级排序？需求文件和需求跟踪矩阵将采用什么格式？将如何跟踪需求的实现过程？

> 需求管理计划规定收集需求过程将如何开展，范围管理计划规定定义范围、创建WBS、确认范围和控制范围过程将如何开展。

5.3.2 收集需求

收集需求过程是根据范围管理计划和需求管理计划，收集项目相关方对项目的具体需求。也就是说，把相关方对项目的需要（needs）、想要（wants）与期望（expectations），转变成具体的项目需求（requirements），并记录下来。项目相关方对项目的需要、想要与期望可能并不明确。这就要求项目管理团队运用自己的专业知识与技能，通过与相关方的密切沟通，把相关方较笼统和抽象的需要、想要和期望转变为具体的、可测量的需求。例如，相关方提出"大门必须是安全、方便、美观和新潮的"。其中，安全是客观需要，方便是客观需要和主观想要，美观和新潮则是主观想要和期望。项目经理不能仅依据"安全、方便、美观、新潮"这八个字去建设大门，而必须明确列出具体的、可测量的标准，即具体的需求，并报相关方审批，然后按这些标准（需求）执行项目。

> 收集需求旨在使需求明确化、具体化和书面化。需求必须是可测量的、文档化的。

通过需求分析，得到需求文件和需求跟踪矩阵，为项目范围管理奠定坚实基础。需求文件记录项目相关方对项目的各种具体需求（要求）。需求跟踪矩阵则说明具体需求与高层目标之间的对应关系，以及具体需求与细节层次上的项目设计、项目工作和可交付成果之间的对应关系。通过需求跟踪矩阵来确保每个具体需求都有实际意义（为高层目标服务），且都能实现（通过细节层次上的工作）。在项目监控过程中，应该依据需求跟踪矩阵来跟踪（监控）需求的实现情况。作为一份承上启下的文件，需求跟踪矩阵也有利于评审关于细节工作的变更请求。如果要对某个细节工作进行变更，就可以在需求跟踪矩阵中反向查询哪个需求和哪个高层目标会受到影响。

在《PMBOK®指南》图 5-7 的需求跟踪矩阵示例中，"需求描述"是具体需求，"业务需要、机会、目的、目标"和"项目目标"是高层目标，"WBS 可交付成果""产品设计"和"产品开发"是细节层次的工作，"测试用例"则是对需求实现情况的验收方法。

为了更好地管理需求，可以把需求归为以下类别：商业需求、相关方需求、解决方案需求、过渡和就绪需求、项目需求、质量需求。

商业需求（Business Requirements）。这是最高层次的、整个组织的需求，如抓住某个商业机会。它要回答的问题是："为什么要做某个项目？"

相关方需求（Stakeholder Requirements）。这是中间层次的、每个或每组相关方的需求。它要回答的问题是："相关方想要用项目产品做什么？"

解决方案需求（Solution Requirements）。这是最低层次的、技术方面的需求，是为了实现商业需求和相关方需求，项目产品必须具备的特性和功能。它要回答的问题是："项目团队必须开发出什么样的项目产品？"解决方案需求又可分为功能需求和非功能需求。功能需求是项目产品必须实现的功能，关注项目产品能够做什么。非功能需求则是用来支持功能需求的，如手机需要具备多强的抗跌落能力。在非功能技术特性的支持下，项目产品的功能才能正常发挥。非功能需求关注项目产品能够多好地（How well）以及在什么条件下才能发挥既定的功能。

> 用一定的解决方案去满足相关方需求，并通过满足相关方需求来实现商业需求。

还有一种过渡和就绪需求（Transition and Readiness Requirements），属于临时性需求，旨在完成某系统从当前状态到未来状态的过渡，使该系统一切就绪。一旦过渡完成、系统就绪，这种需求就会自动消失。例如，组织信息系统升级项目中的数据迁移需求。一旦数据迁移完成，系统的数据迁移能力就没必要了。

《PMBOK®指南》中还提到了项目需求（Project Requirements）和质量需求（Quality Requirements）。项目需求是对项目过程的需求，如采用什么项目管理方法、在什么时间、用多大成本完成什么工作。质量需求是项目过程或可交付成果必须达到的质量要求。质量需求与功能需求、非功能需求、过渡和就绪需求，以及项目需求都是交叉的。

5.3.3 定义范围

在收集需求过程中收集到的需求，不一定都要在本项目上得到实现。定义范围过程就是确定哪些需求必须在本项目上实现，并基于这些需求编制项目范围说明书，明确项目范围边界。

项目范围说明书的主要内容包括：

- 产品范围描述。细化项目章程和需求文件中的产品范围。
- 可交付成果。项目必须提交的中间及最终可交付成果。以后还要在创建 WBS 过程中进一步细分。
- 验收标准。可交付成果必须满足的标准。
- 项目除外责任。本项目必须不做什么事情，防止相关方对项目产生不合理的期望。

在定义范围过程中，还要细化制定项目章程过程所列出的制约因素和假设条件，更新假设日志。制约因素是会限制项目团队的选择余地，甚至会使团队完全没有选择余地的各种情况。制约因素没有任何不确定性，是项目团队绝对不能违反的。项目的范围、进度、成本和质量要求中的任何一个先被确定下来，就会成为制约因素。当然，还有其他各种制约因素，如资源可用性。假设条件则是无须验证即假设为真实的前提条件。例如，假设资金按时到位，假设某个重要技术人员按时加入项目团队。

> 项目经理应该把必须由高层管理人员或职能经理搞定的事情列为假设条件，以便保护自己。

5.3.4　创建 WBS

创建 WBS 过程就是用工作分解结构（WBS），把项目范围说明书中的项目可交付成果细分为更小、更便于完成的可交付成果，并在此基础上形成范围基准。项目范围说明书旨在确定项目范围边界，工作分解结构则要确定边界之内有什么。

1. WBS、WBS 词典和范围基准

工作分解结构，顾名思义，是把整个项目逐层分解到较小的、便于管理的要素——可交付成果。虽然在实际工作和一些项目管理教科书中，工作分解结构中的各要素可能是"活动"（以动词表示），而不是"可交付成果"（以名词表示），但是按 PMI 的要求，工作分解结构必须是"以可交付成果为导向"的。除了第二层可以是阶段名称，以及在项目管理分支中可出现活动，工作分解结构中的每个要素都必须是可交付成果。正如《PMBOK® 指南》中明确指出的，"工作"是指作为活动结果的工作产品或可交付成果，而不是活动本身。

工作分解结构一般应该由产品范围和项目范围构成。项目范围中又包括技术工作和管理工作。例如，对于煮饭的项目，可以编制如图 5-2 所示的工作分解结构。除了"土豆焖饭"分支是产品范围，其余三条分支都是项目范围。"原料"是指已经准备好的原料，"材料"是指已经准备好的材料，都是中间的可交付成果。

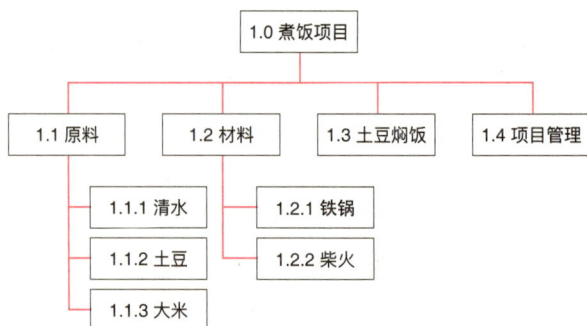

图 5-2　煮饭项目的工作分解结构

> 工作分解结构中，应专列一条"项目管理"分支，使"项目管理"成为必须完成的工作之一。

可交付成果是指为完成项目而必须提交的、可核实的、可测量的项目中间或最终成果，可以是有形或无形的。例如，房屋建造项目会形成有形的可交付成果，服务开发项目会形成无形的服务能力。在一个项目中，存在不同层次的可交付成果。所有可交付成果都完成了，整个项目也就同时完成了。

工作分解结构是用来确定项目的总范围的，项目的全部工作都必须包含在工作分解结构之中。不包含在工作分解结构中的任何工作都不是项目的组成部分，都不能做，否则就是镀金。这是工作分解结构100%规则的要求——工作分解结构必须且只能包含100%的工作。

根据100%规则，子要素之和必须正好等于相应的母要素；所有子要素都完成了，其相应的母要素也就同时完成，而无须再进行任何额外工作。

> WBS中的任何工作都是必须做的。如果有多余的，必须经过变更控制程序把它去掉，才能不做。WBS之外的任何工作都是必须不做的。如果要做，必须先经过变更控制程序把它加进去。

工作分解结构的编制需要全部主要项目相关方和项目团队成员参与。各项目相关方站在自己的立场上，对同一个项目可能编制出差别较大的工作分解结构。项目经理应该组织他们进行讨论，以便编制出一份大家都能接受的工作分解结构。从这个意义上讲，项目经理又是在发挥"整合者"的作用。

工作分解结构最高层的要素，是项目名称或最终项目成果。每向下一个层次都是对上一个层次相应要素的细分。上一个层次的要素则是下一个层次各要素之和。工作分解结构中每条分支的分解层次不必相等，如某条分支分解到了第四层，而另一条只分解到第三层。

一般情况下，工作分解结构应控制在 4 ~ 6 层。如果项目比较大，以至于工作分解结构要超过 6 层，就应该先把大项目分解成子项目（编制"项目分解结构"），再针对子项目编制工作分解结构。把工作逐层分解，能提高管理效果，但会降低管理效率。如果分解得过细，就会导致管理工作量增加太多，甚至根本管不过来。

> 逐层向下分解是为了提高时间和成本估算的准确性，更有效地开展项目规划、执行与控制。

工作分解结构中，同一层次的各要素应该相对独立，尽量不相互交叉。

在编制 WBS 的同时，应该编制 WBS 词典，对每个 WBS 要素进行解释。WBS 相当于名词汇编，WBS 词典相当于名词解释，它们是孪生兄弟般的两个文件。如果没有 WBS 词典，人们无法真正看懂 WBS。作为名词解释，WBS 词典的内容可详可简。《PMBOK® 指南》中列举了 WBS 词典可以（但非必须）包括的许多内容。

编制出 WBS 和 WBS 词典后，把这两个文件连同项目范围说明书，报给高级管理层审批。经过高级管理层审批的项目范围说明书、WBS 和 WBS 词典，就是项目的范围基准。

例题 5-3　某项目已经完成了工作分解结构的编制工作。这时，你被安排去接替刚刚辞职的前任项目经理。你上任之后应该做什么？

A. 编制 WBS 词典

B. 确认主要项目相关方已经参与了范围说明书与 WBS 的编制工作

C. 编制项目的进度计划、成本计划和其他相关计划

D. 编制采购工作说明书与采购文件

解释：正确答案是 B。由于项目范围说明书与工作分解结构都不是你本人亲自主持编制的，所以你必须首先确认主要项目相关方已经参与了它们的制定工作。否则，如果某主要相关方的意见（要求）没有被充分考虑，就会给以后的工作带来较大麻烦。注意：如果你要基于别人的成果开展工作，必须首先确认该成果的合理性和可用性。

2. 控制账户、规划包和工作包

控制账户是用来进行项目范围、进度、成本和质量控制的，工作分解结构某个层次上的要素，既可以是工作包，也可以是比工作包更高层次的要素。后一种情况更常见。在后一种情况中，一个控制账户中就有不止一个工作包。

控制账户是一种管理控制点，项目经理针对控制账户考核项目执行情况，即在控制账户的相应要素上，把项目执行情况与计划要求进行比较，评价执行情况的好坏，发现并纠正偏差。项目经理不直接关心低于控制账户的 WBS 要素的执行情况，而是把它们

交给下级成员去直接关心。

通常在项目规划阶段，就要确定项目的控制账户。控制账户设在较高或较低层次上，就表明项目经理想要对项目实施"粗管"或"细管"。如果项目遇到了严重危机，为了加强控制，项目经理可以临时决定下移控制账户——把更低层的要素定为控制账户。

> PMP®试题中的"控制账户"，一般都是高于工作包的WBS要素。每个工作包只能属于一个控制账户。

规划包是在控制账户之下、工作包之上的WBS要素。虽然已经知道它是一个什么样的成果，但是尚不清楚究竟要做哪些具体活动，才能把该成果做出来。由于还无法分解出编制详细进度计划所需的进度活动，规划包只是暂时用于项目计划编制工作。随着情况的明朗，规划包最终将被分解成工作包和相应的进度活动。

> 规划包不能直接付诸执行，必须先分解成工作包。

工作分解结构每条分支底层的要素（没有子要素的要素），称为"工作包"，除非该要素已被特别命名为"规划包"。规划包只是暂时的底层要素，而工作包是永久的底层要素。工作包是项目上的最小的可交付成果。把工作包再分解，得到的就不是可交付成果，而是进度活动。

关于多大的可交付成果可以作为工作包，并没有标准答案。通常，按两周的间隔来检查项目实施情况，有利于对项目的有效控制。这就是工作包的80小时法则（每天工作8小时，每周工作5天）。不过，该法则并不具强制性。在大型项目上，工作包可以是耗时200～300小时的可交付成果；在小型项目上，工作包可以是耗时约40小时的可交付成果。

工作包必须小到这样的程度，以至于能够比较准确地对该工作包安排进度、编制预算、识别风险、分配负责人。某个可交付成果如果具有下列特征之一，就可以被当作工作包：

- 规模较小，可以在短时间内完成。
- 从逻辑上讲，不能再分了。
- 所需资源、时间、成本等已能较准确地估算，已经能够对其进行有效的进度、成本、质量、范围和风险控制。
- 准备把这部分工作外包出去，而且希望由承包者来继续细分。这部分工作就相当于子项目。

> 工作包只是在本 WBS 中不再细分，但还可以在其他下级 WBS 中细分（针对子项目），或者由具体负责该工作包的人把工作包再细分为各种进度活动。

3. 工作分解结构的作用

工作分解结构在项目管理中有极其重要的作用。项目的所有规划、执行、监控和收尾工作都必须基于工作分解结构。如果没有工作分解结构，就谈不上项目的进度计划、成本计划、质量计划、资源计划和风险计划等。

编制工作分解结构不仅是一项技术和管理工作，而且是重要的项目团队建设工作。在工作分解结构编制完成时，应该形成一个较好的项目管理团队。在项目管理工作中，许多技术工作（如项目计划编制、合同谈判）都不只是纯技术工作，而且是团队建设工作；不仅要取得技术上的成果，而且要取得团队建设的成果。

编制工作分解结构的过程，能促使项目相关方尽早提出自己对项目的要求，并有效协调不同的要求。在项目早期协调不同的要求，所付出的代价往往比较低。项目管理鼓励项目相关方尽早"吵架"并吵出结果，反对在项目进入执行阶段后再"吵架"。

工作分解结构在项目管理中的主要作用如下：
- 促使人们在尽可能早的时间，就周全地考虑项目范围，防止遗漏或多列某些内容。
- 作为基础性文件，促进项目相关方之间沟通，使他们对项目范围有一致认识。
- 是编制项目进度计划、成本计划、质量计划、风险计划等的基础。项目的进度、成本和质量都应该层层分别落实到工作分解结构的每个要素上。也应该针对每个要素来识别项目风险。
- 是进行项目组织设计的依据之一。应该把工作分解结构每个要素的责任落实到项目团队中的某个人或小组。
- 是进行项目执行和监控的重要依据。应该依据工作分解结构以及在此基础上所形成的项目计划，开展项目执行并监控项目执行情况。
- 是考核项目是否完工的依据。应该依据工作分解结构，来考核是否已经完成所要求的全部可交付成果，从而判断项目是否已经完成。

例题 5-4　工作分解结构是下列谁与谁之间沟通的有效工具之一？

A. 项目发起人与项目客户

B. 项目经理与项目客户

C. 项目团队与项目经理

D. 项目相关方之间

解释：正确答案是 D。选项 D 包括了其他三个选项的内容。由于工作分解结构可以帮助所有项目相关方了解项目的内容，所以它是项目相关方之间沟通的有效手段。项目相关方参与工作分解结构编制的过程，就是一个良好的沟通过程。只要工作分解结构确定了，项目相关方就对项目将来要做成什么样子有了统一的认识。如果有疑问，就可以查看工作分解结构及 WBS 词典，加以澄清。

5.3.5　确认范围

确认范围过程是由项目发起人、客户和其他主要相关方正式验收已经完成并被核实为质量合格的可交付成果。工作分解结构所列的每个可交付成果在完成之后，都要及时进行质量合格性核实（控制质量过程），及时进行实质性验收（确认范围过程）。这种对各可交付成果的及时验收，有利于及时发现并解决问题（可交付成果不符合验收标准），提高整个项目完工时项目产品顺利通过整体验收的可能性。及时进行实质性验收，也有利于及时认可和表彰相关团队成员。

> 必须在监控阶段完成对各个可交付成果的实质性验收，以便在还有时间解决问题时发现并解决问题。整个项目完工时，再开展项目产品的整体验收（形式验收），办理移交手续。

注意：确认范围与控制质量是不同的，前者注重的是可交付成果的可接受性，而后者注重的是可交付成果的正确性（符合质量要求）。通常控制质量在前，确认范围在后；有时，也可以同时开展。

控制质量过程中的"核实"，英文是 verify，是核实可交付成果技术上的正确性，是项目团队内部的工作。确认范围过程中的"确认"，英文是 validate，是确认可交付成果对实现项目目标的有用性以及能否通过验收，是项目团队邀请项目发起人和客户来做的。技术正确，不一定有用，不一定能通过验收；技术不正确，不一定就无用，不一定就不能通过验收（也许客户很宽容）。

5.3.6　控制范围

控制范围过程是把项目范围执行的实际情况与项目计划中的范围要求做比较，发现偏差，分析偏差，提出解决偏差的建议。通过控制范围过程，防止范围蔓延，管理范围基准变更。在本过程中，也需要预测未来的范围绩效，如项目完工时产品功能的实现情况。如果预测的绩效不理想，就提出变更请求。

虽然控制范围与确认范围过程都是监控过程组的过程，但它们的差别很大。控制范围是由项目团队在可交付成果的完成过程中开展的。确认范围是由项目发起人或客户在可交付成果完成之后开展的。

表 5-2 列出了控制质量、控制范围和确认范围过程的主要差别。

表 5-2 控制质量、控制范围和确认范围的区别

比较项	控制质量	控制范围	确认范围
所属知识领域	质量管理	范围管理	范围管理
由谁开展	项目团队	项目团队	项目发起人或客户
何时开展	在项目执行期间持续开展	在项目执行期间持续开展	在项目执行期间定期开展，即在可交付成果完成并核实为质量合格后及时开展
为何开展	检查工作过程和可交付成果的技术正确性	检查该做的工作是否都做了	检查可交付成果能否通过验收

注意区分控制质量过程、控制范围过程和确认范围过程。

例题 5-5 项目团队通过合同为某客户做项目。项目团队刚刚完成了一个重要的项目可交付成果，并自行对其质量进行了检查，发现完全符合质量要求。接下来项目团队应该：

A. 邀请客户来检查可交付成果的质量

B. 邀请客户对可交付成果做正式验收

C. 通知客户可交付成果已经完成，并要求在整个项目完工时再来验收

D. 要求客户支付进度款项

解释：答案是 B。针对该可交付成果的控制质量过程已完成，紧接着就要做确认范围过程，即由客户对可交付成果进行实质性验收。A 太片面。C 后半句不符合项目管理的要求。D 与题目没有直接关系。

5.4 各过程的工具与技术

在项目范围管理的 6 个过程中，只有确认范围和控制范围过程没有专家判断这个工具。本知识领域的专家判断，与整合管理知识领域的没有实质性不同，这里就不再赘述。

5.4.1 规划范围管理

项目经理需要邀请相关项目团队成员和主要项目相关方召开会议，来讨论项目范围管理计划、需求管理计划的编制。编制计划，通常都需要召开规划会议。

备选方案分析，作为一种数据分析技术，用于分析收集需求和开展范围管理的多种备选方案，并做出选择。

5.4.2　收集需求

应该采用多种多样的工具与技术去收集相关方的需求。《PMBOK®指南》中列出了如下工具：专家判断、数据收集、数据分析、决策、数据表现、人际关系与团队技能、系统交互图、原型法。除专家判断以外，其余这些工具之间存在如下的逻辑关系：

- 首先，使用数据收集、数据分析、人际关系与团队技能、系统交互图和原型法，收集相关方的原始需求。
- 其次，使用数据表现来分析各种原始需求之间的关系，如因果联系和同类关系。
- 最后，使用决策来确定对需求的归类和排序。

下文将按照这三个步骤进行讨论。

1．收集原始需求

收集原始需求，可以采用两类方法。一类是分析现有的各种各样的文件。相关方的需求会体现在他们所编制的各种文件中。这就是使用数据分析中的文件分析工具。另一类是现场调查的方法。现场调查的方法又可以分成个人调查法、小组调查法和联系对比法。

个人调查法是调查每个人的需求，可以采用数据收集中的访谈、问卷和调查，人际关系与团队技能中的观察。访谈是指访谈者直接问被访谈者有什么需求。问卷和调查是用事先设计好的问卷或其他调查方法来收集需求。观察又可分为旁站式观察和参与式观察。前者是指观察者以外人的身份观察相关方有什么需求。后者是指观察者亲自体验做某事，来了解相关方的需求。

小组调查法是调查一群人的需求，可以采用数据收集中的头脑风暴和焦点小组，以及人际关系与团队技能中的名义小组和引导。头脑风暴是在主持人的主持之下，由一群人面对面集思广益，提出尽可能多的主意。焦点小组是召集6~10位背景相似者参加会议，由他们针对主持人的提问进行讨论，得到小组的集体意见。名义小组是召集一群人作为名义小组（不是经过建设的团队），先由每个人分别对主持人的提问写出自己的尽可能多的主意，再由主持人收集并公布所有主意，再由大家对每个主意进行讨论以求得一致理解，最后通过匿名投票来排列主意的优先顺序。这里的引导主要是指召开引导式研讨会，包括联合应用开发、质量功能展开和用户故事会。

> 用于小组调查的这些方法，每种方法其实都既有数据收集，又有数据分析、整理和表现的成分。

引导式研讨会是由主持人引导，邀请不同背景、部门或领域的相关方派代表参加，共同讨论需求，以识别一些跨界需求，并协调需求矛盾。可以先用焦点小组分别收集每个部门或领域的需求，再用引导式研讨会把各部门或领域的代表召集到一起，通过讨论来协调大家的需求。

联合应用开发是软件开发行业常用的引导式研讨会，强调由项目开发团队和用户一起共同定义需求。

质量功能展开在制造行业的新产品研发项目中很常用。它是一种把用户需求转化成产品功能的结构化方法（通常用矩阵表格的形式），以便开发出最能满足用户需求的那些功能。首先，把用户的多种需求（如方便性、安全性、价格便宜等）及其相对重要性（权重）列为矩阵表的第一列；其次，把产品可能的多种特性（功能）列为矩阵表的第一行，再由相关专家集体讨论每种特性与每种需求之间的关联性（每种特性能满足每种需求的程度），并记录在矩阵表相应的空格中；最后，按列加权（考虑需求的重要性）汇总，得出产品功能的优先级排序。

用户故事会则是参会者一起创建关于相关方需求的故事。故事通常由三部分构成：相关方的角色，相关方想要什么（需求），相关方为什么想要它（想用它获得什么利益）。例如，作为 PMP® 考生，他们想要通过索引表来查找辅导书中的内容，以便提高学习效率。故事应该用很简洁的语言来描述。

例题 5-6 某服装生产公司研制了一种男士双面夹克衫。为了实现可以两面换着穿的功能，取消了普通夹克衫常有的胸部内口袋功能。双面夹克衫上市后，销路不理想。公司调查后发现，男士们更需要胸部内口袋功能，而不是两面换着穿的功能。该产品研发中的不当，本来可以通过下列哪个技术来避免？

A. 头脑风暴

B. 质量功能展开

C. 联合应用开发

D. 焦点小组

解释：答案是 B。如果使用了质量功能展开技术，就能够对那两个功能做出正确排序。其他三个选项，虽然不是绝对错误的，但是与功能排序没有必然的直接关系。

联系对比法包括系统交互图、原型法以及数据收集中的标杆对照。系统交互图是指把拟建的特定系统置于大背景中，用图形直观地展示该系统与其他系统之间的接口关系，从而确定该系统应该满足什么需求。例如，该系统从哪里获得输入，又会向哪里输出什么，该系统与周围环境是什么关系。

原型法是指通过开发原型、由相关方试用原型并提出反馈意见，来逐渐明确相关方的需求。

标杆对照是用可比项目的最佳实践作为标杆，来确定本项目的需求。可比项目可以来自项目执行组织内部或外部，也可以来自本行业内部或外部。它强调局部对照，而不是全局对照。任何一个项目，只要在某个局部做得好且与本项目可比，就可以作为本项目的标杆。

2. 分析和整理需求

使用数据表现中的亲和图和思维导图来分析和整理原始需求。亲和图用于对原始需求进行归类，把具有亲近关系（相似性）的各种需求归为一个更大的需求。思维导图用来找出各种原始需求之间的先后顺序关系、因果关系或隶属关系。经过整理的需求，可以用亲和图和思维导图展示出来。

3. 做出关于需求的决定

使用决策中的投票和多标准决策分析，做出关于需求归类和需求排序的决定。投票是指由一群人基于所有人一致同意、超过50%的大多数人同意或不足50%的相对多数人同意的规则，进行投票表决。也可以在经过大家讨论后由一个人代表大家拍板，做出决定。

多标准决策分析是指用多种标准（如需求的紧急性、实现难易度、成本效益比）对所有需求进行列表分析，排出优先顺序。

5.4.3 定义范围

定义范围过程要使用专家判断、产品分析、数据分析中的备选方案分析、决策中的多标准决策分析和人际关系与团队技能中的引导。

首先，通过产品分析，确定项目产品应该具备的功能，即明确产品范围；其次，通过备选方案分析，设计和分析可以用来实现既定产品功能的不同项目方案，即明确可供选择的项目范围；再次，用多标准决策分析，对备选方案进行评价和打分；最后，引导项目相关方就产品功能和项目方案达成一致意见。

5.4.4 创建 WBS

利用分解技术，把项目分解成较小的可交付成果和相关工作。分解可按下面几个步骤进行：

（1）识别项目的全部可交付成果。应该用多种方法识别可交付成果，防止遗漏。

（2）分析可交付成果之间的从属关系，确定 WBS 的编排方式。

（3）把可交付成果从大到小按隶属关系排列。

（4）建立 WBS 编号系统，对每个 WBS 要素编号。

（5）自下而上检查工作分解是否符合100%规则，做必要修改。

对于不产出可交付成果的辅助性工作，如 WBS 中的项目管理分支，可参照上述步骤分解，然后合并到可交付成果的分解结构中，得到完整的工作分解结构。

5.4.5　确认范围

在对已完成的可交付成果进行实地检查的基础上，由验收小组用决策中的投票技术来决定可交付成果能否通过验收。

5.4.6　控制范围

使用数据分析中的偏差分析技术来确定项目范围绩效偏离范围基准的程度和原因。还要使用数据分析中的趋势分析来预测未来的项目范围绩效。

5.5　描述项目范围的主要文件

5.5.1　文件种类

应该使用一系列与项目范围有关的文件，对产品范围和项目范围进行逐渐细化。用于描述项目范围（广义）的主要文件包括（按编制的先后顺序排列）：

- 项目章程。其中有初步的产品范围和初步的项目范围。
- 需求文件。用作进一步明确产品范围和项目范围的基础。
- 需求跟踪矩阵。用来追踪项目范围和产品范围的实现情况。
- 项目范围说明书。其中包括产品范围和项目范围，用来确定范围边界。
- 工作分解结构。用来明确必须完成的全部可交付成果。
- 工作分解结构词典。对 WBS 中的要素进行解释。
- 范围基准。经过批准的产品范围和项目范围。
- 采购工作说明书。即将外包的工作的范围说明书，由买方在编制采购计划时编制。
- 合同工作分解结构。外包工作的 WBS，由卖方在签订合同后编制并报买方确认。

> 合同工作分解结构是卖方用来与买方就合同工作范围统一认识的，与卖方内部用的工作分解结构不一定完全相同。

其中，项目章程是在项目启动阶段编制的，合同工作分解结构是在项目执行阶段编制的，其他的都是在项目规划阶段编制的。

另外，还有两个与范围管理直接相关的文件，即需求管理计划和范围管理计划。它们是项目管理计划的重要组成部分。

5.5.2　几个文件的比较

为便于考生理解，表 5-3 对项目范围说明书、工作分解结构、WBS 词典、采购工作说明书、合同工作分解结构等几个文件进行了概括性比较。

表 5-3　描述项目范围的有关文件的比较

比较项	目 的	范围描述	范围之外的信息	对范围变更管理的作用
项目范围说明书	为以后的项目决策提供基础，在主要项目相关方之间就项目范围边界达成共识	粗略的、仅限于大框架	有，即可交付成果的验收标准	由于太粗，实际作用不大
工作分解结构	确定项目边界内究竟有什么，进一步明确什么是包括在项目范围内的	详细	无	是范围变更管理中用来对比的基础
WBS 词典	对工作分解结构中的各要素进行详细说明	详细（与工作分解结构相同）	有，如各要素的描述、负责人、目标、资源要求等	是范围变更管理中用来对比的基础。如果要评价变更的影响，由于包含的信息更多，比工作分解结构的作用更大
采购工作说明书	为采购货物或服务所用，以便潜在卖方能够判断是否有能力供货或提供服务，并为他们报价提供统一的基础	详细	取决于实际需要，通常会包括一些其他信息	是合同工作变更管理的对比基础
合同工作分解结构	是卖方在获得合同后着手编制的，用来与买方就合同工作范围统一认识	详细	无	是合同工作变更管理的对比基础。由于比采购工作说明书更具体，所起的作用可能更大

　　除了工作分解结构和合同工作分解结构，其他范围文件虽然是直接描述项目范围的，但内容又不仅限于项目范围，还包括与范围相关的某些其他内容。《PMBOK®指南》已经对各文件的主要内容做了明确规定。

　　　　各种范围文件（工作分解结构除外）都在不同程度上包括一些非项目范围的信息。

　　例题 5-7　　在项目执行过程中，两个团队成员就某个工作包所包含的内容发生了激烈争论，于是来寻求你的调解。你应该查看以下哪个文件，来确认该工作包的内容？

　　A. 项目章程

　　B. 项目范围说明书

　　C. WBS 词典

D. 工作分解结构

解释：正确答案是 C。在编制项目章程与项目范围说明书时，工作包还没有被识别出来，所以不可能在其中描述工作包的内容。而工作分解结构只是列出工作包的名称，不会对工作包进行内容分解或说明。

5.6 疑难问题解答

1. 节约成本是不是镀金？

答：不是。镀金只针对范围与质量，特别是范围。PMP® 考试中可能考到的镀金，一般都是与"范围扩大"有关的，即未经既定的变更程序，擅自增加新工作甚至项目产品的功能。从机会成本的角度讲，镀金的项目是失败的，因为用于镀金的资源本可用在其他能产生更大效益的地方。

2. 价值工程与价值分析有什么区别？

答：价值工程和价值分析都是要追求性价比最优。价值工程是在产品设计定型前的设计阶段使用的，可以既改变产品的功能，又改变产品生产的成本。也就是说，分子（性能）分母（成本）可以同时变，追求比值最大。价值分析则是在产品设计定型之后的产品生产阶段使用的。由于设计已经定型，所以产品功能不能变（分子不能变），只能通过降低生产成本（分母）来提高比值。

3. 请详细解释一下滚动式规划方法。

答：滚动式规划方法是对项目进行渐进明细的常用方法，可以用在多个方面，如目标的细化、范围的细化和进度计划的细化等。让我们从范围计划与进度计划的细化来阐述滚动式规划方法。假定我们要做六项工作，第一项工作这个月做，后五项工作分别在第二、三、四、五、六个月做。现在做计划时，就需要把第一项工作分解到很细的程度，并据此编制很详细的进度计划。第二项工作的计划粗一些，第三项的更粗。如果我们采用的是三个月的滚动期，那么第四项工作的计划现在还不需要做。到了下个月再做计划时，第二项工作的计划就要很详细，第三项工作的计划粗一些，第四项工作也需要编制初步的计划了。这样，逐月滚动下去……

4. 应该依据什么来确定 WBS 词典所需的详细程度？

答：在 WBS 词典中，对每个 WBS 要素的解释，既可以很详细，也可以很简单。其详简程度必须足以让团队成员明白每个要素是什么，对它们的要求是什么，以及如何才能把它们做出来。如果团队成员很有经验，那就可以很简单，只需一两句话即可。如果团队成员没有经验，那就应该比较详细。这就如同领导给员工下达工作指示，对熟练工，只须说要取得什么成果；对新手，则要说清楚具体的操作细节。

第6章 项目进度管理

6.1 概述

项目是临时性的工作，项目进度管理旨在保证在规定的时间内完成项目。项目进度管理可概述为：在工作分解结构的基础上，针对交付工作包的需要，列出为完成项目而必须进行的全部活动，然后分析这些活动之间的逻辑关系，估算各活动所需要的持续时间（工期），制订项目进度计划，并随同项目执行对进度绩效进行监控。在开展这些工作之前，须先行编制项目进度管理计划。

项目进度管理通过下列六个过程来实现：

- 规划进度管理。编制作为项目管理计划的组成部分的进度管理计划。进度管理计划是后续各种进度管理工作的依据。
- 定义活动。弄清楚必须做哪些进度活动才能完成工作分解结构中的工作包以及更高层的可交付成果。
- 排列活动顺序。弄清楚活动之间的逻辑关系，并用网络图表述由这些逻辑关系所构成的项目活动的工作流。
- 估算活动持续时间。根据活动属性和可用资源，估算完成每项活动究竟需要多长时间（工期）。
- 制订进度计划。分析并综合前述三个过程的成果，同时考虑对进度安排构成约束的各种制约因素，编制项目进度计划。
- 控制进度。与项目进度计划对照，监督项目进度执行情况，发现进度偏差，预测未来进度绩效，提出必要的变更请求。

因为项目往往是作为项目集的组成部分而开展的，所以要注意本项目的进度管理与同一个项目集中的其他项目的进度管理的相互协调。因为项目成果要交付运营，所以需要注意项目进度管理与日常运营的相互协调。

项目进度管理六个过程之间的关系如图 6-1 所示。

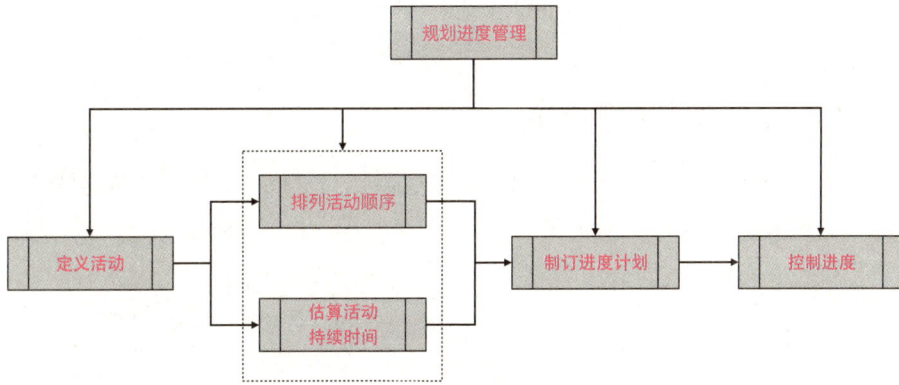

图 6-1 项目进度管理各过程之间的关系

> 估算活动持续时间过程与项目资源管理知识领域中的估算活动资源过程存在密切的互动关系，通常需要循环开展这两个过程多次。

在进度管理的六个过程中，前五个属于规划过程组。这足以说明在进度管理计划的指导下编制进度计划的重要性。编制项目进度计划旨在：

- 弄清楚项目要进行的全部进度活动。
- 弄清楚各活动之间的逻辑（依赖）关系。
- 弄清楚每个活动所需的持续时间。
- 在资源许可的情况下，把可以同时进行的活动尽量同时进行，以缩短工期。
- 找出关键路径上的活动，即那些不允许有任何延误的活动，以便重点管理。
- 找出完成项目的可行的最短时间。

在实际工作中，经常使用各种项目管理软件来辅助项目进度管理。但是，PMI 没有推出或推荐过任何一种软件，《PMBOK® 指南》中也没有提到任何一种具体的软件。计算机软件可以帮助人们做一些项目管理中的事情，但是不能代替人们从事项目管理工作。PMP® 考试中不会考有关具体项目管理软件的任何问题，考生不需要了解或掌握任何项目管理软件。而且，计算机软件中的某些做法可能不符合《PMBOK® 指南》的要求，可能误导考生。

> 考生必须掌握手工绘制网络图的方法，以及手工计算持续时间（工期）、活动开始与结束时间、浮动时间等的方法。

6.2 各过程的输入与输出

6.2.1 输入与输出的关系总览

项目进度管理各过程的输入与输出关系可以概括为如图 6-2 所示（未考虑事业环境因素、组织过程资产和各种更新）。

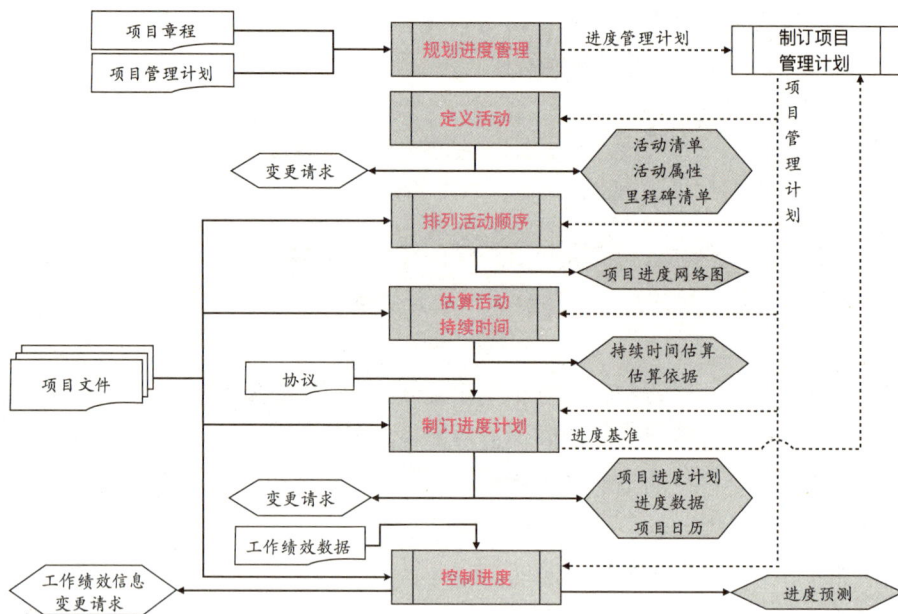

图 6-2 项目进度管理各过程的输入与输出关系

6.2.2 规划进度管理

在项目章程的指导下，参考项目管理计划中已有的范围管理计划和开发方法，编制进度管理计划。进度管理计划将作为项目管理计划的组成部分，用于指导后续的五个进度管理过程。采用不同的产品开发方法，进度管理方法也会有所不同。

6.2.3 定义活动

根据项目管理计划中的进度管理计划，把项目管理计划中的范围基准中的工作包分解成进度活动，得到活动清单、活动属性和里程碑清单。它们将作为项目文件用作后续相关过程的输入。

在项目基准被批准后，重复开展定义活动过程，可能提出变更请求，如要求修改工作分解结构。

6.2.4　排列活动顺序

根据项目管理计划中的进度管理计划和范围基准，对活动清单（一种项目文件）中的活动，依据活动属性（一种项目文件）进行排序，编制项目进度网络图。需要依据里程碑清单（一种项目文件）在进度网络图中标出里程碑。

排列活动顺序时，需要考虑各种假设条件和制约因素，所以会用到假设日志。

6.2.5　估算活动持续时间

根据项目管理计划中的进度管理计划和范围基准，以及隶属于项目文件的活动清单、活动属性和里程碑清单，估算活动持续时间，得到持续时间估算和估算依据。

因为资源配置情况对活动持续时间有重要影响，所以还需要用到来自项目资源管理知识领域中估算活动资源过程和获取资源过程的相关项目文件，包括资源需求、资源分解结构、资源日历和项目团队派工单。

对得到的持续时间估算，需要在风险管理知识领域分析会有多大风险不能在该持续时间内完成活动，分析结果写入风险登记册（一种项目文件）。如果不能按期完成的风险太高或太低，就要根据风险登记册在本过程调整持续时间估算。

估算持续时间时，需要考虑各种假设条件和制约因素，所以会用到假设日志。

重复开展本过程时，需要参考经验教训登记册（一种项目文件）中记录在案的经验教训。

6.2.6　制订进度计划

根据项目管理计划中的进度管理计划和范围基准，把本知识领域定义活动、排列活动顺序和估算活动持续时间过程所得到的输出（隶属于项目文件）综合起来，编制出项目进度计划，同时形成配套的支持文件进度数据和项目日历。接着，把高层次进度计划报给领导审批，得到进度基准。进度基准是项目管理计划的组成部分。

因为进度计划必须有资源保证，所以还需要用到来自项目资源管理知识领域估算活动资源过程和获取资源过程的相关项目文件，包括资源需求、资源日历和项目团队派工单。

编制出进度计划初稿之后，需要通过风险管理知识领域来分析风险，并把分析结果写入风险登记册（一种项目文件）。如果必要，再据此调整进度计划。

编制进度计划时，需要考虑各种假设条件和制约因素，所以会用到假设日志。

重复开展本过程时，（1）需要参考经验教训登记册（作为一种项目文件）中的经验教训，并可能提出变更请求；（2）可能要根据协议调整进度计划。

6.2.7　控制进度

把体现在工作绩效数据中的进度实际绩效与体现在项目管理计划（进度管理计划、

范围基准、进度基准和绩效测量基准）和各种项目文件（项目进度计划、进度数据、项目日历和资源日历）中的计划要求进行比较，发现进度绩效偏差，并记录在工作绩效信息中，同时，对未来进度绩效做出预测，得到进度预测。如果偏差太大或预测结果不理想，就提出变更请求。

重复开展本过程时，需要参考经验教训登记册（一种项目文件）中记录在案的经验教训。

6.3 各过程的主要工作和成果

6.3.1 规划进度管理

规划进度管理过程旨在编制进度管理计划，规定项目进度管理工作必须遵守的程序和方法。

进度管理计划的主要内容包括：

- 进度模型的制定方法。用什么方法和工具来制定项目进度模型。
- 版本发布和迭代长度。敏捷型项目各版产品的发布时间，以及所需迭代期固定时长。
- 准确程度。活动及项目的工期估算应该准确到什么程度，允许有多大的误差。
- 计量单位。用什么单位来计算资源的数量、工作的数量及活动的工期，如 10 个工人、100 立方米土石方开挖、30 个日历月。
- 组织程序链接。项目的进度管理应该如何与执行组织的管理系统衔接。
- 进度模型（计划）维护。在项目执行过程中，如何把实际进度绩效代入进度模型来更新进度计划。例如，每两周更新一次进度计划。
- 控制临界值。在项目执行中，允许出现的最大进度偏差。只要未突破控制临界值，就无须纠偏。
- 绩效测量规则。测量、考核和预测项目进度绩效的规则。
- 报告格式。各种进度绩效报告的格式、内容和报送时间。

> 把有关数据输入进度模型，即可自动生成进度计划。这个道理与浇灌混凝土构件完全一致。有时，可把进度模型理解成进度计划。

6.3.2 定义活动和排列活动顺序

定义活动过程旨在把工作包分解成进度活动，列出进度活动的各种属性，确定将随同一系列进度活动的完成而实现的里程碑。

排列活动顺序过程则基于定义活动过程的成果，绘制项目进度网络图。进度网络图用于项目活动排序，表明项目从开始到结束的活动流，是项目各活动之间逻辑关系的图示表达。最初的网络图中，没有活动持续时间。随后，添加上持续时间估算，网络图就可用于计算各条路径的工期和项目的总工期。

《PMBOK® 指南》提到的两种网络图是节点图和逻辑横道图。节点图用节点表示活动，用箭线连接活动并表示逻辑关系。逻辑横道图是在传统的横道图上添加用来表示逻辑关系的箭线。在这两种网络图中，可以使用下列四种活动之间的逻辑关系：

- 完成到开始关系（Finish to Start，FS）。紧前活动完成后，紧后活动才能开始。
- 完成到完成关系（Finish to Finish，FF）。紧前活动完成后，紧后活动才能完成。
- 开始到开始关系（Start to Start，SS）。紧前活动开始后，紧后活动才能开始。
- 开始到完成关系（Start to Finish，SF）。紧前活动开始后，紧后活动才能完成或必须完成。

在这些逻辑关系中，可能还有一定的"提前量"或"滞后量"。提前量是指以紧前活动的完成或开始时间为基点，紧后活动的开始或完成可以提前的时间。例如，在紧前活动完成前三天，紧后活动就可以开始，用公式表示：FS–3 天。滞后量是指以紧前活动的完成或开始时间为基点，紧后活动的开始或完成必须推迟的时间。例如，在紧前活动完成后三天，紧后活动才能开始，用公式表示：FS+3 天。

例题 6-1　项目网络图中的滞后量是指：

A. 顺推与逆推计算的结果

B. 必须等待的时间

C. 一项活动可以延误的、但不会引起项目延误的时间

D. 一项活动可以延误的、但不会耽误其紧后活动最早开始时间的时间

解释：正确答案是 B。顺推计算的结果是最早开始或完成时间，逆推计算的结果则是最晚开始或完成时间。选项 C 指的是活动的浮动时间，选项 D 指的是活动的自由浮动时间。

活动之间的逻辑关系可能是强制性或选择性的。强制性关系，也叫硬逻辑关系，是由活动的内在性质决定的，如基础建好了才能砌墙壁；或者法律或合同强制的，如合同要求承包商必须先做什么、后做什么。项目团队无法改变这种逻辑关系。选择性关系，也叫软逻辑关系，是由项目团队基于自己的经验、偏好、习惯等，自行选择的逻辑关系。软逻辑关系完全在项目团队掌控之中。进行活动排序，要重点针对相互之间具有软逻辑关系的各种活动，以便缩短项目工期。

活动之间的逻辑关系可以是外部关系或内部关系。外部关系是取决于项目外部的任何第三方的逻辑关系，如政府部门的批准、供货商的供货等。它是项目内部的活动与项目外部的活动之间的逻辑关系。项目团队可以对外部关系施加一定的影响，但通常无法掌控。内部关系则是项目内部两项活动之间的逻辑关系。

考生必须能够判断什么是强制性、选择性、外部、内部依赖关系。

例题 6-2　在开始数据分析工作之前，必须完成数据的收集工作。请问：数据分析与数据收集之间是什么逻辑关系？

A. 进度依赖

B. 强制性依赖

C. 选择性依赖

D. 外部依赖

解释：正确答案是 B。"进度依赖"是一个杜撰出来的词。注意：如果选项中出现杜撰出来的词汇或说法，一般都是错误的。

进度网络图中可能存在路径汇聚或路径分支。路径汇聚是指两条或更多路径汇聚到同一个紧后活动上。路径分支是指一个紧前活动分出两条或更多路径指向两个或更多紧后活动。在图 6-3 中，活动 E 是一个路径汇聚点（有不止一个紧前活动），而活动 A 则是一个路径分支点（有不止一个紧后活动）。路径汇聚点或分支点的活动会有更大的风险。前者不能按时开始的概率更大，后者万一延误的后果更严重。

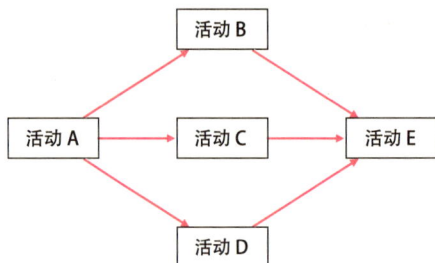

图 6-3　路径分支与路径汇聚示意

在图 6-3 中，如果活动 B，C，D 的乐观工期都是 9 天，最可能工期都是 12 天，悲观工期都是 15 天，那么在 14 天内全部完成这三项活动的概率是多少？计算过程如下：

- 计算平均工期：（9+4×12+15）/6=12（天）。
- 计算标准差：（15–9）/6=1（天）。
- 计算 14 天工期偏离平均工期的情况：（14–12）/1=2，即偏离平均工期 2 个标准差。
- 每项活动在 14 天内完工的概率是：50%+95.46%/2=97.73%。
- 在 14 天内全部完成三项活动的概率是：97.73%×97.73%×97.73%= 93.34%。

6.3.3　估算活动持续时间

一个活动究竟需要多长时间才能完成，既取决于活动的性质，也取决于活动的资源配置情况。因此，应该根据活动的性质和资源配置情况来估算活动持续时间。

通常，应该先估算出完成某个活动所需的工时数（Amount of Efforts），再根据资源的可用性，计算出该活动所需的持续时间（duration）。例如，某活动需要 100 个工时，有 2 个人可用，他们每周分别为项目工作 10 小时，那么，该活动的持续时间就是：100工时 ÷20 小时 / 周 =5 周。

考虑到活动面临的风险，估算的结果可以是一个区间，如 10±2 天。如果威胁发生，该活动需要 12 天；如果机会发生，该活动需要 8 天。估算结果也可以是用概率表示的某个时间段，如有 80% 的概率在 10 天内完成。

在估算活动持续时间时，通常需要考虑：

- 收益递减规律。在资源投入到达某个点后，每个单位的投入所带来的产出会逐渐下降。
- 最佳资源数量。选择用于开展某个活动的最佳资源数量。资源数量并非越多越好，一是因为收益递减规律，二是因为相互干扰等其他原因。
- 技术进步。往往可以采用先进技术来缩短活动工期。
- 人员激励。防止人们犯学生综合征（拖延症），或受帕金森定律的影响。

本过程的名称虽然是"估算活动持续时间"，但输出是"持续时间估算"而非"活动持续时间估算"。这个输出中既包含了"活动"持续时间估算，也包含了"阶段"和"项目"持续时间估算，这主要是因为不能孤立地对每个活动估算持续时间。估算"活动"的持续时间，往往需要与估算"阶段"或"项目"的持续时间进行循环互动。例如，估算出各活动的持续时间后，发现所在阶段的持续时间太长了，就需要重新估算各活动的持续时间。当然，在本过程中所估算的阶段或项目持续时间，只是初步的，还有待制订进度计划过程最后确认。

例题 6-3 在编制项目计划过程中，应该由谁来估算活动持续时间？

A. 管理层
B. 职能经理
C. 项目经理
D. 熟悉该活动的团队成员

解释：正确答案是 D。活动持续时间估算要由将从事该活动的团队成员来做，而不是项目经理或管理层，更不是职能经理。如果题目改为"谁来负责项目的工期估算"，就应该选项目经理。

6.3.4 制订进度计划

制订进度计划过程，是在进度管理计划的指导下，把定义活动、排列活动顺序和估算活动持续时间等过程的成果综合起来，编制出项目进度计划，并把其中高层次的进度计划报给高级管理层审批，成为进度基准。

在编制项目进度计划的同时，需要确定哪些数据是进度数据（Schedule Data），以便将来通过控制这些数据来控制项目进度，或者通过修改这些数据来修改进度计划。在编制项目进度计划的同时，还要编制项目日历，确定项目的工作日和非工作日，如公路施工项目，雨季通常不施工。

项目进度计划通常包括详细进度计划、概括性进度计划和里程碑进度计划，构成从低级到高级、从详细到粗略的层级结构，满足不同层次人员了解项目进度的需要。经高级管理层批准的概括性进度计划和里程碑进度计划，就是进度基准。

详细进度计划通常用网络图（常用节点图或逻辑横道图）来表示。进度网络图画出来之后，加上所估算的持续时间，再放到日历上去，就可以形成项目的详细进度计划，显示每项进度活动的计划开始日期与计划完成日期。详细进度计划供项目团队实际开展项目活动使用。

> 进度活动是在详细进度计划中被列出来的最低层级的各项活动。

概括性进度计划是针对概括性活动（汇总活动），用传统的横道图编制的。对每个概括性活动都画一条横道，并用横道的长短表示其持续时间长短。概括性活动是由至少两个进度活动所组成的更大的活动。概括性进度计划是比详细进度计划更高层次的进度计划。

里程碑进度计划，又称主进度计划、控制性进度计划或一级进度计划。其中，只列出里程碑的计划实现时间。里程碑既可以是项目开始或结束的标志，也可以是中间的一系列活动完成、一定阶段结束的标志，还可以是关键的外部接口（如外购设备的到货时间）。里程碑本身没有工期，是项目中的重要时点或事件。

与网络图不同，传统的横道图不是用来表示逻辑关系的，而是用来追踪和报告活动的计划进度安排和实际进度绩效的。在横道图中，可以用不同颜色的横道来表示某个活动的计划进度和随时间推移的实际进度，使人们一目了然地看出活动进展情况。

在 PMP® 考试中，应该按如下规则来选择使用网络图、横道图或里程碑图：
- 如须显示活动之间的逻辑关系、项目从开始到结束的工作流，用网络图。
- 如须了解项目内外部之间的关键接口，用里程碑图。
- 如须向管理层或客户汇报项目进度计划或实际进展情况，用里程碑图或横道图。
- 如须追踪活动进度，用横道图。

> 网络图的优势是表示活动之间的逻辑关系，横道图的优势是追踪活动进度，里程碑图的优势是概述项目进展情况。

6.3.5 控制进度

控制进度过程旨在把实际进度绩效与进度计划中的要求做比较，发现、记录并分析偏差，预测未来的进度绩效，并提出必要的变更请求。

控制进度过程与控制成本过程紧密相连，需要借助挣值管理方法来实现。挣值管理方法将在第 7 章讨论。

6.4 各过程的工具与技术

6.4.1 规划进度管理

采用数据分析中的备选方案分析，来分析多种可用的进度管理方法、进度计划详细程度、滚动式规划的滚动期和进度计划更新频率，并做出选择。还需要召开会议，采用专家判断。

6.4.2 定义活动

采用分解技术，把工作包分解成活动。不是所有的工作包都要一次分解到位，可采用滚动式规划方法对近期要完成的工作包做详细分解，对远期才完成的工作包做粗略分解，以后再逐渐细化。究竟要怎么分解，需要专家判断，还需要召开会议。

6.4.3 排列活动顺序

使用紧前关系绘图法绘制进度网络图，通过确定和整合依赖关系来区分强制、选择、外部与内部依赖关系，在进度网络图中须考虑活动之间的提前量和滞后量。项目管理信息系统中的进度计划编制软件有助于更有效地生成进度网络图。

紧前关系绘图法（也可译成"前导图法"）用节点表示活动，把活动名称及相关信息表示在节点上，所以又叫节点法（Activity-On-Node，AON）。它用位于节点的一个代号表示一个活动，所以又叫单代号法。节点法用箭线表示活动之间的逻辑关系。

还有两种《PMBOK® 指南》中没有提及但 PMP® 考试有可能考到的网络图绘制方法：条件图法和箭线绘图法。

条件图法以图形评审技术（Graphical Evaluation and Review Technique，GERT）为代表。考生不需要掌握条件图法，但需要知道有这么一种画网络图的方法，知道它与其他三种方法的区别，知道 GERT 是它的主要代表。其他三种方法都不允许在网络图中出现"回路"和"有条件的路径（如果什么则什么）"，而条件图法则允许。

箭线绘图法（Activity-On-Arrow，AOA）用箭线表示活动，把活动名称及相关信息表示在箭线上。它用位于两个节点的两个代号表示一个活动，所以又叫双代号法。箭线法用节点表示连接活动的"事件"（event）。

> "活动"有持续时间，而"事件"没有持续时间，只是一个时点，作为活动（或阶段）开始或结束的标志。

因为在计算机上用箭线表示活动很不方便，所以，随着计算机网络绘图技术的广泛使用，箭线法已经很少使用。PMI认为箭线法已不再是"在大多数时候适用于大多数项目"的技术，于2008年在《PMBOK®指南》第4版中取消了与箭线法有关的内容。不过，为了使考生更好地了解节点法，我们仍对箭线法做简要介绍。

节点法与箭线法的比较如表6-1所示。

表6-1 节点法与箭线法的比较

比较项	节点法	箭线法
图示表达	活动A → 活动B	A —活动AB→ B
逻辑关系	可使用四种：完成到开始、完成到完成、开始到开始、开始到完成	只能使用一种，即完成到开始
虚活动	肯定不用	可能要用

"虚活动"是实际上并不存在的虚拟活动，不消耗任何时间或其他资源，只是为了在箭线法中表示逻辑关系。由于箭线法只能使用完成到开始关系，表现逻辑关系的力量较弱，就需要借助虚活动。如果不借助虚活动，某些活动之间的逻辑关系可能无法表达出来。

网络图中的一个常见错误是"悬挂"，即没有紧前活动的非起始活动，或没有紧后活动的非结束活动。在一个网络图中，只能有一个开始与一个结束。除了起始活动没有紧前活动、结束活动没有紧后活动，中间的任何一个活动都必须有来的地方（紧前活动）、有去的地方（紧后活动）。

> 如果项目有不止一个起始工作或结束工作，画网络图时就需要在网络图的两端分别增加一个"起始"节点和"结束"节点，作为网络图的起点与终点。

例题6-4 项目经理正在领导一个大型软件开发项目的网络计划编制工作，其中某两项活动需要按先后顺序结束，还有两项活动则需要依次开始。请问：他们正在使用什么活动排序技术？

A. 关键路径法

B. 箭线绘图法

C. 紧前关系绘图法

D. 横道图法

解释：正确答案是 C。题目中暗示他们要用"完成到完成"与"开始到开始"逻辑关系，所以只能是紧前关系绘图法，不可能是箭线绘图法。关键路径法不是一种活动排序技术，而是进度网络分析技术和工期估算技术。横道图法用于活动排序的作用不如网络图，不是一种有效的活动排序技术。注意：这里的横道图，并非逻辑横道图，而是传统的横道图。

6.4.4 估算活动持续时间

有四种常用的估算技术，即类比估算、自下而上估算、参数估算、三点估算，供项目团队根据具体情况选择使用。还要用专家判断、数据分析、决策和会议。下面对除专家判断和会议以外的工具进行解释。

1. 类比估算和自下而上估算

类比估算是一种专家判断的方法，也是一种自上而下估算方法。类比估算可以针对项目、阶段或活动，根据过去类似项目、阶段或活动的实际工期，来估算本项目、阶段或活动的工期。例如，去年的一个类似项目进行了 3 个月，所以估计本项目也要用 3 个月的时间。使用类比估算，要注意项目、阶段或活动的实质相似性，还需要估算者富有经验。

自下而上估算是与类比估算相反的方法，既可以针对整个项目或阶段，也可以针对某个活动。前者是指先对工作分解结构底层的要素进行估算，再逐层向上汇总。后者是指把活动分解成更小的组成部分，先对这些组成部分进行估算，再汇总到整个活动。汇总持续时间时，必须注意各组成部分之间可能存在的时间提前量或滞后量。

> 通常，自下而上估算会比类比估算更加准确。

2. 参数估算和三点估算

参数估算是一种数学模型法。基于大量的历史数据，把决定项目、阶段或活动工期的各种参数列出来，找出相互之间的数学关系，建立数学公式（模型）来计算工期。常见的两种参数估算方法是回归分析和学习曲线。前者是根据一个或多个自变量的数值（参数）来预测一个因变量的数值（工期）。后者是指随着产品生产数量的增加，工人能不断学习、积累经验，生产每个单位产品所需要的时间会有规律地逐渐减少。

> 考试中，如果着眼于项目、阶段或活动整体的相似性来主观估算工期，就是类比估算；如果着眼于各具体参数（如房屋建设的总面积，以及单位面积所需的建设时间）来估算工期，就是参数估算。

三点估算法，也叫 PERT 估算法（Program Evaluation and Review Technique）。在估算活动工期时考虑三种可能的情况（最坏、一般和最好），得出最悲观工期、最可能工期和最乐观工期，再据此计算出期望工期（平均工期）。

用 PERT 法计算工期（T），必须记住下面四个公式（其中 P 代表最悲观工期，M 代表最可能工期，O 代表最乐观工期）：

PERT 公式 1（假设活动工期呈贝塔分布）：

$$T = \frac{P + 4M + O}{6}$$

PERT 公式 2（假设活动工期呈三角分布）：

$$T = \frac{P + M + O}{3}$$

标准差公式：

$$\sigma = \frac{P - O}{6}$$

方差公式：

$$\sigma^2 = \left(\frac{P - O}{6} \right)^2$$

> 在 PMP® 考试中，只要题目中没有指明活动工期是呈三角分布的，就要假设呈贝塔分布，采用"PERT 公式 1"。

用 PERT 公式计算出来的是完成某活动的平均工期，即有 50% 的可能性在该工期内完成。用正态统计分布图，工期落在平均工期一个标准差（通常用 σ 表示标准差）之内的概率是 68.26%，两个标准差之内的概率是 95.46%，三个标准差之内的概率是 99.73%。这三个概率是考生必须记住的。如果用一个标准差来估算工期，那工期就是在平均工期加减一个标准差的区间内；如果用两个标准差，则是平均工期加减两个标准差的区间内；如果用三个标准差，则是平均工期加减三个标准差的区间内。

例如，某活动的平均工期是 10 天，标准差是 1.1 天，则可计算出如表 6-2 所示的不同标准差下的工期区间与完工概率。

表 6-2 不同标准差下的工期区间与完工概率

标准差区间	工期区间（天）	在该区间内完工的概率（%）
$\pm 1\sigma$	8.9 ~ 11.1	68.26
$\pm 2\sigma$	7.8 ~ 12.2	95.46
$\pm 3\sigma$	6.7 ~ 13.3	99.73

根据计算出来的平均工期、标准差和上述概率分布，可以很容易地计算出某活动在某工期内完成的概率。上面的例子中，在8.9天内完工的概率是 50% − （68.26%÷2）= 15.87%，在11.1天内完工的概率是 50% + （68.26%÷2）=84.13%。

计算项目的工期，可把同一条关键路径上的全部活动（假设都是不带提前量或滞后量的完成到开始关系）的平均工期加起来，得到项目的平均工期，然后再把这些活动的方差之和开平方得到项目工期的标准差，从而计算出在指定标准差区间内的相应项目工期区间。

各项活动的标准差不能相加，只有方差才能相加。

在讨论三点估算的同时，也简单介绍一下单点估算和多点估算。顾名思义，单点估算是只考虑一种最可能的情况，用最可能的工期作为活动的工期估算。例如，某项活动通常需要5天完工，就用5天作为该活动的工期估算，而不考虑也有一定可能性的4天和6天。单点估算法就是CPM（关键路径）估算法。

多点估算，当然要考虑很多种可能性。借助计算机，模拟某个项目或活动实施许多次甚至成千上万次，看看有多少次在多少天内完工，并据此画出可能工期的区间及概率分布图。根据概率分布图，就可知道在某一特定时间内完成项目或活动的概率是多少。蒙特卡洛模拟法是一种常用的多点估算法，往往用于整个项目而不是某个活动层面。

3. 数据分析

数据分析中的备选方案分析，用于分析开展活动的各种备选方案，如自己做或外包，采用不同的资源配置、技术或进度压缩方法。不同的方案，可能导致不同的持续时间。

数据分析中的储备分析，用于分析活动、阶段或项目面临的已知和未知风险，以便在持续时间中预留合理的应急储备（应急时间）。也可以对项目可能面临的未知风险进行分析，以便在项目持续时间中预留一定的进度"管理储备"。

预留进度"管理储备"只能针对整个项目，而不能针对活动或阶段。

4. 决策

为了提高估算的准确性，可以组织一群人（如团队成员或主题专家），使用<u>决策</u>技术来估算活动工期。例如，由一群人投票决定活动的工期。对于活动工期估算，通常按"一致同意"的规则进行投票，即对工期估算，必须取得全部人员的一致同意。为了取得一致同意，可能需要经过多轮<u>投票</u>。

除了《PMBOK®指南》中介绍的"从拳头到五指"技术，<u>德尔菲技术</u>也是一种常用的一致同意投票技术。德尔菲技术是用来引导众多专家就某事项达成一致意见的常用方法。德尔菲技术的使用范围很广，可以用于估算工期、估算成本、识别风险和评价风险等。

使用德尔菲技术，必须遵守以下几个规则：

- 每个专家只与主持人单线联系。
- 专家之间完全背靠背，更不能进行讨论。为保证专家提出独立见解，甚至需要把专家分散在不同的物理地点。
- 专家以匿名的书面形式提出意见。
- 绝对的一人一票制，且不允许弃权。
- 必须经过"投票—汇总—反馈"多轮循环。专家匿名投票，主持人收集和汇总意见，向专家反馈汇总情况，专家再次投票……一直到达成一致意见。
- 在多轮投票中，专家不断修正自己的意见，以使意见逐渐趋于一致。如果后一轮的意见更分散，那就必须立即停止，宣布本次德尔菲技术应用无效。

> 德尔菲技术有助于人们减少偏见和克服个人对结果的不合理影响。

德尔菲技术的应用流程如图 6-4 所示。

例题 6-5　项目经理打算邀请 30 个专家，用德尔菲技术估算活动持续时间。他以前没有用过德尔菲技术，所以向你请教。你可能给他的建议是：

A. 把专家集中在同一个教室中

B. 把专家分成不同的级别，以便重点考虑高级专家的意见

C. 先组织专家开展集体讨论，再请专家分别发言

D. 把专家分散在不同的物理地点，请各人用电子方式与你单线联系

解释：正确答案是 D，专家之间必须绝对背靠背。A 和 C 都违反背靠背的原则。B 则违反了一人一票的原则。

> 应由直接负责或最熟悉某活动的团队成员来估算活动持续时间，项目经理提供支持和协调。

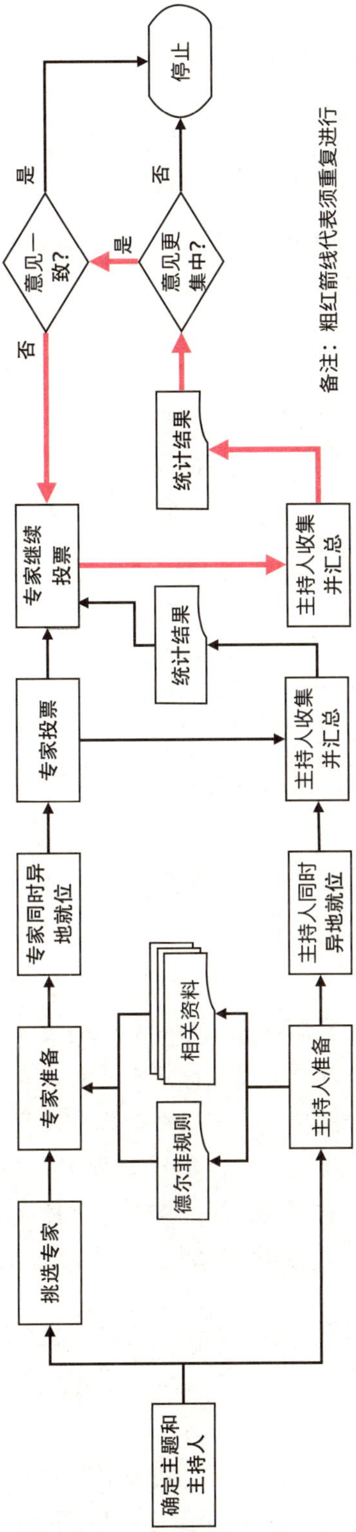

图6-4 德尔菲技术的应用流程

备注：粗红前线代表须重复进行

6.4.5　制订进度计划

制订进度计划过程要使用的 8 种工具，其中 6 种属于进度网络分析技术，即<u>进度网络分析、关键路径法、资源优化、数据分析、提前量与滞后量、进度压缩</u>。其实，<u>进度网络分析</u>是一个更高层次的术语，包含了后面 5 种技术。还有 2 种工具则是<u>项目管理信息系统</u>和敏捷发布规划。<u>项目管理信息系统</u>中主要是用于编制进度计划的软件。下面对除<u>进度网络分析</u>和<u>项目管理信息系统</u>之外的工具进行解释。

可以把上述 5 种进度网络分析技术之间的关系概括为如图 6-5 所示。

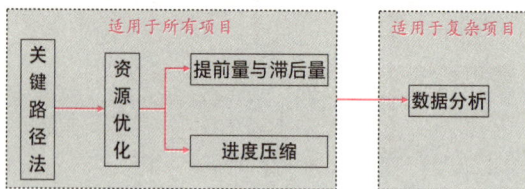

图 6-5　各种进度网络分析技术之间的关系

对图 6-5 的解释如下：

- 先用<u>关键路径法</u>编制出理论上可行的进度计划。
- 再用<u>资源优化</u>技术把上述计划调整成实际上也可行的。
- 再使用<u>提前量与滞后量</u>和<u>进度压缩</u>来优化进度计划（缩短工期）。
- 对于复杂项目，还需要用<u>数据分析</u>（包括<u>假设情景分析</u>和<u>模拟</u>）来进一步考察进度计划的可行性，进一步优化进度计划。

1．关键路径法

在上述 5 种<u>进度网络分析</u>技术中，<u>关键路径法</u>是最基本的，是其他 4 种方法的基础。<u>关键路径法</u>是指在不考虑资源限制和完工时间强制的情况下，计算各活动及整个项目理论上的开始时间和结束时间。在画出项目网络图并对各项活动做出工期估算之后，就可以用顺推法，从项目的开始时间出发，顺时针推算，计算出各活动的最早开始时间和最早结束时间以及整个项目的完工时间。最早开始或结束时间则是指一项活动可以开始或完成的最早时间。再从完工时间出发，用逆推法逆时针推算，计算出各活动的最晚结束时间和最晚开始时间。最晚结束或开始时间是指一项活动必须开始或完成的最晚时间。

> 通常，顺推法的终点就是逆推法的起点，除非发起人已为项目指定完工日期。在后一种情况中，就无须顺推，直接逆推计算即可。

完成顺推法和逆推法计算之后，就可以找出项目的关键路径。关键路径是项目进度计划中总工期最长的路径，决定着项目的最短工期。需要注意的是：

- 项目的关键路径至少有一条，可能不止一条。
- 项目的关键路径可能发生变化，即原来的非关键路径可能变成关键路径，原来的关键路径也可能变成非关键路径。

谈到关键路径，就需要谈浮动时间。浮动时间是指在不延误整个项目的情况下一项活动允许延误的时间。浮动时间意味着分配资源和安排项目计划的灵活性。

正常情况下，关键路径上的活动，其浮动时间为零。如果关键路径上的活动被延误了，或者有一个被指定的较早完工日期，其浮动时间就为负数。一旦出现负浮动时间，必须立即解决。

浮动时间等于最晚开始时间减去最早开始时间，或者最晚结束时间减去最早结束时间。这个"浮动时间"也就是下文所说的"总浮动时间"。

除了浮动时间的概念，考生还要掌握如下概念：

- 自由浮动时间。一项活动可以延误的时间，而不会导致任一紧后活动不能在最早开始时间开始。
- 总浮动时间。一项活动可以延误的时间，而不会导致项目不能按期完工。总浮动时间可能等于或大于自由浮动时间。
- 项目浮动时间。一个项目可以延误的时间，而不会导致项目不能按外界（如客户）要求的日期完工。例如，客户要求 6 月 30 日完成，项目管理团队编制的项目计划却要求在 6 月 20 日完成，这期间就有 10 天的项目浮动时间。

例题 6-6 在项目进度计划的某条路径上有两个活动，是互为唯一的紧前紧后关系。那个紧前活动的自由浮动时间是：

A. 零

B. 不知道

C. 等于该活动的总浮动时间

D. 大于该活动的总浮动时间

解释：答案是 A。由于该活动是后续那个活动的唯一紧前活动，即那个紧后活动只受制于该紧前活动，所以该活动的任何延误都会对其紧后活动有影响。

项目进度管理的两个难点：关键路径可能不止一条，关键路径可能发生变化。

表 6-3 列出了关键路径的一些基本问题，考生应该掌握。

表 6-3 关键路径的基本问题

问 题	答 案
关键路径是什么？	在网络图的各条路径中，总工期最长的那一条或那几条
关键路径可以超过一条吗？	可以。可以有两条甚至两条以上

问　　题	答　　案
关键路径是一成不变的吗？	不是。在进度计划的优化或项目实施过程中，关键路径可能发生变化
关键路径越多，对项目意味着什么？	关键路径越多，项目的风险就越大，也就越难管理
关键路径上可以有虚活动吗？	可以（在箭线绘图法中）
会出现负浮动时间吗？	会。如果关键路径上的活动延误，或管理层要求比原定日期提前完工
出现负浮动时间时，怎么办？	必须尽快加以解决，可以进行赶工、快速跟进等

例题 6-7　在准备项目的绩效报告时，你发现项目已经发生了 −10 天的浮动时间。你应该怎么处理这种情况？

A. 向管理层要求延长完工时间

B. 要求项目团队成员免费赶工来加快进度

C. 如果项目的总体风险不大，就进行快速跟进

D. 不采取任何措施，因为这个浮动时间没有超出允许的范围

解释：正确答案是 C。因为项目的关键路径延误了，应该采取措施加以处理。"向管理层要求延长完工时间"是一种非常消极的做法；"要求项目团队成员免费赶工"则是违反职业道德要求的；负的浮动时间，都是不允许的，必须加以解决。

PMP® 考试中会有进度管理方面的计算题。考生需要掌握如下基本道理：

- 活动的持续时间是开展该活动所需的工作时间数，如 3 天、20 小时。
- 活动的开始是指在开工日的上班时间开始。
- 活动的结束是指在完工日的下班时间结束。
- 计算工期，要"彻头彻尾（包头包尾）"。例如，2 天的工期就是指从第 1 天的上班时间到第 2 天的下班时间，4 天的工期就是指从第 1 天的上班时间到第 4 天的下班时间。
- 某项活动在紧前活动结束后立即开始，是指在紧前活动结束日的次日的上班时间开始，如果中间有滞后量或提前量，则相应加上或减去该时间。
- 计算某个活动的工期时，不应该考虑提前量或滞后量。但是，计算某条路径或整个项目的工期时，则应该考虑提前量或滞后量。

> PMP® 考试中，假设项目在第 1 天上班时间开始，而不像有些书上的从第 0 天开始。

2. 资源优化

在用关键路径法编制出理论上可行的进度计划后，就需要考虑资源限制了。应该采

用资源优化技术，根据资源限制来调整项目进度计划，或者为了提高资源使用效率而调整项目进度计划。例如，没有足够的资源来实施原来计划的工作任务（出现资源短缺），就需要进行资源平衡（Resource Leveling）；如果在原计划中各个时段所需要的资源数量起伏太大，就需要进行资源平滑（Resource Smoothing），使各时段所需的资源数相对平稳。广义的资源平衡也包括资源平滑。也就是说，可以把资源平滑看成资源平衡的一种特殊形式。

如果出现了资源短缺，就需要做资源平衡。资源平衡往往导致关键路径的改变，导致项目工期的延长。如果各时期资源需求量起伏太大，就需要做资源平滑。资源平滑是在浮动时间允许的范围内，在项目不同时间段调剂资源分配，不会导致项目工期延长，一般也不会改变关键路径。

> 应该先做资源平滑，再做资源平衡。

3. 提前量与滞后量和进度压缩

实际上可行的进度计划不一定就是最优的，发起人不一定愿意接受，可能还需要优化（缩短工期）。可以通过增加活动之间的时间提前量，或减少活动之间的时间滞后量，来缩短工期。无论是增加提前量还是减少滞后量，都可能导致风险增加。所以，必须同时考虑风险，把风险控制在可接受的程度内。

还可以使用进度压缩技术，包括赶工和快速跟进。赶工是指在保持活动的工作范围不变的情况下，在单位时间内投入更多的资源，如安排加班或使用额外资源，以加快工作进度。赶工只能针对关键路径上的活动。增加的资源可以来自非关键路径上的活动，也可以来自项目外部。赶工通常会引起直接成本增加，但会减少一些间接成本（取决于工期缩短的时间）。最理想的赶工是总工期缩短，总成本也要降低。

> 考试中可能有用赶工优化进度计划的计算题。考生可通过 6.5.2 节的练习来检查自己的计算水平。

快速跟进是指把关键路径上本应按先后顺序进行的工作调整为至少部分并行。快速跟进只能针对存在软逻辑关系的活动，可能导致返工风险。注意：快速跟进不同于并行工程（Concurrent Engineering）。并行工程是指下一道工序的人派代表参加上一道工序，以便加快两道工序之间的衔接（也可能导致两道工序部分并行）。

> 一般情况下，赶工的缺点是直接成本增加，快速跟进的缺点是导致返工风险。

快速跟进从形式上看，也是增加两个活动之间的提前量，但其前提是这两个活动本来是应该按先后顺序进行的。而在提前量与滞后量中的增加提前量，针对的是本来就可部分并行的两个活动。

如果出现了负浮动时间，不要立即告诉客户或管理层没法按规定时间完工或者要求延长工期。项目经理首先应该分析一下可否通过赶工或快速跟进来解决负浮动时间。如果可以，赶工或快速跟进又会给项目带来什么样的影响。请记住：项目经理必须是积极主动的，必须首先自己想办法解决问题。

在赶工和快速跟进中，应该选哪个？这取决于具体情况。如果项目风险较低，活动之间主要是软逻辑关系，就选快速跟进；如果赶工只涉及在项目内部调剂资源且不会增加成本，则选赶工，因为这种赶工不会增加工作的复杂性和项目的风险。

> 优化（压缩）进度计划后，必须重新检查项目的关键路径，因为它可能已经发生变化。

压缩工期最不可取的方法是，不加分析而硬性压缩工期的百分之几，简单地要求人员加班工作，或者降低质量标准。

例题 6-8　某大型软件开发项目正处于项目计划的编制工作中。已经完成了活动排序、资源估算、工期估算等工作，接着应该做什么工作？

A. 编制 WBS 词典

B. 进行成本预算

C. 把进度计划提交批准

D. 进行进度计划优化

解释：正确答案是 D。"编制 WBS 词典"的工作应该已经完成了，"进行成本预算"与题目相关性很差，"把进度计划提交批准"现在还不具备条件。这个题目的最好答案其实应该是"制订进度计划"。"进度计划优化"是进度计划编制的工作内容之一。进度计划只有在经过优化之后，才能定稿并提交批准。注意：本题故意没有把最好的答案写出来，就应选择最接近最好答案的答案。

4. 数据分析

有两种常用的数据分析技术：假设情景分析和蒙特卡洛模拟。假设情景分析是假设某种有利或不利情况发生，考察项目进度计划的可行性。例如，某活动的持续时间延长 5 天，项目进度计划会受到什么影响。假设情景分析有助于合理确定项目的应急储备时间。

蒙特卡洛模拟是在电脑上使用软件模拟实施项目很多次，甚至成千上万次，来计算项目的全部可能工期及其概率分布。蒙特卡洛模拟所得到的就是项目工期累计概率分布图。从该图中可以直观地看出，在某一个特定工期内完工的概率是多少，如在 100 天内完工的概率是 75%。

5. 敏捷发布规划

这是适用于敏捷项目的进度计划编制方法。项目经理先与发起人商定各个产品版本的发布时间（相当于里程碑进度计划），再与项目团队及发起人商定为实现每一次发布所需的迭代次数和时间（相当于概括性进度计划）。然后，由项目团队编制每个迭代期的进度计划（相当于详细进度计划）。

6.4.6 控制进度

在控制进度过程中，首先要考察项目的进度绩效，其次要分析偏差并预测未来绩效，最后要解决不可接受的偏差或可能发生的不利绩效。控制进度过程的 7 个工具就是围绕这三项工作的。这些工具的使用又需要借助项目管理信息系统中的进度管理软件。

用于考察进度绩效的工具包括关键路径法，以及数据分析中的绩效审查、挣值分析和迭代燃尽图。用关键路径法审查关键路径（最长的路径）和次关键路径（第二长的路径）的进度绩效。用绩效审查来考察项目的总体进度绩效。用挣值分析来计算进度偏差、进度绩效指数等指标。用迭代燃尽图来直观地显示已经完成和还剩余的工作量。

用于分析偏差的工具包括数据分析中的绩效审查和偏差分析。用于预测未来绩效的工具包括数据分析中的挣值分析和趋势分析。在挣值分析中，可以计算各种预测指标。

用于解决问题的工具包括资源优化、提前量与滞后量、进度压缩，以及数据分析中的假设情景分析。出现了进度落后，首先设法在项目内部调剂资源加以解决（资源优化），其次设法通过调整提前量与滞后量来解决，再次通过进度压缩（赶工或快速跟进）来解决，最后用假设情景分析来寻找其他解决方法。如果排序靠前的方法能够解决问题，那么就无须使用后面的方法了。

例题 6-9 管理层要求你提前一个月完成项目，你应该如何做？
A. 答应管理层的要求
B. 评估提前完工的影响，然后告知管理层
C. 告诉管理层项目不可能提前完成
D. 立即开始在项目上采用快速工作法，以便提前完成

解释：正确答案是 B。因为你必须评估提前完成可能给项目带来的综合影响，并把这个影响告诉管理层，以便管理层进一步考虑。选项 C 是不能做的；选项 A，D 可能是可以做的，但不能在评价提前完工对项目的影响之前做。

6.5 练习题

考生需要认真完成下列练习。

6.5.1　三点工期估算

假设表6-4所列的活动都在同一条关键路径上，活动之间都是完成到开始关系，且没有时间提前量与滞后量，请完成该表格中的空白栏目。

表6-4　三点工期估算

活　动	乐　观	一　般	悲　观	平均工期	标准差	方　差
A	13	25	45			
B	15	20	30			
C	37	41	55			
D	23	34	50			
E	35	55	87			
整个项目						

6.5.2　工期压缩

某项目的浮动时间为–3周。项目进行中的间接费用为1 600元/周，完成项目各项活动所需的正常工期和赶工后工期、正常（直接）成本和赶工后（直接）成本如表6-5所示。

表6-5　某项目的活动工期与直接成本信息

活动	紧前活动	正常工期（周）	赶工后工期（周）	正常成本（元）	赶工后成本（元）
A		12	9	10 000	15 000
B		8	6	16 000	23 000
C	A	3	2	18 000	21 000
D	A, B	8	5	13 000	16 000
E	B	10	7	25 000	29 000

（1）画出项目的网络图。

（2）找出关键路径与项目工期。

（3）为了解决负浮动时间的问题，应该缩短哪些活动的时间？

（4）解决负浮动时间后，项目的总成本是多少？比原来是增加了还是节约了？

6.5.3　浮动时间

某项目的进度信息如表6-6所示。

表6-6　某项目的进度信息

活动名称	A	B	C	D	E	F
工期（周）	12	10	5	7	6	4
紧前活动	—	A	A	B	B	C, D, E

（1）画出项目的网络图。

（2）找出关键路径与项目工期。

（3）计算出各项活动的最早、最晚时间以及浮动时间。

（4）如果活动 B 的资源被换成经验不足的资源，导致要 12 周才能完成，这对项目有什么影响？

（5）如果管理层决定要增加一个重要活动 G，活动 G 必须在活动 C 之后和活动 F 之前完成，历时 11 周。这对项目的进度会有什么影响？

6.6 疑难问题解答

1. 什么是"进度数据"？

答：进度数据是用来编制、更新和修改项目进度计划的数据。例如，预估活动 A 的工期为 10 天，这个"10 天"就是进度数据中的一个数据。进度计划编制的过程与混凝土构件浇筑的过程道理完全一样，即首先建立模板，然后把原料倒入模板中，最后就自动形成人们想要的结果。要编制进度计划，就要先建立进度模型，再把进度数据输入进度模型中，进度模型就能自动生成进度计划。如果把进度计划看成因变量，那么众多的进度数据就是自变量，而进度模型则是一个联系自变量和因变量的函数。有了进度数据和进度模型，就可以很方便地更新或修改项目进度计划。例如，随着工作的开展，及时用实际的进度数据（如活动 A 的实际工期为 12 天）代替计划的进度数据（如活动 A 的计划工期为 10 天），从而及时更新进度计划。

2. 在进度管理中需要考虑"总浮动时间偏差"吗？

答：总浮动时间是指一项活动可以延误的、但不会导致整个项目延误的时间。在项目进行过程中，需要定期或不定期重新估算各项活动的总浮动时间。例如，在最初计划中，活动 A 的总浮动时间是 30 天；在第一个报告期结束时，重新估算该活动的总浮动时间为 20 天；在第二个报告期末，又重新估算该活动的总浮动时间为 10 天。因此，20 天 –30 天 =–10 天，10 天 –30 天 =–20 天，就是在第一个、第二个报告期末所发现的活动 A 的总浮动时间偏差。如果总浮动时间偏差急剧恶化，就说明项目进度绩效有问题，非关键活动可能很快就会变成关键活动。考虑总浮动时间偏差，有助于尽早发现非关键路径上的问题，防止非关键路径变成关键路径。

3. 什么是帕金森定律和学生综合征？

答：帕金森定律和学生综合征，都是指工作总是要拖到最后才完成，无论分配给该工作的持续时间有多长。例如，一项工作，如果给你一个月的时间，你可以完成；如果给你两个月的时间，你就需要两个月才能完成；如果给你五个月的时间，你也要花五个月才能完成。它们的不同点是：在帕金森定律下，人们会有意无意地多做不必要的工作（范围蔓延），以便工作能填满整个期间；而在学生综合征下，工作范围通常不变，人们在较早时间完全不做事或很少做事，总是等截止日期快到时才着急做。学生做作业很容易这样。

帕金森定律与彼得定律、墨菲定律一起，被称为20世纪管理学界的三大经验式定律。彼得定律是指在传统的管理之下，组织中的大多数岗位都会被不胜任的人最后占据，因为组织往往把晋级作为奖励员工优秀业绩的手段。墨菲定律则是指如果某件事情可能出错，它就会出错，告诫人们要有强烈的风险意识。

4. 什么是关键链法？

虽然《PMBOK®指南》中已经删去过去曾有的关键链法，但是这种方法并未过时，所以，在此做简单介绍。用关键链法编制进度计划，要先用常规的关键路径法，再考虑资源约束，并对每项活动都采用很紧张的工期估算（如只有50%的可能性实现），编制出关键链法进度计划。关键链是工期激进的资源约束型关键路径。每项活动不再有浮动时间，而是在每条路径的末尾增加"缓冲"时间（相当于保险），用于应对万一某项活动不能在激进工期内完工。要通过缓冲管理，确保预留的缓冲始终是合理的。使用关键链法是为了缩短工期，防止人们犯学生综合征，或者受帕金森定律的影响。因为每项活动的工期都很紧张，所以人们不再有机会拖拖拉拉或使工作范围蔓延。

第7章 项目成本管理

7.1 相关基础知识

7.1.1 概述

项目成本管理旨在确保在批准的预算内完成项目。在 PMP® 考试中，与成本管理有关的知识，深度不深，但是覆盖面较宽，会涉及经济、财务、会计等方面的基本概念。考试中，可能有相关的计算题。对这些并不复杂的计算题，考生应该全部做对。虽然计算过程比较简单（可能相当于小学的算术），但是需要考生彻底理解各种相关的概念。

项目成本管理主要关心项目本身的成本，也需要考虑项目决策对今后项目产品使用与维护成本的影响，即需要考虑项目产品的生命周期成本。生命周期成本包括项目建设期的建设成本、项目产品运行期的运营和维护成本、项目产品报废时的处置成本等全部成本。

例题 7-1 某工厂需要建设一条新生产线。该生产线建设期 2 年，投产后计划使用 40 年。管理层要求方案设计时必须综合考虑生产线的建设成本与建成后的使用成本。你应该用以下哪种方法来满足管理层的要求？

A. 生命周期成本法

B. 项目生命周期法

C. 项目管理生命周期法

D. 运营成本法

解释：正确答案是 A。选项 B，C 都不符合题意。选项 D 是一个不规范的说法，而且不符合题意。注意：在英文中用 Life Cycle Cost 表示生命周期成本；用 Life Cycle Costing 表示生命周期成本法；"生命周期成本"一般都是指在整个产品生命周期中所产生的全部成本。

7.1.2 考察项目可行性的主要财务指标

虽然选择项目通常不是项目经理的工作，但是 PMP® 考试中还是可能出现根据财务评价指标来选择项目的题目。项目经理至少对这些内容要有所了解。题目可能涉及现值、净现值、投资回收期、投资回报率、内部报酬率和效益成本率等。考试中，一般不会要求考生做复杂的计算。

现值是指某笔未来现金在今天的价值，是考虑货币时间价值的结果。假定一年后的100元在价值上等同于今天的99元，那么这100元的现值就是99元。由于通货膨胀、银行利息等因素，今天的1元在价值上要小于去年今天的1元，要大于明年今天的1元，即钱会越来越不值钱。

与现值相反的是未来值，如银行存款在一定时期后的本利和。银行用利率来计算货币的未来值。在进行项目选择决策时，则用贴现率把未来的货币值折算成现在的货币值。贴现率与利率相似，只不过用途相反。贴现就是打折，未来的某笔钱打几折后才等值于现在的钱。

收入的现值减去支出的现值，就得到净现值。净现值是用来选择项目的一个重要财务指标。从理论上讲，净现值大于零的项目都可以做。当然，净现值越大越好。如果以净现值为标准来选择项目，应该选择净现值较大的项目。例如，一个需要3年完成的项目，其净现值是1 000万元；另一个需要7年完成的项目，其净现值是1 001万元。应该选择后面这个项目。

> 在计算净现值时，已经考虑了时间，所以项目工期或投资回收期长短通常不再需要考虑。

投资回收期是指用多长时间能把项目投资收回来，通常是项目建设期加上项目投产后累计运营利润达到投资金额所需的时间。计算投资回收期要把项目投产后所带来的累计运营利润与项目投资额进行比较。如果有两个项目可供选择，当然要选择回收期短的那个。投资回收期的优点是简单易懂，缺点是不考虑货币的时间价值，也不考虑投资全部回收之后的项目产品运营收入。

投资回报率是指项目投产后的年均运营利润与项目投资额之比。投资回报率越高越好。计算投资回报率，需要考虑项目投产后的整个运营期（直到项目产品报废）的利润，这一点与投资回收期不同。投资回报率也不考虑货币的时间价值。

内部报酬率是一种特殊的贴现率，即项目净现值等于零时的贴现率。内部报酬率代表着项目产品的盈利能力大小以及抵抗风险能力大小。内部报酬率越高，就说明盈利能力和抵抗风险能力越大。如果有两个项目可供选择，当然要选内部报酬率较高的那个。

效益成本率是指项目的效益与成本之比。效益成本率大于1的项目才是值得做的。注意：效益是指收益或回报，可能不只是货币收入或利润，还包括其他可以量化的收益或回报。

依据上述各项指标所做的项目选择，可能不一致。在这种情况下，就需要看项目和市场的情况，以及看项目发起人更看重哪个指标。

例题7-2 你需要在四个项目中选择一个项目加以启动。项目A的效益成本率为0.9，项目B的投资回收期为3年，项目C的净现值为10万元，项目D的沉没成本是1万元。假定你无法获得进一步的信息，你会选择：

A. 项目A
B. 项目B
C. 项目C
D. 项目D

解释：正确答案是C。从理论上讲，任何净现值大于0的项目都是值得做的，当然，净现值越大越好。项目A肯定是不能做的。项目B与D，信息严重不足，我们无法选择它们中的任何一个。

7.1.3 其他重要的财务概念

考生需要了解以下财务概念：

- 固定成本。不随生产量或工作量的变动而变动的成本，如项目机构的筹建费用、办公室租赁费用等。
- 可变成本。随生产量或工作量的变动而变动的成本，如材料费、人工费等。
- 直接成本。可以直接计入某项目的成本，如材料费、工人工资等。通常是某项目所专用的资源的成本。
- 间接成本。不能直接计入某项目，而需要在几个项目或该项目与运营之间进行分摊的成本，如总部管理费。通常是几个项目或项目与运营所共享的资源的成本。直接成本和间接成本的划分会受看问题的层次的影响。如果从整个项目的层次看，全职项目经理的工资是直接成本，但如果从项目内部各工作的层次看，该项目经理的工资又是间接成本（需要由项目内部各项工作分摊）。在PMP®考试中，如果题目中没有明确说"从项目内部的层次看"，就应该"从整个项目的层次看"。
- 机会成本。因为选择一个项目而必须放弃另一个项目，另一个项目可以带来的利益就是这个被选择项目的机会成本。例如，项目A净现值是1万元，项目B净现值是2万元。选择项目B、放弃项目A，则选择项目B所产生的机会成本是1万元。做决策时，应该考虑机会成本。
- 沉没成本。任何已经发生的成本，与是否合理无关。在决定是否继续某个项目时，不应该考虑沉没成本。决策是针对未来的，过去已经花掉的钱不应该影响决策。做决策时，不能考虑沉没成本。
- 收益递减规律。在累计投入到达某个点之后，随着投入的连续增加，单位投入的产出会呈现逐渐减少的趋势。例如，在某个工作上投入两倍的资源，该工作通常不会在一半时间内完成。

- 边际分析。假设投入连续增加，分析单位投入所能带来的单位产出。通过边际分析，人们发现了收益递减规律。当单位投入等于单位产出时，就不能再增加投入。

- 折旧。固定资产随时间而产生的逐渐损耗。在固定资产的使用过程中，要把相当于损耗的钱从销售收入中提取出来，以便以后用来购买新的固定资产（现有固定资产报废时）。折旧是账面成本（用于购买新固定资产前，并不会实际支出），所以提取的折旧数越大，企业的账面利润就越低，需要缴纳的所得税也就越低。

- 直线折旧法。每年提取等额的折旧数。例如，某台设备价值 100 万元，使用期为 10 年，则每年提取 10 万元折旧。

- 加速折旧法。在固定资产使用寿命期内，越是早期，提取的折旧数越大。例如，第一年 20 万元，第二年 15 万元，第三年 13 万元……加速折旧法比直线折旧法提取折旧的速度更快。加速折旧法又包括余额递减法和年数总和法等。考生不需要了解这些加速折旧法的具体内容，但需要记住名称。

- 价值分析或价值工程。价值分析与价值工程经常替换使用，都是指对项目的范围（功能）和成本进行分析，追求功能与成本（价格）之间的更高的性价比。

> 如果一定要区分价值分析与价值工程，为了达到比值更高，价值分析是分子不变（范围或功能）降分母，而价值工程则可以同时改变分子和分母。旨在改进工程设计的合理化建议，是价值工程的典型例子。

例题 7-3 某项目在实施过程中，周围环境发生了较大变化，以至于需要考虑项目是否应提前终止。在做出相应决策时，需要考虑以下所有成本，除了：

A. 直接成本

B. 间接成本

C. 可变成本

D. 沉没成本

解释：正确答案是 D。沉没成本作为已经支出的费用，不影响项目的决策。进行决策时，需要考虑以后还会发生的直接成本、间接成本和可变成本。

7.1.4 成本管理的重要做法

项目成本管理必须同时考虑两个方面：一是项目的每项工作需要多少成本；二是整个项目生命周期中的每个时段（周、月、季）需要多少成本。它们相当于一枚硬币的两个面，不可分割。根据这两者计算出来的项目总成本应该是相等的。成本管理必须同时从这两个方面入手，既要满足各部分工作的需要，又要满足各时间段的需要。

按工作内容进行的成本管理是依据工作分解结构进行的，而按时间段进行的成本管理是按项目进度计划以现金流量表的形式进行的。在项目执行过程中，需要依靠现金流入（投资）来维持一个现金库，用于满足现金流出的需要。

> 项目成本管理与项目进度管理密切相关，许多做法是相通的。

编制项目预算，应该采用自下而上的方法，按如下主要步骤进行：
- 第1步，计算出各活动所需要的成本，包括应急储备。
- 第2步，汇总得出工作包的成本，包括应急储备。
- 第3步，把各工作包的成本汇总，得到控制账户的成本，包括应急储备。
- 第4步，把各控制账户的成本汇总，得到项目的成本，包括应急储备。
- 第5步，对成本汇总的结果（包括应急储备）进行验证和调整，并报领导审批，得到项目成本基准。
- 第6步，增加一定的管理储备，得出项目预算。

> 在自下而上汇总出项目成本之后，需要对汇总的结果进行调整，特别是调整应急储备（第5步）。这种调整又可能导致返回第1步，重新估算活动的成本。

例题7-4 某人刚被任命为某项目的项目经理，正在指导项目计划的编制工作。你是该项目的主要相关方之一，你想要立即拿到项目的成本预算，但项目经理没有给你。最可能的原因是：

A. 在风险管理策划还没有完成之前，无法确定项目的预算

B. 项目章程中没有规定成本目标

C. 你没有权力索要项目预算

D. 项目经理与你有一些私人恩怨，他不愿意给你

解释：正确答案是A。在确定项目的详细预算之前，必须对风险加以合理考虑，并把相应的应急储备加进预算中。选项B，项目章程中有成本目标(预先批准的可用资金)，但没有详细的成本预算。选项C，不合逻辑。选项D，不是正常的项目经理应该做的。注意：必须假设项目经理是正常、诚实的人。

考生还需要知道：
- 工作分解结构和项目进度计划都是进行成本估算的重要基础，以便提高估算的准确性。
- 估算应该由最熟悉相应活动的人来进行，而不是项目经理或管理层（项目早期的自上而下估算除外）。
- 历史资料（组织过程资产）对做好估算工作非常重要。
- 扣除管理储备之后的项目预算，是用于控制项目成本的基准线。除非经过既定的

变更审批程序，成本基准不能改变（范围基准、进度基准也是如此）。

- 如果在执行过程中出现了不可接受的成本偏差，必须采取纠正措施。
- 项目经理不能简单、被动地接受管理层对项目的成本和进度要求，而要积极主动地分析项目的实际需要，向管理层提出合理建议。
- 应该为应对风险增加一定的储备（应急资金），但不允许单纯为保护自己而增加"水分"。储备必须明示，不能隐藏着。

7.2 各过程的输入与输出

7.2.1 输入与输出的关系总览

项目成本管理的实现过程包括规划成本管理、估算成本、制定预算和控制成本。这些过程的输入与输出之间的关系，可以概括为如图 7-1 所示（未考虑事业环境因素、组织过程资产和各种更新）。

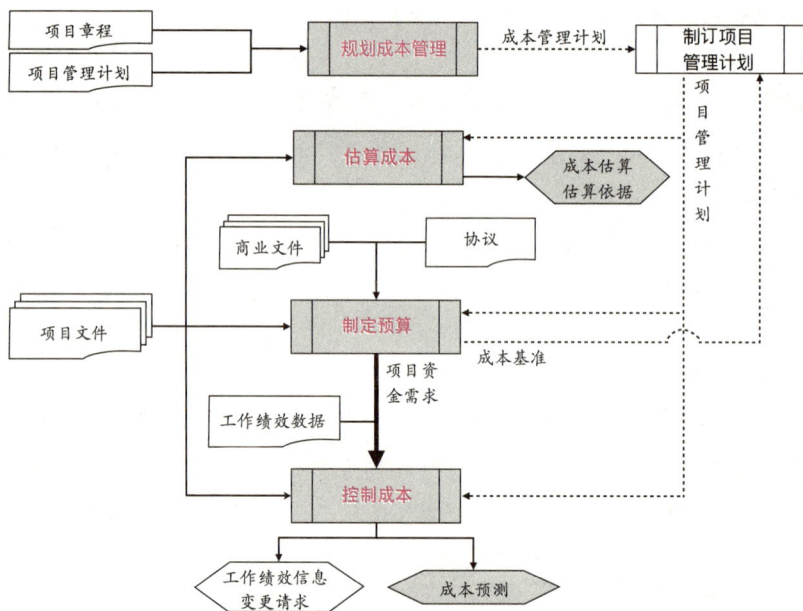

图 7-1 项目成本管理各过程的输入与输出关系

7.2.2 规划成本管理

在项目章程的指导下，编制成本管理计划。因为成本管理与进度管理密切相关，所以需要参考项目管理计划中的进度管理计划。项目管理计划中的风险管理计划，有利于

确定该如何开展成本管理，以便达到所需的风险管控水平。

7.2.3 估算成本

在项目管理计划中的成本管理计划的指导下，估算完成项目工作所需的成本，得出成本估算和估算依据。

项目管理计划中的质量管理计划，有利于估算该留出多少钱去管理项目质量。项目管理计划中的范围基准，有利于根据项目的范围大小来估算成本。

项目进度计划（一种项目文件）中的活动名称以及活动开展时间，对估算成本有重要影响，因为：①活动在不同时间开展，成本可能不同；②有些成本（如利息）与活动工期长短有直接关系。

资源需求（一种项目文件）有利于估算开展项目工作所需资源的成本。估算成本时，需要考虑风险，故需要风险登记册（一种项目文件）。

重复开展本过程时，需要参考已记录在经验教训登记册（一种项目文件）中的经验教训。

7.2.4 制定预算

根据成本管理计划（项目管理计划的组成部分）和商业文件（列有财务指标），把各活动或工作包的成本估算（一种项目文件）汇总成成本基准，并编制配套的项目资金需求文件。汇总时，须参考前个过程得到的估算依据（一种项目文件）。

资源管理计划（项目管理计划的组成部分）中的资源性质、资源价格和资源日历，有利于在项目预算中留足用于买资源的钱。范围基准（项目管理计划的组成部分）有利于把预算分配到 WBS 的各个要素。

项目进度计划（一种项目文件）有利于把预算分配到项目的各个时间段，确定每个时间段需要多少钱。

对于已经外包出去的工作，需要把协议（合同）中的合同价纳入项目预算；对于打算外包出去的工作，需要考虑预留出多少钱，即预估未来协议中的价格。

制定预算时，需要考虑风险，故需要风险登记册（一种项目文件）。

7.2.5 控制成本

把体现在工作绩效数据中的成本实际绩效与体现在项目管理计划（成本管理计划、成本基准和绩效测量基准）和项目资金需求中的计划要求进行比较，发现成本绩效偏差，并记录在工作绩效信息中，同时，对未来成本绩效做出预测，得到成本预测。如果偏差太大或预测结果不理想，就提出变更请求。

重复开展本过程时，需要参考<u>经验教训登记册</u>（作为一种<u>项目文件</u>）中记录在案的经验教训。

7.3 各过程的主要工作和成果

7.3.1 规划成本管理

规划成本管理过程旨在编制一份用来指导后续成本管理工作的成本管理计划。它是项目管理计划的组成部分。成本管理计划的主要内容如下：

- 测量单位。用什么单位测量项目成本。通常都用货币单位，也可以用非货币单位，如人日数。
- 精确程度。成本估算和项目预算应精确到什么程度，如元、十元、百元或千元。
- 准确程度。成本估算和项目预算应准确到实际成本的正负百分之几，如 ±5%。项目早期（如启动阶段）的成本估算可以是粗略量级估算，准确性是 –25%~+75%；在规划阶段后期的成本预算，应该是确定性估算，准确性是 –5%~+10%。
- 组织程序链接。项目成本账应如何与执行组织财务账相连，项目成本管理应如何符合组织财务会计制度的要求，如成本的记账时间和方法。
- 控制临界值。允许出现的最大成本偏差。一旦突破控制临界值，就要采取纠正措施。控制临界值应该随项目进展越来越小。
- 绩效测量规则。主要是挣值管理规则，包括针对哪些 WBS 要素（控制账户）计算挣值，间隔多长时间计算挣值，采用什么挣值计算方法，如何预测未来成本绩效。
- 报告格式。将来要编制的各种成本管理报告的格式、内容、报送时间等。
- 其他细节。如何处理汇率变动，如何记录成本开支等。

7.3.2 估算成本

估算成本过程旨在估算整个项目的成本，或估算各个活动或工作包的成本。在项目的早期，为了大致了解整个项目将要花多少钱，就需要用本过程估算整个项目的成本。通常，这种估算的结果准确性都比较低，相当于我国工程行业的"概算"。

在项目规划阶段的中期，工作分解结构和进度计划的初稿编制出来后，就需要用本过程估算活动或工作包的成本。如果工作包已分解成活动，估算成本过程就要估算各活动的成本。对于尚未分解成活动的工作包，估算成本过程就只能估算各工作包的成本。

应该由最熟悉相应活动或工作包的人来估算。应该计算所需的全部资源的成本。对于免费使用的资源，也要按合理的数字计算其成本。如果不计算免费资源的成本，就会使成本估算数字失真，无法供以后类似活动或工作包的成本估算工作参考（不会总有免费资源）。对免费资源，随后在计算项目资金需求时就无须考虑。也就是说，如果有免费资源，项目资金需求就会小于项目预算。如果没有，则两者相等。除非特别指明，均默认没有免费资源。

在成本估算中，应该包括所有的成本种类，如固定成本和可变成本、直接成本和间接成本，以及应急储备。如果哪种成本没有包括在成本估算中，就必须在估算依据中特别加以说明。不过，管理储备肯定不包括在活动或工作包的成本估算中，这一点无须说明。管理储备只应包括在整个项目的成本估算中。

> 本过程的名称之所以不是"估算活动成本"而是"估算成本"，是因为它可以在项目早期用于粗略地估算整个项目的成本。

7.3.3 制定预算

制定预算过程是把各活动或工作包的成本逐层向上汇总，并对汇总结果进行验证和调整，报领导审批，得到项目成本基准；再增加一定的管理储备，得到项目预算。汇总的结果，不一定十分合理，所以需要用其他方法进行交叉验证，并做必要调整。这种调整会导致制定预算过程与估算成本过程之间循环。项目成本基准的准确性必须达到确定性估算的水平。

成本基准需要按工作内容分配到各控制账户，需要按时间分配到项目的不同阶段。按时间段分配的成本基准，通常可表现为 S 形状的一条曲线（见图 7-2）。这条曲线就是项目的累计成本曲线，直观展示截至某时点项目的累计成本。

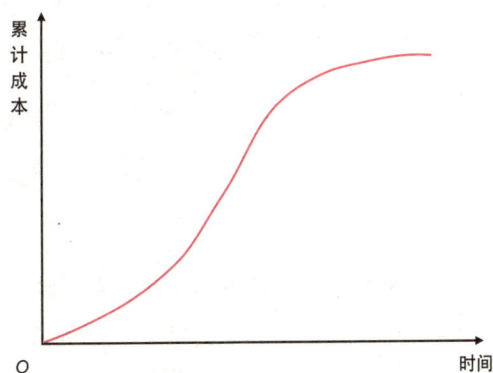

图 7-2　累计成本曲线

非关键路径上的活动有一定的灵活性（浮动时间），是进行资源平衡时首先要利用的。从项目进度的安排来看，我们希望所有活动都在最早开始时间开始，但从现金流的安排来看，我们又希望在最晚开始时间开始这些活动。在最早开始时间或最晚开始时间开始这些活动,特定时点的项目累计成本支出可能有很大差别,如图 7-3 所示。这个图也称"香蕉图"。管进度的人会追求最早开始曲线,而管成本的人却会追求最晚开始曲线。

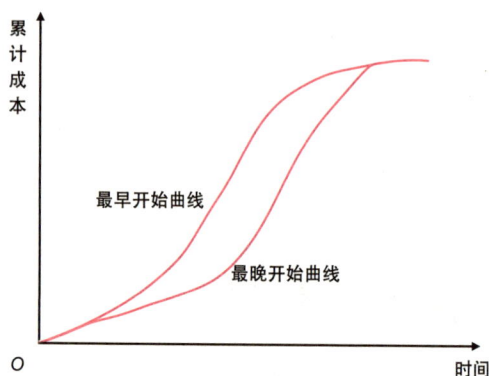

图 7-3　最早开始和最晚开始成本曲线

从图 7-3 可以看出项目进度与成本之间的相互冲突。加快进度,会导致成本开支提前;放慢支出,又会导致进度拖后。项目经理必须善于把握整个项目的全局,在相互冲突的分目标之间寻求最佳平衡点。

项目预算必须有资金的保证。所以,需要编制项目资金需求文件来配合项目预算。不仅项目整体要有资金保证,而且各 WBS 要素和各时间段都要有资金保证。

项目的成本产生与资金支出不一定同步。如果有预付款,资金支出就早于成本产生;如果有债务(应付未付款),资金支出就晚于成本产生。如果没有免费的资源,在整个项目关闭时,项目总成本与总资金支出应该完全相等。

> 如果没有管理储备,那么项目预算就正好等于成本基准。因为"项目预算"和"成本基准"这两个词经常替换使用,所以在看到"项目预算"时,必须合理判断它的真实意思。

7.3.4　控制成本

控制成本过程旨在把实际成本绩效与计划要求做比较,发现、记录和分析成本偏差,对未来的成本绩效做出预测,并提出必要的变更请求。因为成本与进度密不可分,所以控制成本过程与控制进度过程通常是整合在一起开展的,借助挣值管理方法来实现。

例题 7-5　某城市基础设施建设项目已经完成了 50%,而且几乎所有方面都符合计划的要求。突然,项目遇到了一个前所未有的威胁。项目发起人批准动用管理储备来应对。这会导致:

A. 项目成本基准的修改

B. 项目成本基准的增加

C. 项目成本基准的减少

D. 项目进度基准的修改

解释：正确答案是 B。管理储备最初并不是项目成本基准的组成部分，只有发起人批准动用的管理储备才能加入项目成本基准，从而导致成本基准增加。A 不如 B 准确。C 完全不对。D 与管理储备的动用没有直接关系，虽然应对该威胁也可能导致进度基准的修改。

7.4　各过程的工具与技术

7.4.1　规划成本管理

采用数据分析中的备选方案分析，来分析多种可用的成本管理方法、预算详细程度或资源获取方法（如购买或租赁），并做出选择。还需要召开会议，采用专家判断。

备选方案分析也用于考察不同的项目融资方式，确定符合特定融资方式要求的成本管理方法。不同的融资方式，通常对成本管理有不尽相同的要求。

7.4.2　估算成本

估算成本过程所使用的工具大多与估算活动持续时间过程相同。对于已经在估算活动持续时间过程中讲过的类比估算、自下而上估算、参数估算、三点估算，以及决策中的投票和数据分析中的备选方案分析、储备分析，就不再赘述。道理是一样的，只是针对的对象不同。

专家判断和项目管理信息系统无须解释。

本过程比较特别的工具是数据分析中的质量成本。质量成本是用于质量管理的成本，是活动、工作包或项目成本的重要组成部分。在估算成本时，需要考虑打算花多少钱去做质量管理。

例题 7-6　基于以前项目的经验，某人正在按每单位面积墙壁、地面、天花板、门、窗及其他要素，编制某住宅小区建设项目的一栋楼房的成本估算。他正在使用的估算方法是：

A. 自下而上的估算

B. 参数估算

C. 类比估算

D. 自上而下的估算

解释：正确答案是 B。参数估算与类比估算都要基于过去项目的经验，但参数估算更偏重把成本分解成各组成部分（参数），而类比估算更偏重本项目或工作包与以前类似项目或工作包的整体比较。从题目中，我们无法得出"自下而上"或"自上而下"的结论。

7.4.3 制定预算

首先，要运用成本汇总，把活动或工作包的成本逐层向上汇总到控制账户和整个项目。

其次，要通过历史信息审核和专家判断来验证汇总结果的合理性，决定是否需要回头调整活动或工作包的成本估算。历史信息审核可以用类比估算或参数估算的方法进行，即用类比估算或参数估算计算整个项目的成本，以便与成本汇总的结果进行比较。如果用各种方法计算出的结果差别较大，就应该认真分析原因，并做必要调整。

再次，用数据分析中的储备分析来估算整个项目需要多少管理储备。

最后，要对初步确定的项目预算做资金限制平衡，即根据资金限制调整项目预算，确保项目预算有资金保证。其中，包括总额资金平衡、分阶段资金平衡和分部位（WBS要素）资金平衡。

在工期较长的大型项目上，往往不可能一次就准备好全部资金。所以，需要使用融资工具来分阶段获取项目资金，特别是外部资金。

7.4.4 控制成本

专家判断和项目管理信息系统无须解释。

在控制成本过程中，需要使用数据分析中的储备分析来判断为整个项目、控制账户、工作包或活动所预留的应急储备是否仍然合理。如果不合理，就需要提出调整建议。由于随项目进展，项目的不确定性逐渐降低，因此应急储备通常应该逐渐调减。只有在特殊情况下，才会调增，如项目情况发生了很大的变化，或者原先预留的储备太少。

完工尚需绩效指数，以及数据分析中的挣值分析、偏差分析和趋势分析，都是挣值管理中的内容。挣值管理是项目管理的三大核心技术之一，也是PMP®考试的重点之一。下面把挣值管理单独作为一个部分加以介绍。

> 项目管理的三大核心技术：工作分解结构、网络计划技术和挣值管理技术。

7.5 挣值管理

挣值管理是用来综合考察项目范围、进度和成本绩效的方法，是项目整合管理的要求。虽然它直接测量的只是进度和成本绩效，但《PMBOK® 指南》中也提到了范围。可以说，挣值管理是一种把范围、进度和成本绩效整合起来考察的方法，就是要在既定的范围之下追求进度和成本绩效的综合最优。它可以避免单独测量进度或成本绩效的弊端。例如，某项目进度提前，如果只测量进度绩效，就无法知道成本的情况（也许成本已经大大超支）。

挣值管理要求人们不仅要问项目进展到了什么程度，而且要问花了多少钱才进展到这种程度；不仅要问项目花了多少钱，而且要问花了这些钱做了多少事（进展到了什么程度）。

挣值管理可以在整个项目、控制账户或工作包层面上进行。这三个层面的挣值管理，道理完全一样。

7.5.1　基本概念

"挣值"是针对"计划价值"而言的。编制项目计划时，须按不同时点对项目应该完成的工作量及其相应价值制订计划；而后在执行过程中，随着项目的实施，逐渐把"纸面上"的计划价值一点一点地"挣"回来，形成"挣值"——实际上已经实现的价值。

学习挣值管理，考生必须掌握以下基本概念：

- 计划价值（Planned Value，PV）。截至某时点计划要完成的工作的价值，是计划完成工作的预算价值，可以表示为：计划价值＝计划要完成的工作量 × 预算单价。
- 挣值（Earned Value，EV）。截至某时点实际已经完成的工作的预算价值，是实际已完工作的预算价值，可以表示为：挣值＝实际已完成的工作量 × 预算单价。
- 实际成本（Actual Cost，AC）。截至某时点实际已经发生的成本，是实际已完工作的实际成本，应该可以在项目的成本账上查到，可以表示为：实际成本＝实际已完成的工作量 × 实际单价。
- 完工预算（Budget At Completion，BAC）。整个项目的成本基准，除非已批准进行变更，完工预算不会变化。如果是针对工作分解结构中的某个要素来计算挣值，那么就是该要素的成本基准。

在上述四个基本概念的基础上，就可以计算挣值管理中的相关绩效指标。

> 计划价值、挣值、实际成本和完工预算是挣值管理中最基本的概念。

7.5.2　计算公式

在上述概念的基础上，可以得到其他一些概念及其计算公式，如表 7-1 至表 7-3 所示。

表 7-1　考察成本绩效的主要指标

中文名称	英文名称	缩写	含 义	计算公式
成本偏差	Cost Variance	CV	截至某时点已经发生多少成本偏差，正值表示对预算的节约，负值表示对预算的超支	EV–AC
成本绩效指数	Cost Performance Index	CPI	截至某时点，实际花费的每一元钱做了价值多少钱的事（按预算价值），大于 1 是好的，小于 1 是不好的	EV ÷ AC

表 7-2　考察进度绩效的主要指标

中文名称	英文名称	缩写	含 义	计算公式
进度偏差	Schedule Variance	SV	截至某时点已经发生多少进度偏差，正值表示对进度计划的提前，负值表示对进度计划的落后	EV–PV
进度绩效指数	Schedule Performance Index	SPI	截至某时点，实际进度是计划进度的多少倍（或百分之多少），大于 1 是好的，小于 1 是不好的	EV ÷ PV

表 7-3　预测未来情况的主要指标

中文名称	英文名称	缩写	含 义	计算公式
完工尚需估算	Estimate To Completion	ETC	在项目执行的不同时点重新估算的完成剩余工作还需要的成本。可用不同的计算公式或方法	（BAC–EV）÷ CPI （BAC–EV）÷（CPI × SPI） BAC–EV 重新进行自下而上估算
完工估算	Estimate At Completion	EAC	在项目执行的不同时点重新估算的完成整个项目所需的成本。可用不同的计算公式或方法	BAC ÷ CPI AC+ETC
完工尚需绩效指数	To-Complete Performance Index	TCPI	在项目执行的不同时点重新估算的，为了在既定的预算内完工，而必须达到的未来绩效水平	（BAC–EV）÷（BAC – AC）
完工偏差	Variance At Completion	VAC	在项目执行的不同时点重新估算的，在项目完工时将出现的项目的总成本偏差，正值表示成本节约，负值表示成本超支	BAC–EAC

对表 7-3 中的"完工尚需估算"计算方法，补充说明如下：

- 如果项目已经发生的成本偏差（绩效指数）是典型的（具有代表性），这种偏差还会在以后继续同样规模地发生，则用"（BAC–EV）÷ CPI"计算。

- 如果截至目前的成本绩效和进度绩效都未达到计划要求，而又必须按期完工，则用"（BAC−EV）÷（CPI×SPI）"计算，其中的"CPI×SPI"的结果又称"关键比率"（Critical Ratio，CR），用来考核成本与进度的综合绩效。背后的道理是：以后将以成本增加为代价进行赶工，以便按期完工。
- 如果项目已经发生的成本偏差（绩效指数）是非典型的，这种偏差以后不会发生，且以后的工作能够完全照预算进行，则用"BAC−EV"计算。
- 如果不属于上述三种情况，则可以采用自下而上的方式全新地估算一个数字。全新估算的数字通常更加准确，但是进行估算需要花费额外的时间和成本。

> 在预测未来绩效时，只要题目中没有明示项目过去已发生的偏差属于"非典型"，则一律按"典型"来考虑。

还可以总结出以下几点：

- 在计算偏差的公式中，EV 总是出现在公式的第一位。
- 在计算指数的公式中，EV 总是作为分子出现。
- 在计算偏差时，正的结果是有利的，负的结果是不利的，零是正好符合计划。
- 在计算指数时（完工尚需绩效指数除外），大于 1 的结果是有利的，小于 1 的结果是不利的，1 正好符合计划。
- 除了 BAC，其他计算都要考虑"截至或在某个时点"。
- 除非成本基准线发生了变化，BAC 在整个项目执行期间保持不变。

在挣值管理中，既可以计算某个时段（报告期）的挣值指标，也可以计算从开工截至目前的累计挣值指标，如挣值、计划价值、实际成本、成本偏差、进度偏差、成本绩效指数和进度绩效指数。

> 只要题目中未指明要计算某个时间段的指标，就要计算自开工以来累计的指标。

在挣值管理中，既可以针对整个项目计算各种挣值指标，也可以针对某些工作分解结构要素（如控制账户）计算各种挣值指标。应该事先规定将针对工作分解结构中的哪些要素计算各种挣值指标。至少要针对控制账户计算。

为了连续动态地跟踪项目进展情况，应该规定计算各种挣值指标的时间间隔，如每个月计算一次。

例题 7-7 截至考核时点，某项目的进度绩效指数是 1.1，成本绩效指数是 1.1。这种情况表明：

A. 成本偏差是由进度偏差引起的

B. 项目使用了能力不足的工人

C. 进度与成本的偏差对项目是有利的

D. 进度偏差是由成本偏差引起的

解释：正确答案是 C。A 虽然也存在这种可能性，但是成本偏差与进度偏差没有必然的联系。B 完全不对，使用能力不足的工人，通常会导致进度落后，成本超支。D 成本节约引起了进度提前，这不符合常理。

7.5.3　已完工作量的测算方法

挣值是已完成工作量与预算单价的乘积。那么，应该如何测算已完工作量呢？为了测算已完工作量，应该把活动分成下列三种类型：

- 独立型活动（Discrete Effort）。可独立开展的、直接导致项目产品形成的活动，其已完工作量可以准确地测量并计算出来。例如，在砌墙项目中，建筑工人的砌墙活动。

- 依附型活动（Apportioned Effort）。无法独立开展，而是依附于独立型活动，会间接导致项目产品形成的活动，其完成情况按独立型活动的完成情况的同样百分比来计算。独立型活动完成了百分之几，依附型活动也就完成了同样的百分之几。例如，砌墙项目的监理工作。

- 支持型活动（Level of Effort）。与项目产品形成无关，对独立型和依附型活动起支持作用的后勤工作，其完成情况按日历时间的流失来计算。只要日历时间过掉了，应该完成的支持型活动就视为全都完成了。例如，厨师为砌墙工人和监理工程师做饭。

> 支持型活动不会出现进度偏差，既不会进度提前，也不会进度落后。

对于独立型活动，可以用下列方法测量已完工作量：

- 完成百分比法。实际测量已完工作量，并计算已完工作量占总工作量的百分比。

- 加权里程碑法。对控制账户或工作包规定进度里程碑及相应权重，某个里程碑实现了，就视为完成了多少工作量。

- 固定公式法。在控制账户或工作包开始时计算某个百分比的已完工作量，在控制账户或工作包完工时再计算剩余百分比的已完工作量。

如果没有办法或不需要准确测量控制账户或工作包的实际完成状况，而只能或只须大概估计一下，就应该使用固定公式法。固定公式法中最常用的是 50/50 规则。工作一旦开始，就视为已完成 50% 的工作量；然后，在工作的整个执行期间不计算任何已完工作量，要等到工作全部完成，才计算另外 50% 的已完工作量。根据需要，50/50 规则也可以被修改成 30/70 规则、20/80 规则、10/90 规则甚至 0/100 规则。这些规则，一个比一个保守。

> 50/50 规则最常用，其他比例的规则（如 20/80 规则、0/100 规则）较为少用。

一般情况下，不要直接用已经消耗的材料、人工等的数量占计划的全部数量的百分比来报告项目的进展情况。例如，建金字塔，计划用 1 000 块石头，现在已经用了 900 块，不能就说项目已经完成了 90%，因为砌剩下的 100 块石头可能要困难得多。也不要简单地以时间的自然流失比例来报告项目进度（除非是支持型活动），如一个 10 天的项目，在第 6 天结束时，不能简单地讲项目已完成 60%。

7.5.4 挣值管理练习

请认真完成以下练习，以确保掌握挣值法，并能迅速、准确地进行相关计算。

假设你正在修建一座简单的房屋，包括 5 项工作（均按完成到开始关系逐项进行），即打基础、砌墙壁、安门窗、修屋顶和室内装修，计划的总工期为 10 天。这些工作的计划安排如表 7-4 所示。现在是第 7 天的下班时间，项目的状态如表 7-5 所示。

表 7-4 某项目的计划安排

计 划	基 础	墙 壁	门 窗	屋 顶	装 修
计划工期	2 天	3 天	2 天	2 天	1 天
计划成本	1 000 元	5 000 元	1 000 元	2 000 元	1 000 元

表 7-5 某项目的实际进展状态

状 态	基 础	墙 壁	门 窗	屋 顶	装 修
实际进度	已全部完成	已全部完成	已完成 70%	未开始	未开始
实际花费	1 100 元	5 100 元	900 元	未发生	未发生

请根据上述资料计算挣值及其他有关项目指标，完成表 7-6。

表 7-6 某项目的挣值管理计算

指 标	计算过程	计算结果	对结果的解释
计划价值（PV）			
挣值（EV）			
实际成本（AC）			
成本偏差（CV）			
成本绩效指数（CPI）			
进度偏差（SV）			
进度绩效指数（SPI）			

续表

指　　标	计算过程	计算结果	对结果的解释
完工尚需估算（ETC，按 CPI）			
完工尚需估算（ETC，按 CR）			
完工估算（EAC，按 CPI）			
完工尚需绩效指数（TCPI，按 BAC）			
完工偏差（VAC，按 CPI）			

7.6　疑难问题解答

1. 请解释一下"应急储备"与"管理储备"之间的异同。

答：应急储备和管理储备都是用来应对风险的。应急储备用来应对已知－未知（部分已知）风险，即人们知道它们是什么风险，但是不知道发生的概率有多高或后果有多严重。管理储备用来应对未知－未知（完全未知）风险，即过去从未遇到过的、根本不知道的风险。应急储备是项目成本基准的组成部分，也是项目预算的组成部分，由项目经理掌握使用。管理储备（如总裁预备费）起初不是项目成本基准的组成部分，却是项目预算的组成部分，由高级管理层掌握使用。管理储备其实是"管理层掌握的储备"。一旦管理层批准使用管理储备，被批准使用的部分就要通过项目变更控制程序加入项目成本基准，导致成本基准修改。"储备"这个词，只要前面没有"管理"两个字，就是应急储备，而不是管理储备。

2. 什么是挣得进度（Earned Schedule，ES）？

答：与挣值管理中用价值（常以货币表示）来考察进度绩效不同，在挣得进度管理中用时间来考察进度绩效。挣得进度（ES）是完成某一特定价值的工作（实现某一特定挣值）本应花费的计划工期，以便与实际花费的工期进行比较，计算以时间表示的进度偏差。例如，完成计划中的 100 万元价值的工作，本应花 15 天时间，现在实际上花了 25 天。这里，ES=15 天，AT（实际时间）=25 天，SV（进度偏差）=15 天 –25 天 =–10 天（进度落后了 10 天），SPI（进度绩效指数）=15 天 ÷25 天 =0.60。如果这项工作的计划总工期是 45 天，那么按这个绩效继续，预计的实际总工期 =45 天 ÷0.60=75 天，即将拖延 30 天完工。

在挣值管理中，工作只要完成了，即便拖后了很久，该工作的进度偏差一定为零，进度绩效指数一定为 1。这就反映不出该工作实际存在的进度绩效问题。用挣得进度管理就可以弥补挣值管理的这个不足。例如，上述工作实际上花了 60 天才完工，那么完工时和完工后，进度偏差 =45 天 –60 天 =–15 天，进度绩效指数 =45 天 ÷60 天 =0.75，真实地反映了进度绩效不佳。

3. 如何理解《PMBOK® 指南》中的图 7-9 ？

答：支出曲线低于成本基准曲线的部分，是项目上的债务，表示资金支出晚于成本产生。支出曲线高于成本基准曲线的部分（最右端），是项目完工时的成本超支。最终的资金需求高于成本基准（BAC）的部分（最右端），是管理储备。也就是说，最终的资金需求等于项目预算，等于成本基准加管理储备。

如果项目上有预付款而没有债务，那么支出曲线在预付款全部收回之前，就会高于成本基准曲线，表明资金支出早于成本产生。

从该图还可以看出，项目的成本是持续不断发生的，但对项目的资金投入是分阶段呈阶梯状的，因为发起人给项目投钱是一笔一笔投的，而不是一分一分投的。其实，项目支出也不应该是连续的曲线，而是呈一定的阶梯状的（但被忽略不计了）。

4. 项目预算变更必须经过什么审批？

答：在项目执行中，必须监督实际成本与预算成本之间的偏差，预测项目预算面临的未来挑战，分析是否有必要修订项目预算。如果确有必要，项目经理就应该向项目治理委员会提出预算变更申请。项目预算变更（通常是增加）必须由项目治理委员会审批。在有些项目上，项目治理委员会可以把规定限额内的预算变更审批权限授予项目变更控制委员会，由后者代为审批。

第8章
项目质量管理

8.1　相关基础知识

8.1.1　质量管理概述

项目质量管理旨在保证项目达到既定的质量要求，保证项目产品能够发挥既定的功能，从而满足项目相关方的特定需求。它包括制定和执行质量政策、质量目标和质量职责等。

质量管理不仅是一系列技术的应用，而且更重要的是，人们必须具备一系列特定的理念。例如，质量管理中常见的零缺陷管理、六西格玛管理和过程改进等，固然有一定的技术含量，但更重要的是建立和维护相应的理念。

> 质量管理，不仅是技术问题，更是理念（价值观）问题。

项目质量管理的许多理念和做法与一般的质量管理相同。项目质量管理既包括对项目的产品（结果）的质量管理，也包括对项目的管理工作的质量管理。《PMBOK® 指南》试图同时兼顾对项目产品的质量管理和对管理工作的质量管理，就使项目质量管理与项目范围管理、进度管理、成本管理等严重交叉，加大了考生对项目质量管理知识领域的学习难度。例如，项目进度偏差突破了控制临界值，就意味着"进度管理"的质量不符合要求，这就导致质量管理与进度管理的交叉。

8.1.2　质量的概念

质量是产品、服务或成果用于满足用户明示和潜在需求的全部特性和功能的总和。如果这些特性和功能能够很好地满足用户的需求，那么质量就好，反之就不好。这个定义很全面，但是不太可操作。

质量是指达到技术要求和适合用户使用。这个定义不全面，但更可操作。根据这个定义，项目工作要提交出符合技术要求的、具有实际用途的项目产品。产品符合要求并有使用价值，就可以使客户满意。

与项目范围管理反对镀金一样，项目质量管理也反对镀金。PMI 提倡给客户提供你答应提供的东西，而不要多提供一些额外的东西，如额外的功能、更高的质量。按 PMI 的观点，镀金不会增加项目的价值。镀金往往是项目工作人员为了讨好客户而做出的。从机会成本的角度来看，镀金的机会成本比较大。更何况，资源是有限的，把资源用于满足项目既定的要求更加合适。

> **好质量的产品是符合要求的适用产品，而不是超过要求的优质产品。**

对项目团队外部的相关方（如项目发起人），项目经理对整个项目的质量承担最终责任。在项目团队内部，每个成员都必须按要求完成相关工作并进行自我检查，以保证质量符合要求；每个团队成员都要对自己所做的那部分工作承担最终责任。

例题 8-1　以下哪个是对质量的最好描述？

A. 满足管理层的要求

B. 项目产品符合要求且适合使用

C. 满足并超过客户对项目产品的期望

D. 给客户更多的东西

解释：正确答案是 B。管理层的要求是决定项目质量标准的重要因素之一，但不是唯一因素，所以选项 A 虽然不错，但不够全面。选项 C，D 都有镀金的成分在内，是不合适的。

8.1.3　有效的质量管理做法

最重要的是，在整个组织中建立和维护优秀的质量管理文化，使每个人在每个环节都自觉地确保工作过程的质量和工作成果的质量。在这样的文化氛围中，便于有效地开展质量规划、质量保证和质量控制。

在进行项目规划和产品设计时，必须认真考虑对工作过程和工作成果的质量要求，把质量融入项目规划和产品设计中。质量首先是规划和设计出来的。

在项目执行和产品开发中，必须严格执行事先规划和设计的工作过程，并做必要的持续改进来保证质量。

在交付工作成果之前，必须进行适当的检查以发现和纠正缺陷。在工作成果交付之后，还要通过用户调查等方法来了解客户满意度，包括发现和解决可能存在的产品缺陷。这都属于质量控制。

8.1.4　重要的质量管理理念

质量管理中的一些重要理念包括：

- 第一次就把事情做对。这才是最节约成本的方法，因为可以避免返工、避免废品等。通过第一次就把事情做对，保证产品符合既定的要求，从而防止发生因产品不符合要求而带来的相关成本。第一次就把事情做对与零缺陷管理其实是一回事。当然，在实际工作中，人们不可能绝对不犯错误，没办法绝对地做到"第一次就把事情做对"和"零缺陷"。但是，它们是人们的终极追求，可以不断地接近。

- 质量是免费的。使质量合格所得到的回报，通常都要大于所付出的代价。这是质量管理专家克劳斯比的观点。他写过一本书，书名就是《质量是免费的》(Quality Is Free)。他也认为，质量成本是用失败成本来衡量的。如果第一次就使质量合格，那么失败成本就是零。这也意味着质量是免费的。

- 预防胜于检查。通常，在预防上花钱比在检查上花钱，效益要好得多，尽管一定程度的检查仍必不可少。

- 持续改进或凯思恩(Kaizen)。这两个词的意思相同，后者是日本语中的"改善"的音译。通过持续不断的小改进积累成大改进，往往比瞬间的大改进更有价值。瞬间的大改进不可能每天都取得，更何况大改进往往要付出大的代价。持续改进中也包括杜绝浪费的重要理念，即通过不断改进过程来减少浪费。这个理念是精益管理(Lean Management)的核心。精益管理强调消灭一切不创造价值的资源消耗。

- 准时制(零库存)管理(Just In Time, JIT)。它本来是一个用来降低库存成本的方法，是财务会计中的概念，但也可以用来促进质量管理水平的提高。由于是零库存，没有多余的材料，就促使人们更注重质量，力争一次就把事情做对，力争零缺陷。

- 全面质量管理(Total Quality Management, TQM)。强调全过程的质量管理和全员参与质量管理。整个生产过程中的每个环节都要做好质量管理，任何一个环节出错，产品质量就会出错。每个员工都要参与质量管理，任何一个人出错，产品质量就会出错。全面质量管理发源于美国，在日本得到了最成功的实践和发展。

- 管理者对质量负85%的责任，而工人只有15%的责任。质量主要取决于管理者所建立和维护的管理系统，而不是每个工人的个人努力。

例题 8-2 凯思恩(Kaizen)是一种强调质量持续改进的方法。它通过以下哪一项来实现持续改进？

A. 不断取得大的进步

B. 逐渐的增量改进

C. 采用帕累托图

D. 着眼于质量成本的降低

解释：正确答案是B。选项A，很难做到，是不现实的。选项C中的帕累托图是一种质量管理的工具，用于识别导致质量缺陷的少数关键原因。虽然可以采用帕累托图为持续改进提供基础，但并不能直接实现持续改进。选项 D 也与题意不相关。

8.2　各过程的输入与输出

8.2.1　输入与输出的关系总览

项目质量管理的实现过程包括规划质量管理、管理质量和控制质量。这些过程的输入与输出关系如图 8-1 所示（未考虑事业环境因素、组织过程资产和各种更新）。

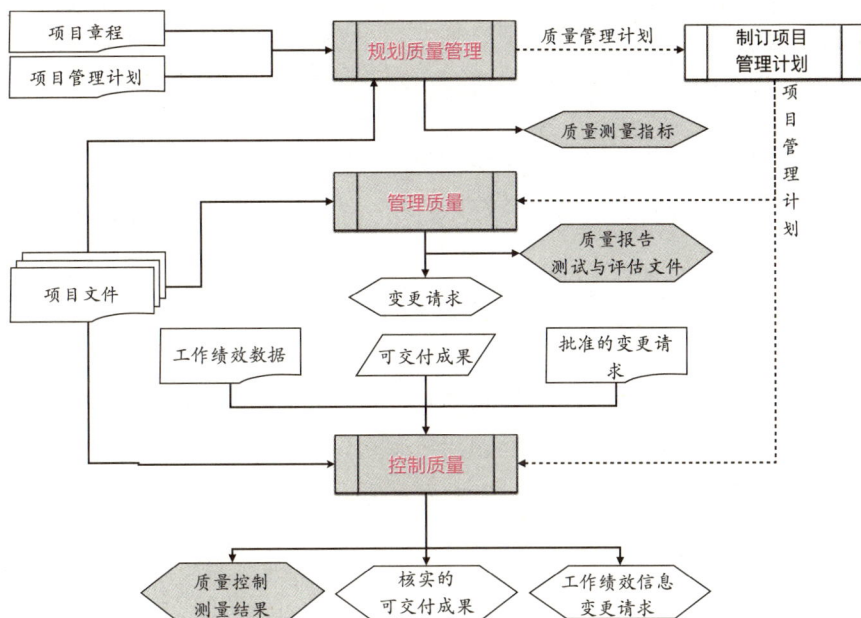

图 8-1　项目质量管理各过程的输入与输出关系

8.2.2　规划质量管理

在项目章程的指导下，根据项目管理计划中已有的内容，以及多种项目文件来编制质量管理计划和质量测量指标。质量测量指标是对质量管理计划中的高层级质量标准的具体化。

项目章程中的项目目标、项目成功标准、项目审批要求等内容，都会对编制质量管理计划和质量测量指标有直接影响。

项目管理计划的各个组成部分对本过程的作用为：

• 需求管理计划有利于把质量管理的方法与需求管理的方法协调起来。
• 风险管理计划有利于明确该如何管理与质量有关的风险。

- 相关方参与计划有利于引导相关方合理参与<u>质量管理计划</u>和<u>质量测量指标</u>的制订。
- <u>范围基准</u>有利于针对每个 WBS 要素制定<u>质量测量指标</u>。

以下<u>项目文件</u>对本过程的作用为：

- <u>假设日志</u>。需要考虑各种假设条件和制约因素。
- <u>需求文件</u>。其中包含的需求及其验收标准，对确定质量管理方法和<u>质量测量指标</u>有直接影响。
- <u>需求跟踪矩阵</u>。其中的需求验收方法（如测试场景），对确定质量检查方法有直接影响。
- <u>相关方登记册</u>。有利于识别对质量管理和质量标准有特别要求的相关方。
- <u>风险登记册</u>。在确定质量标准和<u>质量测量指标</u>时，必须考虑风险。

> 实际上，项目管理计划中的范围基准、进度基准和成本基准，都会直接影响质量标准和质量测量指标的确定，只是《PMBOK® 指南》中没有列全。

8.2.3　管理质量

下列各点有助于考生理解和记忆管理质量过程的输入与输出：

- 执行<u>质量管理计划</u>（<u>项目管理计划</u>的组成部分）中规定的质量管理活动。
- 按<u>质量测量指标</u>（一种<u>项目文件</u>）把质量做合格。
- 把质量标准和<u>质量测量指标</u>转化成<u>测试与评估文件</u>，供控制质量过程使用。
- 根据<u>风险报告</u>（一种<u>项目文件</u>）动态评审实现项目质量目标的机会和威胁，以便提出必要的<u>变更请求</u>（如调整质量管理方法或<u>质量测量指标</u>）。
- 根据<u>质量控制测量结果</u>（一种<u>项目文件</u>）反思质量管理体系的合理性，以便提出必要的<u>变更请求</u>。
- 重复开展本过程时，需要参考已记进<u>经验教训登记册</u>（一种<u>项目文件</u>）的质量管理经验教训。
- 根据各种资料编制<u>质量报告</u>，向项目相关方报告项目质量绩效。

8.2.4　控制质量

下列各点有助于考生理解和记忆控制质量过程的输入与输出：

- 把体现在<u>工作绩效数据</u>中的质量实际绩效，与体现在<u>质量管理计划</u>（项目管理计划的组成部分）和<u>质量测量指标</u>（一种<u>项目文件</u>）的计划要求进行对比，得出<u>质量控制测量结果</u>。

- 检查项目工作或成果的质量时，需要使用测试与评估文件（如其中的质量测试程序）。
- 对已经完成的可交付成果进行质量检查。如果质量合格，就得到核实的可交付成果；如果不合格，就提出变更请求。
- 检查已批准的变更请求的执行情况，把检查结果写入质量控制测量结果（是否已执行到位及其原因）。
- 把质量控制测量结果、工作绩效数据和项目计划要求综合起来分析，得出工作绩效信息。如果工作绩效信息不理想，就提出变更请求。

8.3 各过程的主要工作和成果

8.3.1 规划质量管理

规划质量管理过程旨在确定项目的质量标准，并决定如何通过管理质量过程与控制质量过程来达到这些标准。这些内容会包含在质量管理计划和质量测量指标中。质量管理计划描述将如何在执行组织的质量政策的指导下开展质量管理工作，以便达到项目的质量要求。质量管理计划将作为项目管理计划的组成部分，用来指导管理质量和控制质量过程。质量测量指标是对质量管理计划中的高层级质量标准的具体化和可操作化。

质量管理计划的主要内容包括：

（1）项目的质量政策。可以直接引用组织的质量政策，也可以对组织的质量政策略加修改。

（2）项目的质量目标。包括项目的总体质量要求和高层级质量标准，如项目必须符合某个行业标准中的规定。

（3）质量角色和职责。谁应该对项目质量承担什么责任。

（4）质量管理程序、活动和工具。用于履行职责和实现目标的程序、活动和工具。

（5）对工作过程和成果的质量评审。哪些工作过程和成果必须接受质量评审？将如何进行质量评审？将如何利用评审结果？

> 规划质量管理过程不仅要编制程序性计划（质量管理计划），而且要编制实体性计划（质量测量指标）。

8.3.2 管理质量

管理质量过程是把质量管理计划中的内容细化成可执行的质量管理活动，并加以执行，以在项目上落实组织的质量政策。在管理质量过程中，要做以下五件主要工作：

（1）让主要相关方确信项目将会达到质量要求，从而能够满足他们的需要、期望和需求。

（2）执行（包括细化后执行）质量管理计划中规定的质量管理活动，确保项目工作过程和工作成果达到具体质量测量指标和高层级质量标准。

（3）编制将用于质量控制的质量测试与评估文件。这是把质量标准和质量测量指标转化成质量测评工具（如质量核对单）。

（4）根据质量管理计划和质量控制测量结果（实际质量绩效），提出变更请求，实现过程改进。

（5）根据质量管理计划、质量测量指标、本过程的实施情况，以及质量控制测量结果，编制质量报告。

虽然项目团队可以利用组织中的质量保证部门来开展管理质量过程中的一部分活动（通常是为项目团队履行职责提供支持），但是本过程的大部分活动仍是项目团队自己的职责。

> 每个人都需要参与管理质量过程，包括项目经理、项目团队成员、执行组织的管理人员，甚至客户。

8.3.3 控制质量

控制质量过程旨在检查具体的工作过程或可交付成果的质量，并记录检查结果，确定是否符合质量测量指标和高层级质量标准。如果不符合，则要找出原因，并提出纠偏建议（针对工作过程）或缺陷补救建议（针对可交付成果）。

本过程要做以下四件事情：

（1）检查具体的工作过程的质量，并记录检查结果（质量控制测量结果）。

（2）检查已完成的可交付成果是否符合质量要求（技术上是否正确），并记录检查结果（质量控制测量结果）。

（3）检查已批准的变更请求是否实施到位，并记录检查结果（质量控制测量结果）。

（4）基于前述检查结果和相关计划，整理出工作绩效信息，并提出变更请求。

质量控制往往由专门的质量控制人员或质量控制部门来做。例如，老师应该监控学生听课的质量，提出必要的纠偏建议；学生也应该监控老师讲课的质量，提出必要的纠偏建议。

例题 8-3　在进行现场检查时，你发现项目的一个重要部件有严重缺陷。你立即召集团队相关成员对该缺陷进行分析，以便找出问题发生的原因。你们正在做的工作属于以下哪个项目质量管理过程？

A. 管理质量

B. 控制质量

C. 规划质量管理

D. 跟踪质量

解释：正确答案是 B。由于你们正在分析一个具体的质量缺陷并设法解决，显然是处于控制质量过程，而不是管理质量过程（关注项目整体以及使质量合格）。选项 C，D 与题意相去甚远，而且《PMBOK® 指南》中没有"跟踪质量"这个过程。

8.3.4 三个过程之间的关系

PMP® 考试中可能要求考生判断某件工作属于规划质量管理、管理质量或控制质量过程。在《PMBOK® 指南》中，把旧版的"实施质量保证过程"改成了"管理质量过程"。与质量保证相比，管理质量过程的覆盖面更宽。它既与规划质量管理过程交叉，又与控制质量过程交叉。前一个交叉是细化质量管理计划中的质量管理活动，以及把质量标准和质量测量指标转化成测试与评估文件。后一个交叉是把控制质量过程中发现的情况汇编进质量报告，并从质量管理体系上寻求对控制质量过程所发现的各种质量问题的根本解决办法。

> 控制质量过程提出的"变更请求"是要求解决具体的工作过程或可交付成果中存在的质量问题，而管理质量过程提出的"变更请求"则是要求修改质量管理体系。

这三个过程之间的关系可以简述为：

（1）在规划质量管理过程中，建立质量管理体系，包括质量标准、质量测量指标，以及将如何实现。

（2）在管理质量过程中，执行质量管理体系。

（3）在控制质量过程中，检查质量管理体系的执行结果。

（4）在管理质量过程中，根据控制质量过程的检查结果以及规划质量管理过程编制的计划，评价质量管理体系的合理性，提出变更请求（改进建议）。

（5）在变更请求（改进建议）被批准之后，回到规划质量管理过程修改（完善）质量管理体系。

上述五个步骤构成了下列循环：从规划质量管理到管理质量到控制质量，又返回到管理质量、规划质量管理，如图 8-2 所示。

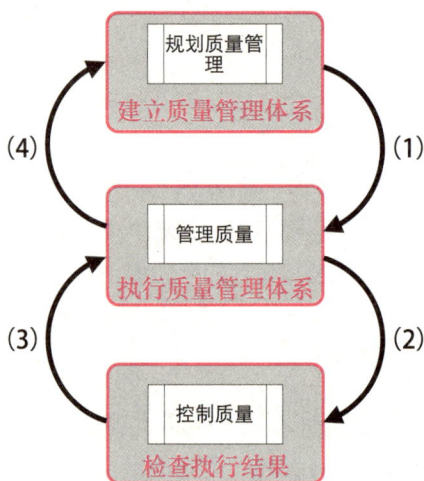

图 8-2　项目质量管理各过程的循环关系

虽然在《PMBOK®指南》中，把旧版中的"实施质量保证过程"改成了"管理质量过程"，但是PMP®考试中仍可能有关于区分质量保证和质量控制的题目。表8-1概括了这两者的主要区别。

表 8-1　质量保证和质量控制的主要区别

质量保证	质量控制
事中"做"质量	事后"检查"质量
由工作执行者边执行边开展	由专门质量控制人员在事后开展
发现系统原因导致的过程偏差，据此开展过程改进	发现特殊原因导致的过程偏差，并加以纠正
预防工作成果的质量缺陷	发现和补救工作成果的质量缺陷
从整体着眼的质量管理体系建设	从局部着眼的具体质量问题纠正

例题 8-4　项目实施过程中，客户要求对工作分解结构中所列的一个主要可交付成果进行重大变更。由于变更的性质，你必须确定变更后的可交付成果的质量标准。你正处于哪个过程中？

　A. 规划质量管理

　B. 管理质量

　C. 控制质量

　D. 预防质量缺陷

解释：正确答案是A。由于你正在为变更后的可交付成果选择质量标准，所以是在做规划质量管理过程的工作。虽然计划编制工作通常在项目执行阶段之前完成，但也需要在项目执行阶段更新计划，也就是说，项目的计划编制与计划执行在某种程度上是重叠进行的。注意：如果是针对原有的可交付成果（未做变更）重新评价原定质量标准对该可交付成果的适用性，就是在做质量保证（属于管理质量过程）。

8.4　各过程的工具与技术

质量管理各过程的工具与技术比较多。它们并不是项目管理专用的，而是从重复性生产领域的质量管理中移植过来的。

8.4.1　规划质量管理

本过程的工具可以概述为：先使用数据收集来收集数据，再使用数据分析来分析数据，最后使用决策来做出关于质量管理方法、质量标准和质量测量指标的决定。整个过程中，需要借助专家判断，附加开展测试与检查规划（策划将如何开展质量测试和检查）。整个过程中，需要使用数据表现，借助一些可视化图形技术来更有效地规划质量管理。必要时，召开会议。

1. 数据收集

访谈项目相关方、主题专家和团队成员等，了解他们对质量管理、质量标准和质量测量指标的意见。也可以召集相关人员进行头脑风暴。

用标杆对照的方法，收集可比项目的质量管理做法、质量标准和质量测量指标，作为本项目的标杆。

2. 数据分析

通过成本效益分析，了解各种不同质量管理方案或质量标准所需的成本和能产生的效益。质量标准不是越高越好。较高的质量标准需要较高的成本，而所产生的效益不一定合算。在确定质量标准时，应该考虑实现质量标准所需的成本及带来的效益。可以用边际分析的方法，确定最佳质量标准。边际效益等于边际成本时的质量标准是最佳的。

> 列入工具与技术的"质量成本"其实是"质量成本分析"。

通过质量成本分析，了解各种可能的质量成本组合方案（不同种类的质量成本各占多大比重）。质量成本是为达到产品或服务的质量标准而付出的所有努力的总代价，也就是用于质量管理的成本。质量管理是需要花钱的，在确定质量标准时应该考虑愿意花多少钱去做质量管理。较高的质量标准往往需要较高的质量成本。

质量成本中既包括为保证质量符合要求所做的工作的成本，即一致性成本；也包括因质量不符合要求而产生的成本，即不一致性成本。一致性成本和不一致性成本的例子如表 8-2 所示。

表 8-2　一致性成本和不一致性成本举例

一致性成本	不一致性成本
设计确认，计划编制	返工，废品，额外库存
质量培训，质量保证（过程改进、过程确认）	投诉处理，保修服务
质量控制（现场测试、现场检查）	责任认定，员工处罚
质量审计，过程维护和校准	产品召回，信誉损失

质量成本的另一种常见分类方法，是把成本分成预防成本、评估成本和失败（缺陷）成本。

- 预防成本是预防项目发生质量问题的成本，如质量计划编制、人员培训、设计复核等。用于规划质量管理与管理质量的成本都属于预防成本。
- 评估成本是检查产品或生产过程，确认它们是否符合要求而发生的成本，如检查和测试成本。用于质量控制的成本属于评估成本。
- 失败成本是进行缺陷补救所发生的成本，以及因质量缺陷而遭受的其他损失，又可分为内部失败成本和外部失败成本。前者是指在产品交给客户之前，在项目内部处理缺陷所产生的成本；后者是指产品交给客户之后，而产生的缺陷处理成本、产品召回成本和信誉损失成本等。

在现代质量管理思想下，应当是预防成本所占的比例最大，其次是评估成本，然后才是内部失败成本和外部失败成本。外部失败成本要尽可能降为零。

> 预防成本和评估成本属于一致性成本，而失败成本则属于不一致性成本。

例题 8-5　某客户在某银行办理了一笔较大金额款项的汇款业务。之后，再次检查汇款单据时，发现银行开出的汇款单上写错了汇入账号中的一个数字，虽然客户填写给银行的原始单据上的汇入账号是正确的。客户立即打电话给银行工作人员，被告知这个错误已在银行内部随后的审查程序中得到纠正。该银行：

A. 质量保证与控制工作做得不错，以至于能够在最后关头发现并纠正缺陷

B. 应该改进内部审核程序，以便防止发生外部失败成本

C. 应该告诉客户不要为这样的小问题来麻烦自己

D. 应该认为这种错误是不可避免的，不必采取任何改进措施

解释：正确答案是 B。尽管问题已在最后关头得到解决，但客户所拿到的单据也是银行服务产品的一个组成部分，所以还是发生了外部失败成本，导致客户满意度降低。如果银行加强单据打印之前的审核工作，就可以防止这种外部失败成本。

3. 决策

借助多标准决策分析技术，用一系列标准（可带不同权重）对各种质量管理方法、

各种质量标准或各种质量测量指标进行打分，排出优先级顺序，并据此选择排序靠前的方法、标准或指标。

4. 数据表现

数据表现技术中包括流程图、逻辑数据模型、矩阵图和思维导图。

用流程图描述一个生产过程怎样从开始走到结束，以及中间各步骤之间的相互关系，有助于分析生产过程中的哪个或哪几个环节最容易出现质量问题。

逻辑数据模型（Logical Data Model）是常用于数据库开发的一种可视化技术。其详细程度介于概念数据模型（Conceptual Data Model）和实物数据模型（Physical Data Model）之间。概念数据模型只显示概念之间的逻辑关系。逻辑数据模型则在概念之下添加了一些细节信息。实物数据模型则进一步添加用于实现这些细节的技术信息。逻辑数据模型有利于防止数据不完整。如果删去任何一条逻辑关系线，就会导致最后的数据不完整。图 8-3 是这三种模型的简单示例。

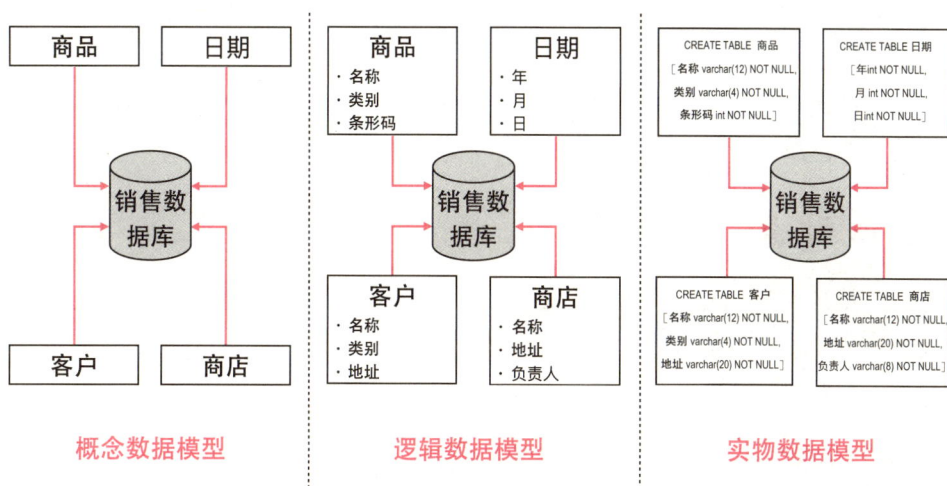

图 8-3 三种数据模型示例

矩阵图用于考察各种质量指标之间的相互关系，或者质量指标与影响因素之间的关系。有以下六种常用的矩阵图：

- 屋顶形。用于表示同属一组变量的各个变量之间的关系。
- L 形。通常为倒 L 形。用于表示两组变量之间的关系。
- T 形。用于表示一组变量分别与另两组变量的关系。后两组变量之间没有关系。
- X 形。用于表示四组变量之间的关系。每组变量同时与其他两组有关系。
- C 形。用于表示三组变量之间的关系。三组变量同时有关系。
- Y 形。用于表示三组变量之间两两关系。每两组变量之间都有关系。

这六种矩阵图如图 8-4 所示。

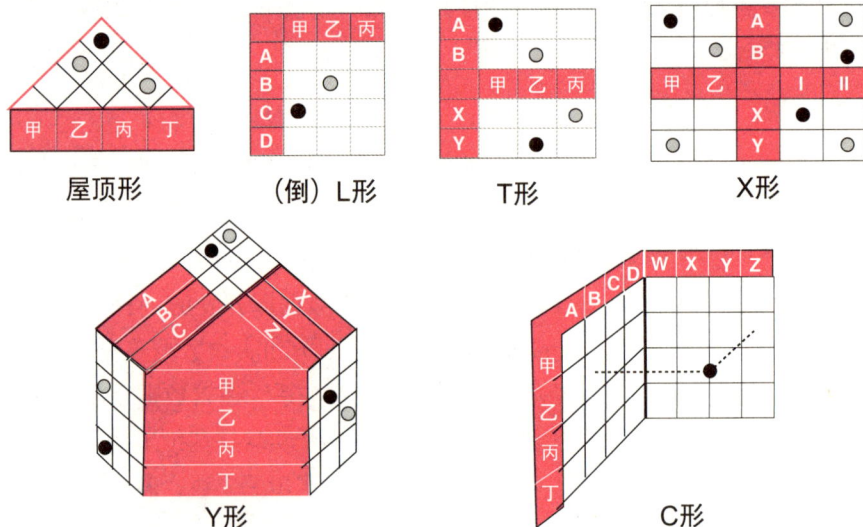

注：纵横交叉处用符号表示关系类型或强弱

图8-4 各种矩阵图

思维导图用于把各种条件、因素等与某个核心质量要求联系起来，特别适合做个人或群体的发散性思考。

8.4.2 管理质量

管理质量过程的工具，从数据收集和数据分析到决策和数据表现，这些大类与规划质量管理过程一致。但是，大类下面的具体技术并不完全相同。本过程还有审计、面向X的设计、问题解决和质量改进方法。

1. 数据收集和数据分析

因为在管理质量过程中需要收集客观数据，所以就没有用规划质量管理过程中的头脑风暴和访谈。在本过程，可以用核对单收集数据，反映该做的事情是否已做，又是否已做到符合要求。

数据分析中包括备选方案分析、文件分析、过程分析和根本原因分析。备选方案分析用于分析多种可选的质量活动实施方案，并做出选择。文件分析用于分析质量控制测量结果、质量测试与评估结果、质量报告等，以便判断质量过程的实施情况好坏。过程分析用于把一个生产过程分解成若干环节，逐一加以分析，发现最值得改进的环节。根本原因分析用于分析导致某个或某类质量问题的根本原因（系统原因）。

> 这些数据收集和分析技术也可用于控制质量过程。

2. 决策

可用多标准决策分析技术来对多种质量活动实施方案进行排序，并做出选择。

3. 数据表现

数据表现中包括亲和图、因果图、流程图、直方图、矩阵图和散点图。

- 亲和图用于对导致质量问题的各种原因，根据其亲近关系进行归类。
- 因果图，也叫鱼刺图或石川图，用来分析导致某一结果的一系列原因；有助于人们进行创造性、系统性思维，找出问题的根源。它是进行根本原因分析的常用方法。
- 流程图用于完整地分析某个或某类质量问题产生的全过程。
- 直方图是一种显示各种问题分布情况的柱状图。每根柱子代表一个问题，柱子的高度代表问题出现的次数。
- 矩阵图，如前文所述。
- 散点图，用 X 轴表示自变量，Y 轴表示因变量，定量地显示两个变量之间的关系，是最简单的回归分析。所有数据点的分布越靠近某条斜线，两个变量之间的关系就越密切。

> 这些数据表现技术也可用于控制质量过程。

4. 审计

质量审计旨在对质量管理活动进行独立的、结构化的审查，以便总结质量管理方面的经验教训。独立的审查是指审计人员应该不受干扰地开展工作，提出意见。结构化审查是指按事先规定的审查程序、方法和内容进行审查。

5. 面向 X 的设计

面向 X 的设计中的 X 既可以是卓越（Excellence）的意思，也可以是产品的某种特性，如可靠性、可用性、安全性、经济性。前者追求整个产品在整个生命周期中的最优化，后者重点改进产品的某个特性。

6. 问题解决和质量改进方法

问题解决是指用结构化的方法从根本上解决在控制质量过程或质量审计中发现的质量管理问题。从定义问题、识别根本原因，到形成备选解决方案、选择最好的方案，再到实施选定的方案、核实解决效果。

在管理质量过程中，要基于过程分析的结果，用质量改进方法去做过程改进。过程改进旨在使生产过程更加顺畅、稳定，减少生产过程中的浪费或（和）降低产品缺陷率。可以用来做过程改进的方法有很多，如戴明环、六西格玛、精益生产、精益六西格玛等。

8.4.3　控制质量

控制质量过程的工具包括<u>数据收集</u>、<u>数据分析</u>和<u>数据表现</u>，还有<u>检查</u>、<u>测试或产品评估</u>，以及<u>会议</u>。

1.　数据收集

在检查质量时，可用<u>核对单</u>和<u>核查表</u>收集客观数据。<u>核对单</u>用于打勾，了解哪些要求已经或没有达到。<u>核查表</u>用来逐项发现质量问题，每发现一个问题，就在<u>核查表</u>相应的区域画上一条斜杠（／）。中国人画"正"字统计各候选人所得的选票，也就是在应用<u>核查表</u>。

用<u>统计抽样</u>从全部产品中抽取少量样本进行检查，并根据样本的情况推论出总体（全部产品）的情况。

通过<u>问卷</u>和<u>调查</u>，收集客户对产品质量的满意度，以及客户在产品使用过程中可能已经发现的质量缺陷。

2.　数据分析

通过<u>绩效审查</u>，分析实际质量绩效偏离计划要求的程度和原因。用<u>根本原因分析</u>找出导致某个具体质量缺陷的根本原因。

3.　数据表现

<u>数据表现</u>技术包括<u>因果图</u>、<u>直方图</u>、<u>散点图</u>和<u>控制图</u>。前三个图，已在前文介绍。这里再补充一种特殊的<u>直方图</u>（常用来控制质量），即帕累托图。帕累托图是"二八定律"（20%的原因导致了80%的问题）的图示，用来对导致问题的各种原因按发生频率从高到低排序（频率最高的排在最左边），以便人们集中精力处理最关键的少数（约20%）原因。

<u>控制图</u>是PMP®考试中常考的一种图，也是质量控制中的重要工具。下文重点介绍<u>控制图</u>。用<u>控制图</u>按一定的时间间隔检查和记录质量情况，考察一个过程是否稳定。在规划质量管理时，需要确定图中目标值、控制上下限、规格上下限的位置，以及质量检查的频率。在控制质量过程中，用<u>控制图</u>来检查过程的质量和成果的质量。

关于<u>控制图</u>的一些重要概念如下：

- 控制上限和下限。通常用两条虚线表示，是需要或不需要采取纠正措施的分水岭。如果质量偏差落在控制上限和下限之内（七点规则的情况除外），项目执行过程就是受控的，不需采取纠正措施。如果落在控制上下限之外，项目执行过程就失控了，就需要调查原因并采取纠正措施。对于重复性的过程，控制上限和下限通常设在正负三个标准差。

- 目标值。位于控制上限和下限中间的那条线，表示允许的偏差或绩效的平均值。

- 规格上限和下限。客户要求、合同规定或法律规定的质量底线。控制上限和下限是项目管理团队自行设计的，而规格上限和下限则来自客户、合同或法律的硬性要求。质量偏差只要在规格上限和下限之内，哪怕超出了控制上限或下限，产品质量仍然是合格的，不需要缺陷补救。一旦质量偏差突破规格上限或下限，产品就是不合格的，必须进行缺陷补救。规格上限和下限通常是控制上限和下限之外的两条线，用实线表示。

> 控制限是系统的声音（Voice of System），规格限则是客户的声音（Voice of Customer）。前者是项目经理根据一般的统计原则计算出来的，后者是客户要求的。

- 过程失控。如果偏差超出了控制上限或下限，或者虽然在控制上限与下限之内，但是偏差分布具有非随机特性，那么，从统计意义上讲，项目执行过程失控了，就应该调查原因并采取相应措施予以纠正。
- 七点规则。与"二八定律"相似的经验式规则。如果连续七个观测值都落在控制图目标值线的同一边（即便都在控制上限与下限之内），或者在目标值线两边呈同方向变动（越来越高或越来越低），那么也应该认为这种数据分布是"非随机"的，意味着执行过程失控了，需要及时调查原因并采取纠正措施。由随机原因引起连续七个点都落在同一边或呈同方向变化的概率是非常低的，以至于我们宁愿相信是非随机原因（特殊原因）引起的。
- 非随机原因或特殊原因。控制图中任何需要调查分析的观测值，都是非随机原因引起的，如七个观测点在同一边或呈同方向变动、任一观测点超过控制上限或下限。非随机原因引起的偏差，意味着项目执行过程失控。
- 随机原因或普遍原因。系统本身的内在特性决定的、可预测的偏差来源。如完全符合规则的六合彩摇奖，每次摇奖时每个号码球的弹出或不弹出都是随机的。随机原因引起的偏差都是允许的，不意味着过程失控。

> 任何随机原因引起的偏差都是可接受的，不意味着过程失控；任何非随机原因引起的偏差都是不可接受的，都意味着过程失控。

例如，你用惯用的手写字，要求每个字尽可能一样大。无论你多么认真，每个字的大小总会有一定的偏差。这种偏差就是随机原因（系统原因、普通原因）引起的，是可以接受的。如果你用另一只手写字，无论你多么认真，每个字的大小就会有更大的偏差。这种偏差就是非随机原因（特殊原因）引起的，是不可以接受的。如果用惯用的手认真写字，在写的过程中，你突然被人碰了一下（特殊原因），那正在写的这个字就会有更大的偏差（突破控制限），这种偏差也是不可以接受的。

那么，控制限是怎么计算出来的呢？第一，你用惯用的手认真写许多字（如100个）；第二，测量出每个字的大小尺寸；第三，计算出这些字的尺寸平均值和标准差；第四，用平均值加三个标准差作为控制上限，用平均值减三个标准差作为控制下限。以后，别人就可以用这个控制上限和下限来检查你写字的过程是否处于受控状态。

如果控制限超出了规格限，就意味着系统（生产过程）的能力太低，在正常运行的情况下将无法达到客户的质量要求。如果必须达到客户的质量要求，就要开展过程改进，提高系统（生产过程）的能力。

结果失控（超出规格上限或下限）往往是过程失控（超出控制上限或下限，或其他非随机的变化）长期得不到解决而必然导致的。控制图的一个重要意义是：提醒人们在还有时间解决问题时发现问题并采取措施，即在结果失控之前就及时发现和解决过程失控。

运用控制图，能够及时监测到项目执行过程的失控，即何时出现了非随机原因引起的偏差。但单纯依靠控制图，还不能知道为何失控。要探究失控背后的原因，还需要借助因果图、流程图等其他工具。

图 8-5 显示了质量控制图及一些重要跟踪点的含义。

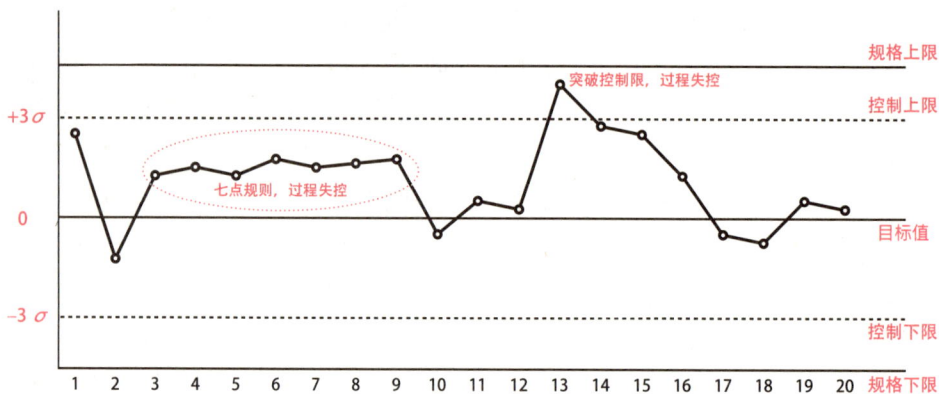

图 8-5　质量控制图及一些重要跟踪点的含义

例题 8-6　为了判断项目实施过程是否失控，项目质量管理人员需要了解：

A. 随机抽样与统计抽样之间的区别

B. 缺陷预防与质量保证之间的区别

C. 质量控制与成本控制之间的区别

D. 随机原因与特殊原因之间的区别

解释：正确答案是 D。特殊原因是非随机原因，表明质量过程失控。其他三个选项与题目不太相关。

4. 其他工具

开展实地检查以及测试或产品评估，核实可交付成果的质量是否合格。不同行业的项目，检查或测试方法可能有很大区别。

召开会议，确认已批准的变更请求是否已经实施到位，也可回顾和总结质量管理方面的经验教训。

8.5 统计概念和质量管理大师

8.5.1 统计概念

质量管理中常会用到统计工具，如检验偏差有没有统计上的显著意义。PMP® 考试中可能考到一些基本的统计知识，例如：

- 概率。某件事发生的可能性大小，如 1%。
- 随机抽样。总体中的每个个体都有等同的机会（概率）被抽中。为保证样本的代表性，最好使用随机抽样的方法。如果不借助外在工具，作为有显意识与潜意识的人，无法做到随机，哪怕他主观上想要随机。
- 统计上的独立性。两个事件之间没有任何联系，前一事件的结果丝毫不会影响后一事件的结果。例如，这次丢硬币出现正面，对下一次丢硬币出现正面或反面的概率没有任何影响。即便连续出现许多次正面，下一次出现正面或反面的概率还是 50%（保持不变）。因此，"这次丢硬币"与"下次丢硬币"这两个事件在统计上是相互独立的。如果问连续几次都出现同一结果的可能性，那么就需要把每次出现该结果的概率相乘。例如，连续三次出现正面的概率是 $0.5 \times 0.5 \times 0.5 = 0.125$。
- 统计上相互排斥。在同一次实验中，两个结果不可能同时出现。例如，某个考生的 PMP® 考试结果，要么"通过"，要么"未通过"。

> 相互排斥，是在同一次实验中；而相互独立，则是在不同的实验中。

- 六西格玛管理。西格玛是标准差的符号。六西格玛管理就是六个标准差管理，是指质量管理要达到这样的高水平：每生产 100 万个产品，只有 3.4 个有质量问题。在六西格玛管理下，产品的合格率非常高，达到了 99.9997%，有点像零缺陷了。如果推行三西格玛管理，合格率就要低得多。
- 均值、中位数和众数。均值是所有测量数据的算术平均值。中位数是指区分上下各 50% 的数据数目的分界点（所有数据从小到大顺序排列）。众数是指在所有数据中出现次数最多的那个数据。

> 通过把各数据与均值比较，而不是与中位数或众数比较，计算标准差。

- 边际分析。分析单位质量改进能够产生的效益增加或需要支付的成本增加。最佳的质量应该是效益增加和成本增加相等时的质量。如果效益增加大于成本增加，说明质量还可以继续改进（从效益成本分析的角度）；如果效益增加小于成本增加，就说明质量改进是不划算的。当质量改进的边际效益等于边际成本时，就达到了质量的最佳点；如果继续改进，就会出现边际成本大于边际效益。

例题 8-7 某软件开发项目正处于试运行阶段。在试运行过程中，出现了两个需要纠正的问题。为了更有效地解决这两个问题，你应该确认：

A. 它们之间是否具有一定的相关性

B. 它们是否会影响项目的整体质量

C. 哪个团队成员应该对它们负责任

D. 管理层对它们应该承担的责任

解释：正确答案是 A。遇到了两个问题，首先需要看看它们之间是否有一定的关联度。如果有较高的关联度，那么解决一个问题的同时，另一个问题可能也就解决了。如果两者之间没有关联（相互独立的），那么需要为每个问题分别制定解决办法。出现问题之后，最重要的是着手解决它，而不是追究责任。追究责任，通常是以后的事情。

8.5.2 质量管理大师

考试中可能考到以下几位质量管理大师：

- 戴明（Deming）。重要贡献包括戴明环、质量管理14条、持续改进、预防胜于检查等。
- 朱兰（Juran）。强调"质量是适合使用"，提出质量与等级的区别，提出质量管理三部曲（质量规划、控制和改进）。
- 克劳斯比（Crosby）。强调"质量是符合要求"，提出零缺陷和第一次就把事情做对，提出质量可以用不一致性成本来衡量（当不一致性成本为零时，质量就是好的，所以又可以说，质量是免费的）。
- 石川（Ishikawa）。提出质量圈和鱼刺图，总结出七种基本质量工具。
- 田口（Taguchi）。提出质量损失函数（产品质量波动会给社会带来损失）、稳健设计方法（质量首先是设计出来的，其次才能制造出来）、实验设计方法。

8.5.3 几个注意点

考生还需要注意以下几点：

- 保证质量可以提高生产率，降低成本。如果质量不合要求，成本就会增加，员工士气就会低落，项目风险就会提高，客户就会不满意。
- 劣质和低等级不是一回事。前者是指质量不符合要求，有缺陷；后者是指质量没有问题，只是功能少一些。例如，某些软件的学生版，比起正常版来说，就属于低等级的。劣质总是不可以接受的，而低等级可能是可以接受的。低等级往往是故意设计的，而劣质往往是执行不到位造成的。

- 如果没有足够的成本来满足既定的项目要求，可以降低项目的等级（缩小项目范围，减少项目功能），但不能牺牲质量。质量是项目产品的内在特性，如果不符合要求，以后可能无法补救或补救代价很高。范围决定的是项目产品有无某个功能，如果暂时不做该功能，以后还可以补做。

8.6　疑难问题解答

1. 质量成本中是否应该包括生产产品所用的原材料和机器的成本？

答：不包括，否则所有成本都是质量成本了。生产产品所用的原材料、机器设备、人工等成本不属于质量成本。当然，这些成本与质量成本之间会有一个不容易区分的灰色区域。

2. 按国际标准化组织的定义，质量是产品或服务用于满足人们潜在或明示需求的所有特性和功能的总和。考虑潜在的需求，是不是与防止镀金有矛盾？

答：考虑潜在的需求与镀金之间的确有一个不易区分的灰色地带。项目经理要做的重要工作之一，就是尽量识别项目相关方的明示和潜在需求，并把它们表述成明确、具体和可操作的项目要求，从而较好地解决这个问题。只要实现了明确的项目要求，就应该认为已经满足了项目相关方的明示和潜在需求。

3. 属性抽样与变量抽样，究竟有什么不同？

答：根据质量检查的不同目的，检查可分成"属性检查"和"变量检查"。如果是抽样检查，自然就是"属性抽样"和"变量抽样"。属性检查，检查者只关心产品质量合格或不合格，而不关心合格的程度高低。变量检查，检查者关心实际检测值在某个连续刻度表上所处的位置，而不是合格或不合格。属性检查相当于跳高比赛，裁判只关心你跳过没有。变量检查相当于跳远比赛，裁判关心你跳了多远。变量和属性之间会有一定的联系，即如果实际检测值落在连续刻度表的某个区间内（外），则判断质量合格（不合格）。

4. 质量差距 (Quality Gap) 与质量缺陷 (Quality Defect) 有何异同？

答：质量差距不一定是质量缺陷，质量缺陷只是质量差距的一种。例如，客户期待的服务与客户表述的服务、客户表述的服务与合同规定的服务、合同规定的服务与实际提供的服务、实际提供的服务与客户感知的服务等之间都可能存在质量差距，但只有合同规定的服务与实际提供的服务的差距才是质量缺陷。在《PMP® 考试大纲》中，要求基于质量差距来进行持续改进，以不断缩小差距。

第9章 项目资源管理

9.1 概述

项目资源管理是指为完成项目而识别、获取和管理所需的人力资源和实物资源。人力资源是直接从事项目工作（包括管理工作和技术工作）的项目团队成员。实物资源是直接用于项目的材料、设备和设施。项目目标的实现，无疑需要资源的保证。

对于项目团队，项目经理首先必须是领导者。作为领导者，他必须创建有利于合作的团队氛围，建设高效的项目团队；必须激励团队成员，培养成员和团队的工作能力，鼓励成员积极参与项目规划和决策。其次，项目经理必须是管理者。作为管理者，他必须要求团队成员遵守规范的项目管理制度，严格按要求开展启动、规划、执行、监控和收尾过程组的各种活动。

> 领导主要靠软技能，管理主要靠硬技能。

对于实物资源，项目经理必须有效地获取、分配和使用。他必须了解项目当前和未来对实物资源的需求，包括资源的种类、性能和数量；必须了解可用的实物资源供应渠道；必须在确保实物资源按时可用的同时，防止库存过多。

无论是人力资源还是实物资源，都既可以来自项目执行组织内部，也可以来自项目执行组织外部。项目资源管理知识领域关注来自组织内部的资源，项目采购管理知识领域关注来自组织外部的资源。

9.2 各过程的输入与输出

9.2.1 输入与输出的关系总览

项目资源管理的实现过程包括规划资源管理、估算活动资源、获取资源、建设团队、管理团队和控制资源。这些过程的输入与输出关系概括为如图 9-1 所示（未考虑事业环境因素、组织过程资产和各种更新）。

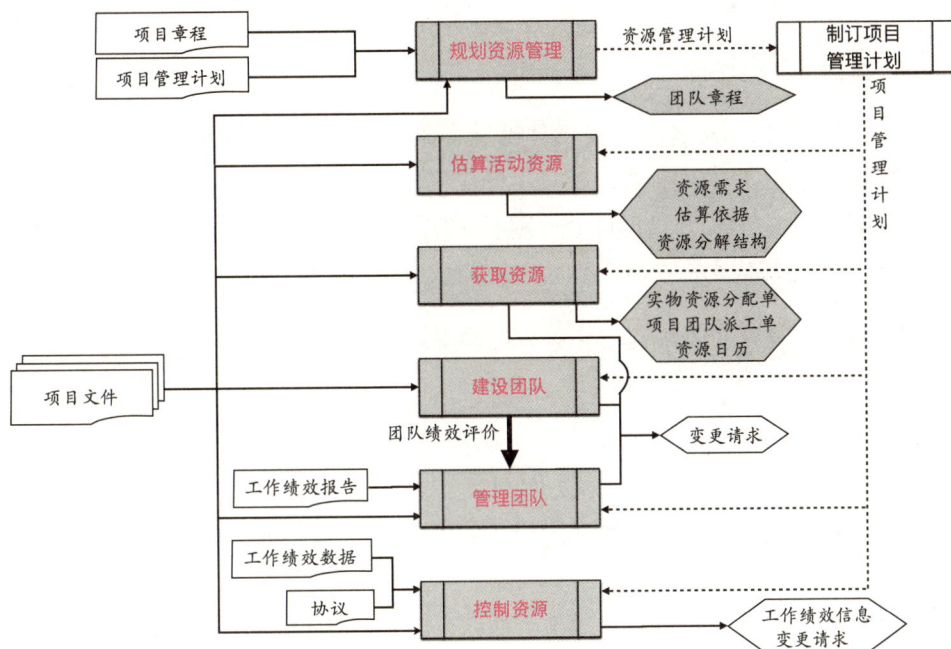

图 9-1　项目资源管理各过程的输入与输出关系

9.2.2　规划资源管理

在项目章程的指导下，根据项目管理计划中的质量管理计划和范围基准编制资源管理计划。质量管理计划和范围基准有利于确定为达到既定的质量标准和交付特定的 WBS 要素，而需要如何开展资源管理。

虽然《PMBOK® 指南》中只列出了质量管理计划和范围基准，但实际上，需求管理计划、范围管理计划、进度管理计划、成本管理计划、进度基准和成本基准（都是项目管理计划的组成部分），也会影响规划资源管理过程。

> 应该根据项目目标以及拟用的目标实现方法来确定项目资源管理方法。

本过程还需要用以下项目文件作为输入：

- **项目进度计划**。资源管理方法应该有利于项目进度计划的实现。
- **需求文件**。资源管理方法应该有利于实现既定的需求。
- **风险登记册**。开展资源管理时，应该利用与资源有关的机会，减轻与资源有关的威胁。

- **相关方登记册**。有些相关方对资源管理方法有特别的要求。

本过程还需要编制团队章程。

9.2.3　估算活动资源

根据项目管理计划和各种项目文件编制资源需求，以及作为附件的估算依据。然后，再把用于不同工作的同种资源汇总，形成资源分解结构。

项目管理计划中的资源管理计划规定了估算活动资源的方法，范围基准则有利于把活动的资源需求逐层向上汇总到工作包、控制账户和整个项目。

> 在本过程中，也需要汇总得出整个项目的资源需求。

以下项目文件是本过程的输入：

- **活动清单、活动属性**。根据活动的性质，对每个活动估算资源。
- **假设日志**。估算资源时需要考虑相关的假设条件和制约因素，如关于劳动生产率的假设。
- **成本估算**。准备花多少钱去做某个活动，会直接决定能够找什么级别的资源。
- **风险登记册**。有利于挑选合适类别的资源或使用合适数量的资源去应对风险登记册中的风险。
- **资源日历**。资源（人员、设备或设施）可用于项目的日期，会直接决定所需资源的数量。例如，某人一周只能为项目工作2天而不是5天，项目就需要更多的人员（假定工期不变）。

9.2.4　获取资源

根据项目管理计划和各种项目文件，获取所需的人力资源和实物资源，并进行分配，得出实物资源分配单和项目团队派工单，同时需要确定资源的实际可用日期，形成资源日历。如果实际获取的资源并不完全符合原定的要求（如技能水平较低），就需要提出变更请求。

项目管理计划中的资源管理计划规定了用于获取资源的方法，如人员招聘程序和渠道；采购管理计划有利于通过采购从组织外部获取资源；成本基准则有利于控制用于获取资源的总成本。

以下四种项目文件，也是本过程的输入：

- **项目进度计划**。获取资源的时间、种类和数量，必须符合进度计划的要求。
- **资源需求**。按其中的规定，获取所需要的资源。
- **相关方登记册**。需要与掌握资源的相关方打交道。
- **资源日历**。根据需要资源的日期，去获取资源。

资源日历，既是估算活动资源过程和获取资源过程的输入，又是获取资源过程的输出。该怎么理解这一规定呢？首先，根据预订的资源日历（记录需要资源的日期）估算所需资源；其次，根据预订的资源日历去获取资源；最后，获取资源之后，确认资源的实际可用日期，得出更新后的资源日历（记录资源的实际可用日期）。

9.2.5　建设团队

根据项目管理计划中的资源管理计划，以及各种项目文件，开展团队建设活动，提高团队绩效。团队绩效的提高情况，需要记录在团队绩效评价中。开展团队建设活动，可能导致需要修改项目管理计划或相关的项目文件，从而需要提出变更请求。

以下项目文件都是本过程的输入：

- 项目进度计划。为实现进度计划而开展团队建设活动。例如，何时该进行何种培训，何时该召集何种会议，都取决于项目进度计划。
- 项目团队派工单。针对不同岗位的成员开展不同的团队建设活动。
- 资源日历。只能选择相关成员在项目上工作的日期开展团队建设活动。
- 团队章程。用于指导团队建设的高层次文件。
- 经验教训登记册。重复开展本过程时，需要参考以往的经验教训。

9.2.6　管理团队

本过程旨在了解团队成员和整个团队的工作表现，解决问题和冲突，并提出必要的变更请求。

项目管理计划中的资源管理计划，规定了管理团队的基本方法。

成员个人和整个团队的表现好坏，需要查看团队绩效评价文件。需要根据工作绩效报告中的项目实际绩效及其与计划要求的偏离程度，来反思团队的表现。

以下项目文件也是本过程的输入：

- 团队章程。用于指导团队管理的高层次文件。
- 项目团队派工单。对不同岗位的人员，业绩（工作表现）要求不尽相同。
- 问题日志。根据项目所发生的问题的数量和严重性，来反思团队的表现。
- 经验教训登记册。重复开展本过程时，需要参考以往的经验教训。

需要特别提及的是，获取资源、建设团队和管理团队这三个过程都有事业环境因素更新这个输出。在获取资源过程中，被用于本项目的资源会导致组织中的可用资源数量的减少。在建设团队过程中，需要更新组织人力资源档案中的人员培训记录（添加新接受的培训）。在管理团队过程中，需要把团队成员的表现反馈给执行组织的人力资源管理部门，更新人力资源档案。

例题 9-1　来自公司财务部门的某个团队成员，在你的项目上工作了一个月之后，马上就要离开重回职能部门了。你应该采取什么行动？

A. 他在项目上的工作时间很短，你不需要对他的工作业绩作评价

B. 立即招聘另一个财务人员来接替他的工作

C. 为该成员的工作业绩评价提供输入

D. 着手更新项目的人员配备管理计划

解释：正确答案是 C。团队成员结束在项目上的工作时，项目经理应该对他的业绩进行评价。如果成员是兼职的或短时间在项目上工作的，就需要把他在项目上的表现提供给相应的职能经理，以便职能经理在综合评价该人员表现时加以考虑。根据题意，我们不能得出选项 B 的结论。选项 D，与题目不相干。

> 为了强调项目经理应该实实在在地与团队成员打交道，而不是居高临下地以旁观者的身份去"监督"团队成员的表现，《PMBOK® 指南》故意把管理团队过程放在执行过程组，而不是监控过程组。

9.2.7 控制资源

根据项目管理计划中的资源管理计划，把体现在工作绩效数据和问题日志中的资源获取、分配和使用的实际情况，与体现在相关项目文件中的计划要求进行比较，并把比较的结果记录在工作绩效信息中。如果结果不理想，就提出变更请求。对于按协议（合同）获取的资源，需要与协议中的规定进行比较。

项目文件包括：

- 问题日志。其中会记录与资源有关的实际问题，如资源短缺或供应延迟。也可以根据其中记录的其他问题去反思资源的使用情况。
- 实物资源分配单、项目进度计划、资源需求、资源分解结构。这些文件都直接记录了对相关资源的计划要求，例如，何时何种资源应该就位。
- 风险登记册。其中记录了与资源有关的风险，有利于分析资源问题产生的原因及后果。
- 经验教训登记册。重复开展本过程时，需要参考以往的经验教训。

9.3 各过程的主要工作和成果

9.3.1 规划资源管理

本过程旨在编制资源管理计划，规定将如何估算、获取、使用和管理项目资源，包括人力资源和实物资源。资源管理计划的主要内容包括：

- 同时适用于人力和实物资源的内容：资源估算方法和资源获取方法。

- 专用于人力资源的内容：团队中应该设立的角色及其权责、团队的组织结构图、成员管理安排（如分配、考核和遣散）、成员培训安排、团队建设方法（如对团队建设活动的要求）、认可和奖励安排（如何时颁发何种奖励）。
- 专用于实物资源的内容：资源监控方法，即如何监督和控制实物资源的获取和使用情况。

对于人力资源，本过程还要制定团队章程，规定项目团队的愿景和使命，以及项目团队的核心价值观、行为规范和工作规则。团队章程使团队成员对什么行为是可接受或不可接受的，建立和保持基本一致的认识。团队章程属于团队成员之间的"社会契约"，对团队成员具有规则和道义上的约束力。团队章程应该由团队成员共同讨论制定，而不能由少数人制定出来再强加给其他人。

例题 9-2 公司刚刚启动了一个复杂的大型项目。该项目涉及 5 个国家，将有 2/3 的团队成员分布在不同的国家或地区，而且许多团队成员还是兼职在项目上工作的。为了更好地管理项目团队，你应该：

A. 准备一份资源甘特图

B. 编制一份团队资源管理计划

C. 编制项目进度计划

D. 避免使用虚拟团队

解释：正确答案是 B。把团队资源管理计划和实物资源管理计划分开来编制，这也是较常见的一种做法。选项 A 和 C，对项目团队管理可能有一定的作用，但远不如"团队资源管理计划"。选项 D，虚拟团队有它本身的优势，简单地避免使用虚拟团队，不是一个好的选择。

9.3.2 估算活动资源

本过程旨在估算项目工作所需的资源的类别、类型和数量，包括人力资源和实物资源。资源的类别是指资源的种类，如人力、材料、设备。资源的类型是指资源的技能水平（等级），如一级工、二级工、三级工。这些信息都需要反映在资源需求文件中。

首先估算各个活动的资源需求，然后协调各个活动的资源需求（如两个活动可以共享同一个资源），并逐层向上汇总，得出工作包、控制账户、WBS 分支和整个项目的资源需求。

整个项目的资源需求情况可以用资源分解结构来表示。在资源分解结构中，根据资源的类别和类型把整个项目所需的资源逐层分解。用于不同活动或 WBS 要素的同样类型或类别的资源，在资源分解结构中都被汇总在一起。这样，就便于掌握对每种类型或类别的资源的需求总量，有利于准备或采购资源。

本过程的输出之所以是"资源需求"而非"活动资源需求"，是因为估算的结果不局限于"活动"的资源需求，还有工作包、控制账户和整个项目的资源需求。

9.3.3　获取资源

本过程旨在以正确的方式在正确的时间获取正确的人力资源和实物资源。在矩阵型组织结构下，项目经理需要向各职能部门借人。项目经理可能因组织的集体劳资协议而不得不使用某些人员，项目经理也可能因组织中的相关规定而必须或不得使用某些人员。在这些情况下，项目经理就没有对获取人力资源的直接控制权，因此会面临更大的挑战。

本过程还需要对所获取的资源进行分配，并形成相应的资源分配文件，包括实物资源分配单和项目团队派工单。项目团队派工单可以是写明团队成员的岗位信息的成员名录，也可以是已经插入成员姓名的项目计划（如项目进度计划）。对于设备、设施和人员，还需要确定究竟什么时候可用于本项目，编制出相应的资源日历。

对所获得的团队成员，必须仔细分析他们的性格、态度、能力、胜任力和可用性等，并基于分析结果进行工作分配，确定该采用什么领导风格和手段去启发、激励和影响他们。

9.3.4　建设团队

本过程旨在开展各种团队建设活动，创建和维护良好的团队氛围，提高团队成员个人的胜任力，提高整个团队的工作能力，以提高团队绩效，实现项目目标。

决定一群人成为一个团队的最关键的因素是团队精神。项目经理必须致力于打造团队精神，使每个成员都以团队成员的身份为荣，都忠诚于项目团队。

为了取得优秀的团队绩效，在团队中需要有开放式沟通、相互信任的氛围、建设性的冲突解决、合作式的问题解决和决策制定。

项目通常是跨专业和跨部门的，项目团队也就因此具有较高的多样性（多元化），即团队成员来自不同的专业、不同的部门，具有不同的背景。在全球性项目中，团队还具有语言和文化方面的多样性。项目经理必须引导大家了解多样性、尊重多样性，并利用多样性来提高团队绩效，例如，包容不同的思维方式，包容不同的行为模式。

按照塔克曼的团队建设五阶段理论，项目团队要经过从形成、震荡、规范、成熟到解散这五个阶段。

- 在形成阶段，团队成员抱着自己的个人目的加入团队，需要相互认识。因为成员之间还不熟悉，所以不能采用参与式领导风格，只能采用命令或指挥式领导风格。
- 在震荡阶段，团队成员尝试合作，出现了大量矛盾，就需要磨合。项目经理应该像教练一样指导团队成员尽快完成磨合。教练型领导风格是介于命令式与参与式之间的。
- 在规范阶段，团队建立了一系列书面规章制度，团队成员都按规章制度行事。项目经理应该给团队成员提供支持，以便他们遵守规章制度。支持型领导风格是参与式领导风格的一种。
- 在成熟阶段，书面规章制度已经在团队成员的心里内在化了，即便不存在，也无所谓了。项目经理应该用授权型领导风格（参与式领导风格的一种），把大量工作授权给团队成员去完成。

- 在解散阶段，不少团队成员都在找以后的出路，可能不安心本项目的工作。项目经理又要重新采用命令或指挥式领导风格。

> 在项目团队建设的不同阶段，项目经理应该采取有所不同的领导风格。

优秀的项目团队是以工作和结果为导向的，并且能够把结果做得符合要求，也就是说，团队成员把按要求完成工作任务放在第一位。团队绩效好坏，最终要体现在项目绩效上，包括项目的范围、进度、成本和质量绩效。只有能够按要求实现目标的团队，才算优秀的团队。

例题 9-3　你刚刚被任命为一个全球性项目的项目经理。项目团队将包括来自五个国家、讲五种不同母语的成员。你预计以下哪项将会妨碍团队建设？

A. 团队成员之间的母语差异
B. 团队成员之间的国家文化差异
C. 团队成员过去没有在一起合作过
D. 团队成员表现出极强的语言优越感

解释：D 是正确答案。虽然每个人都会对自己的语言有优越感，但是不应该在团队中明显地表现出来，否则，就不利于团队合作。语言差异、文化差异和没有合作的经历，如果利用得好，都会有利于团队建设。

9.3.5　管理团队

本过程旨在跟踪团队成员和整个团队的工作表现，并把跟踪到的情况反馈给团队成员；还要预防和解决团队中出现的问题，管理团队成员的变化。

在实际工作中，建设团队与管理团队肯定无法截然分开。《PMBOK® 指南》中把它们分开，只是为了讲述的方便。它们都是要提高团队绩效和项目绩效，目的一致。它们之间的主要区别是：

- 建设团队过程，是基于对什么行为能导致良好团队绩效的预测，采取这些行为来"推动"团队的发展。
- 管理团队过程，是基于对实际行为及其效果的回顾，采取补充行为来"拉动"团队的发展。管理团队，更像一个监控过程。

9.3.6　控制资源

本过程旨在监督和控制实物资源的获取、分配和使用，提出必要的变更请求。必须确保在正确的时间把正确的资源用到正确的地方，确保资源使用的效率和效果，并且在使用完毕后及时释放设备和设施类资源。

应该及时发现和处理资源短缺或资源剩余，通知项目相关方资源使用情况和出现的问题，管理与资源有关的变更。

9.4　各过程的工具与技术

9.4.1　规划资源管理

本过程的工具包括专家判断、会议、组织理论和数据表现。组织理论是关于组织中的个人、小组、团队、部门，以及整个组织应该如何行动的学问。在理论的指导下编制团队资源管理计划，效率更高（编计划更容易），效果更好（计划的质量更好）。

数据表现包括用于描述项目团队的组织结构的三种主要方式：

- 传统的层级型。层级型中又包括工作分解结构和组织分解结构。在工作分解结构中为每个要素添加负责人或负责部门，也就描述了组织结构。在组织分解结构中，可以为每个部门或人员添加其负责的工作。
- 责任分配矩阵。用二维的矩阵图把每项工作分配给相应的人员或部门。对责任分配矩阵的解释，详见后文。
- 文本型，如岗位说明书，主要用文字来描述哪个人或部门将对哪项工作承担什么职责。

数据表现中的资源分解结构（属于层级型），则是用来展示团队和实物资源的类别、类型和数量的一种图形。

在资源管理计划中需要规定将用什么方式来表示项目团队的组织结构，以及项目所需资源的分类，即需要提供相应的格式和模板。

9.4.2　估算活动资源

本过程的工具包括专家判断、自下而上估算、类比估算、参数估算、数据分析、项目管理信息系统和会议。这些工具都已经在前文介绍过。这里仅说明几个特别的地方：

- 自下而上估算。本过程需要把各活动的资源需求向上逐层汇总到工作包、控制账户和整个项目。
- 数据分析。用备选方案分析来选择用于开展活动的最佳资源配置方案。不同的方案对活动的成本、工期和质量会有不同的影响。
- 会议。估算资源时，需要与职能经理开会，因为他们是资源（特别是人力资源）的掌握者。

9.4.3 获取资源

本过程的工具主要是用于获取人力资源，包括预分派、决策、人际关系与团队技能，以及虚拟团队。

有些关键的工作岗位，需要在项目正式启动之前就指定人选。这些人就是预分派的。项目章程中指定的人员、投标文件中指定的人员或者在项目启动前就预约好的专业人才，都是预分派的。

如果项目经理对团队成员有选择权，就需要运用决策中的多标准决策分析去挑选最合适的人员。也就是说，用各种标准对备选人员进行测试和考察，如专业技能、性格、沟通能力、社会关系等。

项目经理需要运用人际关系与团队技能中的谈判，与职能经理谈判，向职能经理借人；与其他项目经理谈判，争取优秀人员；与外部资源供应商谈判，获取本组织无法提供的人员。

在互联网日益发达的今天，项目经理可以借助虚拟团队来提高获取人力资源的灵活性。例如，把不同物理地点的人招募到项目团队中。因为虚拟团队成员日常并不面对面集中办公，而是主要通过网络联系的，所以他们之间的沟通和团队建设会更加困难。虚拟团队特别需要有效的沟通管理计划与真正的团队建设。应该在项目的关键时点（如阶段开始或结束时）把虚拟团队成员召集在一起进行临时的集中办公（如开会），以加强团队建设。

> 虚拟团队需要特别好的沟通计划，需要真正的团队建设。

可以把这些工具之间的关系进一步概括为：先用预分派预约好一些关键人员，再用多标准决策分析选择其他团队成员。对于选中的人员，需要用谈判的方式获取。对于无法以面对面方式加入团队的成员，就用虚拟团队的形式让他们加入。

9.4.4 建设团队

集中办公，无疑有利于团队建设。在虚拟团队中，应该开展临时的集中办公。在矩阵型项目组织中，不少兼职人员平常仍在各自的职能部门办公，所以临时的集中办公也就特别重要。这种临时的集中办公又称紧密式矩阵（Tight Matrix）。例如，每周三下午所有团队成员都必须到项目部集中办公。可以用作战指挥部（War Room）作为集中办公的地点，那里存放着项目资料，张贴着项目图表，配有桌椅等办公设施。

对于无法集中办公的成员，可以借助虚拟团队技术来建设团队，需要借助各种网络交流和沟通工具。

团队建设当然需要使用沟通技术。开展正式和非正式的沟通，是团队建设的重要手段。像视频会议、在线聊天、共享网页，都是常用的沟通技术。

在团队建设中，项目经理应该借助人际关系与团队技能，与团队成员打交道，激励和影响他们，并解决冲突。作为组织团队成员完成项目任务的人，项目经理必须具备很强的人际关系技能。

项目经理必须具备一定的技术能力、较好的概念性能力（抽象思维能力）、很强的人际关系能力。技术能力是指从事技术工作、解决技术问题的能力。项目经理需要了解技术，但不必是技术方面的专家。概念性能力是抽象思维、把握全局、掌控方向的能力，是高层经理必须具备的能力。

《PMBOK®指南》列出了以下五种人际关系技能：

- 团队建设。开展各种各样的团队建设活动。需要有大量的成员互动和非正式沟通，以及专门开展的和融入日常工作的团队建设活动。应该以融入日常工作中的团队建设活动为主，以专门开展的活动为辅。项目团队中的大量技术和管理工作，同时也就是团队建设活动。如开会，除了解决既定的问题，还必须取得团队建设的效果。例如，编制工作分解结构、项目计划等，不仅是项目管理的技术工作，而且是非常重要的团队建设活动。

> 项目管理中的许多技术工作，都不仅是技术工作，而且是很重要的团队建设活动。

- 谈判。对工作任务安排，项目经理往往需要与团队成员谈判，做交易。
- 激励。基于团队成员的需求，采取措施，使成员去做项目经理希望他们做的事情。
- 影响力。不借助正式权力（职位权力）而让他人服从自己。项目经理的正式权力往往是不足的，故需要施加影响力。
- 冲突管理。用建设性方式及时解决冲突。冲突解决得好，有利于团队建设；解决得不好，就会妨碍团队建设。详见后文。

在团队建设中，应该经常对团队成员的优良行为或业绩进行认可与奖励。为了使认可与奖励真正起到激励所有团队成员的作用，应该针对每个人都能够做到的行为开展认可与奖励，而不只是针对少数人能够做到的行为。每个人都能做到的，不一定每个人都会做到，如按期提交没有明显错误的进度报告。认可与奖励应该经常开展，不能只是等到项目结束时；应该多种多样，既有正式的，也有非正式的；应该考虑团队成员的需求，只有能满足需求的认可与奖励才是有效的。

如果团队成员不具备项目所需的技能，就要对他们进行培训。培训通常是团队建设中的一项重要工作。项目经理可能要把培训当作必须做的工作，列入工作分解结构，并且在项目进度计划中安排时间，在项目预算中安排资金。培训的形式可以多种多样，包括在岗或脱岗培训、面授或网络培训、成员之间的相互培训或外聘专家对成员的培训等。

广义的培训（training）也包括教练（coach）和辅导（mentor）。表 9-1 概述了培训（狭义）、教练与辅导的主要区别。

表 9-1 培训、教练与辅导的主要区别

比较项	培 训	教 练	辅 导
正式程度	正式	正式	非正式（基于私人关系）
目的	传授知识	解决特定问题	帮助长远发展
与对象的关系	短期关系	短期关系	长期关系
对象数量	一位培训师对很多受训者	一位教练对一位对象或一组对象	一位辅导者对一位被辅导者

项目经理应该使用各种个人和团队评估工具，来了解团队成员的优势、劣势、喜好和厌恶等，以便有针对性地开展培训和其他团队建设活动。每个人所需要的培训、所喜欢的团队建设活动，通常都有所不同。

在团队建设中经常需要召开会议。其中的项目说明会，是指向新成员介绍项目情况和团队情况。

例题 9-4 你从某职能部门获得了一个人员。该人员加入项目团队后，你发现他不具备从事本项目工作所需的某些知识。你应该：

A. 把该成员退回给职能部门

B. 对该成员进行适当的培训

C. 要求他的职能经理对他进行培训

D. 向管理层报告这个情况

解释：正确答案是 B。选项 A 不是一个好的选择；选项 C，专门针对项目工作来培训员工，这不是职能经理的事情；选项 D，有些小题大做了。注意：职能经理需要对员工进行一般知识与技能的培训，但不需要专门针对某项目的具体需要。针对项目的培训，是项目经理的事情。

9.4.5 管理团队

本过程的工具比较简单，只有项目管理信息系统和人际关系与团队技能。以下是一些重要的人际关系技能：

- 冲突管理。以建设性方式及时解决冲突。
- 制定决策。通过与组织或项目团队谈判来制定决策，或者通过对组织或项目团队施加影响来制定决策。这个工具其实是把谈判和影响力用于决策制定。
- 情商。能够识别、评价和管理自己和他人的情绪，也包括识别、评价和管理团队集体的情绪。
- 影响力。不依靠正式权力而使他人服从自己。

- 领导力。启发和激励员工做好工作，实现目标。

例题 9-5 你所管理的项目正处在实施的高峰时期，所在公司又启动了一个新项目。由于公司把新项目的优先级排在你的项目前面，以至于你的几个重要的团队成员向你提交辞职报告，打算到新项目上去工作。这几个成员的离开，将给你的项目带来很大的麻烦。你应该：

A. 不批准这几个成员的辞职报告

B. 向管理层求助

C. 向项目发起人求助

D. 要求新项目的经理不要接受这几个人员

解释：正确答案是 B。由于团队成员辞职的问题是因项目的优先顺序排列引起的，所以你只有求助于管理层。选项 A 与选项 D，都不是合理的做法。选项 C 也不好，因为发起人的主要作用是提供资金。

9.4.6　控制资源

本过程的工具包括项目管理信息系统、人际关系与团队技能、数据分析、问题解决。

人际关系与团队技能中的谈判和影响力，有助于项目经理获取其他人（如职能经理）的支持，来解决实物资源获取和使用中的问题，如资源的工作效率达不到既定要求。

数据分析中的绩效审查，用于综合分析资源使用绩效，发现偏差。其中的备选方案分析，用于分析解决资源绩效偏差的多种方案，并做出选择。成本效益分析用于选择效益成本比最好的资源绩效偏差解决方法。趋势分析用于预测未来的资源使用绩效。

问题解决是指结构化的问题解决方法，用于解决资源获取、分配和使用中的问题。

9.5　冲突管理

9.5.1　冲突的概念

冲突是指双方或多方的意见或行动不一致。人与人之间要合作，就必然会有冲突。甚至可以说，冲突因团队而存在。冲突不仅是不可避免的，而且适当数量和性质的冲突是有益的，有利于提高团队的创造力。有效地管理冲突，有利于加强团队建设，提高项目绩效。

> 有效管理冲突是项目经理的重要任务之一。

现代的冲突观念与传统的冲突观念有很大不同，主要的不同点如表 9-2 所示。

表 9-2　关于冲突的新旧观念

新观念	旧观念
合理的冲突是有益的	冲突都是不好的，必须避免发生冲突
只要有界面，冲突就不可避免	冲突是由人的个性或领导者的无能引起的
通过找到问题的根源，依靠冲突当事人自己解决（领导可以协调）	必须把冲突的当事人分开
冲突可以依靠冲突双方的直接领导来解决	冲突必须依靠高层领导的介入才能解决

9.5.2　冲突产生的背景和原因

冲突的产生往往有相应的微观、中观和宏观背景。例如，两个人争夺食物，导致这个冲突的微观背景是"他们肚子饿"，中观背景是"家里穷"，而宏观背景则是"地区经济危机"。在项目工作中，冲突可以由各种原因引起，例如，项目有许多存在利益矛盾的相关方，项目有严格的时间和资金限制，项目经理的权力不足，项目经理需要向职能经理借资源。

考生需要注意下面四种引起冲突的原因（按常见程度排序，最常见原因排在第一位，最不常见原因排在最后）：

- 资源稀缺。导致人们对资源的争夺。
- 进度优先级排序。对各项工作的重要性有不同看法。
- 工作风格差异。各人所喜欢的工作风格不同。
- 个性（Personality）差异。人与人之间的个性不同。

如果更仔细地观察，在项目的不同阶段，引起冲突的原因会有所不同。例如，在项目收尾阶段，由个性引起的冲突通常比其他阶段更多，因为前面那三种原因都基本不存在了。在收尾阶段，面临未来工作不确定性的团队成员，很可能非常焦虑，甚至急于离开项目团队。

笼统地说，个性是引起冲突的最少见原因。项目中的大多数冲突，都有更直接的原因，如不同的人对同一件事有不同的利益追求或不同的看法。有些似乎是由个性引起的冲突，其实也有其他更直接的原因。

> 知道个性是引起冲突的最少见原因，有利于处理冲突时对事不对人。

9.5.3　冲突的发展阶段

对冲突的发展阶段，有多种不同的划分方法。较常用的一种方法是，把冲突的发展划分成如下五个阶段：

- 潜伏阶段。冲突潜伏在相关的背景中，例如，对两个工作岗位的职权描述存在交叉。

- 感知阶段。各方意识到可能发生冲突，例如，人们发现了岗位描述中的职权交叉。
- 感受阶段。各方感受到了压力和焦虑，并想要采取行动来缓解压力和焦虑。例如，某人想要把某种职权完全归属于自己。
- 呈现阶段。一方或各方采取行动，使冲突公开化。例如，某人采取行动行使某种职权，从而与也想要行使该职权的人产生冲突。在呈现阶段，冲突往往又要经过出现、升级、僵持和缓和等阶段。
- 结束阶段。冲突呈现之后，经过或长或短的时间，得到解决。例如，该职权被明确地归属于某人。

> 冲突潜伏在背景中，感受于意识中，呈现于言行中，结束于解决时。

9.5.4　冲突解决的基本理论和原则

可用于指导冲突解决的基本理论包括：

- 利益决定立场理论。立场的冲突往往源自利益的冲突，所以要重点关注利益而不是立场。
- 需求满足理论。冲突可能源自需求未得到满足，所以要设法使相应的需求得到满足。
- 冲突转化理论。要设法把破坏性冲突转化为建设性冲突。

可用于指导冲突解决的基本原则包括：

- 开诚布公。冲突双方开诚布公地讨论冲突事项。
- 对事不对人。用对事不对人的态度对待冲突。
- 着眼于团队和项目。以最有利于团队和项目的方式解决冲突。
- 着眼于现在和未来。从过去的阴影中摆脱出来，寻找有利于现在和未来的解决方法。
- 当事人自己解决。冲突最好由当事人自己尽早解决，他们的直接上级可以协助。

> 对一方违反职业道德或法律而引起的冲突，另一方必须向有关机构报告，而不能由当事人自己解决。

例题 9-6　项目上曾经出现过一个问题，你当时采取措施解决了这个问题。但是，现在同样的问题又出现了。你很可能是忘了：

A. 做头脑风暴

B. 使用德尔菲技术

C. 使用流程图

D. 确认该措施的有效性

解释：正确答案是 D。解决问题的通常步骤是：发现问题，弄清楚问题的根源，制定解决问题的备选方案，做出决定（选择一个方案），实施决定，检查实施情况，确认该决定真正解决了问题（进行事后评价）。其他三个选项都是解决问题可以借用的技术，但不能保证所采取的措施真正有效。

9.5.5 解决冲突的基本方法

在冲突发展的潜伏阶段和感知阶段，重点是预防冲突。在冲突发展进入感受阶段特别是呈现阶段以后，则重在解决冲突。可以用如下六种常用的方法去解决冲突：

- 合作或解决问题。冲突当事人用合作的态度，把问题摆到桌面上，直面问题，寻求把不同的观点或方案综合起来，得到双方都乐意接受的新观点或新方案。这是"双赢"的方法。
- 面对（Confrontation）。双方把问题摆到桌面上谈开，通过协商，共同决定选择某个方案、放弃另一个方案。这种方法在《PMBOK® 指南》中没有写出，但实际上存在。

> 合作是取两个现有方案的优点，形成新方案；面对是选择一个现有的方案，放弃另一个现有的方案。

- 妥协或调解。冲突双方都做出一些让步，这也是一种有效的办法。因为重点在于双方都做出了让步，所以可看作"双输"，但并非不好的解决方法。
- 缓和或包容。强调双方的共同点而不是差异点（求同存异），以便解决问题，是"双赢"的方法（但只是部分解决冲突）。
- 撤退或回避。冲突中的一方或双方从冲突中撤退出来（往往是暂时的），如把问题留到以后去解决，是"双输"的方法。
- 强制或命令。一方强制另一方，这是最坏的解决方法，是"赢-输"的方法。

上述方法中，合作、面对与妥协是能够真正解决冲突的；缓和只是部分解决冲突，差异点以后可能还会冒出来；撤退则只是一种回避的方法，往往只能暂时起作用；强制则很容易引起另一方的反抗。

究竟采取上述哪种解决方法，取决于冲突的实际情况以及解决冲突的客观需求，例如，冲突的严重性、解决冲突的紧迫性、冲突各方权力的大小、各方关系维持的必要性和想要永久或暂时解决冲突的愿望等。

> 西方文化鼓励"把问题摆到桌面上"——工作中的问题都应该摆到桌面上。PMP® 考试要按这个观点来答题。

在 PMP® 考试中，除非题目中的情景使你有理由选择排序靠后的解决方法，一般情况下都应选择前文排序靠前的解决方法。

例题 9-7　根据天气预报，4 小时后将有一场大暴风雨。为了防止损坏，项目的一个关键部分必须加以保护。两个项目团队成员对如何保护这个部分争论不休，以至于很可能延误采取保护措施的时间。这种情况下，你应该如何解决他们之间的冲突？

A. 深入分析他们之间产生分歧的原因

B. 允许他们继续争论，直到达成一致意见

C. 命令他们停止争论，并按你的要求采取保护措施

D. 请管理层来裁决

解释：正确答案是 C。在紧急情况下，你不可能允许他们继续争论，也不可能深入分析争论的原因，更来不及请管理层裁决。你只有使用"强制"的解决办法。

注意：对于团队成员之间的私人矛盾，不能用合作或面对的方法去解决，而只能用缓和的方法，即要求成员以工作为重（共同点），不要把私人矛盾（差异点）带到工作中。

9.6　团队工作分配与成员激励

9.6.1　狭义与广义的项目团队

项目经理是受项目执行组织委派，领导项目团队去实现项目目标的个人。

"项目团队"这个词有狭义与广义之分。狭义的项目团队，仅指一线的工作团队，从事具体的项目活动，完成相应的工作包；或者仅指项目管理团队。项目管理团队是项目团队中直接从事项目管理工作的成员的集合。项目经理是项目管理团队的一员。中观层面的项目团队，是包括项目管理团队和一线工作团队在内的。广义的项目团队，则包括项目管理团队、一线工作团队以及其他主要项目相关方。

> 碰到"项目团队"这个词时，必须根据上下文判断其外延。如无法判断，则理解成中观层面的项目团队。

《PMBOK® 指南》中虽然把获取资源过程放在执行过程组，但实际上早在规划阶段开始时就需要组建项目管理团队。项目经理、项目管理团队和一线工作团队按如下顺序出场：

- 在项目启动阶段，项目发起人指定项目经理，项目经理正式出场。
- 在规划阶段开始时，项目经理组建项目管理团队编制项目计划，项目管理团队正式出场。
- 在执行阶段开始时，项目经理组建一线工作团队，一线工作团队正式出场。

因为在项目的不同阶段，项目团队成员的数量和种类往往频繁变化，所以一旦需要新成员加入项目团队，就需要重新开展获取人力资源、组建项目团队的工作。

9.6.2 责任分配矩阵

项目管理中，经常使用责任分配矩阵来分配工作任务，把各 WBS 要素或进度活动分配给相应的小组或个人负责。在该矩阵中，把工作任务列为第一列，把各小组或个人列为第一行，在行列共同指向的方格中填写小组或个人对工作的不同责任。采用责任分配矩阵，既能确保把每件工作都落实到相应的小组或个人头上，又有利于人们掌握项目工作任务分配的全局。从行可以看到与某项工作有关的所有小组或个人，从列可以看到与某个小组或个人有关的所有工作。

《PMBOK®指南》中列举了以 RACI 形式呈现的责任分配矩阵。其中：

- R 代表职责（Responsible），是执行某项工作的责任。对某项工作，可以有两个甚至更多的 R。
- A 代表终责（Accountable），是对某项工作负有最终责任。对某项工作，只能出现一个 A，作为该工作的唯一责任点。
- C 代表咨询（Consulting），是应该对某项工作提出意见。对某项工作，通常有多个 C。
- I 代表知情（Informing），是应该了解某项工作的情况。对某项工作，通常有多个 I。

英文中的 Responsibility 和 Accountability，都可译成中文的"责任"，但它们的含义有明显差别。前者是有职权（Authority）者可以通过授权而转移的执行责任，可由两人或多人分担。而后者是无法转移的最终责任，只能由某单个个人独自承担。例如，某人授权下级做某件事，他就把做这件事的 Responsibility 转移给了下级，但是他必须如同自己亲自做这件事一样，对这件事承担 Accountability。

为了明显区分，可以把 Authority 翻译成"职权"，把 Responsibility 翻译成"职责"，把 Accountability 翻译成"终责"。

作为组织专家做事的人，项目经理必须善于授权。关于授权，需要注意：

- 按团队成员的能力优势进行授权，决定授权种类和级别。
- 按结果而非过程进行授权，即明确要求该取得的成果，而把工作过程留给被授权者掌控。
- 授权不能消除或减轻自己对被授权工作的终责。
- 不能把项目整合管理的工作授权出去。
- 不能把自己不想做的事授权给下级去做。
- 不能把颁发奖励或实施惩戒的工作授权给助手去做。

> 把工作授权给下级去做，只是向下级转移了执行的责任，而无法转移对工作的终责。

9.6.3 激励理论

激励理论也是 PMP® 考试中的重要内容之一。激励是指因为某个行为能够满足个人的某种需要而促使一个人去从事这种行为。管理学中有多种激励理论，例如：

- 马斯洛的需求层次理论（Maslow's Hierarchy of Needs）。人有五个层次的需求，从最低级的生理需求（食物、水、空气、衣服等），依次经过安全需求（安全、稳定、免受伤害）、社会需求（友爱、归属、朋友）、尊重需求（成就、受到尊敬、引起别人注意），到最高层的自我实现需求（学习、发展）。通常，人们只有在较低层次的需求得到满足后，才会追求较高层次的需求。

> 激励与个人的需求有关，而且只有尚未满足的需求才能起到激励的作用。

- 麦格雷戈的 X 理论和 Y 理论（McGregor's Theory X and Theory Y）。X 理论认为人是消极懒惰的，设法逃避工作，缺乏进取心，总是逃避责任。而 Y 理论则相反，认为人是积极的，愿意工作，愿意进步，愿意承担责任等。传统的管理比较偏向于 X 理论，现代管理越来越偏向于 Y 理论。
- 赫兹伯格的双因素理论（Herzberg's Theory of Motivation）。该理论认为有两类因素会决定人的行为，即保健因素和激励因素。前者导致不满足感，做得不好就会损害激励，做得好却不会提高激励，如工作条件、工资、同事之间的关系、安全、职位等，相当于马斯洛的需求层次理论的较低层次的需求（生理和安全）；后者是导致满足感的因素，是能够真正起激励作用的，如责任、自我实现、职业发展、得到承认等，相当于马斯洛的需求层次理论的较高层次需求（尊重和自我发展）。
- 弗鲁姆的期望理论（Vroom's Expectancy Theory）。一种行为倾向的强度取决于个人对于这种行为可能带来的结果的期望度，以及这种结果对个人的吸引力。如果一个人认为努力工作会带来成功的结果，而这种成功又会带来相应的回报，他就会受到激励而努力工作。
- 麦克利兰的成就动机理论（McClelland's Achievement Motivation Theory），又称"三种需要理论"。该理论认为各人在不同程度上有三种需要：成就需要、权力需要和亲和需要。管理者应该根据各人更重视的需要来制定激励措施。例如，为成就需要者设立具有挑战性但可实现的目标，为权力需要者提供较能体现地位的工作环境，为亲和需要者提供合作而非竞争的工作环境。

例题 9-8 哪种激励理论认为，能真正起激励作用的并不是工作所带来的收入，而是对工作的责任、自我实现的要求以及长远的职业发展等？

A. 戴明的 PDCA 环

B. 马斯洛的需求层次理论

C. 赫兹伯格的双因素理论

D. 麦格雷戈的 X 理论与 Y 理论

解释：正确答案是 C。注意：不要把赫兹伯格的双因素理论与马斯洛的需求层次理论相混淆。这两种理论有一些交叉。马斯洛的需求层次理论的生理和安全需求属于保健因素，而尊重和自我发展需求则属于激励因素。社会需求则可能是保健或激励因素，取决于某个人想要归属的团体的级别。需求层次理论强调低层次需求得到满足之后，才会追求高层次的需求，把各种需求按层次纵向排列；而双因素理论把保健因素与激励因素横向并列。题目中没有任何与层次有关的信息，故不能选 B。选项 A 与题目完全不相干，选项 D 也与题意不符。

9.6.4 其他重要概念

考生需要掌握以下一些重要概念：

- 资源直方图。用来表示每个时间段（如周、月）所需资源数量的柱状图。柱子的高度代表所需资源的数量。可以用一条横线表示可用的最大资源数量。如果柱子超出横线，就是资源短缺。
- 资源横道图。在横道图的每条横道上面或旁边，添加从事活动的人员的姓名。
- 边际福利（Fringe Benefit）。所有员工都可享受的福利，如基础培训、失业保险、养老保险、医疗保险等，与员工的业绩好坏没有直接关系。它用来保障员工的经济安全性，使他们无后顾之忧，属于保健因素。
- 光环效应（Halo Effect）。因为一个人在某个方面表现好，人们就理所当然地认为他在其他方面也会表现好。例如，不进行综合评价，就简单地指定一个优秀的技术专家当项目经理，很可能就是光环效应的表现。要注意防止光环效应。
- 额外待遇（Perquisites）。给某些员工特殊奖励，如固定的停车位、靠窗的办公室、与总经理一起吃饭等。它主要用来奖励优秀员工，属于激励因素。

9.7 《PMP®考试大纲》中的人员管理

《PMP® 考试大纲》的第一部分是人员。人员，既包括项目团队及其成员，也包括项目团队之外的项目相关方。这里仅针对项目团队及其成员来解读考纲中的人员部分。

与《PMBOK® 指南》相比，《PMP® 考试大纲》中的人员管理并没有实质性的不同，只是增加了一些具体技能。《PMP®考试大纲》中的人员管理内容都可以归并到《PMBOK®指南》中的规划资源管理、估算活动资源、获取资源、建设团队和管理团队过程中。

在规划资源管理过程中，设定清晰的团队愿景和使命；根据组织原则确定团队基本规则、所需的成员胜任力和成员培训、考核团队绩效的关键绩效指标和向成员反馈考核结果的方法。这些内容都应该写入团队章程。

在估算活动资源过程中，评估相关方具有的知识和技能，据此推算所需的人力资源和所需的培训，并估算和分配培训所需的资源。如果要用虚拟团队，则还要确定所需的虚拟团队成员及其参与项目的方式。

在获取资源过程中，从相关方获取所需的人力资源（团队成员），分析和了解团队成员（例如，用性格指数去了解成员的个性，分析虚拟团队成员对沟通时间和方式等的需求）；根据团队成员的优势来组建团队和分配工作任务（例如，让最擅长者充当特定工作的终责人，根据成员能力来确定工作授权级别）；与团队成员协商达成工作协议，确定所需的具体培训方案。对于虚拟团队，还要确定虚拟团队成员的具体工作方式。

在建设团队过程中，建立和维护团队共识，创建和维护团队氛围，赋能团队成员（包括使成员有权做决策和有能力做工作）；采用合适的领导风格（如仆人型风格）和高级的情商并根据团队成员的特性（如性格）去启发、激励和影响团队成员；支持团队的多样性和包容性，支持和认可团队成员的成长，支持团队成员履行工作职责和承担工作终责；开展所需培训、教练和辅导；支持成员之间的知识分享，发现和排除妨碍团队的困难和障碍，支持团队成员遵守基本规则。对于虚拟团队，则还要采取措施支持虚拟团队成员参与项目。

在管理团队的过程中，分析冲突的背景、原因和阶段，采用适当方法解决冲突；考核团队绩效并向成员反馈考核结果；持续评估工作终责的落实情况，分析团队绩效的改进情况，考核培训、教练和辅导的效果；持续评估团队成员的技能并提出改进建议，持续评估妨碍团队的困难和障碍的排除情况，持续评估与成员的工作协议的落实情况；发现、分析和解决成员之间的误解，发现和纠正违反基本规则的言行。对于虚拟团队，则还要持续评估虚拟团队成员参与的有效性。

9.8　疑难问题解答

1. 项目人力资源管理与组织人力资源管理有什么区别？

答：项目人力资源管理与组织人力资源管理的最大区别是：前者是为临时性的项目而进行的，后者是为永久性的运营而进行的。与一般的团队比较，项目团队具有以下几个重要的特点：

- 临时性。团队从组建之日起，就有明确的解散时间。

- 目标性。团队的目标就是完成项目，非常具体、明确。
- 开放性。一方面，广义上的项目团队是大团队，包括全部主要相关方在内，边界不太清晰。另一方面，在项目生命周期的不同阶段，团队成员频繁变化。
- 多样性。团队成员的背景、专业等差别较大，而且可能来自不同的部门或组织。现代组织理论认为，多样性大的团队，如果管理得好，可以产生更大的团队活力，因为成员之间可以互补。

2. 在跨国项目团队中，成员之间的文化差异或语言差异是妨碍团队建设的主要障碍吗？为什么？

答：一般来说，不是。正如上文提到的，多样性是项目团队非常重要的特点之一。由于项目是跨部门、跨专业的工作，因此就需要具有高度多样性的项目团队。在项目管理及 PMP® 考试中，一般都认为多样性是好事，是有利于团队建设的，其中就包括文化多样性、语言多样性。跨国团队中的文化差异或语言差异，只要管理得好，就会促进项目团队建设。不同文化的成员、不同语言的成员，相互之间具有很大的互补性。

3. 直线经理（Line Manager）和职能经理（Functional Manager）是一回事吗？

答：严格地说，Line Manager 与 Functional Manager 不同。前者只接受来自直接下级的报告；后者不仅接受直接下级的报告，还要接受其他部门人员的报告。例如，各部门相关人员（不只是人力资源部的员工）都要向人力资源部门经理报告工作表现，该经理就是职能经理，而非直线经理。直线经理是处在公司的生产线（Production Line）或服务线（Service Line）上的经理，是负责公司核心业务（直接为公司赚钱的业务）的经理，相当于《PMBOK® 指南》中的"运营经理"（Operational Manager）。而职能经理是负责非核心业务（为核心业务提供支持的业务，如财务会计、人力资源管理等）的经理。不过，在不少管理学著作中，并不对他们进行严格区分，而是把直线经理归入职能经理。

第10章
项目沟通管理

10.1 概述

10.1.1 项目沟通管理的本质

项目沟通管理是要确保及时正确地产生、收集、发布、存储和最终利用项目信息。沟通是项目信息的产生、收集和利用的过程。

首先，基于相关方的信息需求、项目本身的需求、可用的组织过程资产，以及相关的事业环境因素，制定项目沟通策略（关于沟通的原则性规定）；其次，制订沟通管理计划，规定用于实现沟通策略的沟通工件和沟通活动；再次，生成所需的沟通工件，开展所需的沟通活动；最后，监控沟通工件和沟通活动的绩效。

沟通工件是由人工编制或机器生成的任何类型的信息载体，如绩效报告、电子邮件。沟通活动则是用于传递信息载体的任何活动，如发送绩效报告或电子邮件。

无论是哪种形式的沟通，都需要遵循 5C 原则：

- 目的明确（Clear Purpose）。基于自己和对方的需求，确定明确的沟通目的。
- 表达正确（Correct Expression）。用词正确，语法正确，方式和方法正确。
- 表达简洁（Concise Expression）。使用尽可能简单的词语和句子。
- 逻辑连贯（Coherent Logic）。在书面文件中，可以使用标题或小标题明示各部分的逻辑关系。在口头沟通中，可以使用"第一点""第二点"等来明示各部分的逻辑关系。
- 思路掌控（Controlling Ideas）。在沟通的最后，用图形、文字或语言总结来概述思路的全貌。

> 5C 原则在实际工作中还有不同的说法。

10.1.2　项目经理在沟通中的角色

沟通能力是项目经理最重要的能力，比技术能力更重要。沟通能力也是谈判能力和团队建设能力的基础。一个不是技术专家但具有优秀沟通能力的项目经理，可以领导项目取得成功，而一个不具有良好沟通能力的技术专家却往往不能。项目经理的大多数时间和精力是花在沟通上面的。他不是亲自动手去解决技术问题，而是组织技术专家去解决技术问题。项目经理是组织专家做事的人，而不是自己亲自做事。尽管项目经理需要具备一定的技术知识与能力，但不需要是技术上的专家。项目团队中应该由专门的技术专家去解决技术问题。

> 项目经理的大多数时间（甚至高达 90%）用于沟通。他要通过沟通来协调，通过协调来整合。

虽然项目经理不能控制全部沟通，但是应该设法管理沟通，以尽量避免不必要的变更、误解、指示不清等。项目经理在沟通中的角色可以是整合者、协调者、促进者、领导者、谈判者、聆听者、解释者和调解者。

项目经理作为项目沟通的核心，应该通过以下措施来促进有效沟通：

- 充分认识沟通的困难，设法消除沟通障碍。首先要设法消除各种有形的沟通障碍，如不必要的距离；其次要设法消除无形的障碍，如避免说"这个主意不好""这肯定不会起作用"等不利于沟通的话。
- 充当有效的沟通者。必须有强烈的沟通意识，创造团队沟通氛围，鼓励团队中的双向式沟通，鼓励正式和非正式的沟通，鼓励及时提供反馈，鼓励通过沟通达成一致意见。
- 使用紧密式矩阵。要求兼职的团队成员定期或不定期到指定的项目办公室集中办公，以便加强团队建设。
- 建立作战指挥部（War Room）。使团队成员可以到一个固定的地方查阅有关文件，了解项目进展，召开项目会议等。指挥部也是集中办公的场所。
- 建立、维护和利用各种项目信息发布制度。确保及时有效地发布各种项目信息，如工作绩效信息、工作绩效报告等。
- 采取各种措施提高自己及团队其他成员的沟通技巧。沟通技巧是非常重要的，可以通过培训、实践等各种办法加以提高。
- 提高会议的效率和效果。采取各种办法，确保会议达到预期的效率和效果。如项目开工会议、项目状态评审会议，都是沟通和团队建设的重要途径。

10.1.3 沟通的种类

按各种不同的分类标准，沟通可以分成许多不同的种类。

- 正式沟通与非正式沟通。正式沟通是组织规章制度中明确规定的强制性的沟通，是必须做的。非正式沟通则是规章制度中未明确规定的，而是由团队成员自由选择的，是可做可不做的。

- 官方沟通与非官方沟通。官方沟通是作为组织的正式意见而发布的信息，非官方沟通则不是组织的正式意见。官方沟通肯定是正式沟通，但正式沟通不一定就是官方沟通；非正式沟通肯定是非官方沟通，但非官方沟通不一定就是非正式沟通。有些正式沟通可能不是官方沟通。

- 内部沟通与外部沟通。内部沟通是项目团队内部的沟通。外部沟通是项目团队与外部相关方的沟通。内部或外部是针对项目层面而言的。

- 纵向沟通与横向沟通。纵向沟通是不同级别的人之间的沟通。横向沟通是同一级别的人之间的沟通。一般情况下，纵向沟通中的信息损耗比横向沟通更加严重。在纵向沟通中，上级应尽力把自己放在与下级平等的位置上，来减少损耗。

- 口头沟通与书面沟通。口头沟通是以口头语言进行的沟通。书面沟通是以书面形式进行的沟通。

- 口头语言沟通与非口头语言沟通。口头语言沟通包括讲话的内容、语音语调、声音大小等。非口头语言沟通则是以形体语言或外在器物（如信号旗）进行的。

> 在考试中，可能有题目要求根据某个情景选择最合适的沟通方式。

人与人之间的许多问题都是沟通不充分或沟通中的误解引起的。所以，与别人发生矛盾后，应该首先检查一下沟通有没有问题。例如，某项目相关方对项目进展情况不满意，就应该首先检查一下是不是与他的沟通没有做到位，也许他并不了解项目的进度计划或误解了项目的实际进展情况，而不是首先检查项目的实际进展情况。

例题 10-1 沟通不畅最可能导致的结果是：

A. 管理层不高兴

B. 产生太多的冲突

C. 项目成本超支

D. 保留许多信息以便提高自己的优势

解释：正确答案是 B。选项 A 与选项 C 都可能是沟通不畅的结果，但不是必然的结果。选项 D 代表的是过去的旧观念，认为需要通过滞留信息（不告诉别人）来保持自己的权威与优势。在现代的新观念下，我们鼓励一定规则下（如尊重知识产权）的充分的信息共享。

10.2　各过程的输入与输出

10.2.1　输入与输出的关系总览

项目沟通管理的实现过程包括规划沟通管理、管理沟通和监督沟通。这些过程的输入与输出之间的关系，可以概括为如图 10-1 所示（未考虑事业环境因素、组织过程资产和各种更新）。

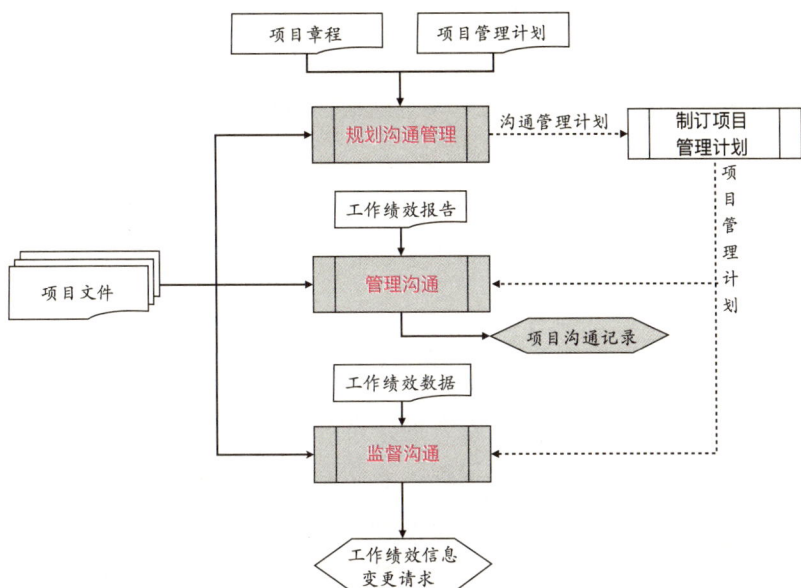

图 10-1　项目沟通管理各过程的输入与输出关系

10.2.2　规划沟通管理

在项目章程的指导下，根据项目管理计划中已有的相关内容，以及相关的项目文件，编制沟通管理计划。

通常，项目章程中会列出一些最重要的相关方及其角色和职责。这些信息有利于明确该如何与他们沟通。

资源管理计划（项目管理计划的组成部分）中与人力资源有关的部分，有利于规划项目团队内部的沟通。相关方参与计划（项目管理计划的组成部分）则有利于规划该如何与相关方沟通，才能引导相关方合理参与项目。

作为一种项目文件，需求文件中可能包括相关方的重大沟通需求。相关方登记册则是确定该与哪些相关方沟通的依据。

10.2.3　管理沟通

根据项目管理计划中的沟通管理计划实实在在地开展沟通，得到项目沟通记录。例如，在把绩效报告发给特定相关方的同时，需要加以记录；在开展了重要口头沟通之后，需要及时加以记录。项目管理计划中的资源管理计划，有利于为协调和管理资源（包括人力和实物资源）而开展有效的沟通；相关方参与计划则有利于为引导相关方合理参与项目而开展沟通。

应该在管理沟通过程中把工作绩效报告发送给项目相关方。应该在管理沟通过程中把各种项目文件发送给项目相关方，如质量报告、风险报告。有些项目文件，如变更日志和问题日志，即便不需要或不应该完整地发给项目相关方，也应该以合理方式把其中的部分内容传递给项目相关方。作为一种项目文件，相关方登记册会显示团队成员应该与哪些相关方沟通。

重复开展沟通时，需要借鉴已记录在经验教训登记册（一种项目文件）中的与沟通有关的经验教训。

10.2.4　监督沟通

应该把体现在项目沟通记录和问题日志（都是项目文件），以及工作绩效数据中的沟通实际情况，与沟通管理计划、资源管理计划和相关方参与计划（都是项目管理计划的组成部分）中的沟通要求相比较，发现、记录并分析沟通绩效的偏差，形成工作绩效信息。如果偏差不可接受，就提出变更请求。

问题日志不仅会记录与相关方沟通中出现的问题，而且有利于从发生的问题去反思沟通的效率和效果。许多问题都是沟通不合理引起的。

资源管理计划有利于考察沟通是否促进了对资源的有效协调和管理。相关方参与计划有利于考察沟通是否起到了引导相关方合理参与项目的作用。

10.3　各过程的主要工作和成果

10.3.1　规划沟通管理

规划沟通管理过程旨在了解项目相关方的信息需求、项目本身的需求，以及组织过程资产和事业环境因素，编制沟通管理计划。沟通管理计划也就是沟通计划，包括三大主体内容：

- 关于沟通管理的程序性规定。例如，何时以何种方式开展沟通需求分析，按什么流程编制沟通工件，如何更新沟通管理计划。
- 关于将要生成的沟通工件的规定。例如，将生成哪些沟通工件，其具体格式、内容要求、详细程度和版本控制等。

- 关于沟通活动的规定。例如，将要开展哪些具体的沟通活动，包括沟通的对象、内容、频率、方式等。

编制沟通管理计划，是非常重要的一项工作。一方面，在新成立的项目团队中，团队成员可能从未在一起工作过，项目团队与项目相关方也可能从未合作过。不熟悉的人，不可能自然地了解彼此的沟通需求，如对方需要什么信息、喜欢什么沟通方式等。另一方面，项目管理有非常明确且具有挑战性的目标，即通过许多人的合作，在规定的限制条件下完成项目任务。无效沟通会严重妨碍目标的实现。这两个方面决定了编制沟通管理计划的重要性。

编制沟通管理计划的过程，本身也是项目管理团队与主要项目相关方密切沟通的过程。在这个过程中，项目管理人员能够了解谁在什么时候需要什么信息，主要项目相关方之间也可以相互了解。书面的沟通管理计划有助于主要项目相关方建立对项目的合理期望。在与公众有密切关系的项目上，沟通管理计划甚至应以电子或其他公告形式向社会公开。

《PMBOK® 指南》中罗列了沟通管理计划的主要内容，比较全面，也比较易懂。更简单地说，沟通管理计划中应该包括：

- 需要收集什么信息。
- 在什么时候收集。
- 以什么方式收集。
- 什么时候、以什么方式、向谁发送什么信息。
- 主要项目相关方的联系方式。
- 对于关键术语的定义。
- 如何更新沟通管理计划。

信息既需要向项目内部的相关方（如团队成员）发布，也需要向项目外部的相关方（如政府部门、用户、媒体）发布。事先就弄清楚谁在什么时候需要什么信息，有助于项目经理安排好相关的沟通工作，对项目经理处理好与各项目相关方之间的关系非常重要。

项目沟通管理应该贯穿于项目的整个生命周期。沟通管理计划应该尽早编制并不断审查和更新。通常，在识别项目相关方（项目启动阶段）的同时，就要编制初始的沟通管理计划。由于各阶段的主要项目相关方会有所不同，因此各阶段的主要沟通对象也应该有所不同。

10.3.2　管理沟通

管理沟通过程旨在根据沟通管理计划，生成、收集、发布、存储、利用和最终处置项目信息。应该注意让项目相关方了解最新的项目信息。因为项目各知识领域的各种管理都离不开信息，所以，在实际工作中，管理沟通过程肯定是与其他所有过程交叉在一起开展的。

> 本过程不局限于发布信息，还包括前端的生成和收集信息，以及后端的确认信息发布的有效性。

为了便于理解，可以把管理沟通过程解释为实实在在地开展沟通。它得到的成果就是已经开展的、既有效率又有效果的项目沟通。有效率的沟通，是指只给项目相关方提供他们所需要的信息，但不给他们提供多余的信息。有效果的沟通，是指在正确的时间把正确的信息发送给正确的人，以便信息起到正确的作用。

在管理沟通过程中发布的一些重要信息，会成为组织过程资产的组成部分。

10.3.3 监督沟通

监督沟通过程旨在根据沟通管理计划，监督项目沟通情况，发现、记录和分析沟通工作中的偏差，提出变更请求。例如，不定期或定期检查一下，该做的沟通有没有做？项目相关方能否及时收到所需信息并正确理解？绩效报告的内容是否易于项目相关方理解？信息反馈渠道是否畅通且有效？沟通的效率和效果是否令人满意？沟通是否有利于项目目标的实现？

监督沟通过程经常导致重新开展规划沟通管理过程，修改沟通管理计划。几乎不可能一开始就把沟通管理计划编制得十分完善，更何况项目相关方的沟通需求经常发生变化。

> 规划沟通管理过程是为了开展有效率和有效果的沟通而编制计划。管理沟通过程是实实在在地开展有效率和有效果的沟通。监督沟通过程则是监控沟通的效率和效果是否达到了计划中的要求。

10.4 各过程的工具与技术

10.4.1 规划沟通管理

本过程的工具与技术可概述为：在沟通模型的指导下，进行沟通需求分析，并选择适当的沟通技术与沟通方法；需要召开会议，运用专家判断。人际关系与团队技能及数据表现，都有助于更有效地进行沟通需求分析，选择沟通技术与沟通方法。

沟通模型是由信息发出者、信息、媒介、噪声、信息接收者和反馈意见等诸多要素所组成的一个循环。首先信息发出者对想要发出的信息进行编码，并通过一定的媒介发送给信息接收者，然后由信息接收者对收到的信息进行解码，并把相应的反馈发送给信息发出者。

在沟通过程中，各种各样的因素会干扰信息的编码、传送、接收和解码。这些因素统称为沟通中的"噪声"。它们会造成沟通过程中程度不等的信息损耗。如果信息损耗太大，沟通就不能取得应有的效果。

信息发出者对信息的编码和信息接收者对信息的解码，都会直接影响沟通的质量。信息发出者必须认真进行编码，选择合适的沟通媒介，并且确认所发出的信息已经到达接收者并被接收者正确解码。信息接收者必须完整接收信息，认真进行解码，正确理解信息，并及时向信息发出者提供反馈。

> 沟通中最重要的不是你发出了什么，而是对方接收和理解了什么。

在沟通进行中，会遇到各种各样的噪声干扰，因此沟通并不是一件容易的事情。许多因素会妨碍沟通的顺利进行。例如，信息发出者和接收者对信息的过滤、沟通媒介的不合理、沟通方式的不合理、难懂的专业术语、各种外界的干扰、相互间的不信任、语言差异、文化差异等。

沟通是需要质量控制的。信息接收者向发出者的及时反馈就是沟通中的质量控制。反馈中既包括告知收悉，又包括告知对方自己对信息的理解。对于比较简单的信息，告知收悉和告知理解通常同时完成。对较复杂的信息，接收者需要一段时间来消化，那么就应该在收到信息后及时告知收悉，并在一段时间后再告知理解。

> 即便你暂时无法理解信息的意思，也必须在收到信息后立即告知收悉。

应该认真进行沟通需求分析，弄清楚项目相关方在整个项目生命周期中对信息的需求，包括需要什么信息、什么时候需要、喜欢什么格式、为什么需要等。在沟通需求分析中，应该计算相关方之间的潜在沟通渠道的数量。潜在沟通渠道越多，沟通就越复杂，也就越容易发生沟通不充分的情况。潜在沟通渠道的多少取决于相关方的数量以及沟通网络类型。

沟通网络是指信息流动的通道。有三种常见的网络类型：链式、轮式和全通道式。链式网络严格遵守正式的命令系统，只有上下级之间的纵向沟通，没有横向沟通。轮式网络严格以某个领导者为沟通的核心，一切沟通都围绕他进行。全通道网络则允许全体成员之间进行自由沟通，任何人都可以与任何人沟通。

在 PMP® 考试中，可能考全通道沟通网络下沟通渠道数量的计算。在全通道网络下，相关方或团队成员之间的沟通渠道数量由以下公式计算：沟通渠道数量 $=N(N-1)/2$。其中，N 为相关方或团队成员的人数。例如，一个团队由 5 个人组成，则总共有 $5(5-1)/2=10$

条沟通渠道；如果在该团队中再增加 3 个人，则沟通渠道会增加 18 条。

> 考试时，一定要仔细看清楚，是问你沟通渠道总共有多少条，还是增加或减少了多少条。

团队成员越多，沟通渠道越多，沟通管理的难度就越大。团队成员太多，很可能产生团队惰性，而不是团队活力。工作团队中的人数到底多少最合适？尽管尚没有定论，但有一个经验式的说法，是 5~12 人。

在规划沟通管理过程中，需要根据项目的具体情况以及相关方的具体情况，为拟开展的沟通选择合适的沟通技术。被选定的沟通技术，需要写入沟通管理计划。例如，电子或传统的沟通、正式或非正式沟通、口头或书面沟通、简短对话或正式会议。在 PMP® 考试中，可能要求考生针对某个情景选择最合适的沟通技术。可以按下列规则做出选择：

- 正式书面沟通。适用于复杂、重要的事情，如发布项目章程、合同。
- 正式口头沟通。适用于需要立即得到反馈的重要事情，如合同谈判。
- 非正式书面沟通。适用于需要在以后查询但不太重要的事情，如用备忘录通知项目周报的提交时间从原来的周一中午 12 点改为周一上午 10 点。
- 非正式口头沟通。适用于既不重要也无须在以后查询的事情，如私下谈话。

如果需要立即解决问题，就选择口头沟通；如果问题比较重要，口头沟通之后再进行书面确认；如果要批评别人或解决与别人的冲突，最好采用非正式口头沟通，如果不起作用或解决不了，再用正式书面沟通。

在口头沟通中，最重要的信息传递途径并不是口头（verbal）语言（包括内容、声音大小、语音语调），而是非口头（nonverbal）语言（形体语言，如面部表情、身体之间的距离等）。在口头沟通时，口头语言只能传达全部信息的 45%，而大约 55% 的信息是通过非口头语言传达的。在口头语言中，内容所传达的是全部信息的 7%，而说话的方式（声音大小、语音语调）能传达 38%。这些数字是国外的研究者总结出来的。

本书作者在澳大利亚读书时，看到大学图书馆的服务柜台上，摆放着一个提醒工作人员的牌子："对听力不好的人，说话要大声一点，但不要吼！"即便你所说的内容是完全一样的，"大声"与"吼"，以及伴随的形体语言却完全不一样，沟通的效果自然就会有很大的差别。

例题 10-2 PMI 对报考 PMP® 的人员有项目管理经历与教育的背景要求。PMI 会随机抽查一些人员所报的经历与教育背景的真实性。被抽到的人员必须在规定时间内按规定的格式向 PMI 邮寄经过相关人员签字的证明材料，否则就会失去考试资格。PMI 声明不接受审查材料的电子文件或传真件，这种要求属于：

A. 非正式书面沟通

B. 正式电子沟通

C. 正式书面沟通

D. 正式口头沟通

解释：正确答案是 C。显然，属于正式书面沟通。

在规划沟通管理过程中，需要根据项目以及相关方的具体情况选择合适的<u>沟通方法</u>，用于将来的沟通。被选定的<u>沟通方法</u>需要写入沟通管理计划。主要有以下三种<u>沟通方法</u>：

- 交互式沟通。沟通双方或多方多方位地交流信息。适用条件：要沟通的信息不多，要沟通的对象不多，且需要立即获得反馈甚至达成协议。例如，开会、打电话、网络在线即时沟通。

- 推式沟通。把信息推送给信息接收者。信息接收者处于他们的本来位置不变。适用条件（暂且不考虑电子信息推送）：信息有明确的受众，要沟通的信息和对象不多，而且无须立即得到反馈。例如，给项目相关方发送绩效报告，给别人发短信。

- 拉式沟通。把信息放在一个固定的位置，把项目相关方拉到这个位置查看信息。适用条件：要沟通的信息很多，或者要沟通的对象不明确或数量很多。例如，张贴公告，建立项目网页。

例题 10-3　你是一个新启动项目的项目经理，你需要从职能部门获得相应的专业人员。在与职能经理沟通时，你主要依靠：

A. 公关技能

B. 谈判技能

C. 命令技能

D. 面对问题的技能

解释：正确答案是 B。项目经理与职能经理打交道，主要依靠谈判、协商的方法；与外界的相关方打交道，主要依靠公关的方法；与管理层打交道，主要依靠面对问题的方法（必须把遇到的困难等，摆在桌面上向管理层说清楚）。

人际关系与团队技能中的沟通风格评估有助于针对不同的人和事，选择最合适的沟通风格；<u>政治意识</u>有助于了解相关的政治氛围，确定有效的沟通需求、沟通技术和沟通方法；<u>文化意识</u>有助于了解相关的文化氛围，确定有效的沟通需求、沟通技术和沟通方法。

可以借助数据表现中的<u>相关方参与度评估矩阵</u>，分析为了填补相关方参与项目的程度的不足，需要开展什么沟通，以及该用什么沟通技术和方法。

10.4.2　管理沟通

管理沟通过程就是使用已选定的<u>沟通技术</u>与<u>沟通方法</u>，运用自己的<u>人际关系与团队技能</u>及沟通技能，实实在在地开展沟通。<u>项目管理信息系统</u>是用于收集、存储、发布和检索信息的自动化系统（如电子邮件管理系统、在线聊天系统），是需要使用的沟通工具。<u>项目报告发布</u>是指收集和发布工作绩效报告。经常需要召开会议来开展沟通。

> "项目管理信息系统"和"项目报告发布"有实质性交叉；"人际关系与团队技能"与"沟通技能"也有实质性交叉。

主要的人际关系与团队技能包括积极倾听（专注听别人说话，并适时提供反馈）、冲突管理（有效预防和解决与别人的冲突）、政治意识（了解政治氛围）、文化意识（了解文化氛围）、会议管理（有效召开会议）、人际交往（建立关系网络，如微信朋友圈）。

主要的沟通技能包括具有沟通胜任力（针对特定事情或对象的沟通能力），能够提供反馈、使用非口头技能和进行演示。

例题 10-4　项目状态报告应该发送给：

A.　项目发起人

B.　管理层

C.　客户

D.　沟通管理计划中规定的相关方

解释：正确答案是 D。项目的各种信息与报告（不仅仅是状态报告）应该发给谁，需要在项目沟通管理计划中明确，并按沟通管理计划执行。

10.4.3　监督沟通

在监督沟通过程中，应该通过观察和交谈（属于人际关系与团队技能），以及召开会议，来了解沟通的效率和效果；应该使用相关方参与度评估矩阵（属于数据表现）来分析沟通是否达到了引导相关方合理参与项目的目的。专家判断和项目管理信息系统也是应该使用的工具。

10.5　疑难问题解答

1. 管理沟通过程的输入中有"工作绩效报告"，工具中有"项目报告发布"，它们有什么联系与不同？

答：作为输入的"工作绩效报告"（Work Performance Reports），由监控项目工作过程基于工作绩效信息和项目计划编制。工作绩效报告包括各种专题报告以及综合程度不等的各种综合绩效报告。这些报告用于向相关方报告项目绩效，目的在于提醒相关方注意某种或某些情况，或者促使相关方做出某种决定或行动。作为工具的"项目报告发布"（Project Reporting），是指收集作为输入的各种工作绩效报告，把它们发送给项目相关方。

2. 沟通风格、沟通技术和沟通方法有什么区别？

答：《PMBOK®指南》中的相关解释，只能说明这三个词有交叉关系，并不能明确地把它们区分开来。沟通风格,其英文为 Communication Style,是沟通技术(Communication Technology)和沟通方法(Communication Methods)的综合,指某个人或群体喜欢什么样的沟通技术和沟通方法。沟通方法是交互式沟通、推式沟通和拉式沟通。除这些沟通方法以外的各类沟通,都可以归为沟通技术,如口头沟通、书面沟通。

3．沟通技能和沟通胜任力有什么区别？

答：沟通技能(Communication Skills),也可以叫"沟通能力"(Communication Ability),是对某个人或群体的沟通方面的实际表现或潜在表现的综合性评价。沟通胜任力(Communication Competence),则是某个人或群体针对某件特定事情、某个特定个人或特定人群的具体的沟通能力。一个沟通能力很强的人,也可能在某件事上或对某个人没有足够的沟通胜任力。例如,一位男生虽然平时能说会道(沟通能力强),但是不善于表达对某位女生的爱慕之情(沟通胜任力差)。

第11章
项目风险管理

11.1 概述

11.1.1 风险管理的必要性

项目是独特的一次性事业，必然存在风险。项目经理必须积极主动地开展项目风险管理，而不只是消极被动地去应对已发生的风险。积极主动，意味着事先就认真预计可能发生的风险，分析这些风险发生的可能性和万一发生的后果，并制定和执行相应的风险应对策略和措施。

项目经理应该知道，项目中的大多数风险（甚至90%的风险）都可以预测和管理。通过合理的风险管理，项目失败的威胁会大大降低，项目成功的机会将大大提高。甚至可以说风险管理决定项目的成败。

PMP® 考生不必是风险管理方面的专家，但需要了解风险管理的一般知识、技术与理念。

11.1.2 风险的定义

有两个层面的风险，即整体项目风险、单个项目风险。整体项目风险是项目的全部不确定性来源可能对项目的综合影响。综合影响既可能是项目目标的正向变异（如提前完工），也可能是项目目标的负向变异（如推迟完工）。单个项目风险，是一旦发生会对项目目标产生积极或消极影响的不确定性事件。有积极影响的，是机会；有消极影响的，是威胁。

> 风险既包括威胁，也包括机会。对"风险"这个词，必须根据上下文判断其真实内涵。

整体项目风险是已经识别出来的所有单个项目风险加上未识别出来的全部其他不确定性来源。当然，这些风险和不确定性来源并非简单的相加关系，因为它们之间会有各种各样的相互联系和影响。可以从威胁的角度做一个类比。整体项目风险是一个人的总体健康状况出问题的可能性和后果，单个项目风险则是发生某种具体疾病的可能性和后果。

> "风险"这个词，如果前面没有任何修辞语，通常是指单个项目风险，除非上下文另有要求。

风险总是与不确定性联系在一起的，既可能发生，也可能不发生。风险也总是与目标联系在一起的，如果发生，会对项目范围、进度、成本和质量的至少一个方面，有积极或消极影响。如果某个事件万一发生，对项目范围、进度、成本和质量的任何一个方面都不会有任何影响，就不是项目风险，而只是一个纯粹的不确定性事件。

例题 11-1　任何项目都有一定的风险。风险是指：

A. 不可抗力

B. 对项目有好影响或坏影响的不确定性事件

C. 因承包商管理不善而使项目无法顺利进行的情况

D. 不利于项目成功的任何不确定性事件

解释：正确答案是 B。其他选项都是不完整的，只说明了某一类别的风险。

11.1.3　管理整体项目风险和单个项目风险

只有先管理好整体项目风险，管理单个项目风险才会有意义。如同一个人只有先通过健身和调整饮食来改善整体身体状况，预防或治疗某种具体疾病才会有意义。如果不改善整体身体状况，那么针对具体疾病的管理措施就会事倍功半，甚至完全没有作用。

在进行项目设计、确定项目范围和其他目标时，必须考虑与此有关的整体项目风险。只有整体项目风险处于合理程度的项目，才应该被正式启动。如果项目设计很复杂、项目范围很大或其他目标很难完成，那么整体项目风险（威胁）也就很大。如果整体项目风险（威胁）太大，无论对单个项目风险的管理做得有多好，项目也是不可能成功的。如同一个人的整体健康状况已经极坏，即便用再好的药去治疗某种疾病，也无济于事。

整体项目风险的大小，也取决于事业环境因素和组织过程资产。在一个有利或不利的环境中，项目目标发生正向或负向变异的可能性比较大。这就如同在空气质量很好或很坏的城市生活，人的整体健康状况会大为改善或恶化。对于组织过程资产，道理也是同样的。

> 只有把整体项目风险控制在可接受的区间内，管理单个项目风险才有意义。

11.1.4　风险的四要素

风险会涉及事件、原因、后果和可能性。这四者合在一起，可称为风险的四要素，即风险是一个什么事件，由什么原因引起，发生后会导致什么后果，发生的可能性有多大。风险管理就是围绕风险的事件，进行原因、后果和可能性分析，以便找到管理风险的最佳切入点，把绝对不可控变成相对可控。例如，对地震这个风险事件，通过分析，我们知道地震的原因和可能性都是不可管理的，只有地震的后果是相对可控的。所以，对地震风险的管理，必须从后果入手，抓后果控制，而不是抓原因和可能性管理（如地震预报）。

在上述风险的四要素中，原因又是由风险起因和风险条件联合构成的。风险起因是某个或某些风险得以存在的"土壤"。风险条件则是引发风险事件的"催化剂"。例如，对于"某人可能考不过 PMP®"这个风险事件，与其相应的风险起因是"公司要求项目经理具备 PMP® 资质"，风险条件是"他没有多少时间用于备考学习"。

在上述风险的四要素中，可能性和后果联合决定了风险敞口（Risk Exposure）。如果把可能性和后果都量化，那么这两者的乘积就是风险敞口。风险敞口越大，风险就越严重。

11.1.5　风险类别

可以用不同的标准，把项目风险分成不同的类别，以便有效管理。可以用风险分解结构来展示风险的类别，为进一步识别风险提供基础（出发点）。以下是常见的风险类别。

- 按专业分类：技术风险、组织风险、管理风险和财务风险。
- 按内外分类：内部风险和外部风险。
- 按与经营者的关系分类：经营风险和纯风险。前者是与经营活动密切相关的风险，发生的可能性和后果与经营者的水平和努力程度有密切关系，如市场风险，通常不能买保险；后者则是与经营者的水平和努力程度完全无关的意外事件，如自然灾害，通常可以买保险。当然，两者之间的界限并非十分明确。
- 按已知程度分类：已知风险和未知风险。已知风险又可分为已知已知风险和已知未知风险。未知风险则是未知未知风险。

已知已知风险是已经识别出并分析过的风险，人们不仅知道它们是什么风险，而且知道它们发生的可能性和后果。对已知已知风险可能造成的损失，在编制项目成本预算时，通常按计算出的风险敞口计入受影响的项目工作的直接成本。

已知未知风险是已经识别出但其发生的可能性或后果还不清楚的风险，通常在项目预算和进度计划中列出一定的应急储备（包括应急资金和时间）来应对。

未知风险，也叫未知未知风险，是过去从未遇到过的、完全未知的风险。未知风险，也叫突发风险（Emergent Risk），是只有实际发生后才会知道的风险。例如，第一例非典型肺炎发生前，"非典"就属于未知风险。

未知未知风险通常无法预防，只能通过提高项目韧性（抵抗未知未知风险的能力）来减轻万一发生的后果。提高项目韧性的办法包括：在预算中预留充足的管理储备，采用能够灵活变通的项目管理过程，赋予项目团队灵活应变的权力和能力，在项目范围中留出应变的余地。

> 在编制项目预算时，应该把已知已知风险可能造成的损失直接列入项目"直接成本"，把已知未知风险可能造成的损失列入"应急储备"，把未知未知风险可能造成的损失列入"管理储备"。

对于已知已知风险，必须加以利用。例如，保险公司通过开办重大疾病保险来赚钱，就是利用已知已知风险。患重大疾病的风险对于每个人是已知未知风险，对于保险公司却是已知已知风险。对于已知未知风险，必须加以管理，以便降低威胁。对于未知未知风险，则只能听之任之，待实际发生后再来处理。如果去管理未知未知风险，那就属于"杞人忧天"。

11.1.6　风险态度、偏好、承受力和临界值

风险态度（Risk Attitude）、风险偏好（Risk Appetite）、风险承受力（Risk Tolerance）和风险临界值（Risk Threshold）这四个词，既有联系又有区别。

风险态度是指个人或组织认为自己应该冒多大的风险。如果实际所冒风险未超出应该冒的风险，就觉得很舒服、不紧张。风险偏好是指为了实现目标（获得利益），个人或组织愿意冒多大的风险。高风险偏好者愿意为获得大利益而冒大风险，低风险偏好者不愿意为了获得利益而冒看似很小的风险。对于不同的风险，个人或组织可能有不同的风险偏好。例如，对于技术创新风险，属于高风险偏好；对于违反合同风险，又属于低风险偏好。

风险承受力是指个人或组织能够承受的最高风险程度。如果实际风险水平超出风险承受力，个人或组织就会破产。通常，个人或组织愿意冒的风险（风险偏好）应该小于风险承受力。风险临界值是指个人或组织能够承受的风险程度，而不需要采取应对措施。例如，允许成本超支5%，如果成本超支预计或已经突破5%的临界值，就必须采取预防措施或应急措施。

> 风险临界值是必须采取措施的起点，风险偏好是愿意冒的风险程度，风险承受力是能够承受的最大风险。通常，风险临界值最低，风险偏好中间，风险承受力最高。

例题 11-2 某些人把基本的生活费拿去炒股，被套牢后无法正常生活。他们的错误在于：

A. 风险偏好大于风险承受力

B. 风险偏好小于风险承受力

C. 风险承受力太低

D. 风险偏好小于风险临界值

解释：正确答案是A。B是正常的做法，即便被套牢，正常生活也不会受到影响。C：风险承受力高或低，是相对而言的，只是一种客观的存在，不算一种错误。D是非常保守的做法，而且过分保守了，与题干完全不符。

11.2 各过程的输入与输出

11.2.1 输入与输出的关系总览

项目风险管理的实现过程包括规划风险管理、识别风险、实施定性风险分析、实施定量风险分析、规划风险应对、实施风险应对和监督风险。这些过程的输入与输出之间的关系可以概括为如图11-1所示（未考虑事业环境因素、组织过程资产，以及除风险登记册更新和风险报告更新以外的项目文件更新）。

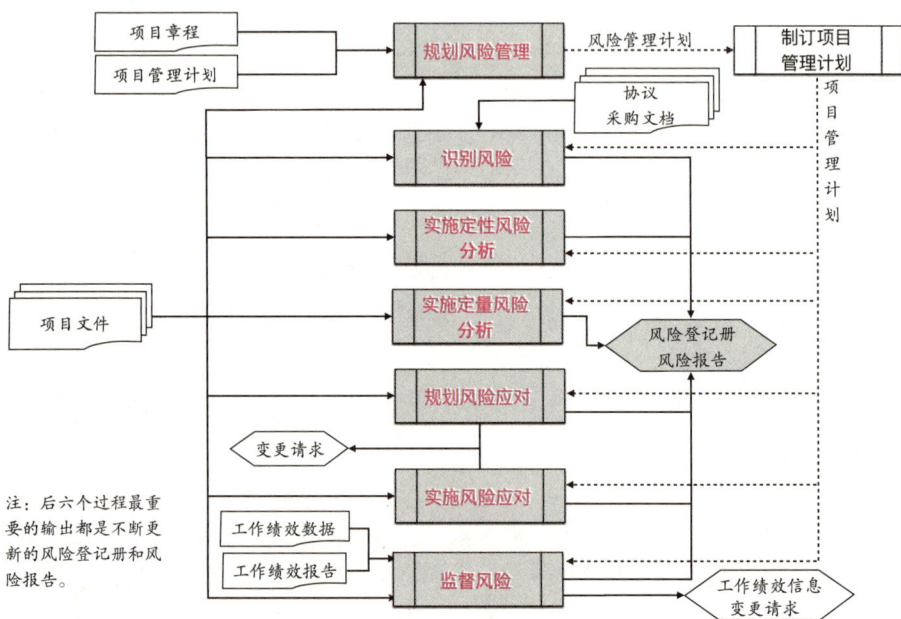

图 11-1 项目风险管理各过程的输入与输出关系

11.2.2 规划风险管理

在项目章程的指导下，参考项目管理计划中已有的内容，编制风险管理计划。风险管理计划必须与项目管理计划中已有的内容相协调。

项目文件中的相关方登记册，有助于邀请相关方参加风险管理计划的编制，有助于根据相关方的情况（如风险态度）确定本项目的风险管理该如何开展。

11.2.3 识别风险

因为项目的方方面面都存在可能影响项目目标的不确定性事件，所以识别风险过程的输入其实是非常多的。可以说，项目上的任何一种计划或文件，都可以作为识别风险过程的输入。识别出来的风险及其特性，都应该写入风险登记册，并汇编进风险报告。

当然必须根据项目管理计划中的风险管理计划来识别风险。此外，项目管理计划中的其他子计划和项目基准，也都是识别风险的依据。例如，应该识别与范围基准、进度基准或成本基准有关的风险，即哪些风险可能妨碍这些基准的实现。

《PMBOK® 指南》列出了作为识别风险过程的输入的下列主要项目文件：

- 相关方登记册。应该邀请尽可能多的相关方参与风险识别，还可以根据相关方登记册预选风险责任人。
- 假设日志。所需的假设条件越多，所面临的制约因素越多，单个项目风险就越多，整体项目风险也会越高。
- 需求文件。各种需求都有实现不了的风险。
- 成本估算。有助于识别不能在规定的成本内完成项目工作的风险。
- 持续时间估算。有助于识别不能在规定时间内完成项目工作的风险。
- 问题日志。虽然问题本身不是风险，但是问题可能引发新的风险。
- 资源需求。有助于识别与资源需求有关的风险。
- 经验教训登记册。重复开展本过程时，需要参考以前的经验教训。

对于外包出去的工作，协议和采购文档有助于识别与采购有关的风险。例如，卖方可能不能完全按要求履行合同。

> 让尽可能多的相关方参与识别风险，尽可能全面地识别出项目风险。

11.2.4 实施定性风险分析

在风险管理计划（项目管理计划的组成部分）的指导下，对前一个过程得到的风险登记册（一种项目文件）中的所有风险都进行定性分析。在定性分析中，需要分析相关方登记册（一种项目文件）中的哪些人适合作为各种风险的责任人。作为一种项目文件的假设日志，有利于对风险进行定性分析。例如，某个风险与多个假设条件有关，其发生的可能性就会加大。定性分析的结果，应该写入风险登记册，并汇编进风险报告。更新后的风险登记册和风险报告都属于项目文件更新。

11.2.5　实施定量风险分析

在风险管理计划（项目管理计划的组成部分）的指导下，对前一个过程得到的风险登记册（一种项目文件）中的某些风险进行定量分析，然后用这些定量分析的信息、风险登记册中的所有风险的相关信息，以及有关项目不确定性的其他信息，作为输入数据，对整体项目风险进行定量分析。定量分析的结果应该汇编进风险报告。更新后的风险报告属于项目文件更新。《PMBOK®指南》中虽然没有指明本过程需要更新风险登记册，但实际上它也需要更新。

项目管理计划中的范围基准、进度基准和成本基准，有助于定量分析实现这些基准将面临的风险。例如，有15%的可能性不能在既定的成本基准内完工。

《PMBOK®指南》还列出了作为输入的以下项目文件：
- 风险报告。已有的风险报告，可以为当前开展整体项目风险定量分析提供依据。
- 假设日志。项目的假设条件和制约因素，都是开展整体项目风险定量分析的依据。
- 成本估算、持续时间估算、估算依据和资源需求。它们既是对某些单个项目风险进行定量分析的依据，也是对整体项目风险进行定量分析的依据。
- 里程碑清单、成本预测和进度预测。应该定量分析实现里程碑、成本预测或进度预测的可能性。例如，按期实现某个里程碑的可能性是80%，这就意味着还有20%的风险。

11.2.6　规划风险应对

在风险管理计划（项目管理计划的组成部分）的指导下，针对风险登记册和风险报告（都是项目文件）中的风险情况，制定风险应对策略和措施。应对策略和措施，必须与资源管理计划（项目管理计划的组成部分）中用于应对风险的资源相对应，必须与成本基准（项目管理计划的组成部分）中用于风险应对的资金相对应。

《PMBOK®指南》还列出了作为输入的以下项目文件：
- 相关方登记册。制定应对策略和措施，应该邀请相关方参与，征求相关方的意见。
- 项目进度计划。有助于把风险应对活动与进度计划中的相关活动协调起来。
- 项目团队派工单。从中找出谁应该负责哪些风险应对活动。
- 资源日历。从中了解哪些资源何时可用于风险应对。
- 经验教训登记册。重复开展本过程时，需要参考过去的经验教训。

规划风险应对过程的结果，应该记入风险登记册和风险报告。更新后的风险登记册和风险报告都属于项目文件更新。重复开展规划风险应对过程，通常都会引发项目计划调整的需要。所以，本过程会提出变更请求。

11.2.7　实施风险应对

在风险管理计划（项目管理计划的组成部分）的指导下，由风险责任人负责执行风险登记册（一种项目文件）中的单个项目风险应对策略和措施，由项目经理负责执行风险报告（一种项目文件）中的整体项目风险应对策略和措施。重复开展本过程时，需要参考已记录在经验教训登记册（一种项目文件）中的经验教训。风险应对情况需要写入风险登记册和风险报告。更新后的风险登记册和风险报告都属于项目文件更新。

开展本过程，可能提出对项目计划的变更请求。

11.2.8　监督风险

在风险管理计划（项目管理计划的组成部分）的指导下，由风险责任人监督已写入风险登记册（一种项目文件）的单个项目风险的应对策略和措施的实施情况，由项目经理监督已写入风险报告（一种项目文件）的整体项目风险的应对策略和措施的实施情况。作为一种项目文件的问题日志，有助于监督可能引发风险的各种问题的解决情况。重复开展本过程时，需要参考已写入经验教训登记册（一种项目文件）的经验教训。

从工作绩效数据和工作绩效报告中，可以看出风险应对或发生的实际情况，作为监督风险的依据。

单个项目风险的实际发生情况与预计发生情况的偏离，需要作为工作绩效信息加以记录。

在监督风险过程中所产生的信息需要写入风险登记册和风险报告。更新后的风险登记册和风险报告都属于项目文件更新。

> 后六个过程的最主要的输入是项目管理计划中的风险管理计划，以及前一个过程所得到的风险登记册和风险报告；最主要的输出则是完整程度不等的风险登记册和风险报告。

需要根据监督发现的情况，提出必要的变更请求，如要求修改风险管理计划。

因为存在两个层面的风险，即整体项目风险和单个项目风险，所以每个风险管理过程其实都可以分成两个不同层面的，即整体项目风险层面的和单个项目风险层面的。这两个层面的风险管理过程，既有联系又有区别。

11.3　各过程的主要工作和成果

11.3.1　规划风险管理

本过程旨在对将来的风险管理工作做出安排，包括如何识别风险、如何进行风险分析、如何制定应对策略和措施、如何实施风险应对计划以及如何监控风险。本过程要回答的问题是：本项目的风险管理将要怎么做、做到什么程度？将要采取什么风险管理做法，不仅取决于项目的复杂程度及规模大小，而且取决于主要相关方的需要。规划风险管理过程，应该邀请尽可能多的相关方参加。

> 各主要项目相关方都要参与风险管理计划的编制工作。

风险管理计划应该包括如下主要内容：

- 风险管理策略。这是关于本项目的风险管理工作的原则性安排。
- 方法论。为实现原则性安排，将采用的风险管理过程、数据资料，以及工具与技术。
- 角色和职责安排。将设立什么风险管理的岗位，各岗位的权责和能力要求。
- 预算和时间安排。将花多少钱和时间做风险管理（需要加到预算和进度计划中），将如何确定、使用和调整项目的应急储备。
- 风险类别。用风险分解结构把大类别风险分解成小类别风险，作为识别风险的出发点。
- 主要相关方的风险偏好。主要相关方对于不同的项目目标或项目风险，究竟是风险冒险者、中立者还是规避者？
- 风险概率和影响定义。规定表示风险发生的可能性和后果的方法。例如，数字量表（0.1，0.2，0.3…）、相对量表（几乎不发生、很不可能、不可能、可能、很可能、几乎肯定发生）。同时，还要规定可能性多高才算是很高、高、低或很低，后果严重到什么程度才算是很严重、严重、一般、轻或很轻。
- 概率和影响矩阵。根据风险敞口（可能性与后果的乘积）对风险进行分级的表格，也叫风险级别矩阵。例如，把风险分成严重、中等、轻微三个级别。相当于用来度量每个风险的严重性的统一尺子。
- 报告格式。将来要编制的风险管理报告的格式、内容和报送时间等。
- 风险管理跟踪。将如何记录和审查风险管理工作的开展情况。

11.3.2　识别风险

本过程旨在运用各种方法，调动众多项目相关方的力量，识别整体项目风险的各种来源，并识别项目面临的各种单个项目风险。本过程要回答的问题是：哪些是导致整体项目风险的主要因素？本项目面临哪些单个项目风险？

识别整体项目风险的来源，主要在项目启动阶段开展，而在规划和执行阶段只需要注意整体项目风险的来源的变化情况。整体项目风险的情况应该写入风险报告。识别单个项目风险，主要在项目规划阶段开展，也需要在项目的其他阶段开展。识别风险其实是一个须反复开展的过程，贯穿项目生命周期的始终。

识别出的全部单个项目风险都需要写入风险登记册。全部单个项目风险的概述情况应该写入风险报告。

> 通常，风险登记册仅供项目团队内部使用，而风险报告则应该报送给主要相关方。

作为识别风险过程的输出，初始的风险登记册中应该包括：

- 风险编号。每个风险都有独一无二的编号。
- 风险名称。每个风险都有独特的名称。
- 风险描述。尽可能详细地描述风险。
- 预选的风险责任人。供实施定性风险分析过程确认。
- 初步应对措施。只是凭直觉得出的，还要在规划风险应对过程中加以分析和确认。

识别风险，通常要基于风险管理计划中的方法和程序，邀请尽可能多的主要相关方参与。不能仅靠少数人来识别风险。通常，项目团队先进行风险识别，再由其他相关方来补充和完善。仅靠少数项目相关方无法全面识别出项目风险，而遗漏某个或某几个重要风险，很可能导致项目不能顺利进行甚至完全失败。

例题 11-3　应该在以下哪个项目文件中记录整体项目风险的情况？

A．风险登记册

B．风险应对计划

C．风险管理计划

D．项目章程

解释：正确答案是 D，在启动项目时就应该搞清楚整体项目风险的情况，并记进项目章程。项目进入规划阶段之后，还需要用风险报告进一步说明整体项目风险的情况。风险登记册只用于记录单个项目风险的情况。风险管理计划和风险应对计划都可以规定将如何维持或降低整体项目风险，但并不全面阐述整体项目风险的情况。

11.3.3　实施定性风险分析

本过程是对所有已识别的单个项目风险进行主观定性分析，评估其可能性、后果和其他情况，并据此进行风险排序，决定哪些风险需要进一步定量分析，哪些风险可直接进行风险应对规划，哪些只需要列入观察清单。其他情况包括风险的可监测性、紧迫性等可能影响风险排序的各种风险参数。

即便使用一些数字，只要是主观的分析，仍然是定性分析。所以，从严格意义上讲，不能以是否用到数字来判断是定量还是定性分析。例如，概率和影响矩阵充满了数字，却是定性而非定量分析的工具。

定性风险分析的目的是：

- 以主观的方式评价已识别风险发生的可能性、后果和其他情况。
- 得到基于定性分析结果的风险排序。
- 为每个单个项目风险指定风险责任人。
- 确定哪些风险需要进一步定量分析，哪些风险可直接进入规划风险应对过程，哪些风险可直接列入观察清单。
- 对风险进行归类，指出高风险的项目领域。
- 了解风险发展趋势。多次定性分析后，可看出风险发展趋势，如发生可能性是逐渐提高的还是降低的。

> 每个单个项目风险的责任人，在识别风险过程中预选，在定性分析过程中正式指定。

定性分析的上述结果都要记入风险登记册，导致风险登记册更新；同时，在风险报告中概述上述分析结果，导致风险报告更新。

虽然《PMBOK®指南》没有明确指出在本过程中需要对整体项目风险做定性分析，但是这种分析事实上的确是需要做的。在项目正式启动之前，需要对整体项目风险做定性分析，以便决定项目能否启动。在规划和执行阶段，要重新对整体项目风险做定性分析，决定项目是否需要变更或提前终止。如果整体项目风险太严重且无法减轻，就不得不提前终止项目。

11.3.4　实施定量风险分析

本过程需要做两件事。一是对被定性分析确认为严重且可量化的单个项目风险做客观的定量分析；二是以这些定量分析的结果和全部其他不确定性的情况作为输入数据，对整体项目风险进行定量分析，并据此确定整个项目所需的应急储备。

定量风险分析并不是简单的算术计算，而是需要建立比较复杂的数学模型的。通常，无法手工进行，而必须借助电脑软件。不仅许多中小型项目完全不需要开展定量风险分析，而且在需要开展定量风险分析的项目上，也有许多单个项目风险根本不需要定量分析。

> 对所有项目以及已识别的全部单个项目风险，都要进行定性分析，但不是都要进行定量分析的。

定量分析的结果要记入风险报告。定量分析的结果主要包括：

- 单个项目风险的量化排序。通常是敏感性分析的结果。可用龙卷风图从大到小依次列出对项目目标有不同程度影响的单个项目风险，及其量化的影响程度。
- 整体项目风险的情况。主要包括：①导致整体项目风险的主要因素；②项目进度和成本的概率分布（一端是最短工期或最低成本及其几乎为 0 的概率，另一端是最长工期或最高成本及其几乎为 1 的概率）；③在特定的时间和成本之内完成项目的概率；④整个项目需要预留多少应急储备，以便把项目按期按预算完工的概率提升到所需的水平。
- 风险的发展趋势。多次定量分析后，可以看出一些单个项目风险的发展趋势，以及整体项目风险的发展趋势。
- 风险应对建议。用于定量分析的模型，通常能够自动提出针对单个项目风险或整体项目风险的一些应对建议。例如，为了把实现项目目标的概率提升到某一水平，而建议规避某个特别严重的风险。这些建议将在规划风险应对过程中被进一步分析和确认。

> 实施定性风险分析过程的落脚点是单个项目风险，实施定量风险分析的落脚点则是整体项目风险。

例题 11-4　一位新任项目经理已经组织团队成员和相关方进行了项目风险识别和定性风险分析。他仍然很担心项目本身的复杂性和所处环境会使项目无法在初定的时间和预算内完成。他知道你是一位资深的项目管理专业人士，特地向你请教。你最应该给他以下哪条建议？

A. 再次开展更深入的定性风险分析

B. 开展定量风险分析，确定所需的应急储备

C. 对每一个已识别单个项目风险开展定量分析，确定所需的应急储备

D. 立即制定风险应对策略和措施，并付诸实施

解释：正确答案是 B。项目本身的复杂性和所处环境都是整体项目风险的重要来源，故应该对整体项目风险开展定量分析。虽然定性风险分析可以重复开展，但是选项 A 不能解决题干所示的问题。选项 C：不仅无须对每个单个项目风险都做定量分析，而且定量分析的重点是整体项目风险，而非单个项目风险。选项 D：不做认真分析，就不可能制定出有效的应对策略和措施。

11.3.5 规划风险应对

本过程旨在根据定性与定量分析的结果，考虑项目相关方的风险态度、风险偏好、风险承受力和风险临界值，制定整体项目风险的应对策略和措施，以及单个项目风险的应对策略和措施。单个项目风险的应对措施，既包括风险发生之前的预防措施或促进措施，也包括风险发生之后的应急措施或利用措施。

开展本过程，通常会导致需要重新开展识别风险、实施定性风险分析、实施定量风险分析等过程。例如，针对威胁，在制定应对措施之后，需要识别因应对措施而导致的次生风险并对次生风险进行分析，防止次生风险比原生风险更严重；需要重新对原生单个项目风险或整体项目风险进行分析，确定这些风险是否都能够减轻到可承受的水平。

开展本过程，通常也会导致重新开展其他知识领域中的规划过程，即回头调整项目计划。一是因为原先对风险的考虑不尽合理，二是因为需要把风险应对活动及其所需的时间和成本等添加到项目计划中。

规划风险应对过程的结果，需要写入风险登记册和风险报告，从而导致对这两份项目文件的更新。风险登记册更新的主要内容包括：

- 商定的单个项目风险应对策略及措施。主要项目相关方应就应对策略和措施达成一致意见。
- 采取应对措施所需要的时间、成本和其他资源。
- 风险触发因素。也叫风险警告信号或风险症状。出现某种因素、信号或症状时，预示着某个风险即将发生，或者显示某个风险正在或已经发生。
- 针对高优先级且有强烈预警信号的风险的应急预案（计划）。
- 与应急预案配套的弹回计划。这是备用的应急预案(计划)，以便在主应急预案(计划)不起作用时采用。
- 次生风险。应对某个风险而带来的另一个风险。如果不应对原生风险，次生风险本来不存在。需要防止次生风险比原生风险更严重。
- 残余风险。采取风险应对措施后仍然存在的风险，是没有主动应对或应对后所剩余的风险。例如，购买保险（风险应对）后，保险公司的免赔额（万一风险发生，你仍要承担这个损失）；房屋设计成抗7级地震，万一发生8级地震的风险。

风险报告更新的主要内容包括：

- 针对整体项目风险的应对策略和措施，以及它们对整体项目风险的预期效果。
- 针对高优先级单个项目风险的应对措施概述。

> 应该定期或不定期对风险应对策略和措施进行审查和更新，以确保有效性。

例题 11-5　最适合项目的某种材料，价格较高。为了确保项目成本不超过预算，项目管理团队决定采用另一种较便宜的替代材料。项目管理团队应该注意：

A. 使用替代材料带来的残余风险

B. 使用替代材料带来的进度风险

C. 使用替代材料带来的质量风险

D. 使用替代材料带来的次生风险

解释：正确答案是 D。选项 A 明显不对。选项 B 和 C 不如选项 D 那么完整，分别是次生风险的一部分。

11.3.6　实施风险应对

在本过程中，单个项目风险的责任人必须根据规划风险应对过程的结果，组织所需的资源，去实施风险应对策略和措施，以便提高机会，减轻威胁。

在本过程中，项目经理作为整体项目风险的责任人，必须根据规划风险应对过程的结果，组织所需的资源，采取已商定的应对策略和措施处理整体项目风险，使整体项目风险保持在合理水平。

单个项目风险的应对策略和措施的实施情况，应该记入风险登记册；整体项目风险的应对策略和措施的实施情况，应该记入风险报告。

11.3.7　监督风险

在本过程中，监督整体项目风险和单个项目风险的应对策略和措施的实施情况，跟踪整体项目风险和已识别的单个项目风险的变化，监测残余风险，识别和分析新风险，并评价风险管理的有效性，提出变更请求。

本过程的主要工作包括：

- 注意风险触发因素。是否出现了某种风险预警信号？
- 追踪已识别的单个项目风险，包括应对情况。例如，发生的可能性和后果是否已经发生变化？
- 监测与已识别的单个项目风险有关的残余风险和次生风险。
- 附带地识别和分析一些新的单个项目风险。
- 监督整体项目风险的应对情况。整体项目风险是变大了还是变小了？
- 开展风险审计，评估风险管理工作的有效性。
- 与项目相关方沟通项目风险情况。
- 必要时提出变更请求，以便制定新的应对措施，甚至新的应对策略。
- 收集风险资料，更新风险登记册、风险报告和组织过程资产。

> 风险登记册和风险报告的内容都要通过各个风险管理过程来不断更新和逐渐完善。

作为消极风险的威胁一旦发生，就成了"问题"；作为积极风险的机会一旦出现，就成了"利益"。对问题或利益，要及时发现，并与项目相关方密切合作，进行处置或利用。

11.4　各过程的工具与技术

11.4.1　规划风险管理

借助数据分析、会议和专家判断，编制风险管理计划。数据分析中的相关方分析，有助于分析相关方的风险态度、偏好、临界值和承受力；也可以借助数据分析技术来分析项目失败的风险敞口。这些因素都对本项目的风险管理应该怎么做有直接影响。应该邀请主要相关方，召开风险管理规划会议，讨论项目的风险管理应该做到什么程度。

11.4.2　识别风险

包括头脑风暴、核对单和访谈在内的各种数据收集技术，都是识别风险时常用的技术。头脑风暴用于召集许多人通过集思广益来识别尽可能多的风险。过去项目积累下来或行业中标准化的核对单，用于判断核对单所列的各种风险在本项目上是否也存在。也可以分析核对单本身的不完整性，识别出因此而导致的风险。可以对相关人员进行访谈，识别出一些风险。

包括文件分析、根本原因分析、SWOT 分析、假设条件和制约因素分析等在内的数据分析技术，也是识别风险时常用的技术。通过文件分析，发现文件中存在的问题或各种文件的不一致性，识别出某些风险。通过根本原因分析，把导致某个问题的各种可能原因挖掘出来，每个可能的原因就是一个风险。通过 SWOT（优势、劣势、机会、威胁）分析，从组织或项目团队的优势中识别出机会，从劣势中识别出威胁。通过分析假设条件和制约因素，识别出相应的威胁或机会。如果某个假设条件成立的可能性不大，就应该删去，并相应写成一种风险；如果某个制约因素并非不可取消，也许就可以取消它，并相应获得一个机会。

无论使用数据收集还是数据分析技术，都应该借助会议、人际关系与团队技能和专家判断。例如，可以召开专门的风险研讨会使用各种技术来识别风险，需要借助人际关系与团队技能中的引导技术去引导大家合理识别风险并达成一致意见。

提示清单则为识别风险提供出发点。例如，风险分解结构的底层要素，可以作为识别单个项目风险的提示清单；某种通用的战略分析框架，如政治、经济、社会、技术、法律和环境框架，则有利于从有关方面入手去识别整体项目风险的各种来源。

> 应该尽可能用多种多样的方法去识别风险，并邀请众多相关方参与风险识别。

11.4.3　实施定性风险分析

除了专家判断、会议和人际关系与团队技能中的引导技术，其他的工具与技术，可以按下列顺序使用：

（1）使用数据收集中的访谈，去收集相关的风险数据。

（2）使用数据分析中的风险数据质量评估，来评估风险数据的质量，确保只有质量可靠的数据才用于定性分析。

（3）基于风险数据，使用数据分析中的风险概率和影响评估、其他风险参数评估，来评估风险发生的概率、影响和其他参数（如紧迫性、可监测性）。

（4）综合（3）的结果，使用数据表现中的概率和影响矩阵或层级图，对每个风险进行分级。例如，把风险分成"可承受"和"不可承受"这两个级别。如果只考虑可能性和后果这两个风险参数，那就使用概率和影响矩阵。如果需要考虑不止两个风险参数，就应该使用诸如气泡图的层级图。在气泡图中，可以用横轴、纵轴和气泡大小分别表示一个风险参数。

（5）按共同原因、项目部位或时间段，对各种风险进行风险分类，发现高风险的项目领域，以便更有针对性地管理项目风险。

> 虽然概率和影响矩阵通常是由数字构成的，却是实施定性风险分析过程的工具。

11.4.4　实施定量风险分析

除了专家判断和人际关系与团队技能中的引导技术，其他的工具与技术可以按下列顺序使用：

（1）使用数据收集中的访谈，收集专家们的量化数据。

（2）结合访谈收集的数据和其他来源的数据，使用不确定性表现方式来生成各种适用的概率分布图。概率分布图能够展示各活动的可能工期或成本的分布情况，作为后续定量分析的基础。常用的概率分布图包括贝塔分布、三角分布、均匀分布和正态分布。

（3）使用数据分析中的影响图、模拟、敏感性分析和决策树分析，进行风险定量分析，得出分析结果。

可以借助影响图建立与风险有关的情景，找出具有不确定性的各种因素，再用模拟或敏感性分析来分析哪些因素对项目有最显著的影响。

最常用的模拟技术是蒙特卡洛模拟，即在计算机上模拟项目实施成千上万次，看看有多少次是在多少天或多少成本之内完工的。它以各项活动的多种可能工期或成本（用概率分布图表示）为基础，对各种活动的可能工期或成本进行随机组合，得出项目可能的工期（从短到长）或成本（从低到高）的累积概率分布图。用蒙特卡洛模拟估算项目成本，就能够得到如《PMBOK®指南》中图 11-13 的项目成本累积概率分布图。

敏感性分析用来确定某一变量的单位变化对项目的影响程度。在其他变量都保持不变的情况下，逐一分析每个变量的单位变化会给项目带来多大影响，以便发现最敏感的变量。将来的风险管理应该重点关注最敏感的变量。敏感性分析的结果，经常用龙卷风图来表示。

决策树分析是计算各种备选方案的预期货币价值。在考虑各种可能发生的情况的基础上，计算加权平均值，以便在两种或两种以上方案中做出选择。决策树分析是为了对将来的事情做出决策。决策树同级分支的概率之和必须等于 1。

PMP® 考试中可能考到决策树方面的计算题，所以必须彻底掌握《PMBOK®指南》中图 11-15 的内容。

例题 11-6 进行风险的定性与定量分析时，需要考虑下列所有因素，除了：
A. 购买保险的保险费高低
B. 风险发生的可能性
C. 暴露在风险下的金额
D. 风险是一个什么事件

解释：正确答案是 A。注意：题目所说的是风险分析工作中要考虑哪些因素，而不是风险应对规划工作中要考虑哪些因素。如果是后者，就需要考虑保险费高低。其他三个选项都属于风险四要素，风险分析需要从风险四要素入手。

11.4.5 规划风险应对

下面对除专家判断以外的工具与技术进行解释。

通过数据收集技术中的访谈，了解各主要相关方对风险应对策略和措施的喜好。通过人际关系与团队技能中的引导，引导相关方对应对策略和措施达成一致意见。通过数据分析中的备选方案分析，分析多种备选的应对策略和措施。开展备选方案分析时，需要进行成本效益分析，以选择效益成本比最高的策略和措施。决策技术中的多标准决策分析，也是用来做备选方案分析的一种具体技术，即从多种标准入手对多个方案进行排序，以选择排序靠前的方案。

针对威胁，可以采取五种应对策略：

- 上报。对于应该在更高的项目集、项目组合或整个组织层面来处理的风险，项目经理应该采取上报策略。
- 规避。通过消灭原因来消除风险，如取消高风险的工作；或者，把项目与某个风险隔离开来，如抢在雨季到来之前完成项目，使项目不受雨季的影响。采取规避策略，通常要改变项目计划。

- 减轻。设法降低风险发生的概率或（和）后果。例如，使用成熟技术和熟练工人，对机器操作人员进行培训，开车时系好安全带。
- 转移。用一定的代价，把应对风险的责任与风险的后果转移给第三方。通常，需要签署风险转移合同。例如，购买保险，把工作外包，业主要求承包商提交由银行出具的履约担保。
- 接受。不主动管理风险。对于可承受的风险或无法用其他策略的风险，可以使用接受策略。接受又分成两种：一种是被动接受，即不采取任何行动，顺其自然，风险发生后再说；另一种是主动接受，即预留应急储备，以便风险发生后使用。

> 对于整个项目的应急储备，如果没有任何可靠的依据，就按项目总成本的 10% 计算。这是一个经验式规则。

例题 11-7　因天气原因造成飞机航班延误，是航空公司必须面对的一个重要风险。某航空公司基于过去五年的历史资料，预估了明年因天气原因而延误的航班架次以及相应的损失。这种航班延误风险对航空公司来说是：

A. 未知未知风险

B. 已知未知风险

C. 已知已知风险

D. 未知已知风险

解释：正确答案是 C。因为既知道风险事件是什么，又可预估发生的概率和造成的损失。"未知已知风险"是曾遇到过但现在又遗忘的，《PMBOK® 指南》中没有提及。

在一个项目中，对不同的风险，通常要采用不同的应对策略。风险减轻、转移和接受策略，可以在某一个风险上组合使用，即同时采取这三种策略。例如，对于火灾风险，可以购买保险（转移），进行防火灭火培训（减轻），并同时准备适当的应急资金（接受）。

对于不严重的风险（通常是采用"接受"策略的风险），不可以简单地置之不理，而需要记录下来，注意观察，防止变严重。

> 选择风险应对策略不仅是项目经理和项目团队的事情，也是其他主要相关方的事情。大家要对风险应对策略达成一致意见。

针对机会，也可以采取五种应对策略：

- 上报。把机会上报给更高层去管理。
- 开拓。采取措施，确保机会肯定出现。与威胁规避正好相反。
- 分享。与其他方一起共同促进机会发生，共享机会发生的利益。

- 提高。采取措施，提高机会出现的可能性或影响。
- 接受。不主动促进机会发生，只是在机会自然发生时利用机会。

针对整体项目风险，可以采取五种应对策略：

- 规避。通过取消某种或某些高威胁的工作来降低整体项目风险水平。如果整体项目风险太高且无法降低，就不得不提前终止整个项目。
- 开拓。扩大项目范围，确保抓住某种即将出现的巨大机会，以提高项目对相关方的价值。
- 转移或分享。如果负面的整体项目风险太高，就采取转移策略；如果正面的整体项目风险很大且仅靠自身力量难以实现，就采取分享策略。
- 减轻或提高。采取措施，降低整体项目风险（威胁）的水平，提高整体项目目标出现正向变异的可能性（如提前完工）。
- 接受。按当前的状况继续实施项目，不采取任何主动的应对措施。

> 在实际工作中，威胁、机会和整体项目风险的应对策略并不能截然分开，往往是交叉在一起的。

应急应对策略既可以针对单个项目风险（机会或威胁），也可以针对整体项目风险，相当于我们平时所说的应急预案。对于很大且有明显预警信号的威胁或机会，可以制定应急应对策略及其启动条件。

例题 11-8　一个 50 亿美元的大型土木工程，计划采用国际竞争性招标的方式来选择施工承包商。项目业主在招标文件中要求承包商必须组成联营体（至少有两家承包商参加)有资格投标。满足业主的这种要求,意味着承包商采取了以下哪种风险管理策略？

A. 风险规避

B. 风险转移

C. 风险减轻

D. 风险接受

解释：正确答案是 C。由于项目很大，一家承包商单独承担施工任务风险太大。万一干砸了，承包商承担不起。组建联营体，实际上是风险减轻，即减轻风险后果对承包商的影响。说得更准确些,属于风险分散,由两个或多个承包商来共同承担一个风险。

11.4.6　实施风险应对

本过程的工具与技术只有三个：专家判断、项目管理信息系统、人际关系与团队技能。对于要由项目团队以外的人去实施的应对措施,项目经理就需要施展个人影响力(属于人际关系与团队技能)。影响力是指在没有正式职权的情况下使他人服从自己的能力。

11.4.7 监督风险

召开风险审查会（属于<u>会议</u>），审查应对策略和措施的实施情况，重新评估风险发生的可能性、后果和其他情况。

采用<u>数据分析</u>技术中的<u>储备分析</u>，来考察项目的进度和成本绩效，判断预留的应急时间和应急资金是否仍然合理。采用<u>数据分析</u>技术中的<u>技术绩效分析</u>，来考察项目的范围和质量绩效，据此评价风险的实际影响，预判未来可能的影响。

开展风险<u>审计</u>，总结风险管理方面的经验教训，为以后的风险管理积累新的知识。

11.5 疑难问题解答

1. 识别新风险究竟是识别风险过程的工作，还是监督风险过程的工作？

答：专门开展的新风险识别工作，如定期召开风险识别会议，是识别风险过程的工作。在监督风险过程中，附带开展识别新风险的工作。在监督某个或某些单个项目风险的同时，可以顺便识别出相应的新风险。

2. 敏感性分析是怎么做的？

答：假定有 A，B，C，D，E 这五个因素（变量）会影响项目成本。先把因素 B，C，D，E 固定在一个基准值上，分析因素 A 的变化对成本有多大影响；再把因素 A，C，D，E 固定住，分析因素 B 的变化对成本的影响；然后，对因素 C，D，E 分别依次进行类似的分析。这样一来，我们就可以知道各因素对成本的影响大小，以便重点管理影响最大的因素。如果用横道的长短表示影响的大小，把最长的横道画在图的最上面，最短的横道画在图的最下面，中间的横道也按长短顺序从上到下排列，就形成了一个上面大下面小的图形（类似龙卷风的形状，故称"龙卷风图"）。在这个图形中，能一目了然地看出各因素对成本的相对影响大小。

3. 应急计划（Contingency Plan）、弹回计划（Fallback Plan）与权变措施（Workaround）之间的区别是什么？

答：应急计划是事先制订的风险应急计划，以便在风险发生或出现某种规定情况时采用，是风险的主应急计划。弹回计划是为风险制订的备用应急计划，以便在主应急计划（通常的应急计划）不起作用时启用。而权变措施是针对已经发生的坏风险（威胁）而紧急采取的、原来未计划过的应急措施。采取权变措施，属于纠偏，也要先经过实施整体变更控制过程的综合评估和审批。当然，由于情况紧急，这种评估和审批必须很快完成。

第12章 项目采购管理

12.1 基础知识

12.1.1 概述

项目采购管理对许多考生来说是比较难的，因为许多人没有从事过严格、规范、较大规模的项目采购工作及相应的合同管理工作。更麻烦的是，人们依靠平时的直觉和经验积累起来的那些有限的采购知识与合同知识，可能是错误的。

项目采购管理是指项目执行组织从外部获取产品、服务或成果来最优满足项目的需求。由于项目的复杂性，项目执行组织往往不可能依靠自身的力量完成全部项目工作，而是需要把某些项目工作外包给其他组织进行。外包通常是以合同的形式进行的。

一个项目可能有多个执行组织。例如，在建筑施工项目上，业主、施工承包商、监理公司和设计公司都是项目的执行组织。如果某个执行组织与其他执行组织之间需要签订正式的项目工作合同，就需要运用项目采购管理的知识。

在 PMP® 考试中，除非题目另有特别要求，有关采购管理的问题都是从买方的角度提出的。虽然业主是最经常的买方，但是买方不局限于业主。承包商或其他项目执行组织在许多情况下也会成为买方，如承包商采购材料设备时。判断买方的标准是：支付金钱获得产品、服务或成果的一方。

> 在 PMP® 考试题目中，承包商不等同于卖方，虽然很可能是卖方。

例题 12-1 在固定总价合同中，承包商的利润是：

A. 按实际成本的某一比例计算的

B. 未知的

C. 项目结束时由合同双方一起商量的

D. 随合同工作量的变化而变化的

解释：正确答案是 B。因为题目是从买方的角度来写的。虽然卖方（承包商）在投标时很清楚地知道固定总价合同中的利润数，但是买方（业主）并不知道。其他三个选项都不符合固定总价合同的情况。

因为从外部获取货物或服务是通过合同进行的，所以采购管理也是围绕合同开展的。合同签订之前，需要做大量准备工作；合同签订之后，需要执行和管理合同；合同关闭前，需要开展合同收尾工作。

为了在采购管理的题目上拿到较多的分数，考生需要重点掌握：

- 合同的性质。合同是很严肃的，具有法律效力。
- 合同当事人之间的关系。合同当事人之间是地位平等和权责对等的关系。
- 合同签订的条件、程序。合同双方需要具备相应的权利与行为能力才能签合同；双方通过一定程序达成一致意见，才能成立合同。
- 合同的种类、各种类的特点及适用的项目。各种合同有各自的优缺点，适用于不同的项目。
- 合同的主要条款。只有具备这些条款，合同才能有效。
- 合同的风险分担，即如何在当事人之间分配风险。
- 合同绩效监控及合同变更，即如何监控合同绩效，如何管理合同变更。
- 合同争议的解决，即对协商不能达成一致的事项，应该如何解决。
- 合同的终止，包括未完成前的提前终止与完成时的正常终止。

12.1.2 合同的性质

由于合同在采购管理中的核心地位，考生必须彻底了解合同的性质，才能为掌握采购管理奠定坚实的基础。

合同是用来明确当事人双方权利义务关系的，是对双方都具有法律约束力的协议。合同肯定是协议，但协议不一定是严格意义上的合同。不具有可操作性的协议就不能成为严格意义上的合同。例如，条款不具体、不明确的协议，就不具有足够的可操作性。只有条款非常全面、明确的协议，才是严格意义上的合同。遗憾的是，《PMBOK® 指南》中对"协议"和"合同"这两个词的使用比较混乱，其中大多数"协议"都应理解成"合同"。

> 通常，意向书不具有约束力，备忘录不具有正式约束力，协议具有有限约束力，合同则具有正式（法律）约束力。

合同一旦签订，其中的所有条款都必须执行，除非个别条款违反法律规定。合同任何一方不能只执行对自己有利的条款，也不能有利时就执行，不利时就不执行。

合同是双方当事人协商一致的产物，当事人处于平等地位。即便组织与个人签订的合同，组织与个人在合同面前也完全平等。

合同是双方当事人之间的约定，不应该涉及第三方的权利义务，除非这个第三方是其中一方当事人的代表或按法律规定所必需的。双方之间的关系是基于合同的，有合同则有关系，无合同则无关系。如果业主雇用A公司做项目，A公司又把其中的部分工作分包给了B公司，业主的项目经理通常无权直接指令B公司的工作，而只能通过A公司来下达相应的指令；类似地，B公司也不直接对业主承担责任，而由A公司对B公司的行为向业主承担责任（如同A公司自己的行为）。

在项目的所有文件中，合同是最正式的，没有哪个文件会比合同更加正式。对合同的修改必须以正式、书面的方式进行。例如，对合同中任何条款的修改，都需要取得双方当事人的同意，签署书面的合同变更令。

任何合同都是在一定的法律背景下起作用的。法律是合同效力的保障。法律也为解决合同争议提供了最后的途径，即诉讼。

由于中国是一个比较讲究感情和关系的社会，考生一定要学会以更正式、更严肃的态度来对待合同。例如，考生需要理解：工作的所有要求都应该在合同中写明，合同的全部条款都应该得到执行，合同的各种变更都应该得到双方同意并以书面形式进行，合同当事人处于完全平等的地位。

> 合同签订后，可以提出变更，但变更须经双方当事人一致同意。如无法达成一致，则按解决争议的方法解决。

例题 12-2　你与某人签订了一个小项目的工作合同。项目正处于实施阶段。这时，对方发现，由于情况变化，合同的某些条款变得对他极为不利。他已不打算履行这些合同条款，你应该：

A. 告诉他合同的所有条款都必须履行

B. 如果他不履行这些条款，你就以不履行其他条款来对抗

C. 双方可以讨论修改合同

D. 合同一旦签订，就不能变更

解释：正确答案是A。选项B，合同任何一方都不能这样做。选项C是可以做的，但应该先要告诉对方选项A的内容。选项D不符合逻辑。

12.1.3　合同成立及其主要条款

要约（Offer）和承诺（Acceptance）是合同成立的必要且充分条件。要约，又称发盘或报价，是一方当事人向另一方当事人所做的、邀请订立合同的意思表示；承诺则是被要约人无条件、完全地同意要约人的要约，愿意按此成立合同的意思表示。如果双方当事人具有签订某合同的权利能力和行为能力，并且合同具有合法的目的，则在经过要约和承诺之后合同即告成立。合同是否成立，不取决于有无一份双方都在上面签过字的

协议，而取决于是否已经完成要约和承诺。

> 只要完成了要约和承诺，即便没有一份双方都签过字的协议，合同也已成立。

合同通过许多具体条款来明确双方的权利义务关系。合同条款应该明确、齐全，便于双方全面、严格地履行合同。合同应当具备以下几个主要条款：

- 标的（指货物、劳务、工程项目等）。没有标的，权利义务就无所指向，合同也就根本无法存在。
- 数量和质量。这是对标的的具体要求。
- 价款或酬金。这是一方向交付标的的另一方支付的对等代价。
- 履行合同的期限、地点和方式。这是指当事人必须在什么时间、什么地点，以什么方式履行义务和享受权利。
- 违约责任。这是指一方因过错不能履行或不能完全履行合同，而侵犯另一方的权利时，必须承担的经济责任。

在较大的合同中，通常还有争议解决条款。也就是，由双方当事人自行约定争议的解决方式，以便他们对争议的解决有更大的自主权，而不需要一有争议就到法院打官司。

针对 PMP® 考试，考生还应该了解合同中的以下重要条款：

- 工作范围。合同规定的工作范围是什么？《PMBOK® 指南》指出，买方用"采购工作说明书"明确合同的工作范围，卖方在获得合同后要及时编制"合同工作分解结构"，与买方确认工作范围。
- 合同转让。任何一方都不能随意把合同权利或义务转让给第三方，合同转让必须征得另一方的同意。
- 合同付款。有什么种类的付款？什么时候支付？付款的程序与条件是什么？延迟支付的利息如何计算？
- 合同工作的验收。工作达到何种数量和质量要求、在何时完成，才是可以接受的？应该通过何种程序来验收？
- 合同代表及其权力。谁是合同当事人的代表？有什么权力？
- 违约。什么构成违约？违约方应承担什么责任？如规定的违约金，它是事先确定的、针对某种特定违约的赔偿金。最常见的是针对工期延误的，规定每延误一天要赔多少钱。
- 担保。合同当事人应提供什么担保？如承包商应提供的预付款担保和履约担保，还有以保留金形式的现金担保。保留金是从每期工程进度款中扣下（保留）的金额（如进度款的 5% 或 10%），在项目完工时返还一半，在缺陷责任期（质量保证期）满后再返还另一半。

- 报告。什么时候、以什么方式、向谁提交何种报告？
- 不可抗力。什么是不可抗力以及不可抗力的风险如何分担？不可抗力引起的损失，通常落在谁头上，就由谁承担。
- 合同变更。变更的程序、时间、种类和谈判等。
- 索赔。根据合同或法律，一方可以向另一方索取损失补偿。合同中需要明确索赔的条件与程序。
- 弃权。一方以行为（有意或无意）放弃合同中的部分权利。例如，未在规定时间内提交索赔报告，可能构成承包商放弃索赔权利；未在合理时间内拒绝接受不合格的工作，可能构成业主方对这一"拒绝"权利的放弃。
- 争议解决。双方当事人协商不成，就产生"争议"。合同中可以约定争议解决办法。
- 合同终止。包括在工作未全部完成之前终止合同以及工作全部完成后终止合同。

> 　　一方违约，另一方必须在发现这种违约之后及时书面通知违约方，声明对方已经违约并保留自己的索赔权利。

12.2　合同类型

　　这是 PMP® 考试中的重要内容之一。考生必须弄清楚合同的类型及其特点、适用的项目。考试中可能出现情景题，让你选择最适合的合同类型。按《PMBOK® 指南》，有三种基本的合同类型，即总价合同、成本补偿合同和工料合同。在实际工作中，这些合同类型可以混合使用，即在同一个合同中，有些工作采用总价合同，有些采用成本补偿合同，有些又采用工料合同。

12.2.1　总价合同

　　总价合同是指对合同工作规定一个总价。从成本风险的角度来说，业主的成本风险最低，基本没有成本风险。在这种合同下，买方必须准确定义工作范围。只有工作范围很清楚的项目，才可以采用总价合同。如果工作范围发生变化，通常允许调整总价。

　　总价合同又可以衍生出：

　　（1）固定总价合同（Firm Fixed Price，FFP）。在既定的工作范围之下，价格是绝对固定的。除非工作范围出现变更，否则不允许调整价格。

　　（2）总价加经济价格调整合同（Fixed Price with Economic Price Adjustment，FPEPA）。在总价的基础上，允许根据通货膨胀情况来调整合同价格。适用于履行期较长（跨年度）的合同。合同中应该规定详细的价格调整方法，如调价系数的计算公式，以及公式中的价格指数的来源。

（3）总价加激励费用合同（Fixed Price Incentive Fee，FPIF）。在总价的基础上，规定相应的激励费用，以调动卖方的积极性，使买卖双方的目标趋于一致。在这种合同下，通常会规定一个最高限价。付款总数不得超过最高限价。激励费用的计算基础可以是某种绩效标准，如目标工期、目标成本、质量达标率。

基于目标工期的总价加激励费用合同比较好理解，规定合同总价、提前完工奖励或延误完工罚款、最高限价，有时还会规定最低限价。

基于目标成本的总价加激励费用合同比较复杂，在过去的 PMP® 考试中也出现过。合同中需要规定：

- 目标成本。正常情况下项目将要花费的成本。
- 目标费用（利润）。如果卖方以目标成本完成项目，将可以获得的利润。
- 目标价格。目标成本与目标费用之和。
- 最悲观成本。如果卖方没有任何管理或技术上的失误，项目可能发生的最大成本数。如果卖方实际成本超出此数，则认为超出部分是卖方失误造成的，全部由卖方独自承担。由于最悲观成本是假设的最大成本数，因此其正规术语是"Point of Total Assumption（PTA）"，可翻译成"总体假设点"。
- 成本分担比例。卖方实际成本（不得超过最悲观成本）超过目标成本的部分，买方和卖方按比例分担。
- 最高限价（封顶价）。买方可能向卖方支付的最高价格。无论如何，合同付款不得超出此数。

其中，最悲观成本、成本分担比例和最高限价是紧密相连的，知道了其中的任意两个，就可以计算出剩余的第三个。基本的计算公式如下：

最高限价 =（目标成本 + 目标利润）+（最悲观成本 − 目标成本）× 买方分担比例

买方分担比例 =（最高限价 − 目标价格）/（最悲观成本 − 目标成本）

最悲观成本 = [（最高限价 − 目标价格）/ 买方分担比例] + 目标成本

最悲观成本（PTA）具有如下意义：

- 在实际成本未超过 PTA 之前，成本超支数由买方与卖方按事先约定的比例分担。一旦实际成本突破 PTA 值，卖方必须独自承担高于 PTA 值的全部超支数（买方不再分担）。如果分成比例是 70/30，在实际成本超过 PTA 之前，每一元的成本超支会减少卖方 0.3 元的利润；在超过 PTA 之后，每一元的成本超支会减少卖方 1 元的利润。
- 在实际成本达到 PTA 时，买方向卖方支付的合同价款也就达到最高限价。这之后无论实际成本多高，买方都只向卖方支付最高限价。
- 知道了 PTA，卖方就可以更好地控制成本。随着实际成本超过目标成本，卖方的可得利润数会逐步减少。在实际成本达到 PTA 时，卖方仍有一定的利润。如果实际成本达到最高限价，就不再有任何利润。

在基于目标成本的总价加激励费用合同中，买方并不分享可能的成本节约（实际成本低于目标成本的部分）。

12.2.2　成本补偿合同

成本补偿合同是指以卖方从事项目工作的实际成本作为付款的基础，即成本实报实销。在这种合同下，买方的成本风险最大。这种合同适用于买方仅知道要一个什么产品但不知道具体工作范围的情况，也就是工作范围很不清楚的项目。当然，成本补偿合同也适用于买方特别信得过卖方、想要与卖方全面合作的情况。

卖方在获得成本补偿的基础上，还需要获得一定的利润。根据利润的计算方法不同，成本补偿合同又可分为：

（1）成本加固定费用（Cost Plus Fixed Fee，CPFF）。成本实报实销，买方另外向卖方支付固定金额的利润。这是最常用的成本补偿合同，对卖方有一定的制约作用。无论实际成本是多少，利润都保持不变（在合同中规定的金额）。

（2）成本加激励费用（Cost Plus Incentive Fee，CPIF）。买方向卖方的付款由三部分组成：实际成本、一笔固定的费用、按合同规定的方法计算的对固定费用的调整数。这种合同与"总价加激励费用合同"类似，会规定目标成本、目标费用（固定费用）和成本超支分担比例。不同的是，在成本加激励费用合同中，不会规定最高限价，但会规定成本节约的分享比例。如果卖方的实际成本低于目标成本，节约部分由双方按一定比例分享（如60/40，即买方60%，卖方40%）；如果卖方的实际成本高于目标成本，超支部分由双方按比例分担（如60/40，即买方60%，卖方40%）。

在成本加激励费用合同下，如果实际成本大于目标成本，卖方可得的付款总数＝目标成本＋目标费用＋买方应负担的成本超支。如果实际成本小于目标成本，卖方可得的付款总数＝目标成本＋目标费用－买方应享受的成本节约。

（3）成本加奖励费用（Cost Plus Award Fee，CPAF）。成本实报实销，买方再凭自己的主观感觉给卖方支付一笔利润，而卖方对利润数没有任何讨价还价的余地。

（4）成本加百分比（Cost Plus Percentage of Cost，CPPC）。买方在卖方实际成本的基础上，再加上以该成本的某个百分比计算的利润，向卖方付款。卖方的实际成本越高，所得到的利润也就越高。这种合同对卖方没有任何制约，最好不要采用。由于买方通常不喜欢用这种合同，《PMBOK®指南》中已删去这种合同（在《PMBOK®指南》第3版中有）。

注意：费用（Fee）不同于成本（Cost）。在成本补偿合同中，费用主要是卖方可以得到的利润。

12.2.3　工料合同

工料合同，也叫"时间和手段合同"，是指按项目工作所花费的实际工时数和材料数、事先确定的单位工时费用标准（单价）和单位材料费用标准（单价）付款。这类合同适用于工作性质清楚但具体的工作量无法确定的采购。在这种合同下，买方与卖方分担成本风险，即买方承担工作量的风险，卖方承担单价的风险。

需要注意的是，《PMBOK® 指南》中没有提到大型土木工程经常使用的"综合单价合同"。在综合单价合同下，买方按实际工程量和合同规定的综合单价向卖方付款。综合单价是把人工费、材料费、设备费、管理费和利润都综合在一起的。工料合同中的单价不是综合单价，而是针对每种人工、材料或设备的单价，如每小时钢筋工的单价、每立方米木材的单价、每个台班设备的单价。

工料合同适用于规模小、工期短、不复杂的工作，而不适用于规模大、工期长、很复杂的工作。如果对后面这种工作使用工料合同，那么合同管理工作将十分烦琐，会导致管理成本的不合理上升。

项目中的另一种常用合同是订购单。非大量采购标准化产品，通常可以由买方直接填写卖方提供的订购单，卖方照此供货。因为订购单通常不需要谈判，所以又叫单边合同。

在考试中，可能有题目要求选择最合适的合同种类。

关于合同种类的选择：
- 如果工作范围很明确，项目的设计已具备充分的细节，则使用总价合同。
- 如果工作性质清楚，但工作量无法确定，而且工作不复杂，又需要快速签订合同，就用工料合同。工料合同常用于聘请咨询专家，紧急招聘人员来替代突然离职的团队成员，聘请技术专家检修机器。
- 如果工作范围很不清楚，就用成本补偿合同。
- 如果希望双方分担风险，就用工料合同；如果希望买方承担成本风险，就用成本补偿合同；如果希望卖方承担成本风险，就用总价合同。
- 从买方的角度讲，除非万不得已，不要选用成本加百分比合同。
- 如果购买标准产品，且数量不大，就用"单边合同"，即直接发出订购单。

例题 12-3　为了在整个公司推行规范的项目管理方法，某公司决定聘请外部专家提供项目管理培训和咨询服务。将按授课和咨询小时数向专家付费，同时对发生的差旅费按次数包干，食宿费按天数包干。请问：他们采用的是以下哪种合同？

A. 固定总价合同

B. 成本加固定费用合同

C. 工料合同

D. 成本加激励费用合同

解释：正确答案是 C。按小时数和小时单价支付讲课费用和咨询费用，按旅行次数和每次旅行的包干费用支付差旅费，以及按服务天数和每天的包干标准支付食宿费，这些都是工料合同的显著特征。

12.3　各过程的输入与输出

12.3.1　输入与输出的关系总览

项目采购管理的实现过程包括规划采购管理、实施采购和控制采购。这些过程的输入与输出关系可以概括为如图 12-1 所示（未考虑事业环境因素、组织过程资产，以及除采购文档更新以外的各种更新）。

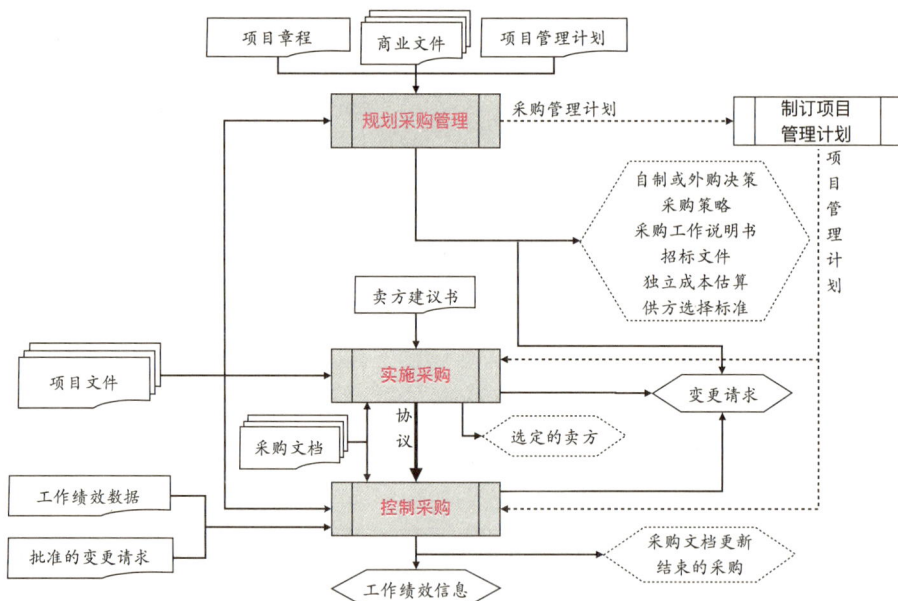

图 12-1　项目采购管理各过程的输入与输出关系

12.3.2　规划采购管理

下列各点有助于理解和记忆规划采购管理过程的输入和输出：

- 在项目章程的指导下编制关于采购的计划和文件。
- 关于采购的计划和文件都必须符合商业文件（包括商业论证和效益管理计划）中的规定，有利于实现商业文件中的要求。
- 项目管理计划中的范围管理计划，有助于策划该如何管理拟外包工作的范围；质量管理计划有助于确定拟外包工作的质量标准和质量管理方法；资源管理计划有助于确定哪些资源需要外购；范围基准有助于确定哪些 WBS 要素需要外包出去。
- 项目文件中的里程碑清单有助于确定重要的可交付成果的交付日期；项目团队派工单有助于了解哪些团队成员应该对采购工作承担什么职责；需求文件有助于确定哪些需求必须依靠外购来实现；需求跟踪矩阵有助于确定为了实现特定的高层目标而必须交付哪些可交付成果；资源需求有助于确定哪些资源必须外购；风险登记册有助于确定哪些风险应该采取转移策略；相关方登记册有助于了解与采购工作有密切关系的相关方。
- 本过程的主要输出，请见下文 12.4.1 节。
- 关于采购的计划和文件编制出来后，可能需要提出变更请求，回头调整已有的项目计划。

12.3.3 实施采购

下列各点有助于理解和记忆实施采购过程的输入和输出：

- 根据项目管理计划中的相关内容开展实施采购过程。其中，需求管理计划有助于识别和分析拟通过采购来实现的需求，范围管理计划有助于合理确定拟外包工作的范围，沟通管理计划有助于在实施采购过程中开展有效的沟通，风险管理计划有助于分析和管理与采购工作有关的风险，采购管理计划有助于按正确的程序实施各种采购管理活动，配置管理计划有助于确定卖方必须实现的重要技术参数；成本基准有助于把采购的成本控制在规定的数额内。
- 项目文件中的项目进度计划有助于确定该在何时开展采购活动以及卖方必须在何时交付可交付成果，需求文件有助于评价卖方建议书中的方案能否实现既定的需求；风险登记册有助于评估与特定潜在卖方及其建议书有关的风险；相关方登记册有助于邀请潜在卖方（也属于相关方）提交建议书，以及考虑各主要相关方对建议书评审的要求和期望。
- 把前一个过程所编制的各种文件归并为采购文档，作为本过程的输入。在本过程中，买方根据自制或外购决策，以及采购策略，把包含采购工作说明书在内的招标文件发给潜在卖方。然后，潜在卖方准备卖方建议书并报给买方。买方再按供方选择标准和独立成本估算对卖方建议书进行评审。
- 买方评审卖方建议书后，选定一家中标商（选定的卖方），报给领导审批。领导审批后，买方正式与中标商签订协议（合同）。

- 协议签订后，可能需要提出变更请求，回头修改项目计划。
- 再次开展采购时，需要参考经验教训登记册（一种项目文件）。

12.3.4　控制采购

下列各点有助于理解和记忆控制采购过程的输入和输出：

- 根据项目管理计划开展控制采购过程。其中，需求管理计划有助于有效监控合同执行是否能够有效实现既定的需求，风险管理计划有助于管理与合同执行有关的风险，采购管理计划有助于按既定的程序监控合同执行绩效，变更管理计划有助于处理与合同有关的变更，进度基准有助于监控合同执行是否能够保证项目进度目标的实现。
- 各种项目文件是本过程的输入。其中，假设日志有助于监督与合同执行有关的假设条件的落实情况以及制约因素是否有变化，里程碑清单有助于监督卖方提交可交付成果的时间能否满足里程碑实现时间的要求，质量报告有助于发现卖方的工作过程或结果的质量问题，需求文件和需求跟踪矩阵有助于监控卖方的工作能否实现项目既定的需求，风险登记册有助于监控合同执行中的风险，相关方登记册有助于了解哪些相关方最关心合同的执行绩效。重复开展本过程时，需要参考已写入经验教训登记册的经验教训。
- 需要把体现在工作绩效数据和采购文档中的合同执行绩效，与协议和采购文档中的要求进行比较。采购文档中既有规划阶段编制的文件（如招标文件），也有执行阶段形成的文件（如买方和卖方之间的往来函件）。
- 通过监控，发现合同执行绩效的偏差，形成工作绩效信息。如果合同执行绩效不理想，就提出变更请求。
- 对要求修改合同的变更请求，无论是哪方提出的，都要由双方协商。协商达成一致，就变成批准的变更请求，即合同变更令。后续的控制采购过程就应该根据批准的变更请求去开展。
- 收集本过程得到的各种文件，形成采购文档更新。再根据采购管理计划和最新的采购文档，关闭合同，得到结束的采购。

12.4　各过程的主要工作和成果

12.4.1　规划采购管理

本过程旨在确定哪些工作要外包，编制招标采购计划和文件，为开展招标采购做好准备。本过程的输出，除了作为程序性计划的采购管理计划，其他所有输出都属于实体性计划。

在本过程中，按以下基本顺序开展如下工作：

（1）编制采购管理计划。采购管理计划是关于将如何开展采购工作的计划，需要说明将如何做出自制或外购决策，如何识别潜在卖方，如何编写采购文件，采用何种采购方法，采用什么合同类型，如何选择卖方，如何管理合同，如何开展合同收尾。采购管理计划所包括的内容可以很多，取决于项目的需要。它是项目管理计划的组成部分。

（2）做出自制或外购决策。自制或外购决策是关于哪些工作要自己做、哪些工作要外包出去的决定，可以用表格列明。

（3）制定采购策略。采购策略是针对单次特定的采购，对采购管理计划中的相关内容的具体化。整个项目只有一份采购管理计划，但也许有多份采购策略，每份采购策略针对一次特定的采购。《PMBOK®指南》中详细规定了采购策略的三部分内容，即交付方式（如总承包方式）、合同类型（如总价合同）和采购阶段（是否分阶段采购）。采购策略中的这些内容都需要在后续的采购工作说明书、招标文件和协议（合同）中进一步具体化。

（4）编制采购工作说明书。采购工作说明书是对即将外包出去的那些工作的书面描述，用来告诉潜在卖方需要他们做什么工作，以便他们判断是否有能力、有兴趣承接该工作。有能力、有兴趣的潜在卖方还可以据此提出承接工作的建议书或报价。采购工作说明书相当于即将外包出去的工作的范围说明书。

（5）编制招标文件。招标文件用于邀请潜在卖方提交投标书、建议书或报价。《PMBOK®指南》提到了"信息邀请书""建议邀请书"和"报价邀请书"等词语。信息邀请书，严格地讲，并不是一种招标文件，只是用于邀请厂家提供更多的信息。如果主要依据技术方案来选择卖方，就使用"建议邀请书"；如果主要依据价格选择卖方，就使用"报价邀请书"；如果同时考虑技术方案和报价，就使用狭义上的"招标文件"。例如，要采购咨询服务，通常用"建议邀请书"。

（6）编制独立成本估算，即俗称的"标底"。买方自己要预判一下完成合同工作将需要多少钱。

（7）编制供方选择标准，即评标标准。主要的评标程序和标准应该写入招标文件，详细的评标程序和标准不必写入。在价格不是唯一决定因素的采购中，评标程序和标准是非常重要的。

（8）汇编成招标文件包。把采购工作说明书、招标文件、主要的供方选择标准等汇编成招标文件包，以便在实施采购过程中向潜在供应商发放。

12.4.2 实施采购

本过程是按采购管理计划和采购策略中规定的采购方法，开展实际的招标采购（包括招标、投标、评标和授标这四个环节），签订采购合同。

采购方法是多种多样的，应根据具体情况选用。例如：

- 直接采购。直接邀请某一家厂商报价或提交建议书，没有竞争性。
- 邀请招标。邀请一些厂家报价或提交建议书，具有有限竞争性。
- 竞争招标。公开发布招标广告，以便潜在卖方报价或提交建议书，具有很大的竞争性。

应该尽可能采用竞争招标的方式。只有在下列情况下，可以采用非竞争方式：

- 项目的时间很紧，没有时间编制竞争招标所要求的招标文件。
- 只有唯一的一个供应商能够提供所需货物或服务，别无选择，这种情况叫"独有来源"（Sole Source）。
- 虽然有多个供应商能够提供所需货物或服务，但买方因确信某个特定供应商具有特别的优势，而直接向该供应商采购。这种情况叫"单一来源"（Single Source）。
- 在非竞争的情况下，也能得到合理、有利的价格和产品。例如，规模很小的采购、不具有吸引力的采购。

> 如果打算向过去已合作多年的厂家直接采购，即开展单一来源采购，在做出决定之前，仍然必须审查该厂家是否有资格承接本次工作任务。

由政府公共资金资助的采购，通常都必须用竞争招标的方式，以保证所有合格的潜在卖方都获得公平的竞争机会。

下面以竞争招标方式为例，讨论实施采购过程。

招标与投标在合同成立过程中起要约邀请和要约的作用。首先，买方发出招标文件，邀请潜在卖方要约；其次，潜在卖方购买招标文件，并应邀参加投标人会议；最后，潜在卖方根据招标文件编制投标文件，进行投标，向买方要约。由于要约对要约人有约束力，因此潜在卖方在投标时需要提交投标保证金或投标担保。在规定的投标有效期内，投标文件对投标人具有约束力。他不得撤回或修改投标文件，否则投标保证金或担保就要被招标方没收。

招标方收到投标文件后，就要按既定的评标程序和标准开展评标工作。评标工作通常由专门的评标委员会进行。评标委员会编写评标报告，推荐某投标商中标，并建议招标方的高级管理层授予合同。

基于评标委员会的推荐，招标方的高级管理层正式批准某厂商中标，并向其发出授标信，与其成立合同。授标信起"承诺"的作用。在该厂商收到授标信时，合同就正式成立，哪怕这时还没有一页双方都在上面签过字的协议。

> 在《PMBOK®指南》中，实施采购过程的第二个输出"协议"，理解成"合同"更合适。

例题 12-4 某工程项目进行了施工承包商的招标，共有10家承包商投标。评标工作结束时，招标方决定不接受任何一家的投标。为此，投标价最低的三家承包商想要联名起诉招标方，要求招标方必须接受一家投标。作为一名建筑业律师，你可以给他们什么建议？

A. 应该起诉招标方，因为招标工作不严肃

B. 招标文件是要约，对招标方有法律约束力

C. 不要起诉招标方，因为它有不接受任何投标的权力

D. 如果起诉，自己的投标保证金会被业主没收

解释：正确答案是 C。招标文件是要约邀请，对招标方没有法律约束力，它可以不接受任何一家的投标。投标商的投标才是要约，对投标商有法律约束力，所以投标商在提交投标文件时通常都要提交投标保证金。

12.4.3 控制采购

控制采购过程是管理合同双方的合同关系，监控合同工作绩效，管理合同变更。简单地说，就是随合同执行进行合同管理。必须从确保项目目标实现的高度来开展控制采购过程。

合同签订以后，千万不要把它扔到一边，只是到迫不得已需要时才去查一查。对合同一定要熟读，一定要掌握合同的整体精神，并且在日常工作中按合同的要求去做。

合同管理的目的，不仅是要促使合同双方认真履行各自的合同义务，而且是要充分协调好双方之间的合同行为，在双方之间建立一种相互支持、相互促进的伙伴型关系，以便通过严格的过程控制来达到范围、进度、成本和质量的整体最优，保证合同工作按计划有效完成。在合同管理工作中，既要主动地预测可能出现的问题，也要及时地应对已经出现的问题。

合同解释是合同管理工作中的重点和难点之一。合同解释应该遵循的几个主要原则是：

- 主导语言原则。如果合同存在两种语言的文本，必须约定哪一种语言是主导语言。当两者不一致时，应该以主导语言文本为准。
- 适用法律原则。确定以哪个国家的法律作为合同的适用法律。合同的解释必须根据适用法律进行。
- 整体解释原则。合同是一个整体，不能割断各部分之间的联系，不能断章取义。在长期的合同实践中，已经形成一套公认的合同整体解释惯例。如果合同中没有其他特别规定，在出现含糊或矛盾时应该按这些惯例进行解释。一般来说，专用条件优先于通用条件，具体规定优先于笼统规定，手写条文优先于印刷条文，单价优先于总价，价格的大写（文字）优先于小写（数字），技术规范优先于图纸。

- 公平诚信原则。在解释合同时应公平合理，兼顾双方当事人的利益。如果按上述整体解释原则进行解释后仍含混不清，则可按不利于合同起草方的原则进行解释。在这种情况下，可以理解为起草方故意使用了有歧义的词句，故应该承担相应的责任。

例题 12-5　你们刚刚收到了供应商提供的一批材料，合同管理员告诉你这批材料的一个技术参数比合同要求的稍低。你根据自己的经验，相信这个技术参数稍低于合同要求并不会影响整个项目的功能和质量。你应该怎么办？

A. 告诉合同管理员不要计较这个小问题

B. 告诉合同管理员退回这批材料

C. 告诉合同管理员提出对技术参数的变更请求

D. 告诉合同管理员向卖方提出索赔

解释：正确答案是 B。既然不符合合同要求，就必须退回。请不要受题干中的"稍低"和"相信"这类信息的误导。合同要求必须严格执行，不能打折扣。你也不能用自己的主观判断代替合同要求。在退回材料之后，可以提出索赔（选项 D），或者可以提出变更请求（选项 C）。但是，不能立即就做选项 C 或 D。

在合同解释时需要谨慎对待"备忘录"和"意向书"。如果备忘录与合同规定不一致，合同规定的效力要高于备忘录。从本质上讲，意向书是没有法律约束力的，其效力当然就远低于备忘录和合同。

采购，有集中采购与分散采购之分。前者是指由执行组织统一对外采购各项目所需的材料、设备或服务，后者是指由各项目分别对外采购各自需要的材料、设备或服务。这两种方式可在一个项目上同时存在。

合同管理，也有集中合同管理与分散合同管理之分。前者是指在项目执行组织中有一个专门的职能部门，负责所有项目的合同管理工作；后者是指每个项目都有自己的合同管理人员，专门负责本项目的合同管理工作。当然，在实际工作中，经常是部分集中、部分分散的混合式合同管理。

在主要业务是通过合同为买方做项目的组织中（如施工企业），通常都采用较大程度的集中合同管理，即在公司总部设立专门的合同管理部，以便积累合同管理经验，更好地维护自己的正当利益。

> 公司通过合同开展的业务越多，就越要采用集中合同管理。

集中合同管理与分散合同管理各有优缺点，如表 12-1 所示。

表 12-1 集中合同管理与分散合同管理的比较

比较项	优　点	缺　点
集中合同管理	① 合同管理工作高度专业化，有利于专业知识的积累 ② 有利于合同管理人员的职业生涯规划 ③ 不需要在每个项目上重复配置合同管理人员，比较经济 ④ 有利于在同一组织中制定标准化的合同管理制度，并运用于所有项目	① 具体项目不能及时得到所需的合同管理服务 ② 合同管理人员脱离具体项目 ③ 一个合同管理人员可能要同时关照几个项目，应接不暇 ④ 合同管理服务不能很好地针对项目的具体情况
分散合同管理	① 每个项目都有专门的合同管理人员 ② 项目可及时得到所需要的合同管理服务 ③ 合同管理人员在现场与项目成员保持密切接触，可防止合同管理与现场工作脱节 ④ 合同管理人员熟悉项目的情况与需求，有利于灵活、有效地提供服务	① 各项目重复配置合同管理人员 ② 各项目之间缺乏统一的合同管理政策 ③ 不利于公司层面上的合同管理专业知识的积累 ④ 项目完工后，合同管理人员无"家"可归，不利于他们的职业生涯规划

在《PMBOK®指南》中，把关闭合同（结束采购）的工作也归入了控制采购过程。为了正式关闭合同，就需要结束合同工作以及当事人之间的合同关系，进行采购审计，并将有关资料收集归档，更新组织过程资产。

　　无论何种原因导致合同终止，都要进行合同收尾。即便合同提前终止，也必须进行合同收尾，把合同正式关闭。

合同收尾要做的主要工作包括：
- 产品核实。是否所有合同工作都已按要求完成？产品是否符合要求？
- 可交付成果验收。按合同规定的验收程序与标准，对合同可交付成果进行最终验收。
- 财务结算。结算合同最终价款，支付最终款项，更新项目财务记录。
- 退还保证金或担保函（如保留金、履约担保）。
- 总结合同实施情况，进行采购审计，从独立、公正的第三方角度来总结采购工作的经验教训。
- 更新合同记录，收集资料，整理合同档案，更新组织过程资产。

例题 12-6 合同终止是指：
A. 合同工作成功完成后的合同关闭
B. 在合同工作没有完成的情况下，双方协商终止合同
C. 合同一方不与对方商量，而单方面停止执行合同
D. 根据合同双方的约定，合同关闭

解释：正确答案是 D，其中既包括合同成功完成后的关闭（选项 A），也包括合同

没有完成情况下由双方协商一致的关闭（选项 B）。选项 C 构成合同一方的严重违约。

各采购管理过程的主要工作如表 12-2 所示。

表 12-2　各采购管理过程的主要工作

规划采购管理	实施采购	控制采购
编制采购管理计划，做出并记录采购决策	发出招标文件，获取卖方应答	管理合同关系，监督合同绩效
编制招标文件和其他相关文件	评审卖方建议书，选择卖方	开展必要的纠偏和变更
识别潜在卖方（有资格来投标的厂家）	授予合同	核实和移交成果，关闭合同，总结经验教训

12.5　各过程的工具与技术

12.5.1　规划采购管理

首先，通过市场调研来开展数据收集，了解市场情况；其次，根据市场调研所得到的资料，开展自制或外购分析（属于数据分析），确定哪些工作该外包出去。无论是做市场调研还是自制或外购分析，都需要召开会议。

可以采用多种多样的方法进行市场调研，了解市场供需情况，以便合理做出与采购有关的安排。会议既包括项目团队或执行组织内部的会议，也包括项目团队或执行组织与市场上的潜在买方或其他相关方的会议，它们有助于了解市场情况，编制采购管理计划。

自制或外购分析是规划采购管理过程中的一项重要工作。一个项目，也许可以全部自制、全部外购，或者部分自制、部分外购。自制或外购分析原本是管理会计中的一个重要概念，用来比较两者之间哪个成本更低。计算外购的成本，要包括外购的实际成本和外购工作的管理费用。

当然，自制或外购的理由，并不局限于成本方面的考虑。例如，自己有闲置的设备或人力，或者自己想掌控这部分工作，或者这部分工作涉及一些机密的信息或程序，就应该"自制"。除了降低成本，也可以为缩短研发周期、建立长期伙伴关系等而"外购"。

自制或外购分析在 PMP® 考试中也可能引申为购买或租赁分析。道理是一样的。例如，项目需要使用某种设备 20 天，你需要决定是购买还是租赁。如果购买，需要一次性投资 1 000 元，每天还需要 50 元的使用费。如果租赁，租金为每天 100 元，每天也需要使用费 50 元。通过简单的数学计算，可以得到：如果设备使用 10 天，则购买和租赁的成本是一样的。从而，我们知道，如果使用多于 10 天，则购买的成本更小，就应该选择购买；如果使用少于 10 天，则租赁的成本更小，就应该选择租赁。

> 在 PMP® 考试中，除非题目明确告诉你，如果购买该设备，本项目使用后还可以再出售或供执行组织其他工作使用，否则就不用考虑再出售或供其他工作使用。

风险管理中的风险接受或转移分析，也属于自制或外购分析的延伸。

在规划采购管理过程中，需要使用"供方选择分析"来确定将用什么方法来选择卖方（评标）。《PMBOK® 指南》列出了六种主要的选择方法（见表 12-3）。

表 12-3　主要的卖方选择方法

比较项	独有来源 *	仅凭资质	最低成本	固定预算	基于技术方案	基于质量和成本
适用范围	只有一家能够提供所需的产品或服务	小型采购，不值得过多计较	标准化货物或服务采购	有严格的成本限制，技术方案可灵活	对技术方案的要求高，成本可灵活	技术方案和成本同样重要
选择标准	别无他选，只能选这一家	选择具有所要求的资质者	选择报价最低者	在固定预算之内选择技术方案最优者	与技术方案最优者进行价格谈判。谈妥，则选定；谈不妥，再找技术次优者谈判	选择技术方案和报价综合最优者

注：* 本表对独有来源的描述，与《PMBOK® 指南》第 474 页的内容有所不同。《PMBOK® 指南》中的"独有来源"（Sole Source）更像"单一来源"（Single Source）。前者是只有一家能提供所需的货物或服务，后者是虽然有多家能够提供所需的货物或服务，但是只认其中的某一家。要用单一来源的方式，就必须特别说明理由。

12.5.2　实施采购

实施采购过程包括招标、投标、评标和授标四个环节。本过程的工具与技术自然也就是用于开展这四个环节的。专家判断是四个环节都要使用的。

第一是招标环节的广告。买方发布招标采购广告，让潜在卖方知道有这么一回事。当然，发广告的方式可以多种多样。竞争性招标，应该在公共媒体上发布广告。邀请招标，应该在有限范围内发布广告。直接采购，则只需要向特定厂家发出采购消息。

第二是投标环节的投标人会议。潜在卖方购买招标文件之后，就根据招标文件编制投标文件。在编制投标文件的过程中，潜在卖方会对招标文件有各种疑问。招标方应该通过投标人会议，给他们提问的机会，并回答他们的问题。在投标人会议期间，招标方也应该带潜在卖方考察项目现场。

在投标人会议期间，买方必须确保公平地对待每个潜在卖方，不使任何一个受到特别优待或歧视，必须确保每个潜在卖方得到完全一样的信息。例如，如果某个潜在卖方在会议之外私下向买方提问，买方必须拒绝回答。潜在卖方只能在会议上公开向买方提问。买方必须记录潜在卖方提出的所有问题以及自己给出的所有答复。会议结束后，要基于这些记录整理出会议纪要，作为对招标文件的补遗或澄清，发送给参会的所有潜在卖方。

> 在竞争性招标中，投标人会议（标前会议）必不可少。

第三是评标环节的<u>建议书评价</u>（属于<u>数据分析</u>）。这是用于评标的方法。常用的评标方法包括：

- 加权打分法。用具有不同权重的各评标标准，对各投标文件进行打分，然后加权汇总，得到各潜在卖方的排名顺序。将选择得分最高的潜在卖方中标。
- 筛选系统，也叫过滤系统。通过多轮过滤，逐步淘汰掉达不到既定标准的投标商，直到剩下一家。用于淘汰的标准，各轮逐渐提高。最后剩下的那家，就是中标者。
- 独立估算。把潜在卖方的报价与买方事先编制的独立成本估算（俗称"标底"）进行比较，选择与标底最接近的报价中标。

第四是授标环节的<u>谈判</u>（属于<u>人际关系与团队技能</u>）。在确定中标者（正式授标）之前，需要与潜在卖方进行<u>谈判</u>。注意：<u>谈判</u>的目的不是"卡"对方，而是要与潜在卖方加深了解，得到公平、合理的价格，为以后可能的合同关系奠定良好基础。好的谈判应该是与卖方进行团队建设的好机会，能够得到"双赢"的结果。如果在牺牲双方关系的情况下，得到了比较低的价格，那么这个价格也不一定能够实现，因为卖方会在以后的工作中通过各种办法来弥补损失。

> 谈判是为了保护将来合同成立之后的双方关系。

还要特别注意的一点是：不要设法从对方口袋里去"拿"钱，而要从减轻风险入手去"省"钱。如果想要卖方降价，最好设法为他减轻一些风险。例如，把某些风险的发生概率降低或把某些风险改由自己承担。当然，在严格的竞争性招标投标中，谈判只能澄清问题，而不能讨价还价，即买方不能要求卖方降价，卖方也不能主动要求降价。在竞争性招标投标中，是绝对的"一口价"，报了多少就是多少，不得修改。

《PMBOK®指南》对谈判的讨论比较简单，考试中的内容可能超出这些简单的讨论。考试中可能给你一个情景，要求你判断谈判者正在使用什么样的谈判策略。下面列举一些常见的谈判策略：

- 最后期限。设定一个达成协议的最后期限。例如，"我们已经定好明天下午5点的飞机，谈判必须在明天下午1点前结束"。
- 自己的权力有限，有决策权的人又不在场。声称自己无权对某些问题做出决定，需要向领导请示，而领导又不在场。例如，"我无权决定降价10%，我的权限是5%以内""只有公司老板才能决定降价10%，可是他正在休假"。
- 拖延。以各种方式拖延对其中某个问题的讨论，甚至拖延整个谈判。例如，"让我们先不谈这个问题，等下一次再谈"。

- 撤退。故意表现出自己对某个事物没有什么兴趣，以退为攻。
- 出乎意料。突然抛出一个全新的、出乎意料的方案，以期打对方一个措手不及。
- 公平合理。以各种方式证明自己所提的方案是公平合理的。例如，"我们卖给其他客户的价钱从来都比这个价钱高，考虑到我们之间的关系（或你的采购量较大），我们才给你这么低的价格"。
- 既成事实（Fait Accompli）。坚持某个问题已有既定的解决方案，不需要再讨论。例如，"政府规定收费标准不能高于 10%，我们必须遵守这个规定"。
- 好人坏人。参与谈判的成员中，一人当好人，一人当坏人。通常，坏人先说，好人随后来收拾局面。

谈判需要遵守以下四大原则：

- 人与事分开的原则。应该尽量理性地谈判，不要带入个人感情。
- 关注利益而非立场的原则。因为利益决定立场，所以必须关注对方的利益。
- 创造共赢的解决方案。上文提及的从风险入手谈价格，就符合这个原则。
- 坚持与客观标准比较。客观标准可以是法律法规、行业标准或其他公认资料中的规定。用客观标准作为依据来说明自己的要求的合理性。

12.5.3　控制采购

在控制采购过程中，第一，要对卖方的工作情况进行检查。买方和卖方应该共同签署日常检查记录，对检查结果达成一致，以便作为卖方申请付款和买方支付款项的依据。如果检查结果不合格，买方可以拒付款项。

第二，要使用数据分析中的挣值分析来计算进度和成本绩效指标，并据此进行进度和成本绩效的趋势分析。

第三，要定期或不定期地开展审计，总结合同履行方面的经验教训，提出相应的变更请求。

第四，要使用数据分析中的绩效审查，确定卖方的工作绩效和工作能力是否令买方满意，以决定该卖方以后是否适合承接类似的工作。

第五，要通过索赔管理去预防、记录和处理卖方向买方的索赔。

索赔管理是合同管理中的一个难题。索赔是一方遭受了某种不该自己承担的实际损失（包括金钱或时间损失），而基于法律或合同规定向对方提出的补偿请求。索赔的实质是要求损失补偿，不带任何惩罚性质。虽然合同任何一方都可以向对方索赔，但一般只讨论卖方（承包商）向买方（业主）的索赔。

索赔可以分成不同的类别，如工期延误索赔、赶工索赔、变更索赔、不利现场条件索赔、违约索赔。PMP® 考试中可能考到工期延误索赔和买方违约索赔。工期延误又可分为：

- 可原谅延误与不可原谅延误。前者是承包商没有过错的延误，允许承包商延长工期；后者是承包商有过错的延误，不允许延长工期。
- 可补偿延误与不可补偿延误。前者是承包商无过错但业主有过错的延误，不仅允许承包商延长工期，还对承包商因延误而遭受的经济损失给予补偿；后者是承包商和业主均无过错的延误，允许延长工期，但不补偿承包商的经济损失。

例题 12-7 某土建施工项目的承包商需要从 A 城市的一个工厂采购某些重要材料。不巧，A 城市该工厂所在行业的工人举行为期一周的大罢工，使这些材料不能按时交付并运到项目现场。这些材料的延误会引起整个项目的延误。作为业主的项目经理，你应该：

A. 允许承包商延长项目的完工时间，但不给予承包商经济补偿

B. 要求承包商按原定时间完工，并且不给予任何费用补偿

C. 允许承包商延长项目的完工时间，并且给予承包商相应的经济补偿

D. 告诉承包商他已经严重违约了

解释：正确答案是 A。因为发生的延误是承包商与业主都没有过错的延误，所以是可原谅但不可补偿的延误。如果业主要求按原定时间完工，就要对承包商的赶工成本给予补偿。选项 C，适用于业主有过错但承包商没有过错的延误。

违约索赔是一方违约，另一方向违约方提出损失索赔。绝不能用"以牙还牙"的方式处理违约。一方违约后，另一方不能以另一种违约来对付。另外，除非是特别明显的恶意违约，一般只能索赔实际损失，而不能对违约方进行实质性惩罚。

例题 12-8 某施工合同规定，承包商可以免费使用 A 场地堆放施工材料。但是，当承包商运送施工材料进入该场地时，却遭到了业主方保安人员的阻止，未能顺利进入。作为项目经理，你应该：

A. 告诉承包商不要使用这个场地

B. 预计将收到承包商的索赔

C. 签发变更令变更合同

D. 用另一个场地来代替 A 场地

解释：正确答案是 B。四个选项好像都正确，但必须从中选择一个最好的、最先发生的，这需要一定的合同管理的背景知识。选项 C 和选项 D 也许是项目经理可以做的事，但不是立即要做的，而且必须与卖方协商。选项 A 不符合合同管理的要求，因为卖方使用该场地的权力是合同赋予的。由于业主违反了合同规定，项目经理应该预计到承包商会提出索赔。所以，正确答案只能是 B。

虽然在本过程中没有直接列出专用于关闭采购合同的工具，但是审计、绩效审查和索赔管理都可用于关闭采购合同。审计是总结采购管理的经验教训，以便以后的采购管理做得更好。绩效审查是要审查卖方的总体工作能力，以便决定它以后是否还有资格来承接类似工作。索赔管理是要通过谈判或采用替代争议解决方法解决尚未解决的索赔。

12.6 疑难问题解答

1. 在基于目标成本的总价加激励费用合同下，卖方的实际成本是如何测算的？如果实际成本低于目标成本，又怎么办？

答：在总价加激励费用合同下，卖方无须实时向买方报告自己的实际成本。卖方的实际成本究竟是多少，是在合同工作实质性完工时由买方和卖方坐下来商谈的。其实，就是最后算一下总账，对合同价格做一次性调整。

这种合同是美国国防部首创的，目的是替承包商减轻一点风险。所以，即便实际成本低于目标成本，买方（业主）也不分享成本节约额。

2.《PMBOK® 指南》中提到的"推定变更"是什么意思？

答：推定变更是指合同一方虽未明确要求对方做出变更，但是已经用自己的某种言行暗示对方进行变更。经常是业主暗示承包商进行变更。例如，承包商有权要求延长工期，业主却未及时批准承包商延长工期，导致承包商被迫赶工。这种赶工就属于推定变更。业主的不及时行为，就构成了暗示承包商赶工的推定变更令。承包商一旦认为业主的言行已构成推定变更令，就必须立即致函业主，声明自己的观点，声明保留索赔权利。

3. 什么是合同通用条件？什么是专用条件？两者之间是什么关系？

答：合同通用条件是指按公认惯例规定合同各方权利义务关系及合同实施程序的标准化条款。许多国家、地区、国际性组织、行业协会都出版了自己的合同通用条件，如国际顾问工程师协会就以出版《FIDIC 合同条件》而闻名。合同通用条件是一种书面惯例，它可以帮助招标方和投标商缩短编制招标文件和投标文件的时间，可以减少合同文件中的漏洞和合同各方之间对合同理解的分歧。合同专用条件是根据有关法律规定、工程实际情况及招标方的特殊要求，而对合同通用条件的修改与补充。通常，合同通用条件是原文照搬作为合同条件的第一部分，而专用条件则是紧接着对第一部分的条文进行修改补充，作为合同条件的第二部分。

在解释合同时，如果通用条件与专用条件之间有矛盾，则通用条件的效力低于专用条件，应该以后者的规定为准。

进行项目采购工作时，只要所在行业有合适的通用合同条件，就应该尽量加以采纳，然后再以专用条件对其进行修改、补充。这是一种既经济又有效的方法。

4. 什么是合同争议？常用的争议解决方法是什么？

答：合同当事人之间无法就某一事项协商达成一致意见，该事项就成为一个争议事项。传统的解决争议的方法是诉讼，即到法院打官司。解决争议的新方法是"替代争议解决方法"，即由双方共同聘请的第三方（调解人或仲裁员）提出解决方案。调解的结果对双方不具有强制约束力，仲裁的结果（裁决）通常对双方具有强制约束力。按照惯例，仲裁与诉讼是相互排斥的，即如果约定了仲裁且约定了仲裁裁决的终局性，就不能向法院诉讼。仲裁是当事人自愿约定的，通常都会约定仲裁裁决具有终局性的约束力。

5．为什么在控制采购过程和结束项目或阶段过程都包含"关闭合同"的内容？

答：控制采购过程的关闭合同，是指关闭单次采购的合同。结束项目或阶段过程的关闭合同，则是指在全部单次采购的合同都关闭之后，在关闭整个项目之时再对全部的合同收尾工作做一个总回顾，把与采购有关的经验教训写入最终的经验教训登记册和最终的项目报告。

第13章 项目相关方管理

13.1 基本概念

项目相关方是其利益会受项目活动或结果的正面或负面影响的任何个人、群体或组织，以及能对项目活动或结果施加正面或负面影响的任何个人、群体或组织。项目相关方不只是项目经理、项目执行组织、项目团队，还包括许多其他的个人、群体或组织，如客户、项目发起人、项目团队成员家属、公共传媒、公民个人、相关利益群体等，甚至还包括那些自认为会受项目影响者（项目原本与他们没有关系）。通俗地讲，与项目有直接或间接关系的任何个人、群体或组织，都是项目相关方。

> 应该把项目相关方的外延考虑得尽可能宽一些，因为遗漏重要相关方会给项目带来很大麻烦。

项目相关方管理的重要性不言而喻。一方面，项目要取得成功，离不开项目相关方的支持与参与。另一方面，做项目最终是要满足项目相关方的利益追求，让相关方满意。在《PMBOK® 指南》中，特别强调了项目相关方应该在整个项目生命周期中参与项目工作。

项目经理应该以各种方式调动相关方合理参与项目工作。例如：

- 认真评估和利用相关方的知识和技能，促进项目成功。不同的相关方拥有不同的知识和技能，只要是有利于项目的，都应该加以利用。例如，他们所掌握的信息有利于项目计划的编制，或者他们能够为项目提供各种专家判断。
- 在制订沟通管理计划时，应该切实弄清楚项目相关方对项目信息的需求，并在整个项目生命周期中向他们分发各种必要的项目信息，如关于项目进展或项目变更的报告，为他们参与项目工作创造条件。
- 鼓励项目相关方参与项目制约因素与假设条件的鉴别工作，参与项目计划编制工作，作为项目大团队的组成部分参与项目大团队建设。
- 把某些风险分配给项目相关方，请他们担任风险责任人管理这些风险。

> 相关方参与，对取得项目成功至关重要。相关方参与，有利于他们了解项目并为项目做贡献，有利于提升他们对项目的主人翁感。

对于项目相关方管理，考生应该注意：

- 需要识别出全部的项目相关方。
- 需要考虑全部的项目相关方的利益与影响。
- 需要充分发挥全部的项目相关方的作用来保证项目成功。
- 相关方管理做得不好，往往是造成项目失败的主要原因。
- 应该尽早积极面对负面相关方，如同面对正面相关方。
- 应该充分评价项目相关方的知识与技能，并加以充分利用。

> 不是只考虑一个或几个项目相关方，而是全部的项目相关方，至少理论上是这样要求的。

例题 13-1 公司正在研究是否启动一个新项目。应该由以下哪些人来决定对该项目的要求？

A. 项目发起人

B. 项目相关方

C. 客户

D. 项目经理

解释：四个答案都是对的，但 B 是最好的。其他任何一个答案都不完整，只有 B 是完整的，而且 B 包含了另三个答案。注意：主要项目相关方都需要对定义项目要求有所贡献。如果在定义项目要求和编制项目计划时忽视了某个主要相关方的利益，即便以后的项目执行完全符合计划，该相关方也会很不满意。

13.2 项目相关方管理的发展

13.2.1 在《PMBOK®指南》中的发展

从 1996 年第 1 版到 2017 年第 6 版，《PMBOK®指南》每次改版都会丰富与项目相关方管理有关的内容。例如，第 4 版，增加了识别相关方过程；第 5 版，把项目相关方管理专门列作一个知识领域；第 6 版，更加强调了相关方参与项目的重要性。把这六个版本联系起来看，就可以发现如下发展趋势：

- 第 1 版和第 2 版：基本不理相关方。只是简单地提及"项目相关方"这个词，并没有讨论"项目相关方管理"。

- 第 3 版：被动地解决与相关方之间的问题，专列了一个"管理相关方过程"。
- 第 4 版：主动地管理相关方，新增了一个"识别相关方过程"，要求在项目启动阶段就主动识别相关方。还把"管理相关方过程"改成了"管理相关方期望过程"，要求主动引导相关方对项目抱有合理的期望。
- 第 5 版：提出双向式相关方管理。把项目相关方管理单列为一个知识领域，强调鼓励相关方合理参与项目。
- 第 6 版：更加强调相关方参与的重要性。把第 5 版的"相关方管理计划"改成了"相关方参与计划"，强调主动引导相关方合理地参与项目。

13.2.2 《PMP®考试大纲》中的发展

与 2010 年版《PMP®考试大纲》相比，2015 年版《PMP®考试大纲》新增了许多与项目相关方管理直接相关的内容。2015 年版《PMP®考试大纲》中与项目相关方管理直接相关的内容概括为如表 13-1 所示。需要注意的是，即便没有明确提及项目相关方的那些工作任务，也并非就完全与项目相关方管理无关。事实上，项目相关方管理贯穿项目始终，并与每项工作任务都有或多或少的关系。

表 13-1　2015 年版《PMP®考试大纲》中与相关方管理直接相关的内容

过程组	具体内容
启动	① 在开展项目评估时，应该广泛征求相关方的意见
	② 通过确定项目要完成的关键可交付成果，来管理客户对项目的期望
	③ 通过分析各种相关方来协调他们对项目的期望，并获得他们的支持
	④ 确保项目相关方对项目章程中的各项内容达成一致意见
	⑤ 与相关方一起开展效益分析，确认项目符合组织战略，能产出预期的商业价值
	⑥ 获得发起人对项目章程的批准，明确项目经理的职权
	⑦ 通知相关方项目章程的具体内容，确保他们对项目有共同理解
规划	① 与相关方一起分析详细的项目需求，明确项目要完成的具体可交付成果
	② 编制相关方管理计划，以有效管理相关方的期望，并引导他们参与项目决策
	③ 向重要相关方呈报项目管理计划，获得他们的批准
	④ 召开项目开工会议，让相关方了解项目计划，获得他们对项目的承诺和参与
执行	① 与相关方密切沟通，保持相关方对项目的知情和参与
	② 维护与相关方的关系，持续获得相关方的支持，并管理他们的期望
收尾	① 获得主要相关方对项目可交付成果的最终验收
	② 把项目可交付成果移交给指定相关方
	③ 向相关方分发项目最终绩效报告
	④ 收集相关方对项目的反馈意见，调查他们的满意度

因为 2019 年版《PMP® 考试大纲》采用了全新的编写方式，所以并未直接列出表13-1的这些内容。即便如此，表13-1的全部内容都并未过时，仍是考生需要理解和掌握的。

2019 年版《PMP® 考试大纲》中直接提及项目相关方的内容，整理如下：

- 分析相关方对项目的权力、利益和影响等，并据此对相关方进行归类。
- 建立与相关方的信任关系，用合适的方式去领导（启发、激励和影响）相关方。
- 赋能相关方，包括授予相关方合适的决策权限，以及通过培训、教练或辅导去提升相关方的能力。
- 评估所需的相关方参与程度，制定引导相关方以所需程度参与项目的策略，并加以执行。
- 让项目团队外部的相关方了解项目执行组织和项目团队的组织原则。
- 分析相关方的沟通需求，与他们保持合适的沟通，包括沟通渠道、频率和信息详细程度等，确保相关方持续了解项目信息。
- 与相关方合作，解决项目问题。
- 动态评估相关方从项目上获得价值的进展情况。

13.3　主要项目相关方

一个项目通常有众多的项目相关方，他们在项目上有不同的利益，对项目有不同的影响，对项目成功起不同的作用。下面逐一介绍一些主要的项目相关方。

13.3.1　项目发起人

项目发起人是为项目提供资金和其他重要资源的人。他是最先出场的。有人愿意并且有能力给项目出钱，项目才能启动。项目发起人在提出项目的初步设想之后，会组织一班专家开展项目商业论证，然后对可行的项目落实所需资金。项目发起人亲自领导项目启动工作。在项目正式启动之后，发起人应该授权项目经理管理项目，并充当项目最重要的高层支持者。

> 项目发起人最重要的作用是提供资金。

关于项目发起人的角色，还需要注意以下几点：
- 发起人应该对项目及其成果提出一些原则性要求。
- 发起人可以亲自起草项目章程或授权项目经理代为起草。
- 发起人可以亲自签发项目章程或授权项目执行组织高级管理层签发。
- 发起人应该与其他重要项目相关方（如客户）一起验收项目成果。
- 应该由项目发起人或其授权人员宣布项目正式关闭（结束）。

13.3.2　高级管理层

高级管理层是项目执行组织中高于项目经理的全体管理者的集合。如果某个项目由某个公司发起并执行，那么该公司的管理者既是项目的发起人，也是项目的高级管理层。也就是说，项目发起人与高级管理层合二为一。如果由一个组织发起，交给另一个组织去执行，那么发起人与高级管理层就是分开的。在这种情况下，项目发起组织与执行组织之间签署合作协议，在协议中授权执行组织的高级管理层签发项目章程，授权执行组织聘任项目经理、组建项目团队去开展项目执行。

高级管理层又包括如下主要成员：

- 项目治理委员会。项目的高层决策机构。
- 项目组合经理。负责确保项目与组织战略的一致性。
- 项目集经理。负责管理项目集中的各个项目之间的横向联系。
- 项目管理办公室。项目执行组织中负责管理项目管理工作的常设职能部门。

13.3.3　客户

客户是项目成果的使用者，既包括直接使用者，也包括间接使用者。一个项目可能有多种客户。例如，新药研发项目的客户，就包括将来用药的病人、开处方的医生、为药付钱的保险公司等。客户与用户这两个词，在一般情况下，是同义词。在特殊情况下，客户是指为项目及其成果付钱者，而用户是指直接使用项目成果者。

必须在起草和签发项目章程时，就明确谁是本项目的客户，了解客户对项目的重要利益追求。当然，对于项目经理来讲，发起人或高级管理层本身也是客户，至少也是客户之一。

众多项目相关方之间有利益冲突。发起人、高级管理层或项目经理应该尽力协调相关方之间的利益冲突。如果实在无法协调，通常应该按有利于客户的原则处理。如果有多个客户，又应该以最终端客户的利益至上。例如，在新药研发项目上，当医生、保险公司和病人的利益无法协调时，应该以病人的利益为准。

> 同一个人或一群人，既可以是发起人（提供资金），也可以是高级管理层（对项目进行高层监管），还可以是客户（接受或使用项目成果）。

13.3.4　项目经理

除了本书第2章2.4节对项目经理的讨论，这里再补充一些内容。

项目发起人或高级管理层应该尽早指定项目经理。一般应在项目启动阶段指定，以便项目经理参与项目章程的编写，甚至在获得授权后，主持项目章程的编写。最迟要在项目规划阶段初期指定，绝对不能到规划阶段中后期或者项目执行阶段再指定。项目经理尽早参与项目工作，有利于项目成功。

项目发起人或高级管理层应该在项目章程中赋予项目经理管理项目的权责。虽然我们也希望项目经理的权责对等，但在项目实际环境中，往往职责大于职权。项目经理面临的巨大挑战是，没有足够的正式权力，也要把项目做成功。项目经理需要用其他权力来弥补正式权力的不足，如专家权力、参照权力等。

项目经理应该积极主动地工作，而不是消极被动地工作。要主动预防问题的出现，并积极解决已经出现的问题。项目经理作为项目管理专业人士，必须理解并遵守项目管理的职业要求（如职业道德）。例如，不能不加分析地简单接受高级管理层的指示，而要做出自己独立的专业判断，并向高级管理层报告自己的判断。

> 如果高级管理层要求降低成本或压缩工期，项目经理不能简单接受，而要进行专业分析，并写出分析报告提交给高级管理层，供其进一步考虑。

项目经理控制着项目，但不一定控制着资源。在矩阵式组织下，项目经理对一些人力资源与非人力资源没有控制权。这些资源的控制权在职能经理的手中。所以，项目经理必须与职能经理密切合作，以取得职能经理的支持。

项目经理作为一个整合者，应该在更大程度上是一个通才而不是专才。他不必是技术专家，但必须具备良好的沟通能力与整合能力，能够协调项目各要素之间的矛盾，能够组织好项目各结合部（包括技术结合部、组织结合部和人际结合部）的管理，能够建设、管理和领导项目团队。

> 技术专家应该关注某种技术工作的细节，而项目经理应该关注各种技术工作之间的结合部。这是项目经理与技术专家的根本区别。

13.3.5　项目管理团队与项目团队

在项目启动阶段,项目发起人或高级管理层指定项目经理。在项目规划阶段开始时,项目经理组建项目管理团队。在项目执行阶段开始时，项目经理组建在一线从事具体项目活动的项目团队（狭义的）。

狭义的项目团队从事具体项目活动，完成各个工作包。广义上的项目团队应是项目管理团队加狭义的项目团队再加其他的主要相关方。从广义上说，项目经理应该把主要相关方都看成项目团队的组成部分，而不能把项目团队局限于自己所在组织内部的小团队。中观层面的项目团队则是项目管理团队和狭义项目团队的组合。

在《PMBOK® 指南》中，"项目管理团队"和"项目团队"这两个词经常替换使用，并没有严格区分开来。

项目管理团队是项目团队中直接从事管理工作的人的集合。

13.3.6　职能经理和职能部门

为了简便起见，此处的职能经理包括运营经理或直线经理，职能部门也包括运营部门。关于职能经理与直线经理的区别，请见第 9 章疑难问题解答。

职能部门通常是项目所需的专业技术和专业人才的蓄水池。例如，财务专业人员都集中在财务部门。职能经理自然就是相应专业人才和专业技术的掌控者。职能经理在项目上的具体作用取决于项目所采用的组织形式。在矩阵式组织中，职能经理和项目经理共同指挥项目成员的工作；在项目式组织中，职能经理不参与指挥；而在职能式组织中，主要由职能经理来指挥。

职能经理参与项目的程度取决于项目所采用的组织形式。

在采用矩阵式组织的项目中，职能经理对项目成败有重要影响。为了避免不必要的冲突，项目经理与职能经理必须充分合作。在矩阵式组织中，项目经理与职能经理的分工可以参照一个大的原则来进行，即项目经理负责"做什么、什么时候做、为什么要做、以多大代价来做"等问题，职能经理负责"具体技术工作由谁来做和怎么做"等问题。

针对某个具体项目，职能经理应该：

- 参与项目启动工作，参与制定项目目标，参与项目计划的编制和审批工作。
- 与项目经理就项目所需的资源进行协商，分派具体人员到项目上。
- 就自己部门的专业领域，向项目提供技术支持。
- 告知项目经理可能影响本项目的其他项目或工作的情况。

13.3.7　卖方和合作伙伴

通过合同为项目提供货物、服务或其他成果的人，就是卖方。对于需要开展采购工作的项目，卖方就是重要的项目相关方。

合作伙伴与项目执行组织之间通常也有协议（不一定是严格的合同），但不是卖方与买方的关系。合作伙伴关系可能是通过某种认证过程建立的。例如，PMI 的注册教育机构（Registered Education Provider，R.E.P.）与 PMI 之间就是项目管理教育（培训）的合作伙伴关系。某机构先向 PMI 申请，PMI 评审后，发给该机构一个 R.E.P. 证书来建立这种合作伙伴关系。

例题 13-2 由英国政府资助的中英艾滋病综合防治项目，涉及国内十个部委、两个国际组织、云南及四川的许多县市，以及许多人群与团队。作为项目经理，你最关心的是：

A. 应该公开他们之间的利益冲突

B. 这些项目相关方对项目有不同的需求

C. 这个项目应该是很容易的

D. 项目实施过程中的沟通是比较简单的

解释：正确答案是 B。由于项目相关方众多，他们对项目肯定会有一些不同的需求，从而使项目的沟通、实施变得更加困难。如果对这些具有一定竞争性的需求不加以妥善管理，项目成功的可能性就会受到严重影响。

13.4　各过程的输入与输出

13.4.1　输入与输出的关系总览

项目相关方管理的实现过程包括识别相关方、规划相关方参与、管理相关方参与和监督相关方参与。这些过程的输入与输出之间的关系可以概括为如图 13-1 所示（未考虑事业环境因素、组织过程资产和各种更新）。

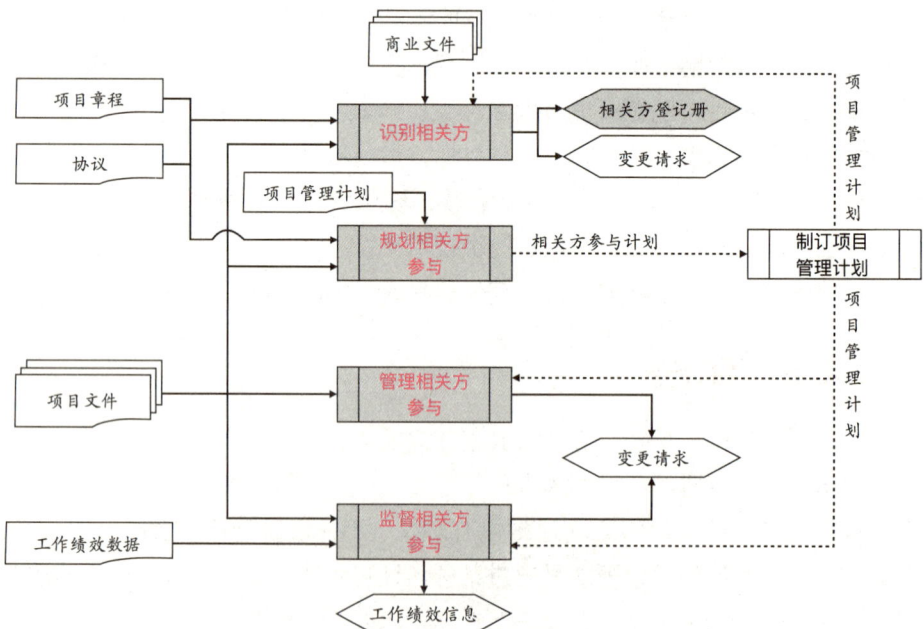

图 13-1　项目相关方管理各过程的输入与输出关系

13.4.2 识别相关方

首次开展识别相关方过程时，只有商业文件、项目章程和协议这三个输入。商业文件中的商业论证报告会提及一些重要相关方，效益管理计划也会提及一些重要相关方（如受益人）。项目章程已经列出一些重要相关方。无论是联合发起项目的合作协议，还是作为承发包合同的协议，与协议有关的各方都是项目相关方。

重复开展本过程时，还需要项目管理计划中的沟通管理计划、相关方参与计划作为输入，以及项目文件中的需求文件、问题日志和变更日志作为输入。沟通管理计划所列的信息发送者和接收者都是项目的相关方，相关方参与计划则规定了应该在何时如何重复开展相关方识别。需求文件有助于识别与特定需求有关的相关方，问题日志中所记录的问题可能引出新的相关方，变更日志中的变更请求的提出和处理情况可能引出新的相关方。

识别出来的相关方及其信息，应写入相关方登记册。重复开展本过程，识别出新的相关方，就可能需要提出变更请求。

13.4.3 规划相关方参与

项目章程中关于项目目的、目标和成功标准的规定，有助于规划所需的相关方参与程度。相关方参与程度必须有利于项目成功。

项目管理计划中的资源管理计划有助于规划该如何与项目团队成员打交道，沟通管理计划规定了与相关方沟通的方法，风险管理计划有助于确定相关方应该如何参与风险管理。

以下项目文件也是本过程的输入：

- 相关方登记册。提供了相关方的信息。
- 假设日志。有助于识别与特定假设条件或制约因素有关的相关方。例如，某个假设条件需要由某个相关方去落实。
- 项目进度计划。需要把某些相关方列作进度活动的负责人、执行人或支持者。
- 风险登记册。需要把某些相关方列作各单个项目风险的责任人，也需要考虑将受风险影响的相关方。
- 变更日志。重复开展本过程时，需要考虑与变更有关的相关方，如变更请求的提出者、将受变更影响者，考虑该如何让他们参与变更管理。
- 问题日志。重复开展本过程时，需要根据问题日志考虑相关方应该如何参与识别、分析和解决问题。

协议有助于规划如何引导与采购有关的相关方参与项目。

本过程的输出是相关方参与计划，将成为项目管理计划的一部分。

13.4.4　管理相关方参与

项目管理计划中的以下组成部分是本过程的输入：

- 相关方参与计划。根据该计划实实在在地与相关方打交道。
- 沟通管理计划。沟通是与相关方打交道的一种重要手段。
- 风险管理计划。引导相关方合理参与风险管理。
- 变更管理计划。引导相关方合理参与变更管理。

以下项目文件是本过程的输入：

- 相关方登记册。可以从中了解该与哪些相关方打交道。
- 变更日志。变更请求的提出和处理情况，都需要及时通知相关方。处理变更请求，也需要邀请相关方参与。
- 问题日志。应该与相关方协作，有效解决问题日志中的问题。
- 经验教训登记册。重复开展本过程时，需要参考以往的经验教训。

本过程可能提出变更请求。

13.4.5　监督相关方参与

作为一个监控过程，需要把相关方参与的实际情况与计划要求做比较。实际情况体现在工作绩效数据和作为项目文件的项目沟通记录中。计划要求体现在项目管理计划的资源管理计划、沟通管理计划和相关方参与计划中。

以下项目文件是本过程的输入：

- 相关方登记册。有助于监督相关方的变化情况，如哪些相关方已经退出，哪些是新出现的。
- 问题日志。有助于评价相关方参与的程度是否有效地促进了问题的解决。
- 风险登记册。有助于监督与相关方参与程度有关的风险的发展趋势和应对情况。如果相关方参与程度不足，某些风险发生的可能性会显著提高，后果会显著加重。
- 重复开展本过程时，应该参考已记录在经验教训登记册中的经验教训。

相关方实际参与程度与计划要求的偏差，记录在工作绩效信息中。如果情况不理想，就提出变更请求。

13.5　各过程的主要工作和成果

项目相关方管理旨在弄清楚有哪些相关方及其基本情况，策划将如何引导他们参与项目，实际与他们打交道，监督相关方参与情况并提出变更请求。

13.5.1 识别相关方

本过程旨在全面识别项目相关方并对他们进行分析。需要特别注意以下几点：

- 尽早识别相关方。之所以把本过程放在启动过程组，就是要强调尽早识别。越是在项目早期，相关方对项目的影响力就越大，就越可以用较低的代价去考虑相关方的要求。
- 在整个项目生命周期中，要定期重新识别相关方。可以删去过时的相关方，增加新出现的相关方。
- 全面识别相关方。相关方识别要尽可能全面，防止遗漏重要项目相关方。
- 需要众多人的参与。识别相关方不只是项目经理或项目管理团队的事情，也应该鼓励其他相关方参与。项目经理和项目管理团队可以与已识别出的相关方一起，识别出更多的相关方。

> 相关方识别应该尽早、尽量全面、定期重复开展，且需要众多人参与。

当然，实际工作中可能面临这种情况：无论怎么强调要全面识别相关方，也总会有一些相关方不能被及时识别出来。这些相关方就是潜在相关方。

不仅要了解相关方的基本情况，如名称、联系方式，而且要认真分析相关方对项目的要求与期望、可能对项目施加的影响、与哪个阶段的关系最密切；不仅要特别注意相关方对项目的不同甚至冲突的要求，还要根据相关标准，对相关方进行分类。这些内容都要写入相关方登记册。相关方登记册需要在整个项目生命周期中定期更新。

例题 13-3 某大型工程建设项目已经启动。项目发起人与项目经理一起识别出了其他五个项目相关方，准备针对他们编制相关方参与计划。你刚接受他们的邀请，出任该项目的管理顾问。你应该给他们提出哪个建议？

A. 重新开展识别相关方过程

B. 立即编制相关方参与计划

C. 只需要管理这五个项目相关方

D. 立即编制项目进度计划

解释：正确答案是 A。这么一个大型项目，才识别出五个相关方，太少了。一定是识别相关方过程做得不够好，所以需要重新做。

13.5.2 规划相关方参与

本过程旨在基于相关方识别和分析的结果，确定为取得项目成功所需的相关方参与项目的程度，以及为此而应该采取的与相关方打交道的措施。更通俗地讲，就是要确定将如何与各种相关方打交道，如何引导他们合理参与项目。

本过程编制的相关方参与计划，应该同时包括程序性计划和实体性计划的内容。其主要组成部分为：

- 来自相关方登记册的内容。
- 相关方现有的参与项目的程度，以及所需的参与项目的程度。
- 为了获得所需的参与程度，应该采取的与相关方打交道的策略和措施。
- 相关方参与计划与沟通管理计划的关系。
- 应该如何更新相关方登记册和相关方参与计划。

13.5.3　管理相关方参与

本过程旨在根据相关方参与计划，通过沟通及其他方法，实实在在地与相关方打交道，引导相关方合理参与项目，并解决实际出现的相关方之间的问题，以便满足相关方的需要和期望。通过这个过程，把相关方实际参与项目的程度提高到项目经理期望的程度。

在这个过程中，需要把项目团队中的问题、项目团队与其他相关方之间的问题以及其他相关方之间的问题记录下来，形成问题日志更新。在这个过程中，需要提出变更请求。变更请求可能包括对相关方参与计划的修改建议，以及对项目及其成果的修改建议（也许原来误解了相关方的需求，或者相关方的需求发生了变化）。

13.5.4　监督相关方参与

作为一个监控过程，本过程与其他基层监控过程类似。在本过程中，把相关方实际参与项目的程度和计划所要求的参与程度进行比较，发现并分析偏差，形成工作绩效信息，并提出变更请求。变更请求可以是要求修改相关方参与计划，也可以是要求采取纠正措施或预防措施。

13.6　各过程的工具与技术

13.6.1　识别相关方

除了专家判断和会议（相关方识别会和相关方分析会），可以按如下顺序使用各种工具与技术。

首先，进行数据收集。可以通过问卷和调查（如焦点小组讨论），请大家识别出各种相关方。也可以通过口头的头脑风暴或书面的头脑写作，请大家集思广益，识别出各种相关方。头脑写作是所有参加者围成一圈，同时分别在规定时间内写出尽可能多的相关方，再同时把自己的这张纸传给左手边的人；每个人再以上家所列的相关方作为启发，在收到的纸张上补充新的相关方。一直进行下去，直到每个人收回自己最初传出去的那张纸。然后，把所有纸张交给主持人，进行汇总分析，得出结论。

其次，进行数据分析。先分析一些现有的文件（文件分析），从中识别出一些相关方。再开展相关方分析，分析他们的兴趣、利益、权力、知识和影响等。

再次，用数据表现技术（相关方映射或展现）来呈现分析的结果。可以用权力利益方格、权力影响方格、影响作用方格来呈现分析结果。项目相关方的权力利益方格如图13-2 所示。

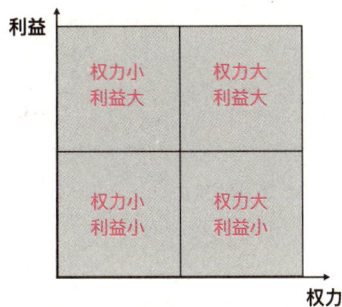

图 13-2　项目相关方的权力利益方格

在方格中，可以把相关方分成不同的四个大类别，如权力大、利益大，权力大、利益小，权力小、利益大，权力小、利益小。其中的权力是指相关方有多大的职权对项目施加干预。影响是指相关方有多强的主观愿望对项目施加干预，而作用则是相关方施加干预后能在多大程度上促使项目计划或执行做出变更。例如，某人有合法资格对项目施加影响（权力大），但懒得管项目（影响小）。他即便管了，项目团队也不愿意听他的（作用小），因为他的知识水平太低。

可以用相关方立方体来呈现分析的结果。例如，建立相关方的权力、影响和作用立方体，突出那些权力大、影响大和作用也大的相关方，如图13-3 所示。

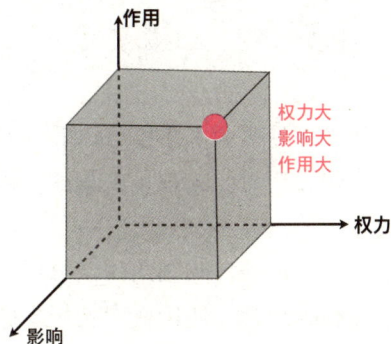

图 13-3　相关方立方体示例

可以用凸显模型来呈现分析结果。其中的三个维度是相关方施加影响的力量（能力）、紧急性和合法性。在这个模型中，把相关方分成七种不同类型，包括只与一个维度有关的自主型、潜伏型和苛求型，与两个维度有关的支配型、危险型和依赖型，与三个维度都有关的确定型。确定型相关方当然就是最突出的相关方，如图 13-4 所示。

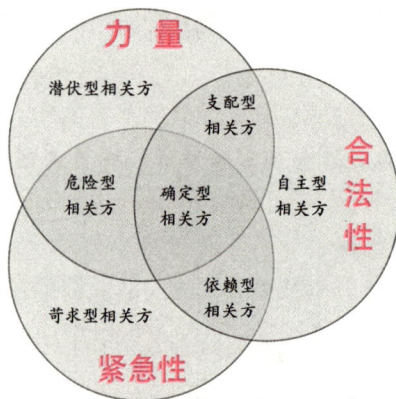

图 13-4　相关方凸显模型

还可以用影响方向来呈现分析的结果，包括上级相关方、下级相关方、外部相关方和横向（同级）相关方。

最后，应该基于相关方分析的结果，对相关方或相关方类别进行优先级排序（一种数据表现技术），以便重点抓排序靠前的相关方的管理。

例题 13-4　利用凸显模型对相关方进行分析和归类，不需要考虑下面哪个因素？

A. 相关方在项目上的利益大小

B. 相关方对项目施加影响的能力大小

C. 相关方对项目施加影响的紧急程度

D. 相关方对项目施加影响的合法资格

解释：正确答案是 A。在凸显模型中，没有相关方的利益或利益大小这个维度。

13.6.2　规划相关方参与

除了专家判断和会议（相关方分析会），可以按如下顺序使用各种工具与技术。

（1）使用数据收集技术中的标杆对照，收集先进的、可作为标杆的相关方参与方式和程度，以及用于引导相关方参与的方法。

（2）使用数据分析技术中的假设条件和制约因素分析，来分析与相关方特定的参与方式或程度有关的假设条件和制约因素；使用其中的根本原因分析来分析导致相关方支持或抵制项目的根本原因。

（3）使用数据表现技术进行进一步分析，并呈现分析结构。其中的思维导图有助于分析某个相关方的多种信息之间的联系，也有助于分析不同相关方之间的联系。相关方参与度评估矩阵有助于分析相关方实际参与项目的程度以及所需的参与程度，直观地呈现两者之间的差距。相关方参与度可从低到高分为以下五种：

- 无知型。包括根本不知道项目存在的相关方，以及虽然知道项目存在，但是不知道项目可能对自己有影响的相关方。
- 抵制型。知道项目及其潜在影响，但是抵制项目。
- 中立型。知道项目及其潜在影响，既不支持也不抵制项目。
- 支持型。知道项目及其潜在影响，而且支持项目。
- 领导型。知道项目及其潜在影响，而且特别支持项目。

> 支持型相关方是仅仅自己支持项目。而领导型相关方则不仅自己支持项目，还鼓动（领导）别人一起来支持项目。

（4）基于上述结果，使用决策技术对相关方重新进行优先级排序或分级。

（5）基于分析和排序的结果，编制相关方参与计划，在其中规定将如何与相关方打交道，以便维护和提升相关方参与项目的程度。

13.6.3　管理相关方参与

本过程就是实际与相关方打交道，获得他们对项目的支持和参与。除了专家判断，其他工具与技术包括：

- 召开各种类型的会议，与相关方实实在在地打交道。
- 运用沟通技能，与相关方实实在在地打交道，例如，通过沟通来收集相关方对各种项目管理活动或决定的反馈意见。
- 运用人际关系与团队技能，与相关方实实在在地打交道。包括使用其中的政治意识和文化意识（必须了解政治和文化氛围）、观察和交谈（这是与相关方打交道的手段）、谈判（通过谈判与相关方达成协议）和冲突管理（及时解决相关方之间的冲突）。
- 与相关方打交道时，必须遵守事先制定的基本规则（基本的行为规范）。

如果相关方实际参与项目的程度已经达到所要求的程度，就要设法维护他们的参与程度。如果没有达到所要求的程度，就要把他们的参与程度引导到所要求的程度。当然，也必须防止相关方实际参与项目的程度出现下降。

本过程可能提出"变更请求"。

13.6.4　监督相关方参与

本过程的工具与技术比较多，可以做如下概括：

（1）使用沟通技能和人际关系与团队技能来了解相关方实际参与项目的程度。沟通技能中包括向相关方演示项目情况，以及收集相关方的反馈意见。人际关系与团队技能中包括政治意识、文化意识、积极倾听、领导力和人际交往。

（2）使用数据分析技术中的相关方分析，来分析在特定的监控时点，相关方的实际参与情况，包括支持或抵制项目的程度。

（3）使用数据表现技术中的相关方参与度评估矩阵，来评价和呈现相关方实际参与项目的程度的动态变化情况，以便据此判断用于引导相关方的策略和措施的有效性。动态变化情况和措施的有效性，都应该写入"工作绩效信息"。

（4）使用数据分析技术中的根本原因分析，来分析相关方参与程度不理想的根本原因；使用其中的备选方案分析，来分析多种用于解决这种不理想状况的备选方案。

（5）使用决策技术（包括多标准决策分析、投票）来选择最好的解决方案，并据此提出"变更请求"。

13.7　疑难问题解答

1. 应该如何对负面相关方进行管理？

答：在进行相关方管理时，一定要牢记"利益决定立场"这一点。通常，在项目上有正面利益的人（受益者），会支持项目；在项目上有负面利益的人（受害者），会反对项目。不同的人在同一个项目上有不同甚至相反的利益，这是很正常的。对于反对项目的负面相关方，首先要充分听取他们的意见并给予理解，然后要采取措施尽量减轻项目对他们的损害，甚至可以用合理的方法使项目也能给他们带来一定的利益。对负面的相关方，也要尽早识别，尽早加以管理，如同识别和管理正面相关方那样。

在管理相关方时，还要注意相关方主观想象出来的（项目对他们的）影响（Perceived Impacts）。这种影响不一定是真实存在的，但是也会影响相关方对项目的态度。

2. 识别相关方要全面，但往往很难做到。还有识别出的相关方太多了，怎么管得过来？

答：强调全面识别相关方，主要是担心遗漏对项目有重要影响的相关方。如果未能及时识别出某个对项目有重要影响的相关方，等他出来对项目施加影响时，就来不及了。识别相关方，应该采用滚雪球的方法。首先要把雪球滚到足够大，然后对相关方进行全面、系统、深入的分析，排列优先顺序（重要程度）。应该根据相关方的重要程度，对相关方进行分级管理，而不是同样关注每个相关方。还要注意，在项目生命周期的不同阶段，重要相关方可能发生变化。在这个阶段重要的相关方，到了下个阶段不一定同样重要。

3. 什么是潜在相关方？应该如何识别和管理潜在相关方？

答：潜在相关方是客观存在但尚未被识别出来的任何相关方。可通过两种方法来识别：一是注意项目情况的突然变化。例如，团队成员的表现突然变差，或者项目绩效突然恶化，就需要分析一下是否有潜在的负面相关方在起作用。如果有，就要尽快把他们识别出来。二是在定期重复开展识别相关方过程时，要特别注意识别出新的相关方。一旦识别出来，他们就再也不是潜在相关方了，就要按正常的相关方管理方法加以管理。

第14章
五大过程组的工作要点

14.1 概述

虽然 PMP® 考试不再按项目管理五大过程组出题，而是按人员、过程和商业环境这三大部分出题，但是这三大部分的内容都可以分解到五大过程组。无论是人员、过程还是商业环境，每个部分的管理都与五大过程组密不可分，都要贯穿项目的整个生命周期。由于《PMP® 考试大纲》直接列出了人员、过程和商业环境各个部分的工作要点，这里就不再按三大部分来讨论，而是按五大过程组来讨论。下文就结合《PMBOK® 指南》和《PMP® 考试大纲》，来讨论在每个项目管理过程组应该开展的主要工作。所讨论的每项工作都是 PMP® 考试中的必考知识点。在讨论时，采用了从全局到细节的方法，以及图示和文字解释相结合的方法。

建议考生在基础阶段的学习结束时，用本章来全面复习，然后再进入冲刺阶段的学习。如果对本章罗列的任何知识点不理解，就必须回头查看相关书籍，或者询问老师或同学。千万别放过任何一个你不理解的知识点。

建议考生在参加正式考试前的三天内，再次通读本章，做最后的复习。这时，你应该熟练掌握了 90% 以上的知识点。

14.2 五大过程组之间的关系

项目管理的五大过程组是启动过程组、规划过程组、执行过程组、监控过程组和收尾过程组。这五大过程组虽然有一定的先后顺序，但是又并非简单地以首尾相接方式严格按顺序开展。它们之间存在着用语言无法描述清楚的交叉和循环关系。任意两个过程组之间都可能严重交叉和反复循环。

特别是，在项目启动之后、收尾之前，规划过程组、执行过程组和监控过程组之间更会反复循环。这三大过程组与著名的戴明环（计划—实施—检查—行动循环）基本对应。规划过程组对应戴明环中的"计划",执行过程组对应戴明环中的"实施",监控过程组对应戴明环中的"检查"和"行动"。"检查"就是"监督","行动"就是"控制"。"行动"包含两层含义:一是纠正偏差,二是持续改进。虽然对任何工作都要监控,但我们往往只讨论针对执行工作的监控,即监督执行与计划之间的偏差,并解决不可接受的大偏差。项目管理五大过程组之间的基本关系如图 14-1 所示。

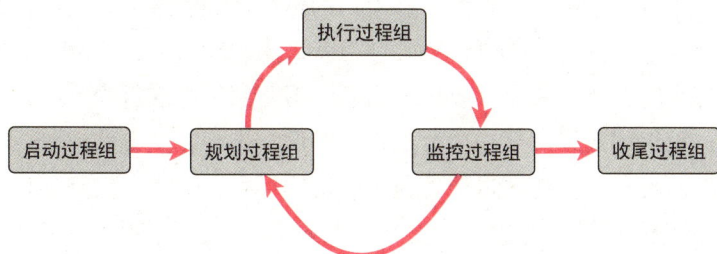

图 14-1 项目管理五大过程组之间的基本关系

在《PMBOK® 指南》中,总共有 49 个项目管理过程,隶属于项目管理五大过程组。其中,启动过程组有 2 个过程,规划过程组有 24 个过程,执行过程组有 10 个过程,监控过程组有 12 个过程,收尾过程组有 1 个过程。每个过程都要用特定的工具与技术,把特定的输入转化为特定的输出。

虽然在《PMBOK® 指南》中,这 49 个过程是被分开来讨论的,但是,在实际工作中,它们往往不仅是交叉在一起的,而且存在很多循环关系,即开展后一个过程,可能导致重新开展前一个或前几个过程。这些过程之间的交叉和循环关系,没有办法用语言完全描述清楚。

绝不能用简单的直线性思维去理解项目管理五大过程组之间的关系或项目管理 49个过程之间的关系。

14.3 启动过程组

启动过程组的工作概览如图 14-2 所示。

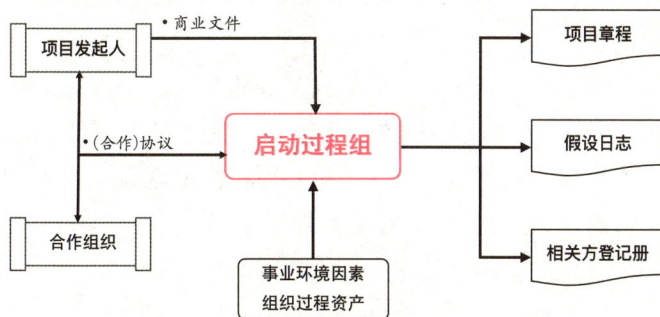

图 14-2 启动过程组的工作概览

以下是对图 14-2 的解释：

（1）项目发起人组织一个专家团队开展项目商业论证，编制出商业文件，其中包括商业论证报告和效益管理计划。

（2）在开展商业论证的同时或之后，发起人可以寻求其他组织来共同为项目出资。发起人和合作组织之间签署（合作）协议。

（3）发起人通过以上两个步骤落实好项目的可行性和资金（完成项目的前期准备工作）以后，就会物色一名候任的项目经理，项目就进入启动过程组，办理正式的立项手续。

（4）启动项目时，需要考虑事业环境因素，需要利用组织过程资产。

（5）启动过程组的最终成果是项目章程、假设日志和相关方登记册。

根据发起人的授权，候任项目经理通过制定项目章程过程，编制项目章程并报发起人签发，同时需要编制假设日志。一旦发起人批准了项目章程，项目就正式启动（立项），项目经理也就正式上任，开始领导项目工作了。紧接着，项目经理要组织开展识别相关方过程，编制出相关方登记册。

启动过程组的制定项目章程过程和识别相关方过程之间的基本关系，如图 14-3 所示。

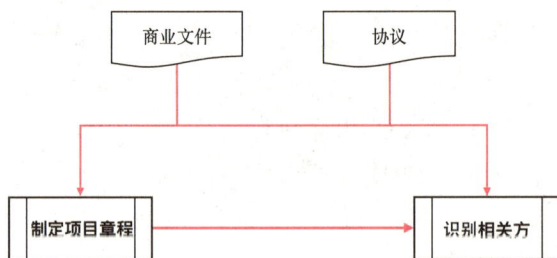

注：本图仅示意了过程之间的初始基本关系。

图 14-3　启动过程组的各过程之间的基本关系

综合《PMBOK® 指南》和《PMP® 考试大纲》的内容，启动过程组需要开展以下主要工作：

（1）基于事业环境因素、组织过程资产和项目的前期准备资料（包括商业论证、效益管理计划和协议），开展项目评估，来确认以前做出的关于项目可行性的商业论证结论仍然是合理可靠的。

（2）在开展项目评估时，应该广泛征求相关方的意见，并与重要相关方一起分析项目效益，确认项目仍然符合组织战略，能够为组织实现拟定的变革，创造预期的商业价值。

（3）明确为了实现变革和创造价值，项目必须在特定范围、进度、成本和质量要求下完成的关键可交付成果。这也有利于引导相关方（特别是客户）对项目抱有合理的期望。

（4）分析整体项目风险，确认整体项目风险水平是可接受的。

（5）分析项目合规性要求，制定项目合规目标。

（6）识别项目的单个项目风险类别、主要制约因素和主要假设条件。

（7）确定项目治理结构，组建项目治理委员会，并规定其权责。

（8）初选适用的项目开发方法（预测型、敏捷型或混合型）。

（9）提出项目执行的总体要求，如项目范围设计、里程碑进度计划、所需的财务资源估计。

（10）对前述所有工作的成果进行整理、分析和提炼，编制出项目章程和假设日志。在这个过程中，应该保持与相关方的良好沟通，以便大家对项目章程和假设日志的内容达成一致意见。

（11）获得发起人对项目章程的批准，以便项目正式立项，项目经理正式上任。

（12）向相关方分发（可召开项目启动会）已批准的项目章程，确保他们理解项目的意义和目标，以及各自的角色和职责。

（13）与已有的相关方一起，开展相关方识别和分析工作，编制出相关方登记册。

14.4 规划过程组

规划过程组的工作概览如图 14-4 所示。

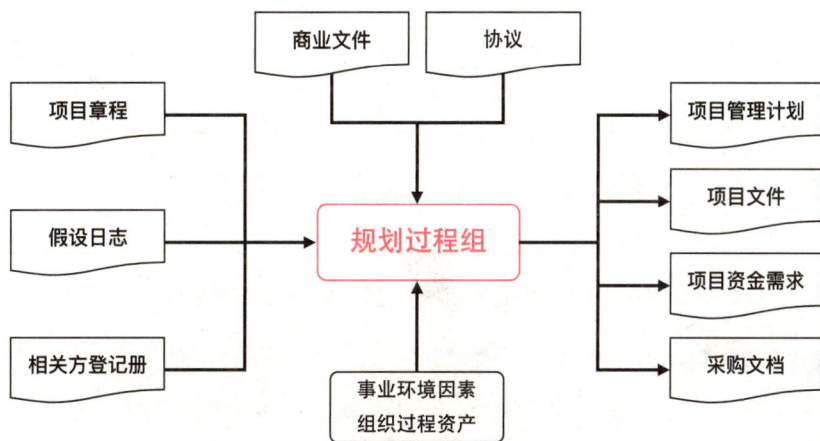

图 14-4 规划过程组的工作概览

以下是对图 14-4 的解释：

（1）根据在前期准备工作中形成的商业文件和（合作）协议，编制项目计划。

（2）根据项目章程和假设日志编制项目计划。既要把项目章程中的项目目标逐渐具体化、可操作化，又要设计出用于实现项目目标的、具体的项目执行、监控和收尾方法。编制计划时，既需要考虑假设日志中已有的假设条件和制约因素，又需要把相关假设条件和制约因素逐渐细化。

（3）在编制项目计划的过程中，应该根据相关方登记册，邀请尽可能多的相关方参与，以便提高项目计划的质量，并使相关方对项目计划有强烈的主人翁感。

（4）在编制计划时，需要考虑事业环境因素，需要利用组织过程资产。

（5）项目计划由项目管理计划、项目文件（仅限各规划过程编制的各种文件）、项目资金需求，以及采购文档（仅限规划采购管理过程编制的与采购有关的计划）构成。

规划过程组共有 24 个项目管理过程。由于项目计划的编制不可能一蹴而就，需要反复循环，因此这 24 个过程之间的关系非常复杂。不仅如此，各种执行过程和监控过程还会导致项目计划更新，包括项目管理计划更新、项目文件更新和采购文档更新。

不考虑可能的循环和更新，这 24 个过程之间的基本关系如图 14-5 所示。

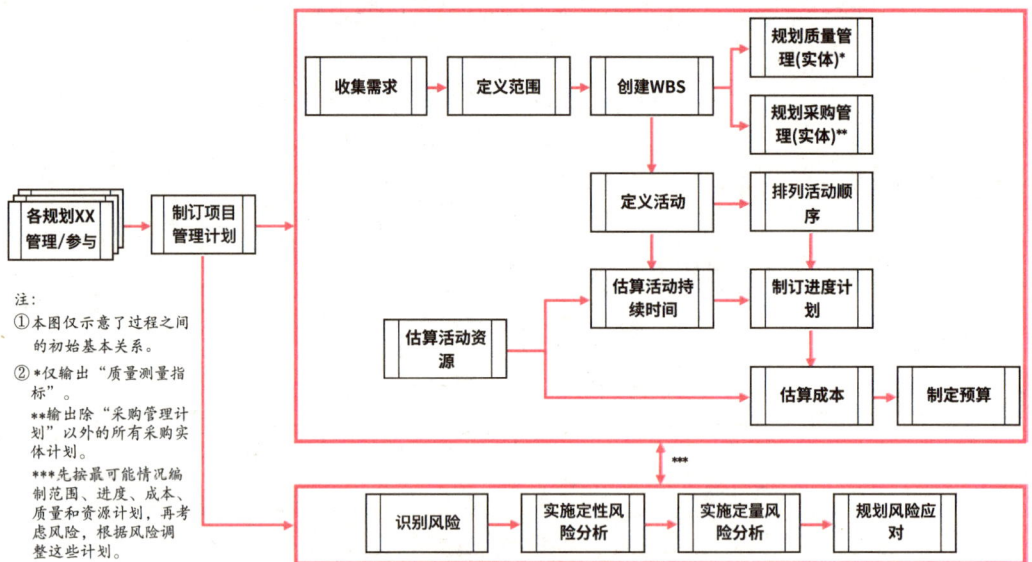

图 14-5　规划过程组的各过程之间的基本关系

以下对图 14-5 做一些解释：

（1）通过各规划 ×× 管理（或参与）过程，编制各种分项管理（或参与）计划。

（2）通过制订项目管理计划过程，把全部分项管理（或参与）计划整合成项目管理计划。

（3）根据项目管理计划，开展后续的全部规划过程，编制项目计划。

（4）通过收集需求、定义范围和创建 WBS 过程，编制范围计划。

（5）根据范围计划中的范围基准，通过规划质量管理过程，确定各种项目工作和可交付成果的质量测量指标。

（6）根据范围计划中的范围基准，通过规划采购管理过程，确定哪些项目工作和可交付成果需要外包出去，并编制相应的采购计划（如招标文件）。

（7）通过定义活动过程，把范围基准中的工作包分解成进度活动；通过排列活动顺序过程编制项目进度网络图；根据估算活动资源过程所得到的资源需求，通过估算活动持续过程估算活动持续时间；通过制订进度计划过程，把前述成果整合成项目进度计划。

（8）根据资源需求和项目进度计划，通过估算成本过程估算活动成本；通过制定预算过程把各活动的成本汇总成项目预算（成本计划）。

（9）编制出初步的范围、进度、成本、质量和采购计划之后，通过识别风险、实施定性风险分析、实施定量风险分析和规划风险应对过程，来考虑与初步计划有关的风险；然后，根据风险情况，回头调整初步计划。可能要经过多次调整，才能得到可行的项目计划。

（10）高层级的项目计划是范围基准、进度基准和成本基准，需要被汇编进项目管理计划。低层级的项目计划则作为项目文件或采购文档而存在。项目资金需求，因为主要供项目发起人为项目按时按量提供资金，而非供项目团队使用，所以不归入项目文件，而是独立存在的。

综合《PMBOK® 指南》和《PMP® 考试大纲》的内容，规划过程组需要开展以下主要工作：

（1）通过规划 ×× 管理（或参与）过程，编制需求管理计划、范围管理计划、进度管理计划、成本管理计划、质量管理计划、风险管理计划、资源管理计划、沟通管理计划、采购管理计划和相关方参与计划。

（2）通过制订项目管理计划过程，编制变更管理计划和配置管理计划，确定项目开发方法和项目生命周期类型。

（3）根据需求管理计划和范围管理计划，编制范围目标计划，包括项目范围说明书、工作分解结构和 WBS 词典。

（4）根据资源管理计划、范围目标计划以及其他相关信息，估算活动和项目所需的资源，得到资源需求。

（5）根据进度管理计划、范围目标计划和资源需求，编制进度目标计划，包括里程碑进度计划、汇总进度计划和详细进度计划，以及相应的支持材料。

（6）根据成本管理计划、范围目标计划、进度目标计划和资源需求，编制成本目标计划，包括成本估算、项目预算和项目资金需求。

（7）根据质量管理计划、范围目标计划、进度目标计划和成本目标计划，编制质量目标计划，即质量测量指标。

（8）根据范围管理计划、质量管理计划、资源管理计划，以及范围、进度、成本和质量目标计划，编制采购计划，包括采购策略、采购工作说明书、招标文件和供方选择标准等。

（9）根据风险管理计划、其他各种管理计划和其他相关信息，对已编制出的范围、进度、成本和质量目标计划，以及采购计划，进行风险识别和分析，并制定风险应对措施。

（10）根据风险识别、分析和应对措施制定的结果，回头调整范围、进度、成本和质量目标计划，以及采购计划。

（11）根据需要，反复开展上述第3步至第10步，直到得到现实可行、令人满意的范围、进度、成本和质量目标计划，以及采购计划和风险计划（风险登记册）。

（12）把最终的项目范围说明书、工作分解结构和WBS词典汇编在一起报领导和主要相关方批准，得到范围基准。把最终的里程碑进度计划和汇总进度计划，报领导和其他主要相关方批准，得到进度基准。把最终的项目预算报领导和其他主要相关方批准，得到成本基准。

（13）把所有的分项管理计划和分项基准汇编在一起，形成项目管理计划，并报领导和其他主要相关方批准。把其他不属于项目管理计划的组成部分的内容（项目资金需求除外），归入"项目文件"或"采购文档"。

（14）把项目资金需求报给项目发起人，以便他据此准备和提供资金。

（15）召集项目开工会议，向相关方介绍项目计划和项目目标，获得相关方对项目的支持和参与，宣布项目正式进入执行阶段。

在编制计划的过程中，要留意并考虑项目执行组织内外部的商业环境的动态变化，考虑如何确保项目合规、如何确保项目能够实现组织变革和创造商业价值。

14.5　执行过程组

执行过程组的工作概览如图14-6所示。

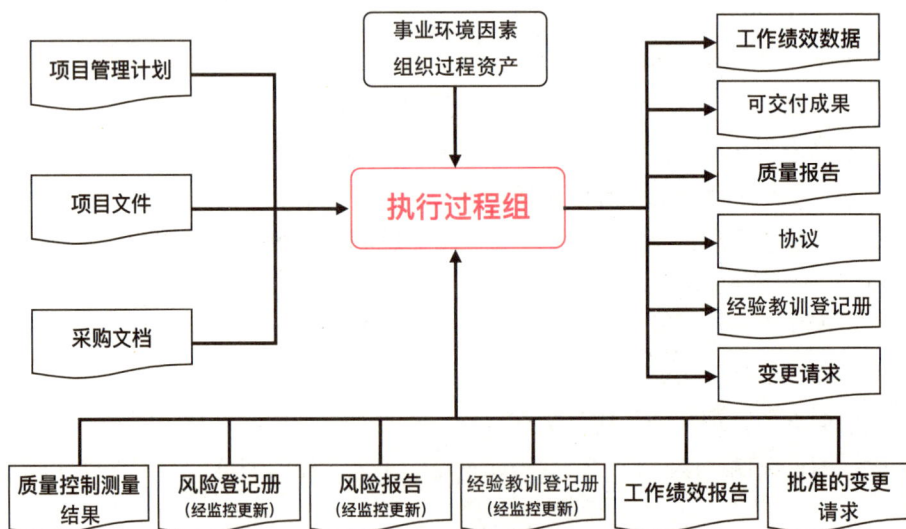

图 14-6　执行过程组的工作概览

以下是对图 14-6 的解释：

（1）根据项目管理计划（高层级项目计划）、项目文件（低层级项目计划）和采购文档（采购计划）开展项目执行。其中，采购文档是签署协议（合同）的主要依据。

（2）一边执行，一边收集工作绩效数据。

（3）通过切实的执行，做出所要求的可交付成果。

（4）根据来自监控过程的质量控制测量结果及其他相关信息，编制质量报告。

（5）在执行中，及时总结和记录经验教训，形成经验教训登记册。

（6）在执行中，可能发现项目计划需要修改，并提出变更请求。

（7）经监控过程更新的风险登记册、风险报告和经验教训登记册，以及监控过程编制的工作绩效报告，需要反馈给执行过程组。

（8）监控过程得到的"批准的变更请求"需要交给执行过程组执行。

执行过程组共有 10 个项目管理过程，这些过程的开展并没有严格的先后顺序，通常都是交叉在一起开展的，无法截然分开。它们之间的基本关系，如图 14-7 所示。

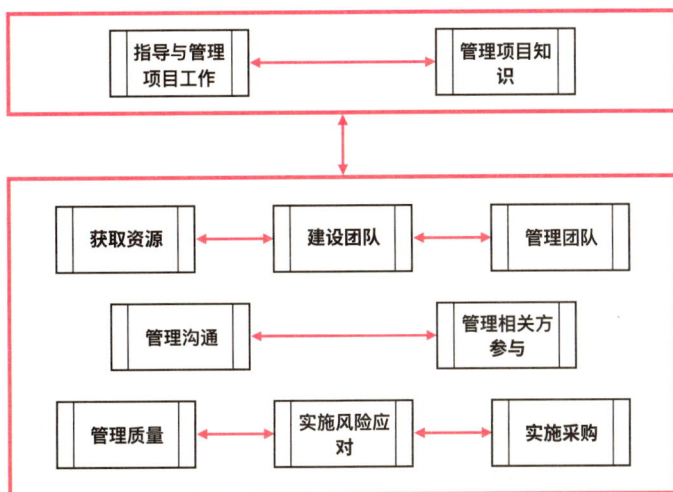

注：任意两个过程之间都存在相互作用。

图 14-7　执行过程组的各过程之间的基本关系

综合《PMBOK® 指南》和《PMP® 考试大纲》的内容，执行过程组需要开展以下主要工作：

（1）按照资源管理计划，从项目执行组织内部获取项目所需的团队资源和实物资源。

（2）对于团队资源，组建、建设和管理团队。对于实物资源，在正确的时间分配到正确的工作上。

（3）按照采购计划，开展采购工作，从项目执行组织外部获取项目所需的资源、产品或服务。

（4）领导团队按计划执行项目工作，随时收集能够真实反映执行情况的工作绩效数据，并完成符合范围、进度、成本和质量要求的可交付成果。

（5）开展管理质量过程，有效执行质量管理体系。

（6）执行经批准的变更请求，包括纠正措施、缺陷补救措施和预防措施。

（7）执行经批准的风险应对策略和措施，来降低威胁对项目的影响，提升机会对项目的影响。

（8）执行沟通管理计划，管理项目信息的流动，确保相关方了解项目情况。

（9）执行相关方参与计划，维护与相关方的关系，引导相关方对项目抱有合理期望并积极参与和支持项目。

（10）开展管理项目知识过程，利用现有知识，形成新知识，进行知识分享和知识转移，以便促进本项目顺利实施，以及项目执行组织发展。

（11）对项目团队成员和项目相关方进行培训、教练和辅导，以便他们能够更好地参与项目。

14.6 监控过程组

监控过程组的工作概览如图 14-8 所示。

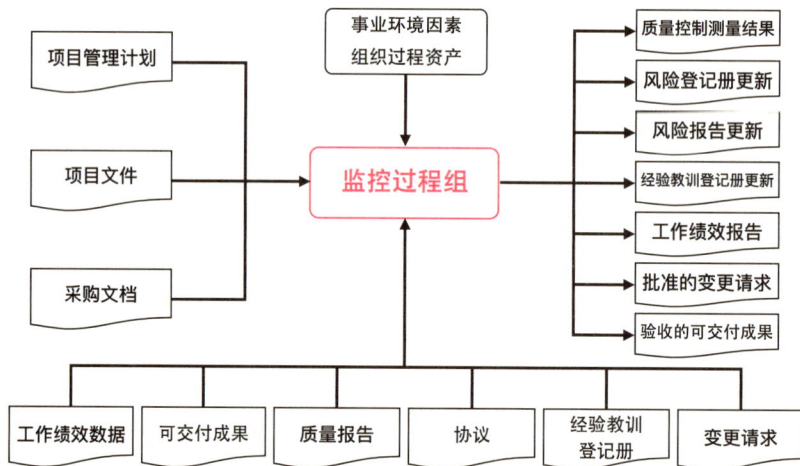

图 14-8 监控过程组的工作概览

以下是对图 14-8 的解释：

（1）监控就是把执行情况与计划要求相比较，发现偏差。所以，监控过程组的输入，既有来自规划过程组的成果，也有来自执行过程组的成果。前者包括项目管理计划、项目文件和采购文档；后者包括工作绩效数据、可交付成果、质量报告、协议、经验教训登记册和变更请求。

（2）把偏差记录下来，形成工作绩效信息、质量控制测量结果和工作绩效报告。因为工作绩效信息仅供监控过程组内部使用，所以没有出现在本图中。

（3）如果偏差超出了可接受的区间（控制临界值），就需要提出变更请求并进行审批。监控过程组提出的变更请求，需要在本过程组审批，故没有作为输出出现在本图中。

（4）及时审批变更请求，得到批准的变更请求。

（5）及时检查已完成的可交付成果是否符合质量要求和验收标准。如果符合，就得到验收的可交付成果；如果不符合，就提出变更请求。

（6）根据在监控中发现的问题，及时更新风险登记册、风险报告和经验教训登记册。

监控过程组共有 12 个项目管理过程。项目整合管理知识领域的 2 个监控过程都是整个项目层面的全局监控过程，其中的实施整体变更控制过程专用于审批变更请求。后九大知识领域的全部 10 个监控过程都是基层的局部监控过程。需要注意的是，监督风险过程既包括基层的局部监控（用"工作绩效数据"作为输入，监督单个项目风险），也包括整个项目层面的全局监控（用"工作绩效报告"作为输入，监督整体项目风险）。监控过程组的各过程之间的基本关系，如图 14-9 所示。

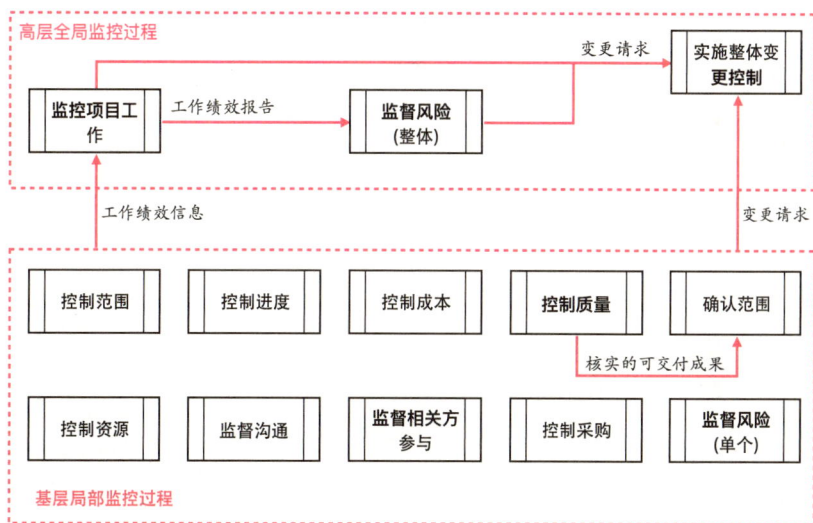

注：本图仅示意了过程之间的初始基本关系。

图 14-9 监控过程组的各过程之间的基本关系

综合《PMBOK®指南》和《PMP®考试大纲》的内容，监控过程组需要开展以下主要工作：

（1）把执行情况与计划要求相比较，考核项目绩效（包括范围、进度、成本和质量绩效），识别和量化绩效偏差。

（2）分析偏差的程度和原因，并预测未来绩效。

（3）基于分析和预测的结果（如果超出了控制临界值），提出变更请求，包括纠正措施建议、缺陷补救措施建议、计划修改建议和预防措施建议。

（4）根据变更管理计划的规定，对变更请求进行综合评审，做出批准、否决或悬置的决定。

（5）除了为实现项目的既定目标而管理项目变更，还要从确保项目继续符合商业需求的高度来管理项目变更，提出修改项目目标的变更请求，并报变更控制委员会或发起人审批。

（6）及时审阅和处理随同项目执行而记录在问题日志中的各种问题，最小化这些问题对项目的不利影响。

（7）及时检查已完成的可交付成果的质量，并及时验收质量合格的可交付成果，确保项目可交付成果能够满足项目要求，实现组织变革和创造商业价值。

（8）监控团队成员和相关方对项目的参与情况，确保有利于项目成功。

（9）监控项目采购活动，确保采购工作有利于项目目标的实现。

（10）既要监控单个项目风险的情况，又要监控整体项目风险的情况，还要监控风险管理工作的有效性，以便降低对实现项目目标的威胁，提高对实现项目目标的机会。

（11）不断总结经验教训，以便持续改进。

14.7　收尾过程组

收尾过程组的工作概览如图 14-10 所示。

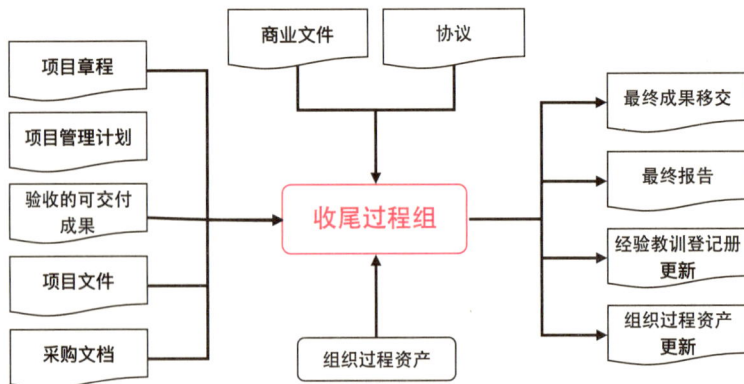

图 14-10　收尾过程组的工作概览

以下是对图 14-10 的解释：

（1）根据项目章程和项目管理计划，把已经通过实质性验收的可交付成果移交给项目发起人或他所指定的其他人。

（2）根据采购文档和协议（合同），确认项目上的所有合同都已经妥善关闭。

（3）根据图中的所有输入，总结经验教训，编写最终项目报告，更新组织过程资产。

（4）图中的"协议"，既可以是买卖方的合同，也可以是项目发起人之间关于联合出资的合作协议。

《PMBOK®指南》中只有一个收尾过程，即结束项目或阶段。之所以仍然称"过程组"，是因为在实际项目工作中，项目经理可以添加所需的其他过程。

《PMBOK®指南》对收尾过程组写得很简单。其总体思想是：收尾过程组不是用来解决问题的，而只是用来关闭项目或阶段并更新组织过程资产的。项目中的所有问题都必须在监控过程组发现并提出解决建议，然后通过规划过程组和执行过程组加以解决。所有问题都不能带到收尾过程组。

综合《PMBOK®指南》和《PMP®考试大纲》的内容，收尾过程组需要开展以下主要工作：

（1）确认所有的项目合同都已经妥善关闭，没有未解决问题。

（2）获得主要相关方对项目可交付成果的最终验收，确保项目目标已经实现。注意：这里的验收只是形式上的验收，而不是实质性的技术验收。实质性的技术验收早就在"确认范围过程"中完成了。

（3）把项目可交付成果移交给指定的相关方，如发起人或客户。这件工作经常可以与最终验收同时开展。

（4）编制和分发最终的项目绩效报告。这份报告既有利于相关方了解项目的最终绩效，又可以成为开展项目后评价的重要依据。

（5）收集、整理并归档项目资料，更新组织过程资产。这是为了保留项目记录，遵守相关法律法规，供后续审计（如果需要开展）使用，以及供以后项目借鉴。

（6）收集各主要相关方对项目的反馈意见，调查他们的满意度。

（7）评估项目合规性、实现组织变革和创造商业价值的情况。

（8）全面开展项目后评价，总结经验教训，更新组织过程资产。

（9）开展知识分享和知识转移，为在后续的项目成果运营中实现商业价值提供支持。

（10）开展财务、法律和行政收尾，宣布项目正式关闭，把对项目可交付成果的照管和使用责任转移给指定的相关方，如发起人或客户。

第15章
敏捷型项目管理方法

15.1　概述

　　所谓"敏捷"，就是主动且快速地应对甚至引领变化。敏捷型（也称适应型）项目管理方法是指采用迭代和增量的方式开发项目产品，适用于需求不明确或很容易变化且产品可以一部分一部分交付的项目（不是只能一次性完整地交付）。这种项目适合采用敏捷型开发方法（也称适应型开发方法）。随着智能互联世界的到来，敏捷型方法的应用已经不再局限于 IT 软件开发项目，而是扩展到了大多数种类的项目。许多项目甚至不能单一地采用预测型或敏捷型方法，而必须采用混合型方法。

　　《PMP® 考试大纲》指出，PMP® 考试中，大约一半题目考预测型项目管理方法，另一半考敏捷型或混合型项目管理方法。可以预计，考敏捷型或混合型方法的题目会逐渐增加，并在《PMBOK® 指南》第 7 版后达到约 50% 的比重。不过，因为 PMI 另外有一个专门的敏捷项目管理师资格认证，所以 PMP® 考试中的敏捷型方法应该不会太深太细，而主要涉及基本概念、基本方法和基本理念。

> PMP® 考试兼考预测型、敏捷型和混合型项目管理方法。

15.2　项目开发方法的种类

　　以预测型方法为一端，敏捷型方法为另一端，构成了项目开发方法的连续区间。中间则是迭代型方法、增量型方法和混合型方法。

　　预测型方法，也称计划驱动型方法，是指先编制出完善的项目计划，再严格照计划执行（基本无须变更）去实现目标。预测型方法相当于"想好了再做"，旨在严格按计划执行，打中静态的目标。

　　敏捷型方法，也称变更驱动型方法，是指先编制出简略的方向性计划，再按较短时间段逐一编制和执行阶段计划（便于及时变更）去实现目标。它是迭代型方法和增量型方法的综合。敏捷型方法相当于"一边做一边变"，旨在通过不断调整，打中动态的目标。

　　"敏捷型方法"这个词，也可兼指迭代型方法或增量型方法。迭代型方法是指通过多次短期迭代（循环）来不断优化同一个或同一系列产品功能。增量型方法是指通过多次短期迭代来逐渐增加新的产品功能。在形成最终产品之前，每次迭代所得到的初级产品都叫"原型"。

　　混合型方法则是预测型方法和敏捷型方法的混合，例如，在项目的某个阶段或某个部分用预测型方法，而在另一阶段或另一部分用敏捷型方法；对整个项目用预测型方法，而对其中的产品开发部分用敏捷型方法。

　　所用的项目开发方法决定了项目开发生命周期的类型，也就决定了项目生命周期的类型。开发生命周期只针对产品开发，而项目生命周期的覆盖面更宽，覆盖全部的项目工作。采用预测型开发方法的项目，其开发生命周期和项目生命周期也就都是预测型的。其他方法依此类推。

15.3　项目开发方法的选择

选择项目开发方法，要考虑的主要因素包括：

- 项目相关方（特别是发起人和客户）对价值实现的紧迫性。越要快速实现价值，就越要采用迭代型、增量型或敏捷型方法。采用预测型方法，是等到项目全部完成时才一次性实现价值。采用其他方法，都是分阶段或分模块来分批实现价值。
- 项目需求的明确程度。项目需求越不明确，越易变，就越要采用迭代型、增量型或敏捷型方法。
- 项目的复杂程度，包括技术的不确定性和项目的可分性。技术越不确定，可分性（可以分阶段或分模块开发）越高，越需要创新，就越要采用迭代型、增量型或敏捷型方法。敏捷型方法的最根本的基础就是项目产品开发的可分性。因为IT软件开发项目具有很高的可分性，所以敏捷型方法发源于这类项目。

仅从项目需求和技术这两个方面来看：

- 需求明确且技术确定，就用预测型方法。例如，普通的房屋建设项目。
- 需求明确但技术不确定，就用迭代型方法。例如，研发治疗某种特定疾病的药物。
- 需求模糊但技术确定，就用增量型方法。例如，公司网站建设项目。
- 需求模糊且技术不确定，就用敏捷型方法。例如，研发可同时治疗多种疾病的药物。

敏捷型方法所包含的快速应对甚至引领变化的思想、观念和技术，具有广泛的适用性，从而使它不同程度地适用于几乎所有行业的所有项目。即便传统的建设工程项目，也可以在局部应用敏捷型方法，更可以在整个项目上采用一些敏捷观念。可以说，混合型方法的应用将越来越普遍。

采用敏捷型方法，对项目所在组织、项目客户和项目团队也有相应的要求。项目所在组织和客户的高管人员必须了解并支持敏捷型方法，必须充分信任项目团队并愿意让团队有足够的项目决策自主权。项目团队必须是小规模的、有经验的，能够自我组织和自我管理的，并且能够直接与客户代表进行日常沟通。

> 选择项目开发方法，需要考虑项目本身、所在组织和项目团队的情况。

例题 15-1 某网站承建商正在与客户商讨如何为客户设计和建立一个综合性网站，用于信息展示、产品销售和互动沟通等。为了确保客户能够尽快使用网站，同时也便于在后续优化已有功能（网页）、增加新功能（网页），最好使用哪种项目开发方法？

A. 预测型

B. 迭代型

C. 增量型

D. 敏捷型

解释：正确答案是 D。要快速交付，故不能用预测型方法。题干同时提到了优化已有功能和增加新功能，所以应该采用同时包含迭代和增量的敏捷型方法。

15.4 不同开发方法下的生命周期

预测型生命周期的每个阶段的工作不同，阶段成果不供客户使用。项目阶段通常首尾相接，有时也可部分并行。图 15-1 是预测型生命周期的示例。

立项 ➡ 设计 ➡ 建造 ➡ 测试 ➡ 交付

图 15-1 预测型生命周期示例

迭代型生命周期的每个阶段（迭代期）的工作相同，通过各阶段把同样的功能做得越来越精致，阶段成果（产品原型）通常不供客户使用（也可应客户要求，把原型交付其使用）。增量型生命周期的每个阶段（迭代期）的工作不同，通过各阶段逐渐增加产品功能，阶段成果（产品原型）可供客户使用。敏捷型生命周期，是迭代型和增量型的综合，通过各阶段（迭代期）在优化同样功能的同时新增其他功能，阶段成果（产品原型）可供客户使用。图 15-2 是迭代型、增量型和敏捷型生命周期示例。

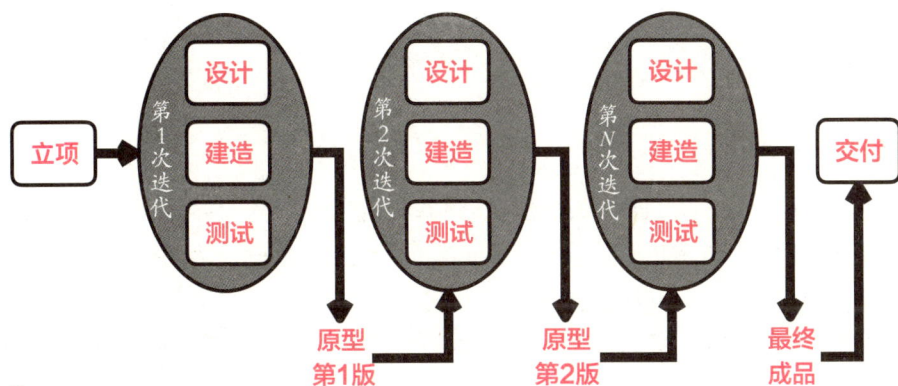

注：
① 迭代型方法，每版产品具有越来越精细的相同功能。
② 增量型方法，每版产品具有越来越多的功能。
③ 敏捷型方法，每版产品在优化已有功能的同时增加新功能。

图 15-2　迭代型、增量型和敏捷型生命周期示例

迭代型生命周期中的原型通常不供客户使用，仅供项目团队内部评审；而增量型生命周期中的原型通常要交付客户使用。

15.5　敏捷型方法下的人员管理

15.5.1　项目经理

在敏捷型方法下，项目经理往往不被称为"经理"，而是被称为"引导者（Facilitator）""教练（coach）"或"敏捷大师（Scrum Master）"。项目经理应该：

- 在更大程度上是一个领导者，而不是一个管理者。对于团队成员，他应该主要进行启发与激励，而不是约束与控制。
- 关注创建和维护合作式团队氛围，以及提升整个团队的工作能力，同时把具体的项目工作授权给自组织的项目团队去负责。
- 主要采用仆人式领导风格，通过服务团队成员来启发和激励他们，帮助他们进步和成长。
- 在项目执行之前，对项目团队和客户进行敏捷方法培训，让他们了解和掌握敏捷方法和观念。
- 与团队成员一起识别和分析团队障碍物（impediment）或阻碍物（blocker），进行优先级排序，采取措施加以缓解或消除，并评价和确认缓解或消除的效果。障

碍物会减慢团队的工作进程，阻碍物则会使项目工作完全停滞不前。这两个词也经常等同使用。

15.5.2 项目团队

在敏捷型方法下，项目团队需要这三种基本角色：团队引导者（Team Facilitator，相当于项目经理），产品负责人（Product Owner，充当客户代表），跨职能团队成员（Cross-functional Team Members）。

在敏捷方法下，项目团队应该具有自我组织、自我管理和自我决策的能力，团队成员合作解决问题。采用敏捷方法，对团队成员的自觉性和工作能力都有很高的要求。

项目团队应该是小规模全功能的，即人数少（5~9 人最为合适），能做所有事情。这就要求每一位成员都是多面手，即通用的专才，而不是只懂某一个领域的主题专家。

在每个项目阶段（迭代期）都需要全部工种人员，如分析人员、设计人员、建造人员和测试人员，而不是不同阶段需要不同工种人员。

团队成员在充分透明和合作的团队氛围中快速创造、利用和解决冲突，快速达成共识。可以说，无冲突就无敏捷、无创新。

> 创造和利用冲突，是敏捷型方法的一大特点。

团队成员具有充分的包容性，采用协作式工作方式。每个成员都能充分包容不同专业、不同背景的成员，善于与他们协作。要防止歧视与自己不同的成员，防止各专业或小组各自为政，防止形成"组织独奏（Organizational Solo）"。

团队成员开展及时且充分的沟通。敏捷团队会借助各种技术来辅助沟通，例如：

- 迭代规划会议（Sprint Planning）。也可称冲刺规划会议，因为一次冲刺也就是一次迭代。这是在每个迭代期开始之初的规划会议，会形成本迭代期的迭代任务单（Sprint Backlog）。
- 每日站立会议（Daily Standups）。在每天早上上班时召开，时间 10~15 分钟，交流昨天做了什么、今天要做什么以及有什么困难。
- 看板（Kanban）。看板源自丰田生产方式（精益生产方式），是指在实体板或电子板上记录有待开始、正在进行和已经完成的工作等信息。
- 迭代评审会议（Sprint Review）。在当前迭代期结束时向产品负责人（客户）展示成果，并收集反馈意见。
- 迭代回顾会议（Sprint Retrospective）。项目团队在迭代期结束或其他必要时间对开发过程进行总结回顾，以便后续改进。

- 产品未完项（Product Backlog）。按优先级罗列有待完成的产品功能（用户故事）。
- 迭代任务单（Sprint Backlog）。对产品未完项中的用户故事再分解，列出为实现某个用户故事而需要开展的具体任务及其时间要求。
- 信息发射源（Information Radiator）。在任何人都可以看见的公共地方用简洁易懂的方式显示项目信息，如用于显示项目进展情况的迭代燃尽图或燃烧图。

在敏捷型方法下，项目团队尽量面对面集中办公，而不是以虚拟团队或分散式团队（成员在不同地点）远程办公，因为远程办公远不如面对面那样有创造性。如果不得不采用虚拟团队或分散式团队，则对团队建设会有更高的要求，例如，要有更完善的团队章程，要使用"追逐太阳（Follow the Sun）""鱼缸窗口（Fishbowl Windows）"和"远程结对（Remote Pairing）"等远程协作技术使团队协作近似于面对面团队中的协作。"追逐太阳"是指团队成员在每天下班时把工作移交给多个时区之外的成员，以便他们可以立即在太阳升起时接着工作，从而加快开发速度。"鱼缸窗口"是指分散在不同地点的成员每天从上班到下班都始终以视频直播方式保持联系，便于同步工作。"远程结对"是指分散在不同地点的两位成员共享电脑屏幕（带声音和视频），开展结对编程。

例题 15-2　在当天的站立会议上，多位团队成员反映办公室的温度太低、光线太暗，不利于高效工作。项目经理应该如何处理？

A. 要求他们以后不要在站立会议上说这种小问题

B. 要求他们自己克服一下

C. 立即把所反映的问题当作团队障碍物加以解决

D. 立即把所反映的问题当作团队阻碍物加以解决

解释：正确答案是 C。反映团队障碍物或阻碍物，是每日站立会议允许的。办公室温度和光线不合适，会影响工作效率，但不会使工作完全停滞不前，所以属于障碍物而非阻碍物。

15.5.3　项目相关方

在敏捷型方法下，项目相关方（特别是客户）应该：

- 在整个项目期间都频繁且深入地参与项目，包括及时提出需求、参与讨论、使用（评审）原型和提供反馈等。
- 派代表参加项目团队，作为团队的一员参与项目工作。该成员通常是产品负责人。
- 平等地对待项目团队及其成员。客户不能认为"项目是我出的钱，所以项目团队应该听我的"，否则，就会严重妨碍团队的创造力，使敏捷型方法完全失败。
- 接受和配合项目团队对自己的相关培训、教练和辅导，以便更加了解敏捷型方法和项目情况，更好地参与项目工作。

> 在敏捷型方法下，项目团队成员是自觉性高且能力很强的主人，项目经理是为成员提供服务的忠实仆人，客户则是团队成员和项目经理的有力支持者和配合者。

例题 15-3 项目团队刚刚完成了一次迭代，开发出了相应的原型。在把原型交给客户评审时，客户却以目前工作太忙为由，既拒绝评审，又让项目团队确保原型符合要求。为了避免这种情况出现，项目经理本应该怎么做？

A. 更好地让客户了解敏捷型方法的基本要求

B. 采用预测型项目管理方法

C. 推迟到客户有时间评审时再开发出这个原型

D. 在与客户的合同中增加一个拒绝评审的赔偿条款

解释：正确答案是 A。应该通过培训和辅导让客户清楚地知道及时对原型进行评审是敏捷型方法的基本要求之一。如果客户随意拖延对原型的评审，甚至拒绝评审，敏捷型方法的应用就会受到很不利的影响。选项 C 不符合敏捷型方法，因为迭代期的长度通常是固定的。选项 D 也许有一定的作用，但不是最根本的解决办法。

15.6 敏捷型方法下的五大过程组

无论采用什么项目开发方法，项目管理五大过程组都是适用的。在产品开发采用敏捷型方法的情况下，对整个项目的管理仍然要按项目管理五大过程组来启动、规划、执行、监控和收尾。没有任何一个项目可以不用项目管理五大过程组加以管理。

在敏捷型方法下，项目管理五大过程组的应用要比预测型方法下更加灵活，例如：

- 项目启动过程组和规划过程组都应更快速地迭代展开，而不是用较长时间一次就做到足够深入和详细的程度。
- 五大过程组的交叉和循环更加明显，界线更加模糊，特别是规划、执行和监控过程组之间。在时间很短的迭代期（如一周、两周、三周或一个月）内，各过程组之间的界线当然就更加模糊。从实质上讲，整个项目要经过五大过程组，每个迭代期也要经过五大过程组。
- 每个迭代期结束时都要通过收尾过程组来开展原型评审和回顾总结，为下一个迭代期做好准备。

> 严格地讲，任何应变领变都离不开一定的规矩。所以，任何项目在整个项目的层面上，都必须用预测型方法按五大过程组加以管理，没有任何项目能够百分之百地用敏捷型方法加以管理。

15.7 敏捷型方法下的项目目标管理

因为项目目标是用范围、进度、成本和质量来表示的，而风险则是万一发生会对其中的至少一个方面产生影响的不确定性事件，所以下面将讨论敏捷型方法下的项目范围管理、进度管理、成本管理、质量管理和风险管理。因为目标往往并非一成不变，所以还会讨论敏捷型方法下的项目变更管理。

15.7.1 项目范围管理

在预测型方法下，先确定项目范围目标，再确定项目进度、成本和质量；而在敏捷型方法下，则先确定项目进度目标（例如，新产品的上市日期），再确定范围、成本和质量。前者根据要做的事情来确定需要多长时间，后者根据固定的时间来确定能做多少事情。

在敏捷型方法下，项目需求和范围并非一开始就全部明确，而是随项目进展，在每个迭代期逐渐明确。通常，项目需求和范围在一个迭代期内保持不变，但在两个迭代期之间有所变化。为了快速实现价值，在每个迭代期结束时，都要交付出供评审且可使用的产品原型。在设计项目范围时，应该先找出最初的产品原型，即最小可用产品（Minimum Viable Product），然后考虑在后续的迭代开发中不断增加产品功能。

在敏捷型方法下，用"用户故事（User Story）"表示产品功能，一个用户故事代表一个功能。用户故事通常由三部分组成：用户，想要什么，为何想要。一系列待完成的用户故事则构成产品未完项。产品未完项中的用户故事有优先级排序，并且在每个迭代期开始时都要重新进行排序。必须最先开发出最重要（最有价值）的产品功能，再开发出第二重要的功能，以此类推。这样一来，即便第一个迭代期结束时项目就被迫终止，项目也在一定程度上是成功的，因为已经开发出最重要的功能。

在敏捷型方法下，工作分解结构（WBS）的第二层通常为开发迭代期或产品版本号。在最终产品交付之前，每一个产品版本都是精致或完善程度不同的产品原型。

在敏捷型方法下，在每个迭代期中，由项目团队自行开展《PMBOK® 指南》中的控制范围过程；在每个迭代期结束时，项目团队与客户一起开展《PMBOK® 指南》中的确认范围过程，对成果按照事先确定的"完成定义（Definition of Done）"进行实质性评审和验收。"完成定义"用于规定成果必须满足哪些条件才能供客户使用。

15.7.2 项目进度管理

如前所述，在敏捷型方法下，先确定进度目标。固定的项目工期，又要被划分为时间很短且通常长度相同的多个迭代期（短至几天，长至一个月）。每个迭代期都是一个固定的、绝不能突破的"时间盒（Time Box）"。之所以要规定时间盒，是为了促使人们集中精力于最重要的少数工作，按规定时间开发出既定的功能，即通过小批量工作快速交付原型。

在敏捷型方法下，用于估算所需努力程度（人力投入量）的相对最小单位是"故事点（Story Point）"。在同一个项目中，每个故事点所需的人力投入量（工时数）是相等的。在不同的项目上，则不一定相等。应该为每个用户故事估算所需的故事点，以此作为进度管理的依据。

在敏捷型方法下，项目进度计划通常包括版本进度计划、发布进度计划和迭代进度计划，分别对应预测型方法下的里程碑进度计划、汇总进度计划和详细进度计划。在版本进度计划中，规定每个版本（原型）的发布时间。在发布进度计划中，规定每个版本的发布需要完成的迭代次数和时间。在迭代进度计划中，则规定在一个迭代期内所需实现的用户故事及其时间要求。迭代进度计划在每个迭代期开始时编制。

敏捷型方法下的项目进度管理，应该始终贯彻"持续集成"和"持续交付"的理念。持续集成是指要经常对团队成员的工作成果进行整合（集成）和确认，持续交付是指以小步快跑的增量方式频繁地向客户交付可用的产品功能。

15.7.3　项目成本管理

在敏捷型方法下，因为项目需求和范围并非一开始就明确，所以无法一开始就制定较准确的项目预算。起初，只能采用轻量级估算方法来制定粗略的项目预算（留出较充分的余地），以后再随需求和范围的逐渐明确来编制详细的迭代期预算。

迭代期预算的编制通常采用增量预算的方法而非零基预算的方法，即以前一个迭代期的成本为基础，经过适当调整，编制出下一个迭代期的预算。零基预算则完全不考虑过去的成本情况而编制全新的预算。

敏捷型方法其实是精益思想的一种应用。精益思想中的核心观念，如关注价值、小批量生产和消除浪费，也都体现在敏捷型方法中。因此，在敏捷型方法中，对资源供应就特别强调采用"准时制"，即需要时立即送来，以消除资源的库存成本和资源的过量储备。

15.7.4　项目质量管理

无论用预测型还是敏捷型方法，质量都必须合格。敏捷型方法下的项目质量管理有如下几个特点：

- 为了保证质量，可以在早期进行小批量试开发，以发现和解决质量问题，为后续大批量开发做好准备。
- 在开发过程中，由团队成员随同开发执行，自行进行更频繁的质量检查。
- 在每个迭代期结束时，都要通过迭代评审会议向客户展示成果，由客户评审质量是否符合要求。

- 在每个迭代期结束后，都要通过回顾会议来总结经验教训，引导下一个迭代期的质量改进。因为迭代期的时间较短，迭代期的数量较多，所以在整个项目期间较易开展持续改进。

> 敏捷型方法下的三重制约是确定的进度、估算的范围、合格的质量和估算的成本，不同于预测型方法下的确定的范围、合格的质量、估算的进度和估算的成本。

15.7.5　项目风险管理

敏捷项目的需求、范围和技术的不确定性更大，相应的风险（包括机会和威胁）也就更大。应该在每个迭代期内识别、分析和管理风险，确保开发出所需的原型。原型开发出来之后，要立即交付给客户进行使用和评审，客户要尽快提出相应的反馈意见，作为开展下一次迭代的依据之一。

应该通过迭代来探索正确的技术，降低项目的技术风险（威胁）。例如，要研发某种特定疾病的治疗药物，因为用于实现治疗功能的技术手段很难确定，所以只能通过迭代去探索。应该通过增量来引导客户的需求，降低项目的需求和范围风险（威胁）。例如，要开发综合性网站，因为究竟要有多少个什么样的网页并非一开始就明确，所以只能先开发出几个基本网页，再问客户还需要什么网页。

敏捷型方法中的以下做法都有利于做好风险管理：

- 不断对需求重新排序。
- 快速和频繁交付原型供评审。
- 反馈路径快速和短周期。
- 随迭代的进行不断持续改进。

15.7.6　项目变更管理

在敏捷型方法下，因为一次只针对当前迭代期编制计划，以及文档尽可能量少而实用，所以针对既定计划进行的变更数量较少。不过，基于对前一个迭代期的经验教训总结，以及对所开发的原型的评审而提出的工作过程变更和需求变更数量较多。从这两类变更来讲，敏捷型方法要求人们拥抱变更，把变更看成提升项目价值的机会。正如《敏捷宣言》中所说的"响应变化高于遵循计划"，以及敏捷原则中所说的"欢迎对需求进行变更，即便是在项目开发后期"。

工作过程或需求变更尽可能在两个迭代期之间进行，而不是在一个迭代期内进行。例如，在第一个迭代期结束后，客户提出了四项需求（功能）变更申请。经过评审，其中的两项被批准了。接着，就要把这两项变更与原有产品未完项中的全部用户故事放在一起，重新进行优先级排序，得到变更后的产品未完项，作为下一个迭代期的工作依据。

敏捷型方法要求基于价值来开展变更管理。一项变更能否被批准，取决于它能否为客户创造出应有的价值。

例题 15-4 某个软件开发项目，以四周为一个迭代期。在第一个迭代期进行到约一半时，客户就改变了主意，提出了需求变更，给项目团队带来了不必要的麻烦。项目经理应该如何处理这种情况？

A. 拒绝客户在迭代期内提出的任何变更

B. 与客户协商，把迭代期缩短至两周，以便在一个迭代期内无须变更

C. 立即执行客户提出的变更

D. 要求客户增加费用

解释：正确答案是 B。如果在一个迭代期内需要变更，很可能是迭代期太长了，就应该缩短。选项 A：在一个迭代期内并非绝对不能变更。选项 C：不能未经评审就执行变更。选项 D：不是根本的解决办法。

15.8　敏捷型方法下的项目采购管理

在敏捷型方法下开展项目采购管理，应该遵守《敏捷宣言》所述的"客户合作优先于合同谈判"，即合同谈判固然重要，与客户的合作却更加重要。这就要求，买方与卖方之间有更好的合作，有更加合理的风险分担。

因为敏捷项目具有需求不明、需求易变和技术易变的特点，所以无法一开始就编制出详细准确的采购工作说明书，而只能编制出轻量级（简略）的采购工作说明书。鉴于此，在敏捷型方法下，往往：

- 采用多层次合同。多层次合同由主体协议和扩展协议组成。把确定的内容放入主体协议，把不确定的、易变的内容放入扩展协议。起初，双方可以只签主体协议。随后，再签也许不止一份扩展协议。

- 实行固定价格增量采购。按每个用户故事来确定固定价格，每增加一个用户故事就相应增加合同价格。

- 买卖双方联合组建团队。按团队工作时间付费，而不是按工作内容付费。

- 允许取消后续工作。例如，某病原计划治疗三个疗程，却两个疗程就治好了，那么就允许买方（病人）在向卖方（医生）支付一定费用的情况下取消第三个疗程。买方支付的费用应该确保卖方不因第三个疗程的取消而遭受经济损失。

- 实行分阶段采购。一次只签一个阶段的合同。随着情况明朗，逐期签订后续阶段的合同。

越需要敏捷的项目，就越不能把合同签死，越不能采用固定总价合同。

15.9　敏捷宣言和敏捷原则

敏捷型方法发源于 20 世纪 90 年代的 IT 软件开发行业。2001 年 2 月，软件开发业的 17 位领导者在美国犹他州聚会，发布了《软件开发敏捷宣言》(*Manifesto for Agile Software Development*)(简称《敏捷宣言》)。

《敏捷宣言》所推崇的四大价值观是：

- 个人和互动优先于流程和工具。
- 可用的软件优先于详尽的文档。
- 客户合作优先于合同谈判。
- 响应变化优先于遵循计划。

从《敏捷宣言》派生出的 12 条敏捷原则是：

（1）我们的最高目标是，以尽早和持续地交付有价值的软件来满足客户。

（2）欢迎对需求进行变更，即便是在项目开发后期。我们利用需求变更来为客户建立竞争优势。

（3）频繁交付可用的软件，周期从几周到几个月不等，且越短越好。

（4）在整个项目期间，商务人员和开发人员必须每天都紧密合作。

（5）由被激励的个体去完成项目。为他们提供所需的环境和支持，并相信他们能够完成项目。

（6）无论在开发团队内部还是向开发团队传递信息，最有效率和效果的沟通方式都是面对面交谈。

（7）可用的软件是衡量进度的主要指标。

（8）敏捷过程提倡可持续开发。发起人、开发者和用户应该始终保持稳定的步调。

（9）通过持续关注技术卓越和设计精良来提升敏捷性。

（10）追求简化，即尽量减少不必要的工作。

（11）最好的架构、需求和设计出自自组织团队。

（12）团队要定期反省如何更加有效，并相应调整团队的行为。

第16章
PMP®考试的难点与易点

16.1　PMP®认证简介

项目管理专业人士（PMP®）认证，是（美国）项目管理协会（PMI）主办的、国际权威的项目管理职业资格认证。它始于1984年，是真正原创的项目管理职业资格认证。具备所要求的项目管理实践经验和培训经历的人，可以报名参加PMP®资格认证考试。截至2020年1月，全世界有效PMP®证书持有者为1 037 480人（分布在几乎每一个国家和地区），其中中国大陆的有效PMP®证书持有者已突破30万人。

中国大陆的PMP®考试是中英文对照（英文原文配中文翻译）的纸笔考试。自2021年下半年开始，有如下变化：采用2019年版《PMP®考试大纲》；考试时间为230分钟；总共180道题目，包括175道计分题和5道不计分题（不会说哪5道题不计分）；题型有单选题（四选一）和多选题（会明确说明须选几个）。

> 如果英文题目与中文翻译不一致，必须以英文题目为准。

经过30多年的发展，PMP®考试已经具有一套系统的、科学的管理制度，其中包括定期改版制度。PMP®考试的改版是随同《PMBOK®指南》的改版和《PMP®考试大纲》的改版而进行的。《PMBOK®指南》每4年改版一次，《PMP®考试大纲》每3～5年改版一次。由于这两个文件的改版是间隔进行的，所以PMP®考试每2～3年就要改版一次。这种改版是为了确保PMP®考试与时俱进，确保PMP®认证符合时代的要求。

PMP®考试实行完全的考试与培训分离，而且委托专业的监考公司进行监考。考生通过考试后，由PMI颁发全球统一的PMP®证书。关于PMP®考试的更多信息，请查阅相关网站，如www.pmi.org、www.pmichina.org、www.chinapmp.cn。

PMP®考试既难也不难！在赴考之前，有必要弄清楚难在哪里，又容易在哪里，以便有针对性地进行考前准备。对难的题目，要争取少丢分；对容易的题目，要争取多拿分。

考试时，必须确保所有容易的题目全部答对，不要太在意在难题上丢分。PMP®考试都是选择题（四选一），容易的题目可能因为粗心而答错，困难的题目可能因为运气而答对。所以，千万不要在容易的题目上只花很少时间，而在困难的题目上花很多时间。对于困难的题目，你花10分钟并不见得能选择一个正确的答案，而只花1分钟选择的答案也不一定就是错的。对于容易的题目，你如果花的时间太少，就很可能犯本不该犯的错误，丢掉本不该丢掉的分数。

> 确保容易的题目全部做对，这是通过PMP®考试的法宝。

16.2　PMP®考试的难点

16.2.1　涉及面广

一方面，作为考试出题的知识基础的《PMBOK®指南》所覆盖的知识面很广；另一方面，作为考试出题的实践基础的《PMP®考试大纲》又含有一些《PMBOK®指南》未包含的内容，从而进一步扩大了考试所涉及的知识面。

根据《PMP®考试大纲》，在2020年7月之后，考试又不再局限于预测型方法，而是既考预测型方法，也考敏捷型方法和混合型方法。考敏捷型方法和混合型方法的题目将会逐渐增加，直到占全部题目的约50%。这又进一步扩大了考试所涉及的知识面。

按照项目管理的要求，项目经理在更大的程度上是"通才"而不是"专才"。项目管理对复合型人才和多学科知识的要求，是中国考生面临的一个难点。也许没有哪一个考生在学习PMP®课程之前，会对《PMBOK®指南》的五大过程组、十大知识领域和其他内容，以及预测型方法、敏捷型方法和混合型方法都比较熟悉。

> PMP®考试以《PMBOK®指南》为基础，但会超出《PMBOK®指南》范围。

16.2.2　既考知识又考应用

PMP®考试与以往我们参加过的许多其他考试不同的是，它不仅考知识，而且考对知识的应用，还要考个人素质（包括情商）。现在的考试题目基本上都是从实际项目管理工作中提炼出来的情景题。情景题，其实就是简单的案例研究，即假设实际项目管理工作中的某一种场景，问你应该怎么处理。要答对这种题目，只掌握相关知识是远远不够的，还必须具备良好的个人素质和应用知识的能力。PMP®考试中已经基本没有仅靠记住《PMBOK®指南》中的内容就可以答对的纯知识题。

情景题与纯知识题相比，难点在于往往有两个甚至更多的答案都是"正确"的。对于同一种情景，两个不同的项目经理可能做出不同的决定，即便他们都是项目管理的专家。回答这类题目，需要注意两点：

（1）从《PMBOK®指南》的角度出发，按《PMBOK®指南》的思维方式，项目经理应该做出什么决定。

（2）通常要选择"紧接着"要采取的"最好"行动，作为正确答案。

16.2.3　误导信息

在PMP®考试题目中，可能有大量的误导信息，目的在于增加考试的难度，以便区分出"水平高"的考生与"水平低"的考生。水平高者被误导的可能性很小，而水平低者被误导的可能性就很大。

误导信息主要包括以下四类：

（1）完全多余的信息。这类信息对答题没有任何意义，所起的作用仅仅是分散你的注意力，甚至引导你特别关注这些没有任何实际意义的信息。要答对题目，你必须区分出哪些是多余的信息，哪些是真正有意义的信息，以便将精力放在有意义的信息上。辨别多余的信息，有两条标准：一是这些信息好像在表达某种意思，但又没有说清楚，你不能从中得出有意义的结论；二是这些信息与题目所问的问题没有关联性，尽管你可以从这些信息中得出某种结论。

例题 16-1　你被任命为某个正在进行的项目的新项目经理。该项目有12个项目相关方。该项目的任务D的最早开始时间是第20天，最晚开始时间是第24天。这是一项必须依靠稀缺资源来完成的困难任务。截至最近的一个报告期末，该任务的成本绩效指数为1.1，进度绩效指数为0.8。基于这些信息，你最关心的应该是什么？

A. 任务D的浮动时间
B. 任务D的进度
C. 任务D的成本
D. 为任务D获得足够的资源

解释：这个题目包含大量的多余信息。如果把这些多余的信息都去掉，这个题目就被简化为：任务D的成本绩效指数为1.1，进度绩效指数为0.8，你最关心的应该是什么？进度绩效指数小于1，自然你最应该关心的就是"任务D的进度"了。题目中关于浮动时间、稀缺资源和项目相关方的信息都是没有意义的多余信息。

（2）能起支持和补充作用，但不能决定答案的信息。这些信息虽然并不完全是多余的，但是你不应该过分关注，以免分散注意力甚至本末倒置。例如，"某公司的项目管理规章制度要求项目经理编写《经验教训总结报告》。下列哪个是《经验教训总结报告》的最好用途？"其中的第一句就是这种信息。

（3）误导选项。PMP®考试题目的四个备选答案中，经常有两个是明显错误的，而另两个好像都是正确的。其中的一个就是误导选项，如果没有扎实的知识或比较马虎，很容易就选这个误导选项。因此，一定要仔细阅读题目，仔细比较各选项。如果真的是两个甚至两个以上的选项都看似正确，你就要特别小心，要选择一个最好、最正确的答案。

> PMP® 考试是考答案的相对正确程度，而不是绝对正确程度。某选项是否正确，取决于与其他选项的比较。

（4）误导数字。PMP® 考试中，可能有充满数字却完全不需要计算的题目。这些数字的作用就是把你误导到计算中去。如果你真的去计算，就不仅要花费较长时间，而且不一定能计算出正确的结果。注意：一个充满数字的题目，不一定就是计算题，也许是完全不需要计算就可以答对的题目。

例题 16-2　某个很简单的项目，由4项活动构成。活动A的工期为4天，活动B的工期为3天，活动C的工期为4天，活动D的工期为3天。其中，活动A和活动C之间是完成到开始关系，活动B和活动D之间也是完成到开始关系。请问：活动B的自由浮动时间是多少？

A．2天

B．0天

C．1天

D．3天

解释：这个题目完全不需要计算。由于活动B的紧后活动是活动D，而且活动D与任何其他活动之间都没有逻辑关系，所以活动B的任何延误都会直接导致活动D不能在最早开始时间开始。因此，立即就可以选B作为正确答案。

16.2.4　西方价值观

项目管理不仅是技术，而且是一系列的工作价值观。由于项目管理是在西方市场经济的条件下产生和发展起来的，必然会体现西方的工作价值观。由于PMP® 考试是以起源于美国的《PMBOK® 指南》为基础、由总部设在美国的PMI主办的，其中必然体现美国人的工作价值观。涉及工作价值观的题目大多出现在项目范围管理、质量管理、资源管理、沟通管理、采购管理和相关方管理等领域。

中国考生特别需要注意自己的项目管理实际做法与PMI倡导的项目管理做法之间可能存在的差异。例如，由项目规划部门编制计划，再交给项目团队去执行。这种做法就不符合《PMBOK® 指南》要求的"项目执行者必须参与项目计划的编制"。例如，有些项目中片面追求技术最优、片面追求某种第一，就不符合项目管理中追求综合最优的要求。

16.3　PMP®考试的易点

16.3.1　许多知识的深度不深

PMP®考试虽然涉及的知识面很宽，但许多知识的深度不深。从一定意义上说，项目经理是通才而不是专才。PMP®考试体现了这一要求。不少知识领域，考生只要掌握一些重要的概念就可以了。例如：

- 概率统计。不需要掌握复杂的计算公式和大多数推论统计的知识，需要掌握的只是概率、标准差、方差、统计分布、统计独立性、相互排斥性等基本概念。
- 财务会计。只需要掌握诸如折旧的定义与计算方法、会计科目的概念、各种成本的定义、评价项目的一些常用指标及其计算方法、成本估算的方法等。虽然实际项目工作中要用到的财务会计知识不会如此简单，但是考试不可能考到那个深度。
- 运筹学。项目进度管理中需要运用运筹学的知识。在比较复杂的项目上，网络计划是比较复杂的。但考试中所需要的网络计划（如编制网络图、优化网络计划等）知识通常都是非常简单的。虽然实际工作中，我们通常要借助计算机软件来编制网络计划和其他文件，考试中并不需要我们了解或掌握项目管理的任何一种计算机软件。

16.3.2　计算题简单

对于中国考生来讲，PMP®考试中的计算题大多是很容易的，必须百分之百做对。你只要已经掌握相关的基本概念和基本道理，那么计算过程甚至就是小学生的算术。

关于常见的计算题，请见 16.5.3 节。

16.3.3　大多数知识点出自《PMBOK®指南》

自 1996 年《PMBOK®指南》诞生以来，随着其内容的不断增加，PMP®考试中的知识点就越来越多地出自该指南了。PMP®考试中约有 70% 的知识点是出自《PMBOK®指南》的。当然，只是知识点出自《PMBOK®指南》，并不是整个题目完全出自《PMBOK®指南》。大多数题目都是针对《PMBOK®指南》中的知识点而出的情景题。

> 为了顺利通过考试，学好《PMBOK®指南》是根本！

需要注意的是，随着敏捷型方法和混合型方法的题目增加，出自《PMBOK®指南》的知识点会有所减少，但应该不会少于 60%。

16.3.4　考试时间充足

200 道题、4 小时，平均每题有 1 分 12 秒，时间充足。对英语较好的考生来说，可以不看中文翻译，只看英文的题目和选项，还可以省下一些时间。作者自己的经验是，按 200 分钟来安排，平均每题 1 分钟，另外 40 分钟留作机动时间。例如，用于文字较长的题目、需要画网络图的题目及计算过程稍复杂的题目。注意：这些需要多花一点时间的题目不一定是难题，只是题目的性质决定了需要多花一点时间。

> 在考试中，你要动态监控做题进度，确保剩余时间的分钟数大于剩余题目的数量。

16.4　应试技巧

虽然单靠应试技巧是万万不行的，但是在较好地掌握了项目管理知识的基础上，应试技巧可以使我们得到更高的分数。可以应用于 PMP® 考试的主要技巧包括：

- 一定要认真阅读答案的全部四个选项。千万不要看到某个选项是正确的，就不看其他选项，因为可能还有更正确的选项。PMP® 考的是选项的相对正确程度，而不是绝对正确程度，这与英语水平考试截然不同。可能四个选项都是正确或错误的，你需要选择相对最合适的那个。
- 注意从 PMI 的价值观和思维方式来答题，不要简单依据你自己的经验。你的经验有可能不符合 PMI 的要求。注意学习和掌握 PMI 推崇的工作价值观，尤其要注意与中国传统价值观的区别。
- 特别注意题目的最后一句话，明白真正要回答的是什么问题。正确的选项必须是真正回答所问的问题的。不要选那个看起来很正确，但与题目的问题不相关的选项。
- 问什么答什么，而且基于题目的内容来回答，不要自行添加一些不必要的假设前提条件。
- 不要被难题吓倒，不要在难题上花太多时间。对这些题目，花 10 分钟思考与只花 1 分钟思考，不见得有多大区别。正常情况下，会有 20 ~ 30 道题目比较模棱两可。
- 不要轻视看似容易的题目。这些题目必须百分之百做对，绝对避免因疏忽而做错。
- 如果问你"该做什么"，一般就是问你"紧接着要做什么"。
- 控制做题进度，保证剩余的分钟数等于或大于剩余的题目数。
- 由于不倒扣分数，所以千万不要空着题目不做，拿不准的要猜答案。
- 在做出选择之后，除非你能百分之百地肯定原来选错了，不要修改原来的答案。

第一感觉往往是最可靠的。

- 出题者可能故意不把最好的答案写出来。你可以设想一下最好的答案是什么，然后选择那个最接近该答案的选项。

- 看到一个貌似正确的答案之后，把它作为标杆，看后面有无比它更好的答案。如有，再把后面的这个答案作为标杆，继续往下进行。

- 首先排除明显错误的答案，如果对剩余的答案仍不知道怎么选，总是选择所剩答案中的第一个或最后一个，以保证选择的随机性。

- 注意那些表示绝对程度的修饰词，如"总是""所有""完全""从不""必须"。包含这类词的选项往往是错误的，因为它不留任何余地（太绝对了）。包括"经常""可能""有时"等留有余地的词汇的选项，可能是正确的。

- 如果选项中有明显的"答案族"[结构上类似，如 x 增加 y 减少，y 增加 x 减少，或者性质相同，如猫、狗、猪（都属于动物）]，正确答案很可能是其中的一个。那个明显的"异类"（如"猫、狗、猪、鞋"中的"鞋"），往往是错误的。

- 注意题目中的转折词（但是、然而）与条件词（如果、当……时），注意双重否定。

- 注意题目中的多余信息，如表达意思不清的信息、与所问的问题没有关系的信息、可起补充作用但不能决定题目答案的信息，防止把时间浪费在多余信息上。

- 试卷中出现的项目管理术语的中文翻译，可能与你熟悉的翻译不一致（但意思应该是一致的），你对此一定要有足够的心理准备。

- 如果你的英语比较好，就应阅读英语原文的题目和选项，以保证对题目和选项的正确理解。如果英语不好，阅读原文有困难，你可以阅读中文翻译，但还应尽力阅读答案选项的英文，因为中文翻译可能没有显示出选项之间的细微差别。

- 如果没有把握选哪个答案，可以在全面与片面的选项中，选比较全面的答案；在具体与抽象的答案中，选比较具体的答案。

- 如果某个选项的词汇是你从来没有见到过的，它很可能是错误的选项。除非你有把握排除另三个选项，否则不要选它。

- 有些题目的情景可能是重复的，有些题目的网络图（需要你自己画的）也可能是重复的。对这些题目，注意不要在重复读情景和画网络图上浪费时间（但要注意哪些地方变了）。

- 正确判断题目所考的知识点。绝大多数知识点都是《PMBOK®指南》中的或培训班上讲过的。如果判断对了题目所考的知识点，答对甚至猜对的可能性就比较大。对于比较复杂的情景题，如果对答案没有把握，就应仔细分析考的是哪个知识点，然后做出选择。如果情景题涉及两个或更多的知识点，就必须判断考的是哪个知识点。从不同的知识点出发，答案可能不一样。

- 一次做对（你自己认为是"对"的）每道题，无特殊情况，不要回过头来做第二遍。虽然很多人喜欢对一些不敢肯定的题目做上记号，到最后再来认真考虑，但是作者不提倡这种做法。第一次就把事情做对，这是最有效的方法。当你第二次再来做一道题目的时候，你需要重新读题，重新开始思考，而这个"重新"是要花时间的，就像工作中的工序转换一样。

- 错误的答案往往是：与题目不相关或相关性很小，有其他更具体、更直接或更全面的选项，不是"首先"要做的事情，杜撰出来的说法，本身的说法不合逻辑（如前半句与后半句矛盾，随意创造出来的、实际上不存在的说法），不是《PMBOK®指南》或项目管理中的一个知识点或主要知识点，错误的计算结果，违反职业道德与职业责任（如超出权限做决定），违反《PMBOK®指南》所要求的做事程序，违反《PMBOK®指南》中的"输入与输出"或"工具与技术"。

16.5　其他

16.5.1　常用的假设前提条件

PMP®考试中有一些大家公认的基本前提条件，不需要明说，大家都应该知道。例如：
- 如果没有明说是什么组织形式，就是矩阵式组织形式。
- 如果没有明说你是什么角色，就是项目经理。
- 关于合同的题目，如果没有明说你是买方还是卖方，你就是买方。
- 关于各种组织形式的优缺点，如果没有明说是与什么组织形式比较，就是与职能式组织比较。
- 任何组织都应该有历史资料的积累，有组织过程资产。
- 任何项目都必须有项目章程，有项目管理计划。

16.5.2　常用的经验式说法

经验式说法，也叫大拇指规则。一些常用的经验式说法包括：
- 工作分解结构的层次一般要控制在 4 ~ 6 层，太多就不便于管理了。
- 项目经理大多数时间（甚至高达 90% 的时间）花在沟通上。
- 在面对面的口头沟通中，有 55% 的信息是通过"非口头语言"传递的。
- 项目在完成了 15% ~ 20% 以后，项目的累计成本绩效指数（CPI）就比较稳定了。所以这之后的 CPI 就可以为预测项目完成时的项目总成本提供一个比较快捷的方法。如果在项目完成了 15% 时，项目的成本是超支的，那么项目的最终成本将超支。
- 大约 85% 的质量责任应该由管理层来承担，一线工人只承担 15% 的责任。
- 在质量控制的控制图中，如果连续有 7 个点落在目标值的同一边或呈同向变化，就可以判断为过程失控。因为由随机原因引起这种分布的可能性非常小。

- 帕累托规则，也叫"二八定律"，其含义为 20% 的原因引起了 80% 的问题。
- 如果没有具体的计算依据,项目的应急储备（资金）可按项目总成本的 10% 计算。
- 项目的质量成本至少应该占项目总成本的 3% ~ 5%。

16.5.3　常见的计算题

常见的计算题包括：

- 项目进度管理中的关键路径、浮动时间、最早开始时间、最早结束时间、最晚开始时间、最晚结束时间。
- 项目进度管理中的工期压缩，主要是赶工，包括赶工的单位成本、可以压缩的工期、总成本最低时的最短工期。
- 项目或活动工期估算，主要是三点估算、标准差、方差、工期估算的区间、在某一工期内完成项目或活动的概率。也可能考到用"工作量 × 单位工作耗时"或"工作量 ÷ 单位时间产量"来计算工期。
- 项目成本管理中的现值、净现值、内部报酬率、投资回报率、投资回收期、效益成本比率。一般不会有复杂的计算，可能需要简单的计算，并由此来判断在几个备选项目中应该选择哪一个。
- 项目成本管理中的折旧，包括直线折旧法、加速折旧法。
- 挣值管理中的各种指标。
- 沟通渠道数量的计算。
- 风险管理中的概率、预期货币价值、决策树、风险严重性。
- 人力资源管理中的人员离职率。
- 采购管理中的合同价格，特别是总价加激励费用合同或成本加激励费用合同下的合同价格计算。还有，自制或外购分析，购买或租赁分析。

附录A
第6章和第7章
练习题答案

A.1 三点工期估算（对应本书正文第6.5.1节）

某项目的三点工期估算结果如表 A-1 所示。

表 A-1 某项目的三点工期估算结果

活　　动	乐　观	一　般	悲　观	平均工期	标准差	方　差
A	13	25	45	26.3	5.3	28.09
B	15	20	30	20.8	2.5	6.25
C	37	41	55	42.7	3	9
D	23	34	50	34.8	4.5	20.25
E	35	55	87	57	8.7	75.69
整个项目	123	175	267	181.6	11.8	139.28

A.2 工期压缩（对应本书正文第6.5.2节）

（1）网络图如图 A-1 所示。

（2）网络图中共有四条路径：S→A→C→F，工期 15 周；S→A→D→F，工期 20 周；S→B→D→F，工期 16 周；S→B→E→F，工期 18 周。关键路径为 S→A→D→F。

（3）计算各活动的赶工费率，得到 A 的为 5 000÷3=1 667；B 的为 7 000÷2= 3 500；C 的为 3 000÷1=3 000；D 的为 3 000÷3=1 000；E 的为 4 000÷3=1 333。

为了解决负浮动，在考虑单位赶工费率与关键路径之后，确定可以赶工的活动为 D，E。注意：E 是在 D 赶工两周导致关键路径发生变化后才出现在关键路径上的。

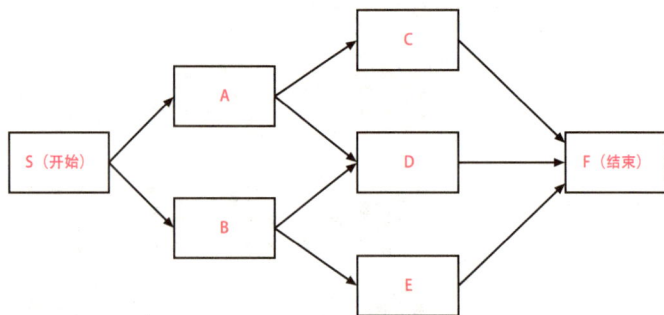

图 A-1　某项目的网络图之一

（4）先对 D 进行赶工。由于次关键路径 S → B → E → F 比关键路径只少两周，所以对 D 只能先赶两周。D 的赶工费用为 2 000 元。D 赶工之后，关键路径变为两条：S → B → E → F 和 S → A → D → F。为了再压缩一周的工期，需要 E 赶工，同时又对 D 赶工；赶工的费用为：1 333+ 1 000=2 333（元）（注意：如果不是为了解决负浮动时间问题，这次赶工从成本上讲是不划算的，因为赶工增加的直接费用大于节约的间接费用）。

解决负浮动时间后，项目的总费用为 113 533 元，其中包括活动 A 的直接成本 10 000 元，活动 B 的直接成本 16 000 元，活动 C 的直接成本 18 000 元，活动 D 赶工后的直接成本 16 000 元，活动 E 赶工后的直接成本 26 333 元，项目赶工后的总间接费用 27 200 元。

两次赶工增加的费用为 4 333 元，小于所节约的间接费用 4 800 元，所以总费用节约。

A.3　浮动时间（对应本书正文第6.5.3节）

（1）网络图如图 A-2 所示。

（2）关键路径为 A → B → D → F，工期为 33 周。

（3）各活动的最早开始与结束时间，最晚开始与结束时间，以及浮动时间，如表 A-2 所示。

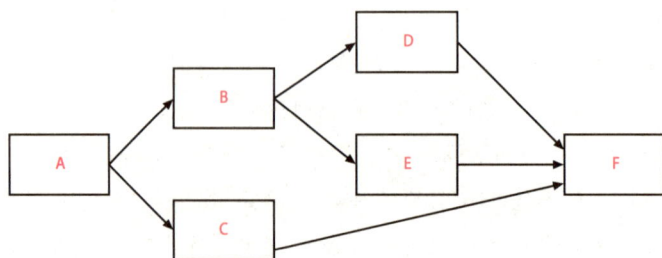

图 A-2　某项目的网络图之二

表 A-2　某项目的最早与最晚时间计算结果

活动名称	最早开始	最早结束	最晚开始	最晚结束	浮动时间
A	1	12	1	12	0
B	13	22	13	22	0
C	13	17	25	29	12
D	23	29	23	29	0
E	23	28	24	29	1
F	30	33	30	33	0

（4）由于 B 在关键路径上，项目结束时间拖后 2 周。

（5）加上任务 G 后 A → C → G → F 工期为 32 周，不影响项目关键路径，所以对项目进度无影响。

A.4　挣值管理练习（对应本书正文第7.5.4节）

某项目挣值管理计算结果如表 A-3 所示。

表 A-3　某项目挣值管理计算结果　　　　　　　　　　（单位：元）

指　标	计算过程	结　果	对结果的解释
计划价值（PV）	1 000+5 000+1 000	7 000	截至考核时点，按计划应该完成 7 000 元
挣值（EV）	1 000+5 000+1 000×70%	6 700	截至考核时点，实际已完工作的预算价值为 6 700 元
实际成本（AC）	1 100+5 100+900	7 100	截至考核时点，实际已经花费了 7 100 元
成本偏差（CV）	6 700–7 100	–400	截至考核时点，项目成本已经超支 400 元
成本绩效指数（CPI）	6 700÷7 100	0.94	截至考核时点，实际花费的每一元只做了 0.94 元的事（按预算价值）
进度偏差（SV）	6 700–7 000	–300	截至考核时点，本来应该已经完成的价值 300 元的工作，还没有完成，进度落后
进度绩效指数（SPI）	6 700÷7 000	0.96	截至考核时点，实际进度只是计划进度的 96%
完工尚需估算（ETC，按 CPI 计算）	（10 000–6 700）÷0.94	3 510	在该考核时点，估计完成剩余工作还需要 3 510 元

指　标	计算过程	结　果	对结果的解释
完工尚需估算（ETC，按 CR 计算）	（10 000–6 700）÷（0.94×0.96）	3 657	在该考核时点，估计完成剩余工作还需要 3 657 元（如果必须按期完工）
完工估算（EAC，按 CPI 计算）	10 000÷0.94	10 638	假定过去的成本绩效是典型的，则在该考核时点重新估算的完成整个项目所需的成本是 10 638 元
完工尚需绩效指数（TCPI，按 BAC 计算）	（10 000–6 700）÷（10 000–7 100）	1.14	为了按规定的预算完成项目，以后的成本绩效指数必须达到 1.14，即每花 1 元要做价值 1.14 元的事情
完工偏差（VAC，按 CPI 计算）	10 000–10 638	–638	在该考核时点，估计项目全部完工时将要超支 638 元（假定照目前的形势继续发展）

附录B 项目管理的新兴趋势

当今世界，变化的速度前所未有。互联网技术、人工智能、网络社交和全球化合作等，都在推动项目管理快速发展。虽然《PMBOK® 指南》仍然主要阐述在大多数时候适用于大多数项目的、被公认为良好做法的项目管理知识，但是也提及了一些新近涌现的实践和正在兴起的发展趋势。这些新兴实践和发展趋势，可能在不远的将来成为在大多数时候适用于大多数项目的公认良好做法。尽早学习这些新兴实践和发展趋势，有利于项目管理工作者更加前瞻性地规划自己的职业生涯。

PMP® 考试所涉及的新兴实践和发展趋势，应该会随着 2019 年版《PMP® 考试大纲》的采用而逐渐增加。所以，考生应该学习和理解这些新兴实践和发展趋势。

基于《PMBOK® 指南》每个知识领域所述的新兴实践和发展趋势，以及在敏捷环境下的项目管理做法，并结合《PMP® 考试大纲》的内容，可以概括出以下五大新兴实践和发展趋势：

- 价值驱动型项目管理。
- 新兴技术型项目管理。
- 效率提升型项目管理。
- 广泛参与型项目管理。
- 敏捷适应型项目管理。

1. 价值驱动型项目管理

价值驱动型项目管理是指做项目必须注重为所在组织和相关方创造商业价值，包括有形或无形的价值。做项目，再也不是单纯地"闭门造车"了。除了"造车"，还必须事先搞清楚为什么要造车；必须在造车的过程中，特别是在临近造车结束时，考虑将来应该如何使用所建造的车辆来获取效益。也就是说，项目管理需要向前后两端延伸。

前端是商业分析，后端是效益管理。虽然这前后两端的责任人通常都不是项目经理，但是项目经理还是需要掌握一定的相关知识，能够与这两端的责任人开展有效合作。在前端，项目经理应该参与商业分析，与商业分析师（商业分析的主持人）及其他专家合作，共同论证项目的商业可行性，共同编制效益管理计划。在后端，项目经理应该按照效益管理计划，协助项目集经理、项目组合经理或职能部门经理实现项目对组织的价值。在前后端之间的项目实施期间，项目经理应该贯彻商业分析中确定的项目目的，应该为以后的价值实现创造有利条件。

与价值驱动型项目管理密切相关的是变革驱动型项目管理。变革驱动型项目管理是指做项目必须注重为所在组织和主要相关方实现应有的变革，即把组织和主要相关方从不太理想的当前状态带向比较理想的未来状态。做项目的目的是实现变革，而变革的目的是创造商业价值。

《PMBOK®指南》中，与价值驱动型项目管理有最密切关系的两大知识领域是项目整合管理、项目范围管理。在《PMP®考试大纲》中，则在商业环境部分明确要求，通过做项目推动组织变革和实现项目效益（价值）。

2. 新兴技术型项目管理

新兴技术型项目管理是指应该采用各种最新的信息技术、网络技术、沟通技术等来支持项目管理工作。各种适用的新兴技术能够极大地提高项目管理的效率，显著地改进项目管理的效果。以下是一些常用的新兴技术：

- 自动化的项目管理信息系统（包括各种软件）。用于自动收集、分析、存储和发布项目信息。
- 可视化管理工具。采用各种可视化管理工具，进行项目设计，实时展示项目进展情况，发现和分析问题，以及传递项目知识。例如，采用建筑信息建模（Building Information Modeling, BIM）技术进行建筑设计；在建筑施工现场安装监控摄像头，实时监控项目开展情况。
- 社交网络平台。采用即时聊天技术（如微信）开展一对一、一对多或多对多的网络交流。网络沟通技术甚至可以使沟通多面化，即同时用多种方式沟通。例如，可以同时发送文字、图片、表情符号、表情实时模拟等。
- 定量风险分析技术。例如，借助分析软件，使用蒙特卡洛模拟技术，分析项目的变异性风险，计算出项目可能的最短工期与最长工期的分布区间，以及可能的最低成本与最高成本的分布区间，以便采取措施来缩小分布区间。
- 挣得进度技术。采用挣得进度技术，以时间量（如天数）来考察项目的进度绩效，克服挣值管理用价值量（如货币单位）考核进度绩效的不足。在挣值管理中，工作一旦完成，无论是提前、按时或推迟完成，其进度偏差就变成0，进度绩效指数就变成1。这样，就无法反映真实的进度绩效。采用挣得进度技术，在工作完成之后，其进度偏差和进度绩效指数仍然可以反映真实的进度绩效。例如，提前或推迟了10天完成。

在《PMBOK® 指南》中，每个知识领域都需要应用相应的新兴技术。在《PMP® 考试大纲》中，在商业环境部分明确要求动态了解外部商业环境变化（包括技术变化）及其对项目的影响，并加以适当利用。

3. 效率提升型项目管理

除了使用各种新兴技术来提高项目管理的效率，还需要从以下方面入手：

- 加强项目知识管理，防止因信息和知识遗失而影响工作效率。在团队成员流动性比较大（团队成员经常变化）的项目上，这一点尤为重要。如果没有良好的工作记录和交接，老成员离开之后，新成员很难立即上手。
- 通过各种办法减少浪费。例如，借鉴精益生产的思想，采用基于需求的拉动式进度规划方法。在这种方法中，首先考虑所需的完工日期，其次考虑为按期完工需要做哪些事情，最后考虑为了做这些事情又需要做哪些准备工作。这有利于防止做多余的事情和多余的准备工作。例如，采用准时制、全面生产维护和制约理论等，来减少资源浪费，提升资源使用效率。
- 在买方与卖方之间合理分担风险。通常，应该在合同中把风险分配给最有条件和能力管理某风险的一方来承担。例如，买方购买保险更便宜，就由买方承担该风险；卖方能够比买方更早地发现某个风险，就由卖方承担该风险。那种试图把全部风险都推给另一方的做法，是没有效率的。

在《PMBOK® 指南》中，项目整合管理、进度管理、成本管理、质量管理、风险管理和采购管理知识领域，与效率提升型项目管理有最密切的关系。在《PMP® 考试大纲》中，不仅要求在项目团队中进行知识分享（转移）以提高工作效率，而且要求以有效的知识分享（转移）来保证项目的连续性，防止项目因重要人员离职或其他重大干扰而中断。

4. 广泛参与型项目管理

项目管理不只是项目经理和项目团队的事情，其他许多相关方也应该以合理方式参与项目管理工作。让相关方参与项目工作，这是获取相关方对项目的支持的最好办法。应该从以下方面入手来鼓励尽可能多的相关方参与：

- 识别和分析全部相关方，分门别类地加以引导。
- 广泛征求和考虑各种相关方的意见，特别是会受项目影响的相关方的意见。
- 引导各种相关方合理参与项目。例如，邀请相关方参与项目评审和项目会议。
- 采用整合式风险管理，把本项目的风险管理与整个组织的风险管理有机地结合起来，使组织各级人员都关心本项目的风险管理。
- 引导众多相关方参与本项目的风险管理。仅靠少数人，做不好风险管理。
- 采用虚拟团队或分散式团队，把一些不便于集中办公的人纳入项目团队。
- 项目经理和团队成员需要用高情商与团队成员、其他相关方打交道。

- 引导项目所在组织与供应商建立互利互惠的长期伙伴合作关系，以便把采购合同从一次性合同变成关系性合同。如果双方都期望以后继续合作，就会很在意保持良好的关系，这特别有利于当前合同的顺利实施。
- 引导高级管理人员为项目提供规范有效的项目治理。
- 与职能经理、高级管理人员合作，确保项目符合组织的经营目标和战略目标。
- 引导客户有效参与，设法满足客户期望，让客户满意。
- 引导职能经理积极发表对项目的建议，参与项目验收和移交，合理使用项目成果。

在《PMBOK®指南》中，项目整合管理、质量管理、资源管理、沟通管理、风险管理、采购管理和相关方管理知识领域，与广泛参与型项目管理有最密切的关系。在《PMP®考试大纲》中，也要求以各种方式引导各种相关方以合理方式广泛参与项目。

5. 敏捷适应型项目管理

敏捷和适应，就是主动且快速地应对甚至引领变化。敏捷适应型项目管理是指采用迭代和增量的方式来开发项目产品，适用于需求不明确或很容易变化且产品可以一部分一部分交付的项目（不是只能一次性完整地交付）。

敏捷适应型项目管理，已在第15章详述。

在《PMBOK®指南》中，每个知识领域都与敏捷适应型项目管理有密切关系。在《PMP®考试大纲》中，则指出PMP®考试将大约有一半题目与敏捷型或混合型方法有关。

附录C
作为输入的项目管理计划组成部分

表 C-1 根据《PMBOK® 指南》，列出了项目管理计划的全部 18 个组成部分，以及需使用特定组成部分作为输入的项目管理过程。例如，整合管理知识领域的指导与管理项目工作、管理项目知识、监控项目工作和结束项目或阶段过程都需要使用"需求管理计划"作为输入。

对表 C-1，需要注意：

（1）《PMBOK® 指南》在列举项目管理过程的输入时，往往同时说明"包括但不限于"这些输入。

（2）为了节约篇幅，表中已对指导与管理项目工作、实施整体变更控制、估算活动持续时间、实施定性风险分析、实施定量风险分析和结束项目或阶段过程的名称进行了简化。

（3）本表主要用于掌握大局、辅助理解和适时查询，而不是用于记忆的（因为很难记住）。

（4）需求管理计划、范围管理计划、进度管理计划、成本管理计划、质量管理计划、资源管理计划、沟通管理计划、风险管理计划、采购管理计划、相关方参与计划、范围基准、进度基准和成本基准，都是项目整合管理中制订项目管理计划过程的输入。为节省篇幅，这些内容没有在表 C-1 中列出。

表 C-1 作为输入的项目管理计划组成部分一览表

知识领域及使用特定组成部分作为输入的项目管理过程

组成部分	整合管理	范围管理	进度管理	成本管理	质量管理	资源管理	沟通管理	风险管理	采购管理	相关方管理
需求管理计划	指导项目工作 管理项目知识 监控项目工作 结束项目	收集需求 确认范围 控制范围			规划质量管理			规划风险管理 识别风险	实施采购 控制采购	
范围管理计划	指导项目工作 管理项目知识 监控项目工作 结束项目	收集需求 定义范围 创建 WBS 确认范围 控制范围	规划进度管理					规划风险管理 识别风险	规划采购管理 实施采购	
进度管理计划	指导项目工作 管理项目知识 监控项目工作 结束项目		定义活动 排列活动顺序 估算活动持续时间 制订进度计划 控制进度	规划成本管理				规划风险管理 识别风险		
成本管理计划	指导项目工作 管理项目知识 监控项目工作 结束项目			估算成本 制定预算 控制成本				规划风险管理 识别风险		
质量管理计划	指导项目工作 管理项目知识 监控项目工作 结束项目	规划范围管理		估算成本	管理质量 控制质量	规划资源管理		规划风险管理 识别风险	规划采购管理	

续表

知识领域及使用特定组成部分作为输入的项目管理过程

组成部分	整合管理	范围管理	进度管理	成本管理	质量管理	资源管理	沟通管理	风险管理	采购管理	相关方管理
资源管理计划	指导项目工作 管理项目知识 监控项目工作 结束项目		估算活动资源	制定预算		获取资源 建设团队 管理团队 控制资源	规划沟通管理 管理沟通 监督沟通	规划风险管理 识别风险 规划风险应对	规划采购管理	规划相关方参与 监督相关方参与
沟通管理计划	指导项目工作 管理项目知识 监控项目工作 结束项目						管理沟通 监督沟通	规划风险管理	实施采购	识别相关方 规划相关方参与 管理相关方参与 监督相关方参与
风险管理计划	指导项目工作 管理项目知识 监控项目工作 结束项目			规划成本管理	规划质量管理			识别风险 实施定性分析 实施定量分析 规划风险应对 实施风险应对 监督风险	实施采购 控制采购	规划相关方参与 管理相关方参与
采购管理计划	指导项目工作 管理项目知识 监控项目工作 结束项目					获取资源		规划风险管理	实施采购 控制采购	

329

续表

知识领域及使用特定组成部分作为输入的项目管理过程

组成部分	整合管理	范围管理	进度管理	成本管理	质量管理	资源管理	沟通管理	风险管理	采购管理	相关方管理
相关方参与计划	指导项目工作 管理项目知识 监控项目工作 结束项目	收集需求			规划质量管理		规划沟通管理 管理沟通 监督沟通	规划风险管理		识别相关方 管理相关方参与 监督相关方参与
变更管理计划	指导项目工作 管理项目知识 监控项目工作 实施整体变更控制 结束项目	控制范围						规划风险管理	控制采购	管理相关方参与
配置管理计划	指导项目工作 管理项目知识 监控项目工作 实施整体变更控制 结束项目	控制范围						规划风险管理	实施采购	
开发方法	指导项目工作 管理项目知识 监控项目工作 结束项目	规划范围管理	规划进度管理					规划风险管理		
项目生命周期描述	指导项目工作 管理项目知识 监控项目工作 结束项目	规划范围管理						规划风险管理		

续表

知识领域及使用特定组成部分作为输入的项目管理过程

组成部分	整合管理	范围管理	进度管理	成本管理	质量管理	资源管理	沟通管理	风险管理	采购管理	相关方管理
范围基准	指导项目工作 管理项目知识 监控项目工作 实施整体变更控制 结束项目	确认范围 控制范围	定义活动 排列活动顺序 估算活动持续时间 制订进度计划 控制进度	估算成本 制定预算	规划质量管理	规划资源管理 估算活动资源		规划风险管理 识别风险 实施定量分析	规划采购管理	
进度基准	指导项目工作 管理项目知识 监控项目工作 实施整体变更控制 结束项目		控制进度					规划风险管理 识别风险 实施定量分析	控制采购	
成本基准	指导项目工作 管理项目知识 监控项目工作 实施整体变更控制 结束项目			控制成本		获取资源		规划风险管理 识别风险 实施定量分析 规划风险应对	实施采购	
绩效测量基准	指导项目工作 管理项目知识 监控项目工作 结束项目	控制范围	控制进度	控制成本				规划风险管理		

附录D
作为输入的各种项目文件和商业文件

项目文件是在项目内部生成的各种文件，商业文件是在项目前期准备工作中（项目正式立项之前）形成的文件。表 D-1 根据《PMBOK® 指南》列出了全部 34 种项目文件，以及需使用特定项目文件作为输入的项目管理过程。例如，整合管理知识领域的指导与管理项目工作过程和结束项目或阶段过程都需要使用"变更日志"作为输入。表 D-2 根据《PMBOK® 指南》列出了全部两种商业文件，以及需使用特定商业文件作为输入的项目管理过程。

对表 D-1 和表 D-2，需要注意：

（1）《PMBOK® 指南》在列举项目管理过程的输入时，往往同时说明"包括但不限于"这些输入。

（2）为了节约篇幅，表中已对指导与管理项目工作、实施整体变更控制、估算活动持续时间、实施定性风险分析、实施定量风险分析和结束项目或阶段过程的名称进行了简化。

（3）本表主要用于掌握大局、辅助理解和适时查询，而不是用于记忆的（因为很难记住）。

表 D-1　作为输入的各种项目文件一览表

项目文件（按拼音排序）	知识领域及使用特定文件作为输入的项目管理过程									
	整合管理	范围管理	进度管理	成本管理	质量管理	资源管理	沟通管理	风险管理	采购管理	相关方管理
变更日志	指导项目工作 结束项目						管理沟通			识别相关方 规划相关方参与 管理相关方参与
测试与评估文件					控制质量					
成本估算				制定预算		估算活动资源		识别风险 实施定量分析		
成本预测								实施定量分析		
持续时间估算			制订进度计划					识别风险 实施定量分析		
风险报告	指导项目工作 监控项目工作 实施整体变更控制 结束项目				管理质量		管理沟通	实施定量分析 规划风险应对 实施风险应对 监督风险		
风险登记册	指导项目工作 监控项目工作 结束项目	定义范围	估算持续时间 制订进度计划	估算成本 制定预算	规划质量管理	规划资源管理 估算活动资源 控制资源		实施定性分析 实施定量分析 规划风险应对 实施风险应对 监督风险	规划采购管理 实施采购 控制采购	规划相关方参与 监督相关方参与
供方选择标准	管理项目知识									

333

续表

知识领域及使用特定文件作为输入的项目管理过程

项目文件（按拼音排序）	整合管理	范围管理	进度管理	成本管理	质量管理	资源管理	沟通管理	风险管理	采购管理	相关方管理
估算依据	监控项目工作 实施整体变更控制 结束项目		制订进度计划	制定预算				实施定量分析		
活动清单			排列活动顺序 估算持续时间 制订进度计划			估算活动资源				
活动属性			排列活动顺序 估算持续时间 制订进度计划			估算活动资源				
假设日志	监控项目工作 结束项目	收集需求 定义范围	排列活动顺序 估算持续时间 制订进度计划		规划质量管理	估算活动资源		识别风险 实施定性分析 实施定量分析	控制采购	规划相关方参与
进度数据			控制进度							
进度预测	监控项目工作							实施定量分析		
经验教训登记册	指导项目工作 管理项目知识 监控项目工作 结束项目	收集需求 确认范围 控制范围	估算持续时间 制订进度计划 控制进度	估算成本 控制成本	管理质量 控制质量	建设团队 管理团队 控制资源	管理沟通 监督沟通	识别风险 规划风险应对 实施风险应对 监督风险	实施采购 控制采购	管理相关方参与 监督相关方参与
里程碑清单	指导项目工作 监控项目工作 结束项目		排列活动顺序 估算持续时间 制订进度计划					实施定量分析	规划采购管理 控制采购	
实物资源分配单						控制资源				

续表

项目文件（按拼音排序）	知识领域及使用特定文件作为输入的项目管理过程									
	整合管理	范围管理	进度管理	成本管理	质量管理	资源管理	沟通管理	风险管理	采购管理	相关方管理
团队章程						建设团队 管理团队				
问题日志	监控项目工作 结束项目					管理团队 控制资源	管理沟通 监督沟通	识别风险 监督风险		识别相关方 规划相关方参与 管理相关方参与 监督相关方参与
相关方登记册	管理项目知识	收集需求			规划质量管理	规划资源管理 获取资源	规划沟通 管理 管理沟通	规划风险管理 识别风险 实施定性分析 规划风险应对	规划采购管理 实施采购 控制采购	规划相关方参与 管理相关方参与 监督相关方参与
项目范围说明书		创建WBS								
项目沟通记录	指导项目工作 结束项目						监督沟通			监督相关方参与
项目进度计划	指导项目工作		控制进度	估算成本 制定预算		规划资源管理 获取资源 建设团队 控制资源		规划风险应对	实施采购	规划相关方参与
项目进度网络图			制订进度计划							
项目日历			控制进度							
项目团队派工单	管理项目知识		估算持续时间 制订进度计划			建设团队 管理团队		规划风险应对	规划采购管理	

知识领域及使用特定文件作为输入的项目管理过程

项目文件（按拼音排序）	整合管理	范围管理	进度管理	成本管理	质量管理	资源管理	沟通管理	风险管理	采购管理	相关方管理
需求跟踪矩阵	指导项目工作 实施整变控制	确认范围 控制范围			规划质量管理				规划采购管理 控制采购	
需求文件	结束项目	定义范围 创建WBS 确认范围 控制范围			规划质量管理	规划资源管理	规划沟通管理	识别风险	规划采购管理 实施采购 控制采购	识别相关方
质量报告	监控项目工作 结束项目	确认范围								
质量测量指标					管理质量 控制质量		管理沟通		控制采购	
质量控制测量结果	结束项目				管理质量					
资源分解结构	管理项目知识		估算持续时间			控制资源				
资源日历			估算持续时间 制订进度计划 控制进度			估算活动资源 获取资源 建设团队		规划风险应对		
资源需求			估算持续时间 制订进度计划	估算成本		获取资源 控制资源		识别风险 实施定量分析	规划采购管理	

表 D-2 作为输入的两种商业文件一览表

商业文件	知识领域及使用特定文件作为输入的项目管理过程											
	整合管理	范围管理	进度管理	成本管理	质量管理	资源管理	沟通管理	风险管理	采购管理	相关方管理
商业论证	制定项目章程 结束项目	收集需求		制定预算					规划采购管理	识别相关方
效益管理计划	制定项目章程 结束项目			制定预算					规划采购管理	识别相关方

结束语

　　尽管每个人都喜欢用"我能做什么"来评价自己，但别人却用"你做过什么"来评价你。走进考场之前，你一定知道"你能做什么"了，但是你还需要展示给别人"你做过什么"——走出考场之后，你才有这样的资格。

　　对于准备好的考生，上考场是从不紧张的。因为这次考试，既是你证明自己能力的机会，又是你收获的季节。

　　"你准备好了吗？"

　　"是的，我准备好了！"

　　"你是一个勤奋、聪明且勇敢的战士，我相信你！上场，瞄准目标，进攻！"

　　……

　　胜利了，别忘了告诉我——你的重要项目相关方之一！

　　万一失败了，也请告诉我，也许我能帮帮你！

　　祝愿所有 PMP® 考生都能自豪地说：

　　"我考过了，而且真正学到了项目管理方法！"

致 谢

在我的成长道路上，很多人给了我指导、鼓励、支持与关心！我永怀感恩的心，感谢所有以各种方式帮助过我的人！

感谢 PMI 邀请我参加《PMBOK® 指南》（第 6 版）的中译审校工作，使我有机会为改进译文质量做出自己的贡献！

感谢 PMI（中国）和中国国际人才交流基金会对项目管理与 PMP® 资格认证的大力推广，使中国的项目管理事业蓬勃发展！

感谢项目管理业界的同行们对项目管理事业的忠诚与投入，特别是大家对基于《PMBOK® 指南》的项目管理方法及 PMP® 资格认证的大力推广！

感谢云南大学给我提供了一个良好的项目管理学习与研究环境！

感谢使用本书第 1 ~ 5 版的全体 PMP® 考生，特别是那些给我反馈意见的考生！

感谢常淑茶老师、刘露明老师、杨洪军老师和许多朋友们为本书出版所做的工作！

感谢我的妻子刘燕对我工作上的支持和生活上的照顾，使我能全身心地投入项目管理事业中！

还有许多感谢，永记心中。

汪小金

哲学博士（项目管理方向），PMP

电子邮箱：xjwang@ynu.edu.cn

反侵权盗版声明

电子工业出版社依法对本作品享有专有出版权。任何未经权利人书面许可，复制、销售或通过信息网络传播本作品的行为；歪曲、篡改、剽窃本作品的行为，均违反《中华人民共和国著作权法》，其行为人应承担相应的民事责任和行政责任，构成犯罪的，将被依法追究刑事责任。

为了维护市场秩序，保护权利人的合法权益，我社将依法查处和打击侵权盗版的单位和个人。欢迎社会各界人士积极举报侵权盗版行为，本社将奖励举报有功人员，并保证举报人的信息不被泄露。

举报电话：（010）88254396；（010）88258888

传　　真：（010）88254397

E-mail:　　dbqq@phei.com.cn

通信地址：北京市万寿路 173 信箱

　　　　　电子工业出版社总编办公室

邮　　编：100036